NOTICE HISTORIQUE

SUR

LE CHEVALIER CÉSAR MOREAU (DE MARSEILLE)

Ancien Consul, Publiciste,
Membre de divers Ordres français et étrangers,
Fondateur et Membre de plusieurs Académies et Corps savants etc.;

et

PRÉCIS ANALYTIQUE

sur

Ses Travaux et ses Recherches statistiques et d'Economie publique, etc.,

par E. PASCALLET.

EXTRAIT DU BIOGRAPHE ET L'HISTORIEN
REVUE GÉNÉRALE HISTORIQUE, BIOGRAPHIQUE, etc.

CONSEIL DE DIRECTION DE LA REVUE :

Président : M. le Marquis B. DE PONCHARRA, Colonel d'artillerie en retraite, ancien Inspecteur des Manufactures d'armes, Commandeur de la Légion-d'Honneur, Chevalier de Saint-Louis, etc.
Directeur : M. A. LAURENDEAU, ancien Magistrat, Docteur en Droit, etc.
Secrétaire général de l'Administration : M. E. DE CASTANET.

E. PASCALLET, Rédacteur en chef.

Neuvième Année. — Deuxième Série.
(1er VOL., 2e PARTIE; — 2e VOL., 2e PARTIE.)

PARIS,
AU BUREAU DE LA R
RUE DE GRENELLE-SAINT-GERMAIN.
Et chez LEDOYEN, Libraire-Éditeur, au

1855.

SOUS PRESSE :

S. M. la Reine VICTORIA. — Le Duc DE CAZES. — M. DE BELLEYME Baron BOULAY DE LA MEURTHE. — Lord ERSKINE. — Docteur WILLE — NAPOLÉON II, Duc DE REICHSTADT.— Le Duc DE PADOUE.— M. BÉD RIDES. — Comte DE VOUGY. — Général CAMINADE. — Comte E. DE L CASES. — Comte DE PERSIGNY. — M. REYNARD, ancien Pair. — M. ANC Député. — M. A. JUBINAL, Député. — M. HALÉVY. — LATIL (Famille). S. M. L'IMPÉRATRICE MARIE-LOUISE. — S. M. NICOLAS Ier. — S. A. Mme la Duchesse DE BERRY. — Le Maréchal DE SAINT-ARNAUD.— Le Ma chal Comte HARISPE. — SA MAJESTÉ LE ROI DE SUÈDE. — Le Duc D'O SUNA. — Comte DUCHATEL. — M. BERRYER. — M. DE CORMENIN. Général AUPICK. — Général ROGUET. — Comte CHAPUYS-MONTLAVILLE. M. BABAUD-LARIBIERE. — M. BINEAU, Ministre.— M. BILLAULT, Ministr — Le Prince DE POLIGNAC. — Maréchal NEY. — M. LESTIBOUDOIS. — M. I DE THORIGNY. — ESPARTERO, Duc DE LA VICTOIRE. — Marquis DE PAS TORET. — Baron Gustave DE ROMAND.— Général Comte CARBONNEL. — Gé néral LYAUTEY. — M. le Procureur général THOUREL. — M. le premier Prési dent TEULON. — M. le premier Président FRANCK-CARRÉ. — M. DROUIN DE LHUYS, ancien Ministre. — Lord JOHN RUSSEL, ancien Ministre. — Duc DE LORGES. — M. BONNETTY, Publiciste.— M. GUERIN-MENEVILLE. — M. BON-JEAN, Sénateur. — M. HERMAN, Conseiller d'Etat. — M. POULTIER, Conseiller en Cassation.— LACAVE-LAPLAGNE.— Comte SAINT-CRICQ.— Duc PASQUIER. — A. PANSERON. — MOREAU (de la Seine). — BARADA. — Comte DE GUER-NON-RANVILLE. — M. FLOURENS, de l'Institut. — Le Comte V. DU HAMEL, Publiciste, Préfet. — S. A. R. ERNEST IV, Duc régnant de Saxe-Cobourg-Gotha. — EICHHORN, ancien Ministre prussien.—Etc., etc.

NOTICE HISTORIQUE

SUR

CÉSAR MOREAU (DE MARSEILLE),

Elève et Consul français à Londres, de 1816 à 1831; Auteur de Travaux scientifiques; Fondateur (1829) de la Société française de Statistique universelle; Fondateur (1830) de l'Académie agricole, manufacturière et commerciale; Chevalier de l'Ordre Impérial de la Légion-d'Honneur, Chevalier de l'Ordre Royal et Militaire de la Conception de Portugal, etc.; Membre de la Société royale de Londres et de l'Institut de la Grande-Bretagne et d'Irlande; Membre de plusieurs Académies et Sociétés savantes, françaises et étrangères; etc., etc.

Rédigée d'après des Documents officiels et des Pièces authentiques,

PAR

E. PASCALLET.

EXTRAIT DE LA REVUE GÉNÉRALE
BIOGRAPHIQUE, NÉCROLOGIQUE, SCIENTIFIQUE ET LITTÉRAIRE.

8ᵉ ANNÉE. — 2ᵉ SÉRIE. — 1ᵉʳ VOLUME. — 2ᵉ PARTIE.

PARIS.

AU BUREAU DE RÉDACTION,
Rue de Bourgogne, nº 52.

1854.

Vérité... Justice...

PARIS. — IMPRIMERIE DE MADAME DE LACOMBE, RUE D'ENGHIEN, 14.

NOTICE HISTORIQUE

SUR

CÉSAR MOREAU (DE MARSEILLE),

Élève et Consul français à Londres, de 1816 à 1831 ; Auteur de Travaux scientifiques; Fondateur (1829) de la Société française de Statistique universelle; Fondateur (1830) de l'Académie agricole, manufacturière et commerciale ; Chevalier de l'Ordre Impérial de la Légion-d'Honneur, Chevalier de l'Ordre Royal et Militaire de la Conception de Portugal, etc.; Membre de la Société royale de Londres et de l'Institut de la Grande-Bretagne et d'Irlande ; Membre de plusieurs Académies et Sociétés savantes, françaises et étrangères, etc.

Rien n'est beau, dans l'ordre moral, comme le dévouement : cette vertu, née de l'enthousiasme, élève l'homme au-dessus de lui-même, en l'élevant au-dessus des calculs de l'intérêt ; elle le conduit à l'héroïsme ; et, si quelquefois elle peut l'égarer, ce n'est que dans l'ordre politique. Il n'en est pas de même du dévouement de l'érudit pour la science : les écarts de son zèle, les illusions de son savoir ne sont presque jamais nuisibles, et souvent sont utiles aux progrès de la partie scientifique qu'il a embrassée. En effet, dans le paisible domaine de la science, l'erreur même, lorsqu'elle est jointe à la bonne foi, peut indirectement conduire à d'utiles découvertes, à d'importantes vérités : la chimie a dû quelques-unes de ses plus précieuses découvertes à de folles recherches sur la pierre philosophale ; les rêveries imprudentes de l'astrologie judiciaire ont empêché la science astronomique d'être entièrement abandonnée dans les siècles d'ignorance ; quelques éclats de lumière, sources des grandes vérités de la métaphysique, ont jailli des sottes disputes de la scolastique; c'est également des immenses recherches d'une foule de chronologistes pour établir des systèmes erronés, qu'ont surgi le petit nombre de données certaines que nous possédons sur les premiers âges du monde. — Ces réflexions sur le dévouement à la science nous sont venues tout naturellement à l'occasion des travaux scientifiques publiés par M. César Moreau, dont nous allons retracer la vie aussi modeste qu'utile, aussi studieuse qu'honorable. Il a en effet consacré aux progrès de la science, pendant sa longue carrière, toutes les ressources d'une intelligence élevée, tous les moyens que donnent la fortune et une considération méritée par la noblesse du caractère. Du reste, le plus bel éloge du savant est dans l'exposé de sa vie et dans l'examen de ses œuvres, car de même que le général d'armée burine son existence avec la pointe de son épée, de même le savant trace la sienne avec sa plume, dans les pages sorties de son cerveau; pour l'un comme pour l'autre le meilleur moyen de les faire connaître est donc de laisser la parole aux faits et aux travaux qu'ils ont accomplis et produits.

M. Moreau (Claude-Clément-César) est né à Marseille, le 22 novembre 1791, d'une famille ancienne et distinguée. Par sa mère il appartient à l'une des plus nobles maisons de la Provence, celle des comtes d'Albon qui, sous le nom de *Guigues*, prirent un rôle important dans notre histoire, dès le ixe siècle. Son éducation première fut négligée, car il était encore au berceau, quand l'anarchie, corrompant les fruits de notre première révolution, inondait la patrie de sang et de larmes; mais doué d'une de ces dispositions que la nature réserve aux êtres privilégiés, il sut, plus tard, par des efforts multipliés, à force de travail, de bonne volonté et d'intelligence, suppléer largement aux études qui lui avaient manqué d'abord : on en trouvera, pensons-nous, une preuve irrécusable dans les nombreux travaux scientifiques qui ont marqué son existence.

A quinze ans, le jeune César Moreau voyant sa famille dispersée et ruinée par la Révolution, comprit qu'il devait être l'unique instrument de sa fortune. A l'âge où tant d'autres enfants n'ont encore qu'à se laisser être heureux sous la sollicitude affectueuse de leurs parents, il lui fallut donc dire adieu aux joies calmes et tranquilles du foyer domestique: il s'éloigna de sa famille et de sa ville natale, n'emportant avec lui que le courage et l'espérance. — C'était le temps où le victorieux Empereur des Français, cet *Homme-Peuple* qui fut à la fois conquérant, législateur, et politique, jetant des diadèmes à toute sa famille, venait d'asseoir son frère, le prince Jérôme, sur le trône de Westphalie. Recommandé par quelques amis restés fidèles à sa famille, et dont il avait su exciter l'intérêt par ses heureuses dispositions, le jeune César Moreau partit pour Cassel, où il fut successivement employé pendant trois ans dans les Ministères de la Guerre et de l'Intérieur. Il remplit les fonctions administratives qui lui furent confiées, avec un zèle et une activité qui lui méritèrent les plus honorables attestations, parmi lesquelles nous remarquons notamment celles que lui donnèrent, en octobre 1810, le baron de Stotting, chef du secrétariat du ministère de la guerre, et M. Aubert, secrétaire-général du ministère de l'intérieur : — tous deux attestent que M. César Moreau a été employé dans leurs bureaux, où il a travaillé avec zèle, probité et intelligence.

Vers la fin de 1810, M. César Moreau quitta la Westphalie, emportant l'estime de ceux qui l'avaient connu, et se rendit en Espagne, alors occupée par les Français, et où les chefs de notre armée utilisèrent son aptitude et sa bonne volonté. On lui confia quelques missions particulières ; chargé, provisoirement d'abord, de fonctions dans l'administration militaire, il fut successivement inspecteur des vivres, puis adjoint aux commissaires des guerres. Il devint définitivement, dans la suite, titulaire de ce dernier emploi. — Voici la lettre de service qu'il reçut à cette occasion :

« Napoléon, par la grâce de Dieu et la Constitution de l'Em-
» pire, Empereur des Français, ayant à désigner un adjoint
» aux commissaires des guerres, pour être employé, en
» cette qualité, sous les ordres de M. Ris, ordonnateur en
» chef, a fait choix de M. César Moreau. Il est, en consé-
» quence, ordonné aux officiers-généraux, aux officiers
» d'état-major, à ceux de l'artillerie et du génie, aux ins-
» pecteurs aux revues, aux commissaires-ordonnateurs et
» ordinaires des guerres, aux commandants des corps et
» à tous autres qu'il appartiendra, de le reconnaître et
» faire reconnaître en ladite qualité par ceux étant à leurs
» ordres.
» *Pour le Ministre de la Guerre, le Ministre d'Etat,*

» Comte DARU. »

M. César Moreau déploya, dans ces nouvelles fonctions administratives, fonctions délicates et souvent difficiles, le

zèle et l'habileté qui l'avaient déjà fait distinguer en Westphalie et en Espagne. Il gagna la confiance et sut mériter les éloges des intendants-généraux de nos armées, qui lui témoignèrent, dans toutes les occasions, combien ils étaient satisfaits de ses services. — « M. César Moreau, dit l'un d'eux
» (M. le Baron Dennié), a été employé dans l'administration
» à l'armée d'Espagne pendant trois années. Lorsque j'étais
» intendant général de cette armée, j'ai toujours eu lieu
» de me louer de son aptitude, de son application et de
» son excellente conduite, et je n'ai, depuis lors, jamais
» cessé de lui porter le plus vif intérêt. »

« L'ordonnateur en chef soussigné se fait un devoir de
» certifier que M. César Moreau a servi, avec zèle et ta-
» lent, sous ses ordres, à l'armée d'Espagne.
» Mathieu DE FAVIERS. »

« Je connais M. César Moreau depuis cinq ans, écrivait
» également, à cette époque, le lieutenant-général
» comte Milhaud, je l'ai différentes fois recommandé
» à l'armée d'Espagne, où il a été honorablement
» employé durant trois années : sa conduite, ses talents,
» sa rare aptitude et sa constante application à ses devoirs,
» lui ont fait mériter l'affection et la confiance de ses
» chefs et l'estime des militaires. »

Après les désastreuses campagnes de Russie et de Saxe, lorsque la France, épuisée d'hommes et harcelée d'ennemis, fit un appel au courage volontaire de tous ses enfants, M. César Moreau, qui se trouvait alors dans le département d'Indre-et-Loire, comprenant la position de la patrie, et sentant que le moment était venu de servir son pays par l'action personnelle, s'enrôla dans le 3ᵉ régiment des gardes d'honneur qui s'organisaient par toute la France.

Monté, habillé et équipé à ses frais (1), dans cette milice d'élite, dont tous les membres étaient considérés comme officiers, il fut élu au grade de maréchal-des-logis, et fit, en cette qualité, les mémorables campagnes de 1813 et 1814. Il en rapporta plusieurs blessures et eut un cheval tué sous lui à la bataille de Hanau. Les services militaires de M. César Moreau sont constatés par des attestations non moins honorables et non moins bien méritées que celles qu'il avait déjà recueillies dans ses emplois administratifs (2). — Qu'il nous soit permis d'en citer une seule :

« M. César Moreau faisait, en 1813, partie des gardes
» d'honneur, et par son seul mérite, il a été promu au
» grade de sous-officier, équivalant, dans l'armée, à celui
» de lieutenant de cavalerie; il a fait, en cette qualité, les
» pénibles campagnes de 1813 et 1814. A la bataille de

---

(1) « Le préfet du département d'Indre-et-Loire certifie que M. Cé-
» sar Moreau s'est présenté volontairement, le 21 mai 1813, pour être
» admis dans le 3e régiment des gardes-d'honneur, et qu'il s'est habillé,
» monté et équipé à ses frais.
» *Signé* : Baron DESTOUCHE. »

(2) « Il existe dans les bureaux de mon ministère, des lettres écrites
» par M. le baron Dennié le 6 juillet 1814, par M. le lieutenant-géné-
» ral Lucotte, les 2 juillet 1814 et 21 avril 1815, par M. le comte
» Chasset, le 1er mai 1815, etc., etc., qui toutes contiennent des témoi-
» gnages avantageux et honorables pour M. César Moreau... Toutes
» elles énoncent qu'il a donné partout des preuves d'aptitude et de
» bonne conduite, aussi bien en Espagne que dans les gardes-d'hon-
» neur... toutes elles le représentent, d'ailleurs, comme réunissant à
» ses titres personnels ceux qui résulteraient, en sa faveur, des ser-
» vices de son oncle, M. d'Albon, mort à Moscou... etc., etc.
» *Signé* : Duc DECRÈS, ministre de la Marine. »

» Hanau, il eut son cheval tué sous lui et reçut plusieurs
» blessures. Il était porté pour obtenir des récompenses et
» de l'avancement, lorsque les gardes-d'honneur furent
» licenciées.

» *Signé :* Le Lieutenant-Général Comte Lucotte. »

En 1814, quand, par la fortune des combats, et peut-être aussi, a-t-on dit, par l'infamie de la trahison, l'abdication de l'Empereur eut eu lieu, M. César Moreau sortit des rangs de l'armée. On lui offrit alors, sans doute à cause de sa conduite et de sa naissance, le grade de sous-officier dans une compagnie des gardes-du-corps; mais il le refusa, préférant rentrer dans la carrière des emplois civils qui répondaient mieux à ses goûts studieux. Il se disposait même à aller occuper, à Cayenne, un emploi administratif, lorsque l'Empereur fit sa merveilleuse rentrée sur la terre de France, d'où la première invasion l'avait banni. Cet événement remua, dans M. César Moreau, la fibre militaire et nationale; il aimait la gloire, il fut sur le point de reprendre les armes; mais sa santé se trouvant trop altérée, force lui fut de se résigner à des travaux plus tranquilles. — M. César Moreau s'était acquis, depuis l'année 1809, l'auguste amitié et le puissant intérêt de S. A. R. Mgr le Prince Léopold de Saxe-Cobourg, le même qui, en 1827, fut appelé au trône de Grèce, et qui, en refusant d'y monter, offrit un si éclatant exemple de modestie et de rare désintéressement, le même qui fut nommé, en 1832, roi des Belges. — Il dut à la haute protection de ce prince qui l'avait recommandé, dès le mois de septembre 1815, à Son Excellence Monseigneur le duc de Richelieu, alors ministre des affaires étrangères, l'option qui lui fut bientôt offerte entre les trois vice-consulats que l'on se proposait de créer en Grèce, en Espagne et en Allemagne (1).

Au moment où M. César Moreau allait accepter l'un de ces trois postes, une ordonnance royale vint créer six élèves vice-consuls qui devaient être attachés aux six consuls généraux établis sur les points les plus importants des Deux-Mondes. M. César Moreau réussit à se faire nommer à l'une de ces six places, et le 30 juin 1816, il en recevait, en ces termes, la nouvelle officielle du ministre des relations extérieures : « Je vous annonce, lui disait M. le duc de Riche-
» lieu, que le Roi, par ordonnance du 11 de ce mois, vous a
» nommé à une des places d'élève-vice-consul, avec un trai-

---

(1) Les deux lettres suivantes adressées par S. A. R. Mgr. le prince Léopold de Saxe-Cobourg, l'une à M. César Moreau lui-même et l'autre à M. le duc de Richelieu, sont des témoignages irrécusables du bienveillant intérêt que portait ce prince à M. César Moreau et de la haute protection dont il daignait l'honorer.

« Munich, le 16 août 1811.

« Je n'ai pu, d'abord, Monsieur Moreau, vous répondre, parce que
» des affaires m'en empêchaient ; mais je ne tarde pas plus longtemps,
» parce que je crois qu'il est temps que je vous écrive. Je prends part
» à votre sort et à tout ce qui vous intéresse, et ayant pourvu à votre
» carrière jusqu'à présent, je désire parvenir à vous la conserver.
» Écrivez, aussitôt que vous aurez reçu ma lettre, au ministre-général
» comte Mathieu Dumas et aussi au comte de Cessac. Fondez votre
» prière chez le premier sur une lettre de ma part qu'il aura reçue,
» avant que la vôtre ne puisse arriver. J'espère que la lettre que j'é-
» crirai au ministre aura le résultat que vous en espérez. Du reste, je
» vous renouvelle mes conseils pour votre bonne conduite ; continuez
» à bien vous conduire, et vous pourrez, avec le temps, aspirer à une
» belle fortune, étant encore si jeune. Si vous désirez m'écrire, écri-
» vez toujours à Cobourg. N'oubliez pas de me rendre compte de tout

» tement de 2,000 francs ; vous résiderez en cette qualité
» auprès du consul général de Sa Majesté à Londres. J'aime à
» me persuader, Monsieur, que vous ne négligerez rien pour
» vous rendre digne de la grâce dont Sa Majesté vient de
» vous honorer, etc... »

A peine à son poste près du consul général de France, à Londres, M. le chevalier Séguier, frère de l'illustre magistrat de ce nom qui, durant tant d'années, présida si dignement la première Cour royale de France (1), M. César Moreau voulut, par une conduite laborieuse, justifier la faveur dont le gouvernement l'avait honoré.

» ce qui se fera à votre sujet, et de mes démarches pour vous. Je fais
» des vœux pour votre bonheur et suis bien sincèrement votre bien
» intentionné.
» Léopold, prince de Saxe-Cobourg. »

« Paris, le 29 septembre 1815.
» J'ai eu l'honneur, Monsieur le Duc, de recommander à M. de
» Talleyrand, pour un emploi de vice-consul, M. César Moreau, pour
» qui je prends, depuis 1809, le plus vif intérêt.
» M. Moreau a été employé honorablement près des ministres de la
» guerre et de l'intérieur en Westphalie et près des intendants géné-
» raux baron Dennié et Mathieu de Faviers ; il a servi ensuite avec
» distinction dans le troisième régiment des gardes-d'honneur, et les
» rapports qui m'ont été faits par les personnes à qui je l'avais recom-
» mandé depuis 1809, sont tous des plus avantageux à M. César Mo-
» reau et font concevoir de lui les plus grandes espérances ; je serai
» sensible et très reconnaissant à Votre Excellence, Monsieur le Minis-
» tre, si elle peut employer mon protégé comme vice-consul.
» Je profite de cette occasion, Monsieur le Duc, etc., etc.
» Léopold, prince de Saxe-Cobourg. »

(1) M. le baron Séguier, pair de France, premier Président de la Cour royale de Paris.

Indépendamment des travaux attachés à ces fonctions, il chercha bientôt un nouvel aliment à son ardente activité et à son amour pour l'étude, dans un genre d'occupations et de recherches, dont la haute importance a placé M. César Moreau parmi les savants de premier ordre. Nous voulons parler de cette multitude d'ouvrages statistiques et d'économie politique sur le commerce de la Grande-Bretagne, etc., dont l'exécution exigeait tant de courage, de patience, de méthode et de sagacité.

Un règlement ministériel, en date du 11 juin 1816, obligeait les élèves vice-consuls à acquérir la connaissance des intérêts commerciaux de la France, vis-à-vis du pays dans lequel ils résidaient, et dans ce but, à analyser les ouvrages les plus remarquables en matière de commerce, d'économie politique, de statistique, etc... M. César Moreau, pour qui cette obligation se trouvait en concordance avec ses goûts, mit dans cette étude une ardeur et une suite qui portèrent leurs fruits ; il fit remonter ses recherches statistiques sur les différentes branches de la richesse de la Grande-Bretagne jusqu'à la paix de 1697, qui avait été une époque de révolution pour le *Commerce et l'Industrie* de la Grande-Bretagne. Il étudia les documents, enquêtes, et analysa les ouvrages spéciaux sur la matière. Comme il avait à cœur de n'être inférieur à aucun des consuls sous le rapport des connaissances qui avaient trait à leurs fonctions, son zèle lui fit dépasser de beaucoup le but des études exigées. Il explora, avec la même ardeur, les ouvrages anglais relatifs à la navigation et aux finances, et recueillit beaucoup d'annotations. Enfin tous les instants du jour dont son poste lui permettait de disposer, il les employait à compulser attentivement d'immenses documents officiels, et passait ensuite la plupart de ses nuits à coordonner les nombreux éléments qu'il avait recueillis pour en composer un ensemble de données positives. Il n'est pas un résultat de ces laborieuses recherches qui ne soit revêtu de l'authenticité la plus imposante.

Le règlement de 1816 assujétissait encore les élèves vice-consuls à présenter chaque année, sur un sujet donné, un mémoire destiné à fixer l'opinion du ministre des affaires étrangères sur l'application et la capacité de ces agents. Le premier travail de ce genre que fit M. César Moreau, obtint un grand succès. Il fut lu par M. le duc de Richelieu lui-même, qui écrivit à M. le chevalier Séguier qu'il l'avait trouvé rédigé dans un style méthodique et précis. Son Excellence invitait le Consul-Général à exprimer sa satisfaction à M. César Moreau. — Le successeur de ce ministre, M. le marquis Dessolles fit offrir aussi à M. César Moreau des témoignages de sa satisfaction ; c'était à l'occasion des états qui présentaient l'aperçu statistique du *Commerce des Grains et Farines* dans les Iles Britanniques, tant à l'importation qu'à l'exportation, année par année, depuis 1792 jusqu'à 1819. Le ministre considérait ce travail comme une nouvelle preuve du zèle du jeune statisticien ; il ajoutait que celles qu'il avait données précédemment ne lui avaient point échappé, et qu'elles l'avaient disposé à profiter de la première occasion pour lui procurer de l'avancement. M. César Moreau recevait en même temps, de son supérieur immédiat, d'autres témoignages de satisfaction. Les 1er et 13 juin 1819, M. le chevalier Séguier adressa, au ministre des affaires étrangères, deux attestations des plus honorables en faveur de son élève-consul. Dans la première, le consul rendait hommage à la conduite de son attaché, et disait que, outre la continuation de la bienveillance

de ses protecteurs, il méritait de l'avancement. Dans la deuxième M. Séguier, après avoir déclaré que M. César Moreau était parvenu à s'instruire, et qu'il avait acquis de vastes connaissances, ajoutait: « J'ai l'honneur de trans-
» mettre ci-joint à Votre Excellence, une lettre que m'écrit
» S. A. R. le Prince de Saxe-Cobourg; il m'y fait connaître
» qu'il vient de recommander à Votre Excellence (1) l'élève
» attaché à mon Consulat général, et me prie, en qualité de
» chef de M. César Moreau, de faire valoir ses droits à de
» l'avancement. Une pareille invitation est trop respectable
» pour que je ne m'empresse pas d'y satisfaire; elle ne
» fait d'ailleurs que me fournir une occasion de parler du
» zèle de M. César Moreau, qui, dans plusieurs circons-
» tances, a su se rendre utile au Consulat général en
» Angleterre... J'ajouterai qu'il s'est fait des liaisons res-
» pectables, que sa conduite est rangée, et qu'il me paraît

---

(1) Voici cette lettre :
« Londres, le 11 juin 1819.
» A M. le marquis Dessolles, ministre des affaires étrangères.
» Il y a trois ans que M. C. Moreau exerce à Londres les fonctions
» d'élève vice-consul. Antérieurement à cette époque, et depuis 1808,
» il a successivement occupé des emplois honorables, civils et mili-
» taires ; et les attestations dont il est porteur prouvent qu'il y a tou-
» jours joui de l'estime et de la confiance de ses supérieurs; et je suis
» certain que, s'il était employé, il ferait tous ses efforts pour se ren-
» dre digne de la bienveillante protection de Votre Excellence, et qu'il
» emploierait tout son zèle et tous ses moyens pour en mériter la
» continuation.
» Je partagerai de bon cœur et avec plaisir la reconnaissance de
» M. César Moreau pour tout ce que vous daignerez, Monsieur le
» Marquis, faire en sa faveur.
» LÉOPOLD, prince de SAXE-COBOURG. »

» enfin s'être acquis des titres à la bienveillante protection
» de Votre Excellence. »

En 1821 le ministre des affaires étrangères prescrivit, à tous les Consuls de France, de lui adresser annuellement, à l'avenir, des mémoires renfermant le plus de renseignements possibles sur l'agriculture, les manufactures et le commerce des pays de leurs résidences respectives. En sa qualité d'élève-consul, M. César Moreau fut employé à la recherche et au classement des matériaux relatifs à ces mémoires ; il s'acquitta de ce travail avec un succès qui fut attesté par son chef. Le premier mémoire auquel il travailla, celui de 1822, avait pour objet de recueillir et constater les *valeurs officielles* des importations de France en Angleterre et d'Angleterre en France, durant le plus long espace de temps possible. Le Consul général se fit un devoir, en cette occasion, de signaler au ministre la conduite de son élève, et de le recommander à ses bontés, « Le travail de cette com-
» pilation a été fort long, disait-il, et je n'aurais même pu
» le suivre, si l'élève-consul, attaché à mon Consulat, M. Cé-
» sar Moreau, ne s'y était livré avec une suite et un zèle
» qu'il m'est agréable de pouvoir signaler à Votre Excel-
» lence, et qui, je n'en doute pas, méritera son approba-
» tion. »

M. César Moreau concourut de même aux mémoires que rédigea son supérieur, en 1823, 1824, 1825 et 1826, et, dans ces différentes circonstances, il obtint de lui les mêmes éloges, qui peuvent tous se résumer dans les lignes suivantes, extraites du Mémoire de 1826 : « Il ne me reste
» plus, Monseigneur, y écrit M. Séguier, qu'à répéter ici
» l'éloge annuel que je fais de mon élève consul, pour l'u-

» tilité tout exceptionnelle dont il est au consulat géné-
» ral, notamment pour la rédaction des tableaux généraux
» de commerce, navigation, etc.— Le zèle, l'intelligence,
» le dévouement et la rare aptitude de M. César Moreau,
» sont au-dessus de tous éloges... Il m'a en outre puis-
» samment aidé cette année pour la confection et le tracé
» des tableaux sur la détresse anglaise.... »

Cependant les recherches et les travaux auxquels se livrait M. César Moreau, pour arriver au perfectionnement de son éducation consulaire, l'avaient mis en rapport avec plusieurs savants anglais, et lui avaient attiré de leur part de flatteuses marques de considération. Les sociétés dont ces savants étaient membres le prièrent bientôt de leur servir d'intermédiaire auprès des sociétés de France qui s'occupaient des mêmes études. La paix et l'assoupissement graduel de ces antipathies nationales qui avaient si long-temps divisé la France et l'Angleterre, favorisaient singulièrement alors ces fructueuses relations. M. César Moreau réussit à mettre en communications régulières ces sociétés, qui s'empressèrent de l'appeler dans leur sein. Dans un intervalle de peu d'années, c'est-à-dire de 1817 à 1836, il devint successivement membre de plusieurs Académies ou corps savants, tant français qu'étrangers (1).

---

(1) Au nombre des Académies et Sociétés savantes qui ont fait à M. César Moreau l'honneur de l'appeler dans leur sein, nous citerons notamment :

— Académie des Sciences, Arts et Belles-Lettres de Dijon.
— Société de Londres pour l'encouragement des arts, manufactures et commerce, dans les îles et possessions britanniques.
— Société de Philosophie de Londres.
— Société centrale d'Agriculture de la Grande-Bretagne.

— 17 —

Son Altesse Royale le duc de Sussex, frère du roi d'Angleterre, fut le premier à faire l'éloge des services que M. César Moreau avait rendus aux savants français et anglais, dans les circonstances que nous venons de rappeler. Ce prince, protecteur ou président de plusieurs sociétés savantes d'Angleterre, écrivit le 27 juin 1819 à M. le Marquis Dessolles, en faveur de M. César Moreau, insistant vivement auprès de ce ministre sur l'intérêt que, depuis deux ans, l'élève vice-consul de France en Angleterre lui avait inspiré. On nous saura gré, pensons-nous, de reproduire cette lettre du prince anglais, en faveur de notre compatriote ; la voici.

« A M. LE MARQUIS DESSOLLES.

» Monsieur le Marquis, j'apprends que le prince Léo-

— Société Médico-Botanique de Londres.
— Institut royal des Sciences de la Grande-Bretagne.
— Académie des Sciences, Lettres et Arts de Marseille.
— Société royale Asiatique de la Grande-Bretagne et d'Irlande.
— Institut Littéraire des Sciences de Londres.
— Académie royale des Sciences, Belles-Lettres et Arts de Rouen.
— Société royale des Sciences de Londres.
— Société royale des Antiquaires de France.
— Société de Géographie de Paris.
— Académie royale des Sciences, Belles-Lettres et Arts de Bordeaux.
— Académie royale des Sciences, Arts et Belles-Lettres de Lyon.
— Académie royale des Belles-Lettres, Sciences et Arts de La Rochelle.
— Société d'Agriculture et de Commerce de Boulogne.
— Académie royale des Sciences, Arts et Belles-Lettres de Turin.
— Société Asiatique de Paris.
— Société Littéraire et des Sciences de Bombay.
— Société du Bulletin universel des Sciences et de l'Industrie.

» pold de Saxe-Cobourg recommande à Votre Excellence
» M. César Moreau, et sollicite vivement son placement
» comme agent français à l'île Maurice. Quoique je n'aie
» pas l'honneur d'être connu de Votre Excellence, je prends
» la liberté de me joindre à Son Altesse Royale, et de lui
» recommander aussi, particulièrement, M. César Moreau.
» Je m'intéresse depuis deux ans à ce jeune homme : tous
» les rapports qui m'ont été faits sur son compte, en ma
» qualité de protecteur ou de président, par les secrétaires
» des Sociétés de philosophie, des arts, des manufactures
» et du commerce, lui sont très avantageux. Sa récom-
» pense, pour avoir mis ces sociétés scientifiques en com-
» munication avec celles de France, a été d'en être nommé
» membre. Je ne rapporte ce fait à Votre Excellence, que

— Société royale des Antiquaires de Copenhague.
— Société Statistique de la Grande-Bretagne.
— Société de Géologie de France.
— Société royale des Sciences, de l'Agriculture et des Arts de Lille.
— Société royale des Sciences, Belles-Lettres et Arts de Nancy.
— Académie royale des Lettres, Sciences, Arts et Agriculture de Metz.
— Académie des Sciences, Agriculture, Commerce, Belles-Lettres et Arts d'Amiens.
— Société royale d'Agriculture et de Commerce de Caen.
— Société d'Agriculture de Massachusetts.
— Académie royale des Sciences de Naples.
— Académie des Antiquités de Naples.
— Institut Historique de France.
— Institut Historique de Massachusetts.
  Etc., etc.
Et un grand nombre d'autres corps savants et d'institutions d'utilité publique de divers pays.

» parce que je le crois honorable pour M. César Moreau,
» et digne de lui mériter la bienveillance de Votre Excel-
» lence, que je sollicite fortement en sa faveur.

» Palais de Kensington, 27 juin 1819,

» *Signé* : Auguste-Frédéric, duc de Sussex. »

Vers le même temps, des hommes d'un mérite éminent furent adressés à M. César Moreau par des ministres et des savants français. Ils venaient chercher en Angleterre des connaissances qui pussent, un jour, profiter à la France, et M. César Moreau était prié de leur faciliter les moyens de les acquérir; il s'y prêta avec empressement. — M. le baron Portal, d'abord directeur des colonies au ministère de la marine, puis ministre secrétaire d'Etat de ce département, lui ayant aussi exprimé le désir d'être informé régulièrement de tout ce qui pouvait intéresser la prospérité de nos colonies, trouva, dans M. César Moreau, un correspondant zélé. Mais bientôt cette correspondance fut interdite, et M. César Moreau, plein de respect pour l'autorité sous la loi de laquelle le plaçait sa position administrative, se soumit sans murmurer, quoiqu'avec de vifs regrets, à une défense que rien ne paraissait légitimer. Il se dédommagea de cette contrariété en continuant sa correspondance scientifique et « en insérant, a dit un bio-
» graphe, ses recherches historiques et statistiques dans les
» voyages que M. Charles Dupin publiait, à cette époque,
» sur la Grande-Bretagne. A la vérité, il n'était pas nommé,
» dans ces voyages, comme l'auteur de ces recherches éma-
» nées du Consulat général de France en Angleterre, mais
» son amour-propre était peu exigeant, et la conscience
» du service qu'il avait pu rendre à la France, suffisait à
» son ambition. »

Dès les premiers temps de son séjour à Londres, M. César Moreau s'était livré, comme nous l'avons dit déjà, à de longues études sur l'organisation commerciale et maritime de l'Angleterre ; il avait reconnu tout d'abord que les causes de la merveilleuse prospérité de ce peuple étaient généralement ignorées. Il existait bien, sur cette matière, une foule de documents composés pour l'instruction des négociants et pour éclairer le parlement, mais les enseignements de ces livres, tous d'une effrayante étendue, étaient enveloppés dans des formes obscures et prétentieuses. M. César Moreau essaya de suppléer à leur insuffisance en présentant, dans un ordre simple et clair, méthodique et pratique, des faits et des chiffres qu'il jugeait seuls propres à servir de règle de conduite, aux manufacturiers qui fabriquent, aux négociants qui exportent les produits du sol et de l'industrie, et aux législateurs. Les matériaux d'un travail à la fois si vaste et si utile, étaient épars dans les archives du Parlement anglais, dans les bibliothèques publiques, enfin dans les cabinets des économistes et des administrateurs ; ce fut là qu'il alla les déterrer. Mais, pour exécuter ses plans d'études et de rédaction, il avait besoin de ressources pécuniaires supérieures au mince traitement alloué aux élèves-consuls ; il les trouva dans les avantages d'un mariage récemment contracté avec une demoiselle anglaise qui appartenait aux hautes classes de la société, union qui avait reçu l'approbation de ses chefs (1). — Au lieu d'em-

---

(1) « Londres, le 23 novembre 1821.

» Le Consul général de France, en Angleterre, à S. E. le Ministre des
» affaires étrangères :

» Le mariage de M. César Moreau, élève-consul, attaché au consulat

ployer sa nouvelle fortune à de frivoles dissipations, il la fit servir à se procurer les documents et enquêtes qui lui étaient nécessaires, et à rémunérer des secrétaires intelligents et laborieux. Indépendamment d'une correspondance journalière entretenue, dans les trois Royaumes-Unis, avec des hommes dont les lumières pouvaient le guider à travers les obscurités et les contradictions de ses recherches, M. César Moreau se mit à compulser, à étudier des centaines de volumes, à rédiger, à comparer des milliers d'extraits. C'est ainsi qu'il parvint à rendre digne de l'attention des hommes spéciaux et de l'approbation du monde savant, son premier ouvrage de statistique : *État du Commerce de la Grande-Bretagne, avec toutes les parties du monde, de 1697 à 1824, année par année (les années de paix distinctes de celles de guerre)*.—Il avait choisi, pour point de départ, l'année 1697, parce que de cette année datait l'ère véritable de l'organisation commerciale de l'Angleterre. Cet ouvrage indiquait,

---

» général, que Votre Excellence a bien voulu approuver par sa lettre
» du 29 octobre dernier, a eu lieu hier 22, à l'église protestante, et
» ensuite à l'ambassade de France.

» Les avantages que M. César Moreau trouve dans son mariage se
» sont encore améliorés, depuis le compte que j'en ai rendu à Votre
» Excellence... 100,000 fr. ont été passés la veille du mariage au nom
» de M. César Moreau... Nous avons vu en même temps que la fortune était plus considérable que nous ne l'avions supposé, de manière que le nouveau couple, outre l'avantage du présent et d'être
» logé, chauffé, éclairé, servi et nourri, a encore une expectative de
» 400,000 fr. garantis, etc., etc.

» Je suis, avec respect, Monseigneur,
» de Votre Excellence, etc.
» *Signé :* Baron SÉGUIER. »

outre le commerce de la Grande-Bretagne avec les quatre parties du monde, le commerce séparé de ce pays avec chacun des royaumes, états et colonies qui en dépendent, le revenu net du produit des douanes, les tonnages anglais et étrangers à la sortie, le nombre des banqueroutes, le prix des fonds publics, le terme moyen de la valeur de chaque commerce, par périodes de guerre et de paix; enfin un aperçu chronologique de tous les événements qui ont agi et réagi sur les mouvements du commerce et de l'industrie britanniques.

La plupart des journaux anglais, entre autres *l'Age*, *l'Asiatic Journal*, le *Courrier-Français de Londres*, l'*Edimburgh Review*, l'*Examiner*, le *Furet de Londres*, le *Gentleman's Magazine*, la *Litterary Gazette*, le *Litterary Chronicle*, le *Mercure de Londres*, le *Morning Chronicle*, le *Morning Journal*, le *Morning Post*, le *New London Litterary Gazette*, l'*Oriental Herald*, le *Standart*, le *Times*, le *Westminster Review*, l'*American Monitor*, le *British Press*, le *Globe and Traveller*, le *John Bull*, le *Star*, le *New Times*, le *Sunday Monitor*, *etc.*, *etc.*, sans citer un grand nombre d'autres journaux publiés en Europe, ont parlé de ce travail. Tous ont reconnu la patience des efforts et l'authenticité des résultats obtenus: tous n'eurent qu'une voix pour le célébrer et payer à l'auteur un juste hommage de reconnaissance et d'estime. — *Le Star* (n° du 5 août 1824), après s'être étendu longuement sur le mérite de cette publication qu'il qualifie : *Hommage d'un savant étranger à la gloire commerciale de la Grande-Bretagne*, termine en disant : « Cet » ouvrage est le fruit d'un long labeur ; il devrait être tra- » duit dans toutes les langues, et circuler dans toutes les » parties du monde.... » — Cet ouvrage, dit de son côté la *Litterary Gazette*, « est le fruit de recherches immenses,

» et nous n'avons point vu de livres qui soient plus dignes
» de fixer l'attention publique... » — *Le Monthly Magazine*
ajoute, après avoir montré l'auteur comme l'héritier des
talents des William Plaifair, des J.-J. Gullier, etc. : « Il
» n'est point de comptoir, ni de bibliothèque qui ne doive
» être pourvu de ce précieux et remarquable travail.... »

Enfin, le *Mercure de Londres*, dont nous citerons encore
l'opinion, parce qu'elle nous paraît les résumer toutes,
s'exprime ainsi au sujet de ce premier ouvrage de M. César
Moreau : « Après avoir vu l'éloge de cette publication dans
» presque tous les journaux anglais, nous nous le sommes
» procuré, dans l'intention d'en faire nous-mêmes un
» examen critique.... Cet ouvrage présente une quantité
» immense de chiffres, et ces chiffres sont plus éloquents
» que des paroles, car ils constatent des faits de la plus
» scrupuleuse exactitude.... Nous répétons donc, après
» examen, avec tous les journaux des différents partis,
» que ce livre atteste une haute intelligente, des recher-
» ches longues et pénibles, une grande habileté d'exécu-
» tion, et qu'enfin il n'est pas de comptoir de négociant,
» ni de bibliothèque de savant où il ne doive figurer en
» première ligne.... »

La famille royale d'Angleterre, les ministres anglais,
les ambassadeurs près la cour de Saint-James, et plusieurs souverains, parmi lesquels les empereurs de
Russie, d'Autriche et du Brésil, les rois de Prusse, des
Pays-Bas, d'Espagne, etc..... donnèrent également à l'auteur des marques d'approbation. M. le marquis de Cuning-
ham, attaché au service de S. M. le roi d'Angleterre,
comme grand-officier du palais, apprit à M. César Moreau,
dans une lettre des plus gracieuses, qu'il avait mis son
travail sous les yeux de Sa Majesté Britannique, et que ce

souverain l'en remerciait comme d'un présent estimable. Voici cette lettre: «J'ai le plaisir, Monsieur, de vous infor-
» mer que j'ai eu l'honneur de remettre au Roi votre intéres-
» sant ouvrage sur la puissance commerciale de la Grande-
» Bretagne, ouvrage que Sa Majesté a daigné recevoir avec
» satisfaction. Sa Majesté m'ordonne de vous témoigner la
» haute approbation qu'elle accorde à votre travail.... Je
» saisis cette occasion de vous remercier sincèrement de
» la bonté que vous avez eue de me destiner person-
» nellement un exemplaire de votre précieux ouvrage, et
» je vous prie de vouloir bien aussi recevoir l'assurance
» de mes sentiments de respect et d'estime, etc... »

Mais les suffrages auxquels M. César Moreau se trouva le plus sensible furent ceux qui lui vinrent de la France.
— Le duc de Damas et M. le baron d'Acher, attachés au duc d'Angoulême, l'informèrent que ce prince avait reçu avec plaisir l'exemplaire qu'il lui avait adressé, qu'il se proposait de le méditer, et l'en remerciait sincèrement. — Monseigneur le duc d'Orléans fut si satisfait de cet ouvrage qu'il en fit demander à l'auteur plusieurs exemplaires par le chevalier de Broval, secrétaire de ses commandements.
— Le ministre de la Marine et des Colonies, écrivant (26 octobre 1824) à M. Séguier, lui annonça qu'il avait examiné avec un vif intérêt le travail statistique exécuté par l'élève-vice-consul attaché à son consulat général, qu'il appréciait tous les soins qu'avait exigés cet important ouvrage, et qu'il se proposait de le faire connaître aux bureaux du Commerce. — Peu de jours après (19 novembre), M. le conseiller d'Etat, directeur général du commerce au ministère de l'Intérieur, s'adressant à M. César Moreau lui-même, lui disait qu'il reconnaissait toute l'utilité de son ouvrage et l'étendue des recherches et des études aux-

quelles il avait donné lieu ; il ne doutait pas que les résultats présentés par l'auteur ne dussent être d'une haute importance pour les intérêts commerciaux de la France ; enfin il rendait, lui aussi, hommage au zèle qu'avait dû réclamer l'accomplissement d'une tâche aussi grande et aussi pénible. — En accusant réception de *l'État du commerce de la Grande-Bretagne avec toutes les parties du monde, etc.*, le prince de Polignac, alors ambassadeur de France à Londres, applaudissait à l'amour de M. César Moreau pour le travail, à la persévérance de ses efforts, et le félicitait du succès qui les avait couronnés. Selon lui, M. le baron Séguier devait envoyer un exemplaire de cet ouvrage au ministre des Affaires Etrangères, qui ne pouvait, disait-il, que l'accueillir avec satisfaction. — Enfin M. le consul général lui-même offrit aussi ses compliments à l'auteur, et se chargea de faire passer un exemplaire à leur supérieur commun.

Le ministre des Affaires Étrangères apprécia ce travail, comme l'avait apprécié tout le monde. — Sur le rapport présenté par lui au Roi, l'auteur fut nommé vice-consul à Rhodes.—Cette récompense, si bien méritée, fut donnée à M. César Moreau pendant un voyage qu'il fit en France, pour assister aux derniers moments de son père. M. César Moreau se disposait à partir pour se rendre à son poste, lorsque sa belle-mère, femme octogénaire et retenue au lit par de cruelles souffrances, sentant sa fin approcher, témoigna le désir de ne pas être séparée de lui : M. César Moreau sacrifia, à ces vœux d'une mère, les avantages d'un avancement honorable ; il se hâta d'instruire de ses intentions le ministre des relations extérieures qui l'approuva et le maintint dans sa position d'élève-vice-consul attaché au consulat général de France en Angleterre.

De retour à Londres, M. César Moreau avait repris avec empressement le cours de ses études et de ses travaux statistiques. Depuis les huit années qu'il habitait l'Angleterre, il avait amassé d'immenses documents; il songea tout d'abord à y puiser la matière de productions nouvelles qui pussent jeter quelques lumières sur d'importantes questions d'économie politique, de commerce et d'industrie. Plusieurs considérations avaient déterminé M. César Moreau à ce travail : il ne lui avait pas échappé qu'au sein de l'apparente prospérité qui étonnait le monde, la Grande-Bretagne se trouvait en proie à une crise commerciale des plus effrayantes; il savait fort bien que pour essayer d'en sortir, elle avait apporté de sérieuses modifications à son système d'administration commerciale, ainsi qu'à ses rapports avec le commerce et l'industrie des pays étrangers; il savait qu'elle avait, dans ce but, diminué les droits d'entrée perçus depuis des siècles sur certains produits, et qu'appréciant leur supériorité, elle avait levé les prohibitions qui pesaient sur d'autres. Tout cela, dans la pensée de M. César Moreau, appelait des éclaircissements qu'il crut pouvoir être utiles à l'industrie commerciale et manufacturière de la France. En effet, il importait d'autant plus à nos commerçants, à nos industriels, à nos administrateurs, d'avoir des données exactes sur le *commerce des soieries* en Angleterre, par exemple, que ce commerce constitue une des branches principales de leurs spéculations. Il importait grandement aussi à la France, comme aux autres nations, d'être éclairée sur les *revenus*, les *dépenses* et les *dettes* de la Compagnie des Indes-Orientales, — trois choses d'ailleurs qui étaient presque encore un mystère pour les Anglais eux-mêmes. — Ce fut donc dans le but de servir surtout les intérêts de la France, que notre compatriote publia successivement de nombreux ouvrages d'histoire statistique, parmi lesquels nous citerons les suivants comme les plus dignes, par leur importance, de fixer l'attention des savants et des économistes :

1° Archives de la Compagnie des Indes-Orientales, considérées sous le rapport des revenus, dépenses, dettes, commerce, navigation, etc., de 1600 à 1827.

2° Origine et progrès du commerce des soieries en Angleterre.

3° Industrie britannique, vue dans ses exportations pour chaque pays, de 1698 à 1826.

4° Archives chronologiques de la marine royale et marchande britannique, de 1827 à 1828.

5° Etat de la navigation marchande intérieure et extérieure de la Grande-Bretagne, de 1787 à 1827.

6° État passé et présent de la situation statistique de l'Irlande, etc.

7° Archives chronologiques des finances de la Grande-Bretagne, établies d'après les documents officiels, depuis l'année 55 jusqu'en 1829.

8° Examen impartial du commerce de la Grande-Bretagne avec toutes les parties du monde, durant les périodes les plus remarquables des xviie, xviiie et xixe siècles.

9° Aperçu du commerce de la Grande-Bretagne, de 1821 à 1827, présenté dans ses importations et exportations, au moyen de tableaux faisant connaître la quantité et l'espèce des marchandises, avec l'indication des lieux de provenance et de destination.

10° Examen statistique du royaume de France en 1787, considéré sous les rapports de son étendue, de sa population, de ses revenus, de ses dépenses, de sa dette, de son commerce, de sa navigation, etc.

11° Tableau comparatif du commerce de la France avec toutes les parties du monde, avant la révolution et depuis la Restauration.

12° Examen comparatif du commerce de la France avec tous les pays du monde, aux deux époques de paix les plus importantes qui ont précédé la révolution (1787 à 1789) et suivi la Restauration (1819 à 1821), considéré sous le point de vue des importations et des exportations réunies et séparément, avec l'indication de la valeur des principaux articles reçus ou expédiés, et l'opinion des auteurs les plus célèbres sur le commerce français avec chaque puissance.

13° Origine et progrès du commerce des laines brutes et manufacturées en tissus dans les Iles-Britanniques.

14° Commerce de la France avec tous les pays du monde, depuis 1815 jusqu'à 1829, année par année.

15° Commerce général du royaume de France avec chaque pays du monde, en 1827.

16° Commerce général du royaume de France avec chaque pays du monde, en 1828.

17° Aperçu statistique du commerce français, de 1825 à 1829.

18° Situation détaillée et comparée des cinquante-trois principales branches de commerce français (importation et exportation), en 1827 et 1828, avec l'Europe, l'Afrique et l'Amérique, dédiée au Roi, avec autorisation de Sa Majesté.

La presse en général, aussi bien dans les trois Royaumes-Unis qu'en France, accueillit avec éloge chacune des productions de M. César Moreau. — Dans l'impossibilité où nous sommes de rapporter ici ces nombreux témoignages qui attestent l'utilité reconnue des travaux dus à la plume de ce savant et infatigable statisticien, nous nous bornerons, pour donner cependant une idée de la franchise et de la vivacité que mirent les principaux organes de la presse dans l'expression de leur opinion, à citer divers extraits de journaux anglais, et à reproduire en partie, dans le même but, quelques articles de journaux français, que nous avons choisis à dessein, parce qu'ils renferment une appréciation générale des œuvres de M. César Moreau.

Extrait de l'*Oriental Hérald*— (août 1825) :

« La haute réputation que l'auteur de cet ouvrage (les *Archives de la Compagnie anglaise des Indes orientales*, etc., de 1600 à 1825) a acquise ne peut que fixer plus particulièrement l'attention publique sur le nouvel effort qu'il vient de faire. — Cet effort ajoute beaucoup à la somme de reconnaissance que tout négociant et tout homme d'Etat anglais doit à ce savant français, qui recherche, examine et réunit avec tant de sagacité et au prix de tant de veilles, une multitude de faits, nés dans l'espace de plusieurs siècles, et parsemés dans des milliers de volumes, de manière à se trouver presque hors de la portée de toute intelligence humaine, mais qui aujourd'hui, transformés de cet état de choses en un ordre méthodique et clair, jettent une grande lumière sur la théorie et les principes du commerce, et mettent ainsi l'homme d'État à même d'appliquer les démonstrations de l'expérience aux moyens d'augmenter la richesse et la prospérité de cette grande nation commerçante.... »

» C'est un travail qui mérite d'être bien accueilli, dit du même ouvrage l'*Asiatic Journal*, et qui fait le plus grand honneur au talent et à la rare sagacité de son auteur... Nous ne pouvons, en vérité, nous empêcher de témoigner notre étonnement qu'un ouvrage aussi utile et aussi désiré soit sorti de la plume d'un savant étranger. Dans cette circonstance, M. César Moreau s'est montré le rival heureux de son compatriote M. Ch. Dupin... »

« M. César Moreau, — dit à son tour l'*Aristarque français*, dans son numéro du jeudi 4 août 1825, — à qui le monde commercial est déjà redevable d'un *état du commerce de la Grande-Bretagne avec l'Europe, l'Asie, l'Afrique et l'Amérique*, depuis 1697 jusqu'en 1823, vient de justifier, par un nouveau travail, l'ancien adage *labor pertinax omnia vincit*. Il fallait en effet toute la patience, toute l'obstination même de ce laborieux et savant économiste pour réaliser l'immense travail que nous avons sous les yeux : c'est l'*État du commerce, de la navigation, des revenus, des dépenses, de la dette des possessions anglaises dans les Indes-Orientales*, depuis 1600 jusqu'en 1825. Réunir tous les éléments divers qui appartiennent à ce vaste sujet, en classer distinctement toutes les branches, les circonscrire dans l'espace de quelques tableaux également exacts et lumineux, faire toujours suivre les détails de calcul par des résultats généraux et positifs, et couronner ce bel ensemble par une récapitulation où les données précédentes se reproduisent sans nulle confusion, tel est le but que M. César Moreau s'est proposé, et qu'il a complètement atteint. Ses calculs, dégagés de tout commentaire inutile, et n'offrant d'autre argument que la logique des chiffres, nous initient successivement dans le secret si longtemps impénétrable des affaires intérieures du Bengale, de Madras, de Bombay et des résidences secondaires. En parcourant ces tableaux, nous découvrons tour-à-tour quel a été, pendant de longues années, et quel est encore l'état des revenus, de la dépense, de la dette, du commerce et de la navigation de ces importantes régions; et, ce qui est d'un intérêt plus immédiat, plus majeur encore, l'auteur nous met à même de nous familiariser facilement avec toutes les opérations de la Compagnie des Indes, et, par suite, d'en apprécier très approximativement les avantages. Sous ce dernier rapport, l'ouvrage de M. César Moreau est véritablement le fil d'Ariane qui doit désormais conduire l'homme d'État, l'économiste et le négociant à travers l'inextricable dédale, où ils se sont plus ou moins égarés jusqu'à présent... »

Si l'on pouvait supposer dans ce concours d'approbations une trop grande bienveillance, l'extrait suivant de l'ouvrage dont il vient d'être question, en donnant une idée des immenses recherches qu'a nécessitées ce travail de M. César Moreau, expliquerait et légitimerait les éloges décernés si unanimement à son auteur.

« Les revenus de l'Inde, en 1822 et 1823, étaient de
» 23,117,822 livres sterling; ceux présumés de 1823 et
» 1824 s'élevaient à 21,663,724. Ce revenu est ainsi à
» peu près égal aux deux cinquièmes des revenus du
» Royaume-Uni. Mais le revenu indien n'est pas un re-
» venu net ; les frais de perception, au lieu d'être déduits,
» comme en Angleterre, de la somme des revenus, sont
» classés, comme en France, dans les dépenses ordinaires
» de l'État.

» Le produit du sel et de l'opium était, en 1822 et 1823,
» savoir :

» *Sel.* — Bengale, 2,154,700 livres sterling; Madras,
» 334,004 liv. st. ; Bombay... — Total, 2,488,704 liv. st.

» *Opium.* — Bengale, 1,009,780 liv., Madras... ; Bom-
» bay, 1,158,785 liv. — Total, 2,168,565 liv. st.

» A l'exception de ces branches de commerce, les im-
» pôts sont perçus sur le revenu des terres qui, dans quel-

» ques districts, est en réalité plus important que toute
» la rente.

» Les charges de l'Inde étaient, en 1822 et 1823, de
» 18,412,504 liv.; en 1823 et 1824, elles étaient estimées
» à 18,828,249 liv., à laquelle somme il faut ajouter,
» la première année, 1,649,384 liv. st., et la dernière,
» 1,735,035 liv. pour les intérêts des dettes payables
» dans l'Inde ; et, en 1822 et 1823, 120,093 liv., et, en
» 1823 et 1824, 112,268 liv. pour les dépenses de Sainte-
» Hélène.—Ce sont les dépenses militaires qui ont été les
» plus considérables, puisqu'elles s'élevaient, indépen-
» damment des fortifications :

» 1822-1823. — Bengale, 3,889,140 liv.; — Madras,
» 2,951,118 liv.; — Bombay, 1,693,521 liv. — Total :
» 8,533,779 livres.

» 1823-1824 (estimé). — Bengale, 3,969,808 liv.; —
» Madras, 2,945,738 liv.; — Bombay, 1,548,337 liv. —
» Total : 8,459,883 livres.

» Ainsi, il est à remarquer que, pendant la paix, la dé-
» pense est à peu près la même que celle relative aux
» forces militaires de terre du reste de l'Empire.... »

Extrait du *News*, numéro du 12 février 1826.— *Origine et progrès du commerce des soieries en Angleterre*, etc. — « Cet ouvrage, aussi laborieux qu'utile, est enrichi de différents tableaux destinés à prouver la vérité des propositions avancées par l'auteur.

» Les personnes qui ont l'avantage de connaître les divers ouvrages de M. César Moreau, apprécieront facilement le mérite de la production encore plus intéressante qu'il vient de faire paraître, sur le commerce des soieries en Angleterre.

» Ce travail se distingue par la même profondeur de

recherches faites dans les documents les plus authentiques, par la même perspicacité infatigable à compulser et arranger d'innombrables renseignements dans des tableaux où l'ensemble des faits, jadis dispersés dans mille ouvrages, ressemblent à des rayons épars qui se concentrent en un seul foyer pour réfléchir le plus de lumière possible sur les progrès de nos entreprises commerciales, etc., etc. »

Industrie britannique vue dans ses exportations de 1698 à 1825. — A propos de cet ouvrage, le *Times* (mars 1826), après lui avoir emprunté divers tableaux qu'il déclare de la plus haute utilité pour la connaissance des affaires commerciales de l'Angleterre, dit que « cet ouvrage est une preuve nouvelle de la variété des connaissances de M. César Moreau, aussi bien que de l'étendue et de la solidité de ses études. » — Le *New-Times* (mai 1826) ajoute : « Nous avons sous les yeux la preuve la plus frappante du talent consommé de M. César Moreau dans les affaires commerciales. La réputation de cet économiste, comme un des plus exacts et des plus infatigables statisticiens de ce siècle, est si bien établie, qu'elle rend tout autre éloge superflu. Nous ajouterons cependant que ce dernier ouvrage paraît être le résultat particulier d'une lecture immense, et facilité par une heureuse appréciation des renseignements à obtenir, etc. »

Extrait du *Mercure de Londres* (journal français) — Archives chronologiques de la marine royale et marchande Britannique de 817 à 1827.

« Voici l'ouvrage de l'un des hommes qui ont le mieux mérité de la patrie ; ce sont des faits que présente M. César Moreau ; ses tableaux attesteront à la postérité la plus reculée, et l'immensité de ce travail et son importance...

» Honneur à vous, Monsieur Moreau, honneur à vous ! C'est mériter l'admiration et la reconnaissance publiques, que d'utiliser ainsi les précieux instants de la vie... »

État présent et passé de la situation statistique de l'Irlande, etc.
— Extrait du *Litterary-Chronicle* (n° 444).

« L'ouvrage de M. César Moreau sur l'Irlande, est un nouveau produit de ses études et recherches statistiques, un nouveau témoignage de l'intelligence et de l'infatigable activité qui le distinguent. Pas un seul détail de quelque importance, soit qu'il se rapporte aux antiquités de ce pays, ou qu'il ait trait à son état actuel, qui ait été omis. Toutes les indications y sont parfaitement claires et intelligibles... »

Extrait du *Globe and Traveller*. « M. César Moreau vient encore d'ajouter, par un travail sur l'Irlande, à la réputation qu'il s'était déjà acquise. Tout ce qu'on peut désirer de connaître sur cet intéressant pays, il le met sous les yeux du public avec une méthode et une exactitude qui suffisent pour prouver toute l'étendue de l'intelligence et des travaux de l'auteur... »

Extrait du *Standart*. — « M. César Moreau est ici sur un terrain plus intéressant encore que tous ceux sur lesquels il s'est placé jusqu'à ce moment.

» Nous avons sous les yeux le plus grand ouvrage auquel il se soit encore livré, et que nous attendions avec cette impatience qu'il a si souvent justifiée.

» Les ouvrages de M. César Moreau n'ont rien de théorique, il n'exprime aucune opinion arbitraire, il ne se livre à aucune déduction logique ou irrationnelle ; le mérite de ses travaux statistiques consiste dans la présentation d'une masse prodigieuse de faits qu'il expose avec une lucidité telle qu'elle ne pouvait résulter que d'une méthode particulière à M. César Moreau. En vérité, nous ne croyons point exagérer, en disant que plusieurs in-folios ont été dépouillés de leur substance pour former celle de chacune des pages de ce savant calculateur, et qu'avec l'ensemble de son travail, l'homme d'affaires, l'économiste et l'homme d'État peuvent aisément se passer, quant à l'étude des affaires d'Irlande, d'une bibliothèque assez volumineuse... »

Enfin, le *Standart* (n° 657), rendant compte des *Archives chronologiques des finances de la Grande-Bretagne, de l'an 55 jusqu'en 1828,* s'exprime ainsi sur M. César Moreau : — « Nous avons copié du *Morning-Journal*, avec un extrême plaisir, un hommage offert au talent et au zèle de M. César Moreau, dont les ouvrages sur toutes les branches de l'économie ont placé si favorablement au jour, et les lumières et la persévérance. Il serait impossible d'indiquer aucun de ses compatriotes auquel la nation anglaise fût aussi redevable ; il s'est imposé sans autre motif concevable que celui de perpétuer des sentiments de respect et d'amour entre les lieux qui l'ont vu naître et ceux qu'il habita tant d'années ; et les moyens qu'il employa pour parvenir à son but furent aussi ingénieux qu'honorables. Présentant, dans les moindres détails, les ressources et les intérêts de la Grande-Bretagne, il a mis ses compatriotes à même d'apprécier la force et comprendre la politique naturelle de l'Angleterre, et d'en déduire cette conséquence remarquable, que les deux nations ont un intérêt égal et éternel à entretenir ensemble l'alliance la plus intime. On a dit avec raison que toutes les fois que l'Europe jouira d'une paix permanente, cette paix sera l'effet de l'intelligence universelle et parfaite des intérêts des différents États qui la composent ; dans ce sens le domaine littéraire peut être considéré comme le lien de paix et d'union qui doit unir la grande famille européenne, et, sans contredit, le suffrage de toute l'Angleterre placera toujours M. César Moreau au nombre des bienfaiteurs des peuples... »

Voici maintenant, en résumé, les termes dans lesquels le *Journal de Paris* (numéro du 17 mars 1827), à propos de l'*État de la Marine anglaise*, a parlé de M. César Moreau et de ses œuvres.

« La science de la statistique a fait en Angleterre, depuis quelques années, de très grands progrès, et ces travaux ont procuré, aux économistes, des matériaux aussi variés qu'étendus..... Nous avons suivi en France, mais de loin, l'exemple donné par nos voisins qui ont porté l'amour de la satistique jusqu'à former, à Londres, une société spéciale qui ne s'occupe que de cet objet......... Un des membres les plus distingués de cette société est, sans contredit, M. César Moreau, vice-consul de France, à qui d'importants travaux viennent d'ouvrir les portes de la Société royale de Londres. Aussi actif qu'instruit, M. César Moreau s'était déjà fait connaître par un tableau du commerce de la Grande-Bretagne avec toutes les parties du monde....— Un travail complet sur l'industrie britannique et le commerce d'exportation de l'Angleterre, valut, à l'auteur, les éloges des publications périodiques.... —Sa réputation s'accrut encore par l'apparition d'une vaste composition qui embrasse l'histoire commerciale et financière de la Compagnie des Indes, depuis son établissement, jusqu'à l'époque actuelle. Les journaux les plus estimés de la capitale et des comtés firent alors entendre, en son honneur, un concert de louanges et pour ainsi dire de reconnaissance nationale.... — Bientôt l'attention des économistes et des hommes d'Etat fut excitée au plus haut degré par un nouvel ouvrage de M. César Moreau, sur le commerce des soieries en Angleterre, objet qui a été souvent mis en discussion au Parlement, comme étant l'une des principales sources de la prospérité publique... Notre compatriote jouit aujourd'hui d'un avantage précieux et bien rare pour un étranger, celui d'être cité dans les deux Chambres comme une autorité : ses documents ont, de la sorte, acquis un caractère officiel ; car c'est ses écrits à la main que les orateurs ministériels et ceux de l'opposition se prononcent sur les questions d'économie politique : c'est que les chiffres de M. César Moreau portent avec eux l'évidence et la conviction.........

» .... Nous voici arrivés à la publication qui a mis le comble à l'estime et à la gratitude de la nation anglaise pour les savantes et laborieuses recherches du vice-consul français. Offrir à un peuple insulaire, commerçant et navigateur, un tableau complet de sa marine royale et marchande, depuis l'année 827 jusqu'à 1827, c'est-à-dire dans une période de dix siècles, c'était, à proprement parler, tracer, sous une forme analytique et mathématique, l'histoire extérieure de l'Angleterre.

» Il nous serait difficile de donner une idée, même imparfaite, de l'étendue et de la nature de cet ouvrage vraiment cyclopéen. On ne le comprendrait pas, alors même que nous emprunterions les expressions employées par un des hommes les plus célèbres de l'Angleterre, en parlant de l'écrit de M. César Moreau sur la Compagnie des Indes. Nous les citerons toutefois, parce qu'elles sont marquées à un coin d'originalité poétique qui distingue toutes ses productions. Voici ce qu'a écrit Walter Scott dans le *New Monthly Magazine*, recueil périodique, où le barde écossais

insère quelquefois des articles : « Considéré sous le rap-
» port de l'immensité du travail, cet ouvrage est certai-
» nement un des plus extraordinaires que nous ayons
» jamais vus. Ce livre est un échantillon curieux de ce
» que peut la lithographie dans l'imitation de l'écriture
» commune. La multitude des calculs qu'il renferme
» défierait en vérité toute la puissance typographique. Un
» seul coup-d'œil jeté sur cette quantité de chiffres et de
» détails élaborés, sufffit pour faire tourner la tête. De
» bonne foi on pourrait le considérer comme un fait alar-
» mant, et quant à la possibilité de son exécution, elle
» est vraiment une énigme pour nous ; en vain parlerait-
» on du pouvoir de la persévérance humaine, nous ne
» concevons pas qu'elle puisse produire les déluges de
» calculs qui surgissent de tous côtés dans ce livre, et
» peuvent être comparés aux innombrables grains de
» sable répandus sur les bords de l'Océan. L'ouvrage n'a
» jamais pu être écrit dans le sens littéral de ce mot, et
» de toute nécessité il est né d'un miracle, ou il s'est
» formé par degrés, tel qu'un chêne qui s'élève dans les
» airs avec ses mille branches. »

» Dans l'impossibilité de saisir l'ensemble de cette grande entreprise, et de dérouler l'enchaînement de ses diverses parties, nous nous bornerons à quelques faits curieux pour des lecteurs français.

» Les commencements de la marine anglaise furent très faibles. Avant 875, l'empire des mers appartenait aux Danois qui désolaient les côtes de la Grande-Bretagne ; mais il leur fut arraché par Alfred-le-Grand qui parvint à créer une flotte de cinq à six vaisseaux. Cent cinquante ans après environ, Canut, roi de Danemarck, reprit la supériorité en faisant construire des bâtiments d'une dimension supérieure à tout ce qu'on avait vu jusqu'alors. L'Angleterre fit les plus grands efforts sous le règne d'Edouard le Confesseur, et sa marine, déjà respectable, fut augmentée par les vaisseaux qu'amena Guillaume, duc de Normandie, débarqué avec soixante mille hommes de troupes. L'époque des Croisades marqua, pour l'Angleterre, celle d'une supériorité incontestable sous le rapport de la construction des navires. On vit alors les plus belles flottes qui eussent jamais paru sur les mers, et le roi Richard s'embarqua avec treize grands vaisseaux, cinquante galères armées et deux cents autres bâtiments de transport. En 1215 le roi Jean envoya cinq cents vaisseaux au secours du comte de Flandre. En 1253, toutes les forces navales de la Grande-Bretagne se sont réunies pour une expédition contre les barons révoltés ; le nombre des vaisseaux était de plus de mille, dont trois cents de haut-bord. En 1294, on vit trois flottes distinctes, ayant chacune un amiral (c'est de cette époque que date ce titre emprunté aux Sarrasins). — On eut, en 1338, le premier exemple d'un convoi de bâtiments marchands escorté par des bâtiments de guerre. L'année suivante offrit également, pour la première fois, un essai de l'invention de la poudre. Les Ecossais se servirent, contre une forteresse anglaise, de canons qu'ils avaient reçus de France ; mais ce ne fut que vers 1400 qu'on les employa à bord des vaisseaux, encore étaient-ils d'un faible calibre.

» Une série de tableaux fort curieux nous conduit jusqu'aux règnes d'Henri VIII et d'Élisabeth, pendant lesquels la marine anglaise prend un accroissement considérable, et présente une organisation et un ensemble réguliers. Un état de situation, soumis à la reine Élisabeth en 1603, indique qu'il existait déjà des vaisseaux de mille tonneaux, ayant jusqu'à cinq cents hommes d'équipage. La marine royale se composait alors de quarante-deux bâtiments armés; mais si nous passons au commencement du xviiie siècle, M. César Moreau nous la représente forte de cent soixante-quinze vaisseaux et quatre-vingt-dix-sept bâtiments légers, formant un total de deux cent soixante-douze.....

» L'ouvrage de M. César Moreau renferme des détails et des rapprochements précieux sur les événements maritimes de la guerre commencée, en 1782, entre la France et la Grande-Bretagne; en retraçant, par exemple, les actions mémorables qui signalèrent les campagnes du comte de Grasse et du bailli de Suffren, l'auteur a placé, dans un même cadre, les forces respectives des deux puissances. Cette époque est l'une des plus brillantes de notre histoire navale, et l'on voit qu'en s'y arrêtant avec complaisance, M. César Moreau s'est souvenu qu'il était Français.

» Les résultats qu'il a constatés prouvent en outre, que la force numérique n'établit pas toujours, sur mer, la véritable supériorité, et que le génie des hommes qui commandent, la confiance de ceux qui obéissent et les sages mesures prises par d'habiles ministres, rétablissent souvent l'équilibre et attachent la fortune au pavillon de la flotte en apparence la plus faible.

» Mais ce que l'on suit avec un intérêt toujours croissant dans cette série de tableaux offerte par l'auteur, c'est la lutte prolongée et opiniâtre de la Grande-Bretagne contre la révolution, dans toutes les parties du monde...... Que de vaisseaux construits, que d'hommes appelés aux armes, que d'or répandu dans toutes les parties de l'Europe, que de troupes soudoyées, et aussi que de sang versé! On a peine à en croire ses yeux, et l'on douterait, sans la certitude que les résumés présentés par l'auteur sont authentiques et puisés à des sources officielles. Dans l'impuissance où nous sommes de parcourir ce vaste dédale de calculs, nous ne nous arrêterons qu'au seul article des fusils de fabrique anglaise, fournis aux différentes coalitions et transportés sur le continent.

» De 1803 à 1816 le nombre s'en est élevé à trois millions deux cent vingt-huit mille, dont deux millions cent quarante-trois mille, livrés aux alliés de la Grande-Bretagne, sont restés sur le continent. Sur cette prodigieuse quantité d'armes, il n'en est pas rentré plus de deux cent mille en Angleterre. C'est une dépense de plus de cent millions de francs pour ce seul objet....

» Mais ces armes sont converties en socs de charrue ou dévorées par la rouille durant une longue paix ; et tandis que les vers rongent les restes de Bonaparte et de Nelson, ils détruisent non moins rapidement ces vaisseaux qui ont lancé la foudre sur les bords du Nil et à Trafalgar.... Les millions de chiffres de M. César Moreau ont aussi leur philosophie historique : ils nous apprennent que ces flottes, qui ont couvert toutes les mers et si souvent insulté nos côtes, sont maintenant condamnées à l'immobilité, ou servent, dans les ports, aux usages les plus vulgaires. On voit figurer en 1814, sur les états, cinq cents bâtiments de tout rang ; le nombre s'en trouve réduit à trois cent trente, en 1820, et encore au-dessous, en 1827.... L'auteur nous présente un motif de sécurité en traçant le tableau des vaisseaux lancés depuis 1814 jusqu'en 1827, dans les chantiers anglais et dans ceux de la France. Ce rapprochement curieux donne les résultats suivants : L'Angleterre a fait construire et mettre à l'eau, durant cette période de douze années, soixante-neuf bâtiments de guerre de toute grandeur, portant trois mille neuf cent quatre canons ; la France en a également fait lancer soixante-neuf, armés de quatre mille quarante canons. M. César Moreau nous donne le nom de chacun de ces navires avec la date et le lieu de sa naissance... Enfin l'ouvrage de M. César Moreau ne sera pas moins utile à la France qu'à l'Angleterre, et il est fort à désirer qu'il lui donne, parmi nous, une publicité plus grande que celle qui peut être atteinte par la lithographie. L'exécution de ses tableaux n'est pas ce qu'il y a de moins curieux ; elle justifie l'étonnement tout-à-fait poétique de sir Walter-Scott.... »

Qu'il nous soit encore permis, pour compléter l'appréciation des œuvres de M. César Moreau, de rapporter divers fragments d'un article, non moins remarquable par le fond que par la forme, qui parut le 31 mai 1828, dans les colonnes du *Furet de Londres*, journal français publié, à Londres, par un Français, M. P. Mars.

« L'examen du commerce de la Grande-Bretagne, dit-il,
» est la douzième production au moins dont la plume in-
» fatigable de M. César Moreau a enrichi le cabinet de
» l'homme d'État, le comptoir du négociant et la biblio-
» thèque de tout homme d'étude qui désire s'expliquer,
» par la connaissance des faits, le phénomène si long-
» temps inexplicable de la grandeur commerciale de l'Em-
» pire Britannique. Si l'on considère le commerce, ses
» développements, son action et sa réaction, comme étant
» les véritables artères qui ont porté la vie dans ce vaste
» corps politique, on peut même dire que nul écrit n'a
» fait connaître la nature et les conditions de son existence
» d'une manière plus lucide ni plus mathématiquement
» vraie que les chiffres de M. César Moreau. Ce mode de
» raisonner les plus hautes questions de l'ordre social, de

» les matérialiser, pour ainsi dire, et de les arracher, en
» quelque sorte, à l'arbitraire des théories pour les sou-
» mettre à la logique du calcul positif, constitue un genre
» entièrement nouveau dans le domaine des sciences po-
» litiques. Les ouvrages de M. César Moreau n'appartien-
» nent à aucune école, à aucun système, à aucun parti. Il
» en est à la fois le créateur et le modèle, et si quelque
» chose a lieu de l'étonner lui-même, c'est sans doute
» qu'une utilité si générale, et des succès aussi complets
» aient été les fruits d'une conception si simple, dans un
» siècle où l'on mesure trop souvent le mérite des produc-
» tions de l'esprit à la complication qui les obscurcit. L'idée
» une fois conçue, M. César Moreau n'a plus eu besoin,
» pour l'exécuter, que d'un travail opiniâtre et d'une pa-
» tience à toute épreuve; mais si cette patience et ce travail
» n'exigeaient aucun effort de génie, il faut convenir au
» moins que l'idée première porte avec elle un caractère
» de réflexion et de justesse qui la signale comme l'une
» des plus remarquables de l'époque actuelle. Arrivé en
» Angleterre au moment où la paix venait de dissiper les
» nuages qui cachaient la véritable situation de ce pays aux
» regards de l'univers, M. César Moreau sentit la nécessité
» de résoudre les deux plus importantes questions qui
» fussent alors à l'ordre du jour, savoir : 1° Si le com-
» merce et l'industrie de la Grande-Bretagne étaient réel-
» lement aussi prodigieux qu'on les présentait ; 2° quels
» étaient, dans ces cas, les véritables causes de ce pro-
» dige, la nature de sa solidité actuelle et les conditions de
» sa durée. Telle est la pensée qui a présidé à l'entreprise
» de M. César Moreau ; mais où trouver les moyens de
» résoudre ce double problème ? S'il les avait demandés
» à la multitude d'écrivains anglais qui ont traité cette

» matière, il n'aurait trouvé, dans ce dédale, qu'un con-
» flit perpétuel d'opinions contradictoires, et marquées,
» non au cachet de la vérité, mais à celui des partis oppo-
» sés qui ont toujours divisé la Grande-Bretagne. Les uns
» lui auraient présenté une prospérité exagérée, les autres
» une décadence imaginaire. S'il s'en était rapporté aux
» indications fournies par le Gouvernement, il aurait pré-
» senté les mouvements de la prospérité nationale, non
» tels qu'ils ont eu lieu, mais tels que la politique du ca-
» binet a voulu qu'ils parussent aux yeux de l'Europe ;
» enfin, s'il avait interrogé les écrivains étrangers, il
» n'aurait été que l'écho des rêves creux et des préjugés
» plus qu'absurdes dont l'organisation commerciale et
» politique de cet empire a été l'objet. Qu'a donc fait
» M. César Moreau pour arriver à la vérité, à travers tant
» d'erreurs groupées autour de son sujet ? Il n'a répudié
» ni admis exclusivement aucun des éléments de convic-
» tion dont nous venons de parler. Il les a tous évoqués,
» non pour leur emprunter leurs opinions spéculatives,
» mais pour leur dérober le peu de faits qu'ils renferment ;
» et, soumettant ensuite cette récolte numérique à l'é-
» preuve du plus exact des régulateurs existant en pareille
» matière, celui des documents parlementaires, il est par-
» venu à donner, au monde, le tableau le plus approxima-
» tivement fidèle qu'il ait jamais eu de l'état de chacune
» des branches de l'organisation commerciale et indus-
» trielle de la Grande-Bretagne, considérée sous les rap-
» ports de sa politique intérieure et extérieure.... Comme
» si tout devait être inusité dans ses productions, il a pro-
» cédé en sens inverse des méthodes reçues ; il n'a point
» voulu s'élever des détails à l'ensemble de son sujet, mais,
» au contraire, il est parti de l'ensemble pour descendre

» aux détails; et, peut-être, en effet, le meilleur moyen d'in-
» téresser le public à un travail aussi vaste, était-il d'éton-
» ner d'abord son attention par le tracé de toute son éten-
» due. — Le tableau du commerce de la Grande-Bretagne
» avec toutes les parties du monde, depuis 1797 jusqu'en
» 1824 inclusivement, était très propre à produire cet
» effet. On n'avait jamais vu tant de faits exposés et motivés
» dans un si petit cadre. C'est le panorama de l'histoire
» britannique pendant le siècle le plus fécond en événe-
» ments de tout genre, le plus riche en inductions poli-
» tiques....

» Les *Archives de la Compagnie des Indes-Orientales,*
» *considérées sous le rapport des revenus, dépenses, dettes,*
» *commerce et navigation, de* 1600 *à* 1827, sont un ouvrage
» d'un intérêt immense dans un moment où non seulement
» l'existence politique de cent millions d'hommes va être
» remise en question devant le Parlement britannique,
» mais où l'ensemble du système colonial est lui-même un
» sujet de controverse général......

» L'ouvrage sur l'origine et les progrès du commerce
» des soieries, est d'un intérêt plus spécial pour la France
» que pour l'Angleterre, et l'époque à laquelle il a été
» publié lui donne un mérite de circonstance qu'il conser-
» vera longtemps.....

» L'industrie britannique, étudiée dans ses exportations,
» est, de toutes les productions qui ont vu le jour depuis
» long-temps, la plus propre à dissiper les illusions que
» les dehors de cette industrie avaient fait naître dans l'es-
» prit des étrangers, et à animer ceux-ci d'une noble ému-
» lation....

» Dans son travail sur la Marine royale et marchande
» de la Grande-Bretagne, M. César Moreau a su allier des

» considérations de la plus haute politique avec les inté-
» rêts matériels de la navigation marchande.....

» Le tableau statistique de l'Irlande est d'un rare et
» utile à-propos dans un moment où cet important appen-
» dice de l'Empire britannique donne lieu à tant de solli-
» citudes fondées....

» Les archives des finances britanniques sont, dans ce
» genre de composition, un véritable chef-d'œuvre de la-
» conisme et d'exactitude, au sujet desquelles le plus sévère
» et le plus justement célèbre des critiques anglais (*The*
» *Edimburgh Review*) disait dans son numéro 93, page 85:
» — Cet ouvrage fait le plus grand honneur au génie de
» M. César Moreau et développe, d'une manière admirable,
» tout le talent dont il est doué, pour présenter les sujets
» dont il s'occupe. — Il rivalise, en effet, avantageusement
» avec les autres productions du même auteur, ou pour
» mieux dire avec tous les ouvrages de statistique qui ont
» paru jusqu'à ce jour....

» Enfin, le tableau comparatif du commerce de la France
» avec toutes les parties du monde, avant la révolution et
» depuis la Restauration; l'examen statistique de ce royau-
» me, en 1787; et le travail qui a servi de texte à cet arti-
» cle, concourent à prouver que le génie observateur de
» M. César Moreau est à la hauteur des tâches les plus im-
» portantes, et promet à la France un des hommes les
» plus capables d'apprécier et de défendre les véritables
» intérêts de son commerce et de son industrie.

» Si l'Angleterre tout entière n'a pu refuser à M. César
» Moreau l'hommage de son admiration pour les secrets
» qu'il lui a révélés et la vive lumière qu'il a jetée sur tou-
» tes les branches de sa prospérité ; s'il n'est point un seul
» journal anglais qui ne l'ait signalé comme l'économiste

» qui a su le mieux démêler tous les fils de son système;
» si tous les partis se sont servis de ses ouvrages comme
» d'autant d'autorités, et se sont réunis pour le combler
» de leurs éloges, il est impossible que la France n'ait
» point le droit d'attendre les mêmes services du zèle et
» du patriotisme de cet écrivain, et qu'il n'ait point, à son
» tour, à en espérer le même accueil.... »

M. César Moreau envoya des exemplaires de ses ouvrages aux princes et aux ministres français, qui tous lui adressèrent de nouvelles et bien flatteuses félicitations. En même temps, et sans qu'il eût sollicité cette faveur, le gouvernement le nommait vice-consul à la résidence de Londres. Ce fut le 26 août 1825, que M. le baron de Damas, alors ministre des relations extérieures, lui transmit, en ces termes, la nouvelle de sa promotion.

Le Ministre des Affaires-Étrangères

à M. César Moreau,

Élève-vice-consul de France, à Londres.

« J'ai l'honneur de vous annoncer, Monsieur, que le Roi, par ordonnance en date du 21 de ce mois, vous a nommé vice-consul à Londres, avec un traitement annuel de deux mille francs.

» Vous devrez d'ailleurs, suivant ce qui est prescrit à cet égard par l'instruction royale du 8 août 1814, rester entièrement placé sous la direction du consul général de Sa Majesté.

» Vous trouverez, Monsieur, dans cette nomination, un puissant encouragement de vos efforts pour rendre de plus en plus vos services utiles et méritoires; et je suis persuadé que vous répondrez dignement à la confiance dont le Roi a bien voulu vous honorer.

» Recevez, etc.......

» Le Baron DE DAMAS. »

Cependant la bonne volonté du gouvernement et du ministre fut, dans cette occasion, assez stérile : Le prince Jules de Polignac, alors ambassadeur de S. M. le roi de France près la cour d'Angleterre, se refusa à faire reconnaître par le gouvernement anglais, en qualité de vice-consul, le nouveau titulaire. M. César Moreau souffrit, sans se plaindre, cette injustice dont il fut d'ailleurs largement dédommagé par l'estime et l'honneur qui s'attachent aux travaux utiles.

Le 8 février 1827, la Société royale de Londres appela M. César Moreau dans son sein ; plus de cent cinquante membres siégeaient, lorsqu'il fut question d'admettre notre compatriote : tous furent unanimes sur cette nomination. M. César Moreau dut être d'autant plus sensible à cet honneur, que les portes de la Société royale de Londres s'ouvraient fort rarement aux célébrités nationales, et qu'elles étaient presque toujours fermées pour les étrangers (1). — L'Institut royal de la Grande-Bretagne et d'Ir-

---

(1) Extrait de la *Gazette de France*, n° 49. — Dimanche 18 février 1827 : « M. César Moreau, vice-consul de France à Londres, a
» été présenté et reçu le 15 février, en qualité de *membre résident* de
» la Société royale. — Cet agent français avait été nommé à l'unani-
» mité des suffrages. Auteur de plusieurs excellentes productions sur
» le commerce et la statistique de la Grande-Bretagne, cette distinc-
» tion en est la récompense... La célèbre Société scientifique de Lon-
» dres ne compte, outre M. César Moreau, *qu'un seul membre rési-*
» *dent étranger;* c'est M. Brunel, ingénieur, également Français, au-
» teur du projet du passage sous la Tamise......»

lande, et la Société centrale et royale d'agriculture britannique, deux autres corps savants, dont on connaît aussi l'extrême répugnance à admettre des membres étrangers, s'associèrent également à des éloges si bien mérités, en appelant notre compatriote à siéger parmi leurs membres.

A la même époque, 1827, telle était la position d'écrivain statisticien de M. César Moreau, en Angleterre, que la Société statistique de Londres, par une heureuse inspiration, lui dédiait, dans les termes flatteurs que voici, une collection de documents statistiques de l'Empire Britannique :

« A M. César Moreau, de Marseille ,
» Membre de la Société royale de Londres, etc.....

» Monsieur

» Les membres de la Société statistique de Londres vous
» prient d'agréer les vifs témoignages de leurs remercî-
» ments, pour l'obligeance et l'extrême empressement que
» vous avez apportés à faciliter leurs recherches, en met-
» tant à leur disposition les ouvrages et les documents
» officiels nombreux que vous possédez. Considérant que
» rien ne peut mieux faire connaître les soins de Dieu à
» l'égard des hommes, et contribuer en même temps au
» bien-être de la société, la Société statistique de Londres
» pense que les ouvrages précieux de statistique que vous
» avez publiés à si grands frais d'argent, de temps et de
» travail, vous donnent des droits à la considération et à
» l'estime de la société en général; et c'est à tous ces titres,
» que les membres de la Société de Statistique de Londres
» vous dédient cet ouvrage sur la même matière, comme
» un hommage d'approbation et d'estime. »

Dans le cours de cette même année (1827), M. César Moreau rendit d'utiles services au ministère des Affaires Étrangères, en lui faisant passer des documents statistiques et d'économie politique de toute nature. Ces services, ces envois, établirent, entre les chefs de ce ministère et lui, une correspondance assez active.

Ces documents, traitant, soit des armées anglaises, soit du budget anglais ou d'autres objets d'une égale importance, offraient un si grand intérêt, que le chef du ministère anglais, le célèbre M. Canning, en emportait toujours des exemplaires avec lui aux Chambres. — Notre vice-consul apprenait, par l'organe de plusieurs employés supérieurs du ministère des Affaires Étrangères, tels que MM. le comte d'Hauterive, le baron de Deffaudis, Morel et de Joquet, etc., fonctionnaires pleins de lumières, tantôt que ses travaux statistiques avaient excité une sérieuse attention de la part du conseil des ministres, tantôt qu'ils ne pourraient qu'être utiles au secrétariat, à la division commerciale et au bureau de statistique, tantôt qu'ils serviraient à l'établissement des bases d'un budget comparatif anglais, tantôt enfin qu'on les faisait traduire et mettre au net avec grand soin; qu'ils attestaient tous, d'ailleurs, le zèle soutenu, l'intelligence de leur auteur, et qu'un jour viendrait inévitablement où il en serait récompensé ; tantôt encore que le ministre désirait qu'il lui indiquât quelle sorte de documents statistiques M. Canning emportait toujours avec lui aux Chambres; d'autres fois enfin que M. César Moreau devait faire en sorte de transmettre des données certaines, sur les différentes informations que le cabinet de Saint-James exigeait de ses consuls à l'étranger. Toutes ces communications, toutes ces demandes étaient accompagnées de félicitations dont la sincérité ne pouvait être suspecte, puisqu'en effet tous les envois de notre studieux et infatigable vice-consul contribuaient, véritablement et efficacement, à éclairer le ministère sur des questions importantes.

Une autre correspondance, non moins honorable pour M. César Moreau, fut celle qu'il eut occasion d'entretenir assez long-temps avec l'un de nos plus célèbres administrateurs, M. le comte de Saint-Cricq. Cette correspondance remontait à l'année 1819: le consul général, M. Séguier, venait alors de partir pour la France. En quittant Londres, il avait autorisé M. César Moreau à répondre, pendant son absence, aux lettres qui pourraient exiger une réponse pressée. Dans le mois de septembre de cette année (1819), il en vint une au consulat général, que M. César Moreau jugea urgente. Elle émanait de la direction générale des douanes, administration à la tête de laquelle se trouvait M. le comte de Saint-Cricq. Le consul général était prié, dans l'intérêt du service de l'État, de transmettre à la direction générale des douanes la collection des tarifs, lois, règlements en vigueur, et de toutes les espèces de documents qui avaient rapport à la perception des droits de navigation, d'entrée et de sortie, au maintien de la prohibition de certaines marchandises étrangères, et au traitement des Français pris en flagrant délit de fraude. La lettre se terminait par la déclaration que M. le directeur général des douanes se ferait un devoir de rembourser tous les frais occasionnés par un pareil service.

Fort peu soucieux des dépenses qu'il aurait à faire, et guidé uniquement par le désir de procurer à M. de Saint-Cricq des renseignements nécessaires au service de l'État, M. César Moreau résolut aussitôt de composer un résumé des meilleurs ouvrages publiés sur les tarifs, ainsi que des documents et enquêtes existant sur toutes les questions de commerce indiquées dans la dépêche du directeur général des douanes. Il transmit, à cet administrateur éclairé, son travail accompagné du montant des droits de douane perçus sur plus de trois cents articles principaux, importés dans la Grande-Bretagne, année par année, de 1814 à 1819.

Peu de temps après (26 décembre 1820), M. de Saint-Cricq accepta, avec reconnaissance, l'envoi d'un travail de M. César Moreau, sur les revenus généraux de l'Angleterre et des pays vivant sous sa domination. Le directeur général des douanes, en félicitant M. César Moreau d'avoir conçu un projet d'un si grand intérêt, le pria de joindre à ses envois tous les documents qu'il pourrait se procurer, et dont la connaissance lui semblerait de quelque importance pour le commerce français. M. César Moreau répondit au désir de M. le comte de Saint-Cricq, avec un zèle et une intelligence auxquels ce savant administrateur se plaisait à rendre hommage dans sa correspondance, dont voici quelques extraits :

« Je vous remercie beaucoup des soins intelligents et
» de l'empressement que vous mettez à me procurer tout
» ce qui peut être utile au service du Roi....

» Paris, le 21 juillet 1821.

» Comte DE SAINT-CRICQ. »

« Je possède déjà, par vos soins, la collection des jour-
» naux du Parlement, ainsi qu'un nombre infini de docu-
» ments détachés dans lesquels se trouvent tous les ren-
» seignements désirables sur la balance du commerce de
» l'Empire Britannique.

» Paris, 15 mars 1822.

» Comte DE SAINT-CRICQ. »

« ... Je saisis avec plaisir cette occasion de vous témoi-
» gner combien j'apprécie le zèle que vous mettez à me
» tenir au courant de tout ce qui peut intéresser le service
» du Roi....

» Paris, le 25 avril 1822 (n° 2,525).

» Comte DE SAINT-CRICQ. »

« .... Le grand nombre des documents qui me sont déjà
« parvenus par vos soins, me fait sentir la nécessité d'un
» travail d'ensemble dont l'objet est de mettre en dehors,
» et de disposer, dans un ordre méthodique, tous les ren-
» seignements relatifs aux différentes branches du com-
» merce, etc....

» Paris, 6 juillet 1822 (n° 4120).

» Comte DE SAINT-CRICQ. »

Dans une autre lettre (25 janvier 1823), M. de Saint-Cricq
déclarait que, grâce aux services de M. César Moreau, pendant les deux dernières années, il possédait maintenant des
notions suffisantes sur toutes les branches du commerce, de
l'industrie et de l'administration anglaise. Ailleurs (lettre
du 24 juin 1824), il reconnaissait que M. César Moreau n'a-
vait rien négligé pour ajouter à ses moyens d'information,
et qu'il avait puissamment contribué à éclairer la marche
de l'administration française. — En 1825, 1826 et 1827,
M. César Moreau continua, avec la même exactitude, à
envoyer, en France, tout ce qu'il pensait pouvoir intéresser
le bureau du commerce, dont l'honorable comte de Saint-
Cricq était président depuis 1824 ; et, de son côté, M. de
Saint-Cricq ne se lassait pas d'applaudir à l'activité de son
correspondant. Tantôt il le remerciait (20 juin 1825)
du zèle éclairé qu'il avait apporté jusqu'alors à lui

être utile, tantôt il applaudissait (5 août 1826) aux mesures qu'il savait prendre, pour être promptement informé des nouvelles dispositions commerciales de l'Angleterre, et procurer à l'administration française des documents auxquels elle était redevable de plusieurs avantages.—Lorsque M. le comte Beugnot eut succédé à M. de Saint-Cricq, dans la direction du bureau du commerce, M. César Moreau continua encore ses relations avec cette institution, jusqu'au moment où lui-même quitta définitivement l'Angleterre. M. Beugnot lui exprima alors (29 décembre 1829), dans les termes les plus honorables, les regrets que lui laissait la cessation de cette correspondance, et reconnut l'utilité et l'importance des communications dues à son zèle, et dont le bureau du commerce avait longtemps profité.

De retour à Paris, dans les premiers jours du mois de janvier 1828, et décidé à ne plus vivre en Angleterre, dont le délabrement de sa santé et la douleur de la perte de sa belle-mère, lui rendaient le séjour à la fois dangereux et pénible (1), M. César Moreau fit alors quelques démarches, pour obtenir, en France, un emploi qui lui permît de continuer à rendre des services à son pays ; partout il reçut un obligeant accueil. — Une place honorable ne tarda pas à devenir vacante au ministère du commerce et des manufactures, par le décès d'un fonctionnaire

---

(1) « Mon retour en France, a écrit M. César Moreau, eut aussi
» pour légitime cause le désir d'arracher mon épouse à la profonde
» douleur qu'elle avait ressentie de la perte de sa mère, femme excellente autant qu'éclairée, qui avait daigné faire notre bonheur,
» et dont le souvenir ne s'effacera jamais de mon âme. »

éclairé, M. Catineau-Delaroche. Voyant que cette fonction était conforme au genre de son aptitude et de ses connaissances, et persuadé qu'il pourrait lui consacrer toute l'assiduité et le zèle qu'elle exigeait, M. César Moreau en fit la demande (25 juin 1828) à M. le comte de Saint-Cricq, récemment placé à la tête du ministère du commerce. Mais, soit que ce ministre eût déjà perdu le souvenir des services que le vice-consul de France à Londres avait rendus à son département, soit plutôt que les innombrables travaux de son ministère ne lui laissassent pas le temps de faire attention à la requête qui lui était présentée, cette demande demeura sans résultat.

Une démarche, ayant le même but, l'obtention d'un emploi à Paris, tentée, à peu près vers le même temps, auprès de M. le baron de Damas, eut un résultat plus favorable, mais de courte durée. Nous y reviendrons plus tard.

Dans le temps où M. le baron de Damas était ministre secrétaire d'Etat au département des relations extérieures, M. César Moreau avait eu beaucoup à se louer de ses bienveillantes intentions à son égard. Plusieurs fois ce ministre l'avait complimenté sur ses recherches de statistique commerciale et industrielle ; il s'était même si bien persuadé que notre vice-consul à Londres pouvait lui être éminemment utile dans les bureaux de son ministère, que, dans l'année 1825, il lui avait envoyé l'ordre de se rendre sur-le-champ à Paris, pour y être attaché à son cabinet. Il voulait lui confier, disait-il, le soin de réunir, mettre en ordre et de transmettre au bureau du commerce tous les documents qu'il serait parvenu à se procurer sur les attributions de cette institution. De plus, comme il existait au ministère des Affaires Étrangères une masse considérable de pièces relatives au commerce et à l'industrie, le ministre désirait et entendait que M. César Moreau pût en faire le dépouillement et le classement pour les lui présenter sous une forme qui permît d'en saisir à la fois les détails et l'ensemble. M. de Damas lui indiquait surtout, parmi les divers points qui devaient fixer son attention, tout ce qui concernait l'état de l'Inde, les rapports de l'Angleterre avec chacune des puissances, sa marine militaire et sa marine marchande, son système de douanes et de finances ; enfin, une statistique complète et raisonnée des Iles Britanniques et de leurs possessions dans toutes les parties du monde. — M. César Moreau fut séduit tout d'abord par la certitude que lui donnait cette position de servir d'une manière efficace, sous les yeux même du ministre, l'administration à laquelle il appartenait. Mais la respectueuse affection qu'il avait vouée à une belle-mère âgée alors de quatre-vingts ans, accablée d'infirmités, à laquelle sa présence et celle de madame Moreau étaient nécessaires, lui firent refuser le poste auquel il était appelé. — Le ministre comprit et apprécia comme il le devait tout ce qu'il y avait de sentiments honorables dans le scrupule qui avait dicté ce refus ; aussi, lorsqu'une perte douloureuse eut rendu à M. César Moreau sa liberté, M. le baron de Damas lui réitéra la même proposition. Cette fois, M. César Moreau accepta avec une reconnaissance empressée ; mais une révolution ministérielle ayant brusquement enlevé le portefeuille à M. de Damas, il fut obligé de solliciter, comme nous le verrons bientôt, près du nouveau ministre, pour obtenir l'emploi qui deux fois lui avait été offert.

Cependant la royauté avait généreusement indemnisé M. le baron de Damas de la perte de son portefeuille, en le nommant gouverneur du jeune duc de Bordeaux. Persuadé que la statistique, qui comprend la connaissance de tous les objets qui constituent l'existence sociale de l'homme, ou qui, pour emprunter la définition d'un statisticien célèbre, Donnant, est *l'inventaire exact des choses remarquables et vraiment existantes d'un État*, devait faire partie de l'éducation d'un prince appelé à régner un jour sur un grand peuple, M. César Moreau se mit à rédiger un plan d'enseignement statistique qui lui paraissait devoir convenir à l'instruction de l'auguste élève de M. de Damas.

Voici quelques traits de ce plan :

Point de discussion de principes ;

Laisser en dehors les rapports nécessaires de la statistique, avec une infinité de grandes questions d'ordre public ;

Glisser sur la liaison de telle cause avec tel effet ;

Point d'exposition de théories ;

Suivre une marche toute mécanique, partant plus laborieuse peut-être, mais aussi plus facile ;

Au lieu d'édifier, seulement rassembler des matériaux et signaler leur filiation ;

Observer attentivement les nombreuses ramifications de la statistique avec toutes les autres branches du savoir humain ;

Explorer, pour les coordonner ensuite, tous les faits absolus ou relatifs, généraux ou particuliers qui, ayant trait aux avantages naturels ou politiques des peuples, sont consignés dans tous les écrits spécialement statistiques, ou sont accessoirement traités dans d'autres écrits;

Embrasser l'ensemble entier de la statistique ;

Pour cela, constater tous les faits appartenant aux divers systèmes qui régissent les nations ou qui les lient entre elles;

Soumettre ces faits à une classification didactique, selon

l'ordre et la succession des temps, des lieux, des choses et des hommes;

Par là, faciliter la solution de toute question touchant à l'ensemble ou au détail des éléments infinis qui forment la situation d'un peuple, soit passée, soit actuelle;

Pour présenter un tableau exact de cette situation, recueillir non seulement les faits consignés dans les écrits imprimés ou manuscrits, mais encore ceux que feront connaître journellement, soit les ouvrages nationaux ou étrangers qui paraîtront, soit les rapports officiels des divers fonctionnaires du gouvernement, soit la correspondance des corps savants, soit aussi la correspondance des individus renommés par leur savoir et faisant autorité.

Puis M. César Moreau divisait son travail de la manière suivante :

Réunir graduellement tous les ouvrages traitant de la statistique directement ou indirectement;

Composer des extraits de ces ouvrages;

Composer aussi des extraits de tous les ouvrages, documents, journaux, correspondances, etc., d'une acquisition impossible ou jugée inutile;

Classer les extraits ci-dessus, conformément à leurs rapports avec les divers buts politiques du gouvernement;

Faire un répertoire journalier et méthodique de cette masse de renseignements, en spécifiant leurs degrés d'importance absolue ou relative;

Enfin, dresser un tableau synoptique présentant périodiquement les changements occasionnés, soit par le temps, soit par d'autres causes dans les éléments divers qui constituent la statistique.

Le 20 septembre 1828, M. César Moreau présenta ce plan d'enseignement statistique à M. le baron de Damas.—

Il lui démontra, du reste, que son exécution n'offrait aucun obstacle sérieux et n'exigeait que de très faibles dépenses.
— Le noble gouverneur fut frappé des observations qui lui avaient été présentées, ainsi que l'atteste la lettre suivante, par laquelle il y répondit dix jours après.

« Paris, le 1er octobre 1828.

« *Le Baron de Damas, gouverneur de S. A. R. Mgr le duc de*
» *Bordeaux, à M. César Moreau, vice-consul de France.*

» Le plan que vous m'avez soumis, Monsieur, relative-
» ment à l'ensemble des recherches statistiques auxquelles
» vous offrez de vous livrer pour l'instruction future de
» S. A. R. Mgr le duc de Bordeaux, a été l'objet de toute
» mon attention. Comme vous, Monsieur, je pense que la
» réalisation de ce plan pourra atteindre le but dans lequel
» vous l'avez conçu; et sauf quelques points qui se recti-
» fieront dans la pratique, et sur lesquels, d'ailleurs, je vous
» donnerai des instructions ultérieures, j'approuve la mé-
» thode et l'ordre auxquels vous entendez en soumettre
» l'exécution; de mon côté, je me ferai un plaisir de vous
» ouvrir toutes les sources où vous croirez devoir puiser
» des informations utiles à l'accomplissement de l'impor-
» tante tâche que je vous confie, et dans lequel vous ap-
» porterez, j'en suis convaincu, l'application et l'exacti-
» tude qui distinguent si éminemment les travaux qui vous
» ont valu le témoignage flatteur de la satisfaction de Sa
» Majesté, et acquis ma bienveillance particulière.
» Recevez, etc.
» Baron DE DAMAS. »

Sensible, comme il le devait, à la haute marque de

confiance qui lui était donnée par M. le baron de Damas, M. César Moreau sembla y puiser une nouvelle ardeur pour remplir dignement la délicate et laborieuse position qu'il avait sollicitée et qui lui était si grâcieusement et si promptement accordée. Il se mit donc aussitôt à l'œuvre.—L'une de ses premières opérations fut le dépouillement des volumineux et innombrables ouvrages où il avait à puiser des renseignements, à chercher des indications. Il fit copier, sur des cartes volantes, les titres des livres directement ou indirectement relatifs à la statistique, qui se trouvaient soit dans les bibliothèques publiques, soit dans celles des divers ministères. Ce travail préliminaire avait, dans la pensée de M. César Moreau, un double but : 1° dresser les tableaux qui étaient à faire pour l'instruction du jeune prince ; 2° parvenir à donner un jour au public la description des divers pays du globe.—Le premier de ces buts eût été sans doute heureusement atteint, sans la circonstance dont nous parlerons tout-à-l'heure. — Quant au second, qui annonce que M. César Moreau était déjà alors occupé d'une grande idée synthétique, il en ajourna l'exécution jusqu'au temps où sa santé et le concours des savants, qu'il voulait réunir bientôt en une grande société, lui permettrait de l'atteindre. Mais n'anticipons pas, et bornons-nous à raconter.

Vers le milieu de l'année 1829, plusieurs journaux anglais, parmi lesquels nous citerons plus particulièrement le *Morning Journal* et la *Litterary Gazette*, parlèrent avec éloges du travail que M. César Moreau avait entrepris pour Mgr le duc de Bordeaux. — Après avoir présenté l'énumération de quatorze des ouvrages de notre compatriote; après avoir approuvé dans le travail du savant statisticien, l'arrangement *judicieux* des matériaux, le choix *heureux* des sujets, l'*habileté* de la méthode adoptée, le *Morning Journal* — (23 juin 1829, n° 9653, 10° et 11° colonnes) — terminait en félicitant M. le baron de Damas d'avoir confié à un homme aussi capable des fonctions dont l'objet, disait-il, était d'établir pour le jeune prince un aperçu de la statistique du monde, sujet, ajoutait-il, de la plus haute importance pour l'éducation de l'héritier futur d'un trône.—Entrant ensuite dans les détails du plan dont nous avons donné plus haut l'analyse succincte, la feuille anglaise approuvait, sans restriction, des travaux qui devaient présenter à la fois et un système en eux-mêmes, et un catalogue raisonné des livres dont ce système serait extrait. — Enfin, le *Morning Journal* déclarait en même temps que notre honorable compatriote avait acquis des droits à la considération des Anglais par les services qu'il leur avait rendus pendant son séjour au milieu d'eux.

La *Litterary Gazette* insista plus particulièrement sur la manière dont M. César Moreau entendait former une sorte de bibliothèque de renseignements statistiques puisés dans tous les ouvrages intéressants que renferment les bibliothèques de Paris. Après avoir remarqué que ces bibliothèques contenaient environ six millions de volumes et deux millions de manuscrits, elle s'étonnait que le statisticien eût conçu le projet de faire un choix de plusieurs milliers de livres, et de composer du tout un catalogue de titres indicateurs qui permît au jeune prince de voir d'un coup-d'œil et de se faire représenter l'ouvrage qu'il voudrait consulter sur un sujet quelconque. — Un autre fait dont la *Litterary Gazette* rendait aussi compte, et auquel elle accordait hautement son approbation, était l'arrangement qu'avait imaginé l'habile statisticien pour arriver au but difficile qu'il s'était proposé.—Or voici une idée de cet arrangement ingénieux, sur lequel nous appelons l'attention du lecteur, car il nous servira à expliquer ce qui va suivre. C'est M. César Moreau lui-même qui parle :

« Dans une salle spécialement consacrée à mes études,
» j'avais plusieurs meubles garnis de haut en bas de larges
» tiroirs, à l'extérieur desquels j'appliquais les titres gé-
» nériques des matières que j'avais à traiter. Chacun des
» tiroirs formait une division, et se trouvait de plus divisé
» en deux sortes de compartiments qui figuraient des sub-
» divisions et des sections. C'était là que je plaçais des
» cartes volantes qui indiquaient les noms des auteurs
» anciens et modernes que j'aurais à consulter. Sur cha-
» cune de ces cartes j'écrivais des notes qui devaient servir
» à éclairer ma marche. Tout ce travail, quoique com-
» mencé depuis fort peu de temps, était déjà beaucoup
» avancé, etc.... »

« Cet infatigable et savant écrivain, » —a écrit, au sujet de cet arrangement aussi ingénieux qu'habile, aussi simple que curieux, lady Morgan dans son remarquable ouvrage, *De la France en* 1829 *et* 1830 (2ᵉ vol., page 248), — « si
» connu en Angleterre, par ses tableaux statistiques de
» l'industrie, du commerce et de la population de ce pays,
» était alors (1829) occupé d'un recueil *De tous les Faits*
» concernant l'*Economie politique,* pour l'usage du duc de
» Bordeaux ; il eut l'obligeance de nous permettre de par-
» courir cet ouvrage dont l'arrangement est original et
» curieux. Chaque fait séparé était écrit sur une carte, et
» le tout distribué dans des armoires à tiroirs divisés en
» compartiments, de manière à conduire l'étudiant du
» particulier au général, et à servir en même temps de
» table des matières et de *Catalogue raisonné.* La patience
» et le travail que M. César Moreau a employés à cette

» besogne ingrate (car il travaille pour que d'autres re-
» cueillent les fruits de son labeur), sont au-delà de
» toute idée. Des bibliothèques entières ont dû être fouil-
» lées pour une seule ligne, et sa tâche ne serait point
» complète, s'il restait un seul volume à examiner. Ce qui
» étonne le plus, c'est que l'auteur n'est point une de ces
» machines littéraires qui ne sont propres qu'à ces fasti-
» dieux exercices. Son esprit est étendu, ses idées philo-
» sophiques, et il s'est dirigé vers cette étude par la con-
» viction que, dans l'état actuel des sciences statistiques,
» la vérification de leur origine est un objet essentiel. »

Cependant, et tandis que M. César Moreau obtenait de la presse anglaise de semblables éloges pour le plan d'enseignement statistique que M. le baron de Damas lui avait confié, au moment même où ses travaux, ardemment poussés depuis six mois environ, commençaient déjà à prendre une forme, il reçut brusquement du noble gouverneur un billet en quatre lignes, sec et froid, et dont voici la teneur :

« Saint-Cloud, le 23 juillet 1829.

« *Le Baron de Damas à M. César Moreau.*

» J'ai jugé à propos d'interrompre les travaux dont je
» vous avais chargé depuis quelque temps ; vous voudrez
» donc bien les discontinuer dès la réception de la pré-
» sente.

» Baron DE DAMAS. »

Cette nouvelle fut moins sensible peut-être à M. César Moreau que la forme sous laquelle elle lui était transmise. Néanmoins il se résigna.

Que M. César Moreau se soit résigné, rien de plus naturel, car en ne le faisant pas, il eût couru le risque d'une destitution; et puis, il nous le dit lui-même, « la résigna- » tion est une vertu que la puissance m'aurait apprise, si » elle ne m'eût été donnée par le ciel. » Mais nous qui n'avons pas pour nous taire les mêmes motifs, nous avons cherché à découvrir la véritable cause de cette lettre si dure et si singulière, si contraire même aux habitudes polies de son auteur, écrite à un savant estimable, et cette cause nous pensons l'avoir à peu près découverte. Le lecteur se rappelle l'*arrangement* de M. César Moreau, ses cartes volantes, ses meubles garnis de tiroirs à compartiments et dont chacun formait des divisions et des subdivisions. Or, voici ce que nous avons trouvé dans le tome III des *Mémoires de Sully*, édition in-4° donnée par M. l'abbé de l'Écluse-des-Loges, sur un cabinet d'Etat projeté par Henri IV, roi de France, et son ministre le duc de Sully.

Nous laissons parler Sully.

« Le Roi continua à me faire dresser tous les états et » mémoires propres à former un cabinet complet de » politique et de finances; et afin que rien ne manquât à » l'exécution de cette idée, dont il ne me cachait plus » l'objet, il voulut que je lui fisse construire une espèce » de *cabinet* ou grand bureau, proprement travaillé et en- » tièrement garni de tiroirs, de layettes et de cassetins, » tous fermant à clef, doublés de satin cramoisi, et en assez » grand nombre pour renfermer, chacun dans leur ordre, » toutes les pièces qui le devaient composer. Le travail en » est presque immense, quoique du premier coup-d'œil il » ne le paraissait point.

» Pour en donner une idée, sans user de redites, qu'on » se figure tout ce qui peut avoir un rapport prochain ou » éloigné à la finance, à la guerre, à l'artillerie, à la ma-

» rine, au commerce, à la police, aux monnaies, aux mi-
» nes, enfin à toutes les parties du gouvernement intérieur
» et extérieur, ecclésiastique et civil, politique et domes-
» tique. Chacune de toutes ces parties, dis-je, avait son
» quartier séparé dans ce *cabinet d'état*, qui devait être
» placé dans le grand *cabinet* des livres du Louvre, avec
» toutes les commodités possibles pour que toutes les piè-
» ces qui les concernaient pussent se trouver sous la main
» d'un simple coup-d'œil, en quelque quantité qu'elles
» fussent....

» Comme les projets d'amélioration de la rectification à
» toutes sortes d'égards y tenaient une des principales pla-
» ces, à commencer par celui qui devait, suivant le des-
» sein de Henri, faire changer la face de toute l'Europe,
» et qui était éclairci et développé de la manière la plus
» nette, et dans la forme la plus étendue, il y en avait de
» particuliers sur toutes sortes de sujets...... »

Voici maintenant les réflexions que présente l'abbé de l'Ecluse, au sujet du plan qu'on vient de lire :

« Cette espèce d'école muette pour la finance, la guerre,
» le commerce, en un mot, pour toutes les parties de l'ad-
» ministration où est la force du gouvernement, paraît
» heureusement imaginée. Pourquoi les ministres et les
» employés subalternes font-ils tant de fautes ? Parce qu'il
» n'y a ni règles positives, ni principes écrits qu'on puisse
» consulter; parce que les hommes chargés du gouver-
» nement travaillent presque toujours au hasard et sans
» avoir un plan fixe. On parle beaucoup de l'esprit de l'ad-
» ministration; il est clair cependant qu'il n'y a pas de sys-
» tème fixe, et que les divers départements sont abandonnés
» aux vues particulières des ministres. C'est pour cela que
» les nations arrivent si tard au but qu'elles devraient se

» proposer, et que très souvent on le manque tout-à-fait.
» Il n'y a guère de corps ou de communautés qui puissent
» subsister deux ou trois siècles sans une règle d'institut
» toujours présente à ceux qui les conduisent. Comment
» l'État, qui les renferme tous, pourra-t-il s'en passer ? »

Qu'il nous soit permis maintenant de demander, d'une part, à M. César Moreau s'il ignorait, lui, fureteur bibliographique émérite, le plan de Henri IV, lorsqu'il présenta le sien au gouverneur de Mgr le duc de Bordeaux ; et, d'autre part, à M. le baron de Damas, si ce ne fut pas à la révélation subite du *Cabinet d'État* de Henri IV qu'il prit la résolution, si sèchement formulée, d'interrompre les travaux statistiques confiés par lui à M. César Moreau pour son royal élève ?... Jusqu'à preuve du contraire, nous resterons convaincu que M. César Moreau a puisé l'idée de son *plan* et de son *arrangement* dans le document que nous venons de transcrire, et que quelques personnages, en mettant ce document sous les yeux de M. de Damas, lui firent craindre que le professeur de statistique de l'héritier futur du trône ne parvînt à acquérir, peut-être un jour, trop d'influence sur le jeune prince.

Par suite du changement de ministère qui avait remplacé, aux Relations Extérieures, M. le baron de Damas par M. le comte de La Ferronnays, M. César Moreau, au commencement du mois d'octobre de l'année 1828, avait été forcé, comme nous l'avons annoncé, de solliciter, près du nouveau ministère, la position que son prédécesseur l'avait prié d'accepter (1). Désirant être employé dans les

---

(1) « Le ministre des Affaires Étrangères à M. César Moreau.
» J'ai l'honneur de vous prévenir que mon intention est de vous con-

bureaux mêmes du ministère dont il n'avait cessé de faire partie en qualité d'élève, puis de vice-consul à Londres, il avait donc, dans une lettre respectueuse, instruit de ce vœu M. de La Ferronnays, en lui exprimant le besoin qu'il éprouvait de se rendre utile et de justifier, par de nouveaux efforts, la bienveillance du gouvernement. Pour mettre sous les yeux du ministre ses titres à la position désirée par lui, il avait rappelé ce qu'il avait fait : les nombreux documents dont il avait doté l'administration financière et celle des douanes, et les remercîments qu'ils lui avaient mérités ; les divers ouvrages qu'il avait publiés depuis 1824, et les suffrages et les distinctions académiques que ses travaux d'histoire statistique et d'économie politique lui avaient acquis. Or, le travail spécial dont M. César Moreau demandait à être chargé, dans la division commerciale du ministère des Affaires Etrangères, avait pour objet principal de tenir le ministre journellement informé, par la seule inspection d'une série de tableaux numériques, de tout ce qui avait rapport à la statistique des relations politiques et commerciales de la France avec toutes les puissances étrangères. Il se proposait de fournir également et périodiquement à nos ambassadeurs, à nos consuls et autres agents politiques et commerciaux, un ensemble de renseignements dont ils étaient privés dans l'état actuel des choses. Enfin, pour rendre sa pensée claire

---

fier, dans la division commerciale de mon ministère, un travail et par suite un emploi dans lesquels, je n'en doute pas, vous justifierez le compte avantageux qui m'a été rendu et la bonne opinion que j'ai conçue moi-même de votre zèle et de votre aptitude.... Recevez, etc.

» Paris, 9 juillet. » Le Baron DE DAMAS. »

et intelligible, il adressa au ministre trois tableaux spécimen : le premier traitait du commerce spécial et général de la France ; le second du mouvement de détail de cinquante principaux articles de ce commerce, le troisième du commerce des vins de la France et de tous les pays, pendant l'année 1826. — En résumé, les fonctions sollicitées maintenant par M. César Moreau étaient à peu près les mêmes que celles qui lui avaient été offertes précédemment par M. le baron de Damas. — Sa demande fut accueillie favorablement, du moins en partie, ainsi que l'atteste la pièce suivante :

« Vous demandez, Monsieur, à être attaché à la division
» commerciale de mon ministère, pour y être chargé d'un
» travail spécial consistant à réunir, dans des tableaux
» statistiques, toutes les informations commerciales que
» présentent, soit les relevés de l'administration de nos
» douanes, soit les publications analogues faites en pays
» étrangers, soit enfin la correspondance de nos con-
» suls, etc...

» Je ne saurais, Monsieur, vous attacher en ce moment
» à mes bureaux, puisqu'il n'existe aucuns fonds disponi-
» bles sur le chapitre des traitements de l'administration
» centrale du département. Mais comme il m'a été repré-
» senté que, si vous consacriez à des investigations sur les
» mouvements du commerce de la France avec les diver-
» ses contrées étrangères, le zèle et l'intelligence dont
» vous avez fait preuve dans les recherches du même
» genre que vous avez entreprises en Angleterre sur les
» relations commerciales de ce royaume, la forme nouvelle
» dans laquelle vous présenteriez ces informations pour-
» rait offrir une véritable utilité, je me suis déterminé à
» prolonger, pour un temps illimité, le congé dont vous

» jouissez. Vous voudrez bien exécuter à Paris, et chez
» vous, les travaux statistiques que vous confiera la divi-
» sion des affaires commerciales. Vous conserverez d'a-
» bord la jouissance intégrale du traitement de *deux mille*
» *francs*, qui vous est allouée comme vice-consul à Lon-
» dres (1), et vous recevrez, en outre, une indemnité de
» 4,000 francs qui vous sera payée par trimestre. Au
» moyen de cette indemnité, vous paierez, comme vous
» l'entendrez, les personnes que vous emploierez....

» C'est d'ailleurs avec plaisir, Monsieur, que j'ai pris
» cette décision; vous y trouverez la récompense de vos
» précédents services, et vous la justifierez, je n'en doute
» pas, par l'utilité de vos travaux.

» Le Comte DE LA FERRONNAYS. »

Sans examiner si cette récompense était réellement proportionnée aux services rendus par lui à l'administration et aux sciences, M. César Moreau se mit de suite à l'œuvre, et fit marcher de front ses nouvelles fonctions au ministère avec celles qu'il occupait alors près de l'héritier futur du trône. Le travail de statistique commerciale et industrielle que M. César Moreau était chargé d'exécuter pour le ministère, était difficile et compliqué; mais il s'en acquitta avec son habileté ordinaire, et M. le comte de La Ferronnays fut même si complètement satisfait des services rendus à son département par le vice-consul de France à Londres, que le 31 octobre il lui apprit, en ces

---

(1) De 1825 à 1829, le traitement de vice-consul à Londres n'a été que de deux mille francs; mais aussitôt que M. César Moreau a été remplacé, ce traitement a été porté à *six mille francs !*

termes, sa nomination à la dignité de membre de l'Ordre royal de la Légion-d'Honneur.

« C'est avec grand plaisir, Monsieur, que je vous annonce
» que, sur mon rapport, le Roi, par ordonnance du 29
» de ce mois, vous a créé Chevalier de la Légion-
» d'Honneur (1).

» Un zèle soutenu, de bons services et des travaux uti-
» les vous ont valu, Monsieur, ce témoignage de la satis-
» faction royale, et il m'a été agréable de la solliciter
» en votre faveur.... »

Depuis près d'une année, M. César Moreau travaillait à justifier la confiance de M. le comte de La Ferronnays, et la précieuse récompense dont la bonté du monarque l'avait gratifié en décorant sa poitrine de l'étoile de l'honneur, lorsqu'une nouvelle révolution ministérielle vint brusquement mettre un terme à sa mission. — Le portefeuille des Affaires Étrangères était passé aux mains du prince de Polignac, cet ancien ambassadeur du roi de France en Angleterre, qui, dans le temps, avait refusé, comme nous l'avons vu, de faire reconnaître M. César Moreau en qualité de vice-consul.

Désirant enfin obtenir, dans la carrière consulaire, l'avancement auquel ses antécédents lui donnaient d'incontestables droits, M. César Moreau présenta dans ce but, le 29 septembre 1829, au nouveau ministre des Relations Extérieures, un mémoire développé, pour lui exposer ses services administratifs et ses titres scientifiques.

---

(1) Le brevet remis à M. César Moreau porte le numéro d'ordre 41,881.

Cette démarche fut appuyée par Son Altesse Royale le prince Léopold de Saxe-Cobourg, le plus ancien des protecteurs de M. César Moreau. — Le 10 novembre, cet auguste prince, devenu alors prince souverain de la Grèce, écrivant au chef du cabinet du 10 août, lui disait, en parlant de son protégé :

« Permettez-moi de recommander à votre bienveillance
» M. César Moreau, depuis 1816 attaché au département
» de Votre Excellence ; ayant, avant d'en faire partie, oc-
» cupé pendant huit ans plusieurs emplois civils et mili-
» taires. Il vient de vous adresser un mémoire dans lequel
» il expose les services qu'il a eu le bonheur de rendre à
» son pays, et sollicite de l'avancement.

» Depuis vingt ans, Prince, que je m'intéresse vivement
» au sort de M. César Moreau, je n'ai jamais reçu sur lui
» que d'excellents témoignages, et je partagerai, avec bon-
» heur et plaisir, sa reconnaissance pour tout ce que
» Votre Excellence daignera faire en sa faveur. Je ne doute
» point qu'il ne fasse tous ses efforts pour mériter une
» protection dont je vous prie instamment de l'honorer. »

Cette recommandation était trop pressante et partait de trop haut pour qu'il fût possible de ne pas y faire droit ; M. le prince de Polignac y eut égard en effet.... non pour récompenser, mais pour frapper et punir, comme on va le voir, celui qui en était l'objet.

Après la chute de l'Empire, le gouvernement français avait établi un Consulat à Trébisonde, ville de la Turquie Asiatique (Natolie), ayant un port sur la mer Noire. Ce pays, habité par une population grossière, ignorante et barbare, est souvent livré aux horreurs de la peste ou désolé par des maladies épidémiques. Le premier agent consulaire qu'on y envoya, M. P.-J. Dupré, ne cessait d'écrire, au ministère des Affaires Étrangères, des lettres où il peignait, en termes déchirants, ses supplices de chaque jour, et qu'il terminait invariablement en implorant, de la commisération du ministre, un autre poste moins inutile au service du roi.... Enfin, le 6 septembre 1819, il y mourut, tué par le climat, après y avoir traîné quelques années une existence pleine d'angoisses. Son successeur, M. Boucher-Saint-André, ne fut pas plus tôt arrivé à Trébisonde, qu'il dut reconnaître, non sans inquiétude, que M. Dupré n'avait malheureusement rien exagéré dans les affreuses peintures qu'il avait faites du pays et de ses habitants; aussi n'eut-il rien de plus hâté que d'écrire au ministre une lettre désolée. Selon son rapport (19 novembre 1822), Trébisonde voyait enfin le terme d'une peste dévorante; c'était bien véritablement l'une des extrémités du monde civilisé; tout y était incertain; on ne devait pas y encourager des établissements français, ce serait compromettre les fortunes, et, dans un *cas* possible, l'existence même des individus; car le brigandage, de concert avec la peste, ravagent à qui mieux mieux ce malheureux pays.

Eclairé par d'aussi graves considérations, le gouvernement s'était déterminé, en 1824, à supprimer le consulat de Trébisonde. — Son Excellence le prince de Polignac, ministre des Affaires Étrangères, fit rétablir ce terrible poste, le 14 février 1830, non plus même *comme consulat*, mais simplement *comme vice-consulat*, et trois jours après, c'est-à-dire le 17 février, il informait M. César Moreau, le protégé du futur roi des Belges, le vice-consul de France à Londres, l'auteur d'une foule d'ouvrages estimés, le membre d'une multitude de corps savants, que S. M. le Roi, sur son rapport à lui, prince de Polignac, lui avait fait *la grâce de le nommer vice-consul à Trébisonde.*—« Je vous pré-

» viens en même temps, Monsieur, ajoutait le ministre,
» — qu'un traitement de 7,000 francs a été attaché au
» vice-consulat, dont le choix du Roi vient de vous rendre
» titulaire, etc. » — Ainsi étaient reconnus les titres de
M. César Moreau..... Ainsi étaient récompensés et ses services administratifs et ses nombreux travaux scientifiques !... — Mais quand M. César Moreau n'eût pas été déjà recommandé par son aptitude dans la spécialité des travaux de toute sa vie, n'était-il pas cruel d'exiler, aux bords de la mer Noire, dans un climat malsain, un homme qu'on savait atteint d'une phthisie pulmonaire?... — Et, comme compensation de cette espèce de bannissement, on lui offrait, quoi? un traitement de 7,000 francs, proposition presque dérisoire, en vérité, pour un homme qui tenait moins, on le savait fort bien, à l'argent qu'à l'honneur d'achever en paix d'utiles entreprises.

Faisant, toutefois, un violent effort sur lui-même, tant parce qu'il tenait fortement à sa carrière consulaire que parce qu'il avait à cœur de témoigner son dévouement, M. César Moreau se résigna à subir le triste et douloureux exil qui lui était imposé. En conséquence, il répondit de suite au ministre pour lui faire connaître son acceptation; mais sa lettre, malgré lui-même, trahissait le chagrin qui le nâvrait. « Je me conformerai, y disait-il, en résumé, aux ordres que Votre Excellence m'a fait l'honneur de me transmettre, avec le respect, le zèle et l'abnégation absolue qui ont invariablement dirigé ma conduite pendant les quinze années de ma vie que j'ai exclusivement consacrées au service consulaire. Toutefois, j'ose prendre la liberté de faire observer à Votre Excellence que l'ancienneté de mes services dans son département, la date de ma nomination d'élève vice-consul, d'où il résulte que je suis à la fois le plus ancien des membres de cette institution, et celui qui a reçu le moins d'avancement, la nature des travaux auxquels je me suis livré, les distinctions qu'ils m'ont values, les occupations auxquelles, depuis ma rentrée à Paris, je me suis livré pour le ministère des Affaires Etrangères, et enfin ma position sociale, me portaient à croire que je pourrais rendre d'utiles services à mon pays sur un point moins obscur, moins étranger à mes connaissances que celui qu'il a plu à Sa Majesté de me désigner dans la Turquie asiatique. Mais puisque Votre Excellence en a jugé autrement, mon devoir est d'obéir et d'apporter, dans cette obéissance, tout le dévouement que le gouvernement a le droit d'attendre de ses agents. Seulement je solliciterai, de Votre Excellence, une faveur que son équité et ses égards, pour le bien-être de ses subordonnés, ne me refuseront point. La nécessité de régler mes affaires domestiques, ma santé délabrée et qui, dans l'intérêt même du service, a besoin de se raffermir avant que j'entreprenne un aussi long voyage, et que j'aille habiter un climat dont l'influence sur ma constitution peut être décisive ; toutes ces considérations me font supplier Votre Excellence de vouloir bien ne rendre mon départ obligatoire que dans trois mois.

» Cette courte prolongation de séjour sera profitable au succès ultérieur de ma mission ; car je l'utiliserai pour acquérir les connaissances qui y sont relatives, et qui me manquent entièrement. De plus, je profiterai de cet intervalle pour terminer le travail *de statistique commerciale et industrielle* dont, par ordre du prédécesseur de Votre Excellence, je m'occupe à Paris, et qu'un départ précipité laisserait nécessairement incomplet.... »

La plus rigide équité ne permettait point d'écarter cette

nouvelle demande de M. César Moreau; le ministre accorda le délai réclamé.

Sur ces entrefaites, M. César Moreau reçut de M. Fontanier, employé au ministère des Affaires Étrangères, jeune homme bien portant, versé dans les langues et les usages de l'Orient, et qu'aucun lien puissant ne retenait en France, la lettre suivante :

« Paris, le 10 mars 1830.

» Je ne vous dissimule point, Monsieur, que, quels que
» soient et votre habileté et vos talents bien connus, vous
» ne réussirez que difficilement dans une mission en
» Orient, puisque vous n'en connaissez pas les langues et
» les usages........ *On ne verrait pas avec déplaisir que vous*
» *restassiez à Paris avec le titre de vice-consul de Trébisonde,*
» *tandis que j'irais occuper votre poste comme votre délégué.*
» Puis-je dire au prince que vous ne tenez pas à occuper
» votre résidence, et que vous consentez à être remplacé
» aux conditions suivantes ? vous me céderez la moitié
» des appointements attachés à l'emploi, et vous ne pré-
» tendrez rien sur les frais de voyage et d'établissement,
» etc., etc. »

Ces conventions étaient justes et acceptables, M. César Moreau s'empressa d'y souscrire, et M. le prince de Polignac, qui s'intéressait beaucoup à M. Fontanier, saisissant cette occasion d'obliger son protégé, voulut bien les ratifier (1). — Ainsi M. César Moreau demeura à Paris

---

(1) « Paris, 27 mars 1830.
» *A M. César Moreau,*
» Votre santé ne vous permettant pas, Monsieur, d'après ce que vous m'avez exposé, d'aller prendre immédiatement possession du vice-

avec le titre de vice-consul de Trébisonde, et un traitement de trois mille francs ; précédemment il en recevait un de deux mille comme vice-consul de France à Londres; c'étaient donc mille francs de plus: mille francs de plus!...Voilà le prix dont M. le prince de Polignac lui paya vingt-cinq années de loyaux et utiles services.

La révolution de juillet, si imprudemment provoquée par le ministère du 10 août 1829, dont M. de Polignac était le président, avait jeté sur la terre d'exil trois générations de rois!...

Au commencement de 1831, un consulat étant devenu vacant en Angleterre, M. César Moreau, qui jouissait alors d'un assez bon état de santé, sollicita ce poste de M. le comte Sébastiani devenu ministre des Affaires Étrangères. A ses titres, comme ancien serviteur de l'État, il pouvait en joindre d'autres d'une haute importance: la fondation *de la Société française de statistique universelle* et la création *de l'Académie de l'industrie agricole, manufacturière et commerciale.* — Sa demande n'en resta pas moins sans réponse... Nous nous trompons, car le 21 mai de cette même année 1831, il reçut du ministre la lettre que voici :

---

consulat de *Trébisonde* et *Erzeroum*, auquel vous avez été récemment nommé ; et le gouvernement du Roi étant, d'un autre côté, fort intéressé à recevoir, le plus promptement possible, les informations dont il a besoin pour fixer son opinion sur les ressources que ces contrées offrent à notre commerce, j'ai décidé que M. Fontanier, qui a déjà fait un long séjour en Orient, serait chargé de la gestion provisoire de votre poste. Je vous autorise, en conséquence, à prolonger jusqu'à nouvel ordre votre séjour à Paris, où vous jouirez d'ailleurs, conformément aux règlements du ministère des Affaires Étrangères, de la moitié de vos appointements. » Le prince JULES DE POLIGNAC. »

« Monsieur, j'ai l'honneur de vous annoncer que S. M. a
» jugé utile à son service de rétablir *le Consulat* qui existait
» autrefois à Trébisonde, et d'y appeler l'un des plus an-
» ciens consuls du Levant, dont le poste se trouve sup-
» primé par suite de la nouvelle organisation de notre
» établissement consulaire dans ce pays.

» En vous informant de cette mesure, *qui me force à re-
» noncer aux rapports que je devais entretenir avec vous*, je
» dois vous exprimer le regret que j'en éprouve. Vous me
» trouverez d'ailleurs très disposé à faire valoir auprès du
» Roi vos droits à obtenir une pension de retraite, si vos
» services remontent à une époque assez ancienne, et à
» jouir, *en attendant, d'un traitement d'inactivité*, du moins au-
» tant que le permettront les limites du crédit voté par les
» Chambres pour cette nature de dépenses.

» Recevez, Monsieur, l'assurance de ma parfaite consi-
» dération.

» Signé, HORACE SEBASTIANI. »

C'était compléter, comme on le voit, en termes polis,
mais sans appel, l'œuvre commencée par M. de Polignac.—
Ce fut ainsi que M. César Moreau perdit sa place et son
traitement. Il est vrai qu'en le dépouillant on l'engageait en
même temps à faire valoir ses droits à la retraite. Mais,
comme on ne lui laissait pas le temps de remplir la période
de trente années, qui eût seule pu constituer ces mêmes
droits, il est clair qu'il n'avait dès lors rien à prétendre pour
l'avenir, car les règlements étaient là! Les règlements! Sait-
on objecter autre chose aux agents qu'on veut mettre de côté?
Mais M. César Moreau était à peine âgé de quarante ans, mais
il avait toujours servi avec probité et talent; pourquoi donc
ne pas l'avoir conservé cinq ans encore, au moins, dans
une carrière qu'il n'avait pas cessé d'honorer?... L'injustice

était criante : garder le silence, courber la tête, eût pu être prudent, car les ministres passent ; mais c'était manquer de dignité. A la lettre ministérielle écrite d'un style dont la douceur de commande ne pouvait guère l'abuser, M. César Moreau fit sur le champ, 22 mai 1831, une réponse pleine de noblesse, mais vive, où il exhalait ses justes plaintes ; en voici quelques fragments adoucis que nous croyons utile de reproduire ici en terminant le récit de sa carrière administrative.

« Monsieur le Ministre, c'est avec le plus douloureux et
» le plus profond étonnement que j'ai lu la lettre que
» Votre Excellence m'a fait l'honneur de m'écrire le 21
» du courant.

» Je suis sensible aux témoignages d'intérêt et aux ex-
» pressions obligeantes qui enveloppent cette destitution ;
» car il faut appeler les choses par leur nom : c'est une
» destitution qui vient de me frapper après plus de vingt
» années consécutives de services rendus à mon pays,
» d'abord dans la carrière militaire, ensuite dans la car-
» rière consulaire, que je crois avoir honorablement par-
» courue et marquée par de longs et pénibles travaux, en-
» trepris et exécutés dans l'intérêt du commerce et de
» l'industrie française..... Je ne croyais point, je l'avoue,
» que, sous un gouvernement qui fait profession de recon-
» naître tous les droits, il me fût réservé d'être encore
» offert en sacrifice à la faveur des protégés, et à la partia-
» lité des bureaux de votre ministère.

» Voilà cependant ce qui m'arrive avec tant d'évidence
» que l'injustice en est frappante. Eh quoi ! Monsieur le
» Ministre, après quinze ans de services actifs dans la car-
» rière consulaire sans avoir obtenu l'avancement qui a
» été le partage des employés qui y sont entrés en même

» temps que moi, on juge convenable, en 1830, de me
» nommer vice-consul à Trébisonde, sans avancement,
» sans rémunération aucune, toujours en me faisant espé-
» rer qu'on n'attend que l'occasion favorable pour m'ac-
» corder les dédommagements qui me sont dus. Sur ces
» entrefaites deux vice-consulats et trois consulats vien-
» nent à vaquer dans les Iles Britanniques ; je demande à
» y être employé, soit comme consul, soit même simple-
» ment comme vice-consul, et loin d'accéder à ma de-
» mande, qui, certes, s'appuyait sur des droits et des
» titres positifs, on me destitue et l'on envoie à Londres
» un vice-consul très honorable sans doute, mais ayant
» habité quinze ans le Portugal, et qui, étranger au pays
» où il va défendre les intérêts de notre commerce, ne
» saurait présenter à votre choix des services égaux aux
» miens. Fort de ma conscience et de l'examen de tous
» les actes de ma vie, il m'est impossible, Monsieur le Mi-
» nistre, de ne point penser que la mesure dont je viens
» d'être l'objet, n'a pas été surprise à la religion de Votre
» Excellence, et je conserve encore l'espoir que, mieux
» éclairée sur l'étendue et la nature des services que j'ai
» rendus depuis 1808 à mon pays, elle reviendra d'une
» décision dans laquelle il serait impossible à l'opinion
» publique de reconnaître l'équité qu'elle doit trouver
» dans les actes du gouvernement. »

Comme devait s'y attendre M. César Moreau, sa récla-
mation fut vaine ; elle n'obtint même pas l'honneur d'une
réponse.

Nous voici arrivé à la partie la plus importante de
la vie de M. César Moreau : jusque-là son principal mérite,
comme homme d'étude et comme écrivain, avait été de

colliger avec soin, de classer avec méthode des documents nombreux, de donner en quelque sorte une voix aux chiffres, voix saisissante et puissante à la fois ; nous allons le voir maintenant créateur et faisant plus que de concevoir de grandes idées, mais les appliquant avec talent, les traduisant en faits d'une manière large et synthétique : le statisticien va donner un corps à sa pensée en réunissant, en un corps savant, toutes les individualités les plus éclatantes de l'époque, non seulement de la France, mais du monde entier ; et il sera le centre, le guide, le chef intelligent de cette phalange d'hommes d'élite, illustres ou marquants à divers titres ; à sa voix, à son appel, répondront sympathiquement des milliers de voix : il va assurer, à son nom et à ses travaux, une place dans l'avenir.

Mais avant de retracer l'historique de la *Société française de Statistique* et sa fondation, il nous paraît indispensable, pour bien faire apprécier M. César Moreau et ses œuvres, de rendre d'abord compte de la science à laquelle il s'est voué. Quelques considérations générales sur la statistique trouvent donc tout naturellement leur place ici.

La statistique est une science à la fois intéressante et utile, grave et ardue. Par les données et les renseignements qu'elle fournit, par les résultats qu'elle présente, elle est également nécessaire aux hommes d'État, aux législateurs, aux savants et aux littérateurs, aux négociants, aux manufacturiers, aux industriels, pour asseoir leurs calculs, guider leurs investigations, fonder leurs théories, éclairer leur conduite, contrôler leurs recherches ou assurer le fruit de leurs opérations respectives. Il n'est rien, en effet, qui se lie plus étroitement que la statistique à tous les arts, à toutes les sciences, à toutes les industries, à tout ce qui constitue, en un mot, la vie sociale. Quelques définitions pourront servir à constater et à confirmer cette vérité.

Donnant définit la statistique : « L'art de dresser et de » présenter l'inventaire exact des choses remarquables et » vraiment existantes d'un Etat. » — Herbin, dans sa définition de la statistique, est à peu près d'accord avec Donnant; mais il prétend que, outre *les choses vraiment existantes d'un Etat,* cette science doit offrir, et nous sommes de son avis, « le tableau des améliorations à faire dans » toutes les branches de l'administration, pour faire cir- » culer dans la société une plus grande masse de riches- » ses. » — Graberg la considère comme « une science » exacte qui enseigne à recueillir méthodiquement et à » utiliser, par la publicité, tous les objets et les faits po- » sitifs qui, dans la connaissance actuelle d'un État, se » rapportent réellement au but pour lequel la société civile » a été constituée. » — Un autre voit dans la statistique « une science historique qui dépeint, d'une manière com- » plète et authentique, l'état actuel ou antérieur d'un peu- » ple. » — Luder en donne une définition qui ne diffère de la précédente que par les termes. — La statistique, d'après Ballois, « se compose essentiellement de tous les faits » pouvant servir à la connaissance intime des avantages » naturels et politiques d'un État, lesquels sont considé- » rés, non en eux-mêmes, mais par rapport aux résultats » qu'ils produisent. » — Ballois veut aussi que la statistique ne discute point sur les causes, qu'elle établisse seulement les effets, qu'elle s'abstienne de tout blâme, de toute louange; qu'enfin, elle ne présente point de réflexions sur les faits qu'elle expose. — Peuchet, de son côté, considère la statistique « comme une science dont le but est » de faire connaître les choses et les institutions considé-

» rées sous le rapport qu'elles ont avec les richesses et la
» puissance d'un État. » — Beaufort pense que cette
science doit offrir « un recueil immense de matériaux
» choisis, et présenter à ceux qui cherchent des notions
» sûres et vraies, des rapprochements et des comparaisons
» lumineuses. » — Enfin, le comte d'Hauterive a, sinon
défini la statistique, du moins parfaitement apprécié ses
difficultés, lorsqu'il affirme que cette science demande de
grandes, longues et persévérantes recherches, et qu'elle
offre un champ si vaste que, sans un système qui coordonne les observations à mesure qu'elles se font, sans une
méthode qui embrasse l'universalité de leurs objets, les
intérêts publics et privés, elle ne peut servir ni au bien de
l'Etat, ni à l'instruction de ceux qui la cultivent.

A ces judicieuses définitions, nous croyons devoir
ajouter l'énonciation de quelques principes empruntés à
M. César Moreau lui-même, et qui achèveront de caractériser cette branche importante du savoir humain. Les voici
en résumé.

Les divers États de la terre, qui se ressemblent tous par
le plus grand des buts : le bonheur individuel qui ne nuit
pas au bien public, ont entre eux des différences essentielles, quant au territoire, aux mœurs et à la constitution
politique. Avec le temps, ces trois sortes de différences
subissent des changements plus ou moins notables. Mais
les éléments de ces différences et de ces changements gardent toujours entre eux des rapports qui n'échappent
point au coup-d'œil de l'expérience et de l'observation.
Or le développement, l'examen de ces différences et de ces
changements sont l'objet spécial de la statistique qui évite
toute espèce de discussions et de conjectures, parce qu'elle
a pour principe invariable de n'admettre jamais que des

résultats dont on ne puisse révoquer en doute ni la certitude, ni l'importance. Les travaux du statisticien ne pourront donc atteindre le haut degré d'utilité qu'on est en droit d'en attendre, que lorsque leurs éléments auront été méthodiquement réunis, classés et coordonnés avec intelligence ; que lorsqu'ils auront été vérifiés par l'autorité publique et sanctionnés par les savants nationaux. — Il est maintenant superflu de dire que les travaux statistiques doivent être dégagés de toute imagination, de tout *désir de briller*, de tout esprit de système : ces trois dispositions étant d'ordinaire l'origine d'erreurs dangereuses.

Tous les gouvernements ont d'abord senti l'importance de la statistique. Ce qu'il y a de certain, c'es que dès sa réapparition, vers la seconde moitié du xviiie siècle, elle fixa immédiatement l'attention du gouvernement français, et devint, de sa part, l'objet d'une particulière et constante sollicitude; outre cet avantage, elle eut un journal destiné à tracer le tableau de sa marche, à enregistrer ses progrès, à consigner ses résultats. Puis vinrent une foule d'hommes distingués qui vouèrent, à l'étude de cette science austère, leurs lumières, leurs efforts et leurs veilles (1).

---

(1) Voici, toujours d'après M. César Moreau, les noms de quelques-uns de ces hommes distingués et de ces estimables savants dont les travaux et l'exemple propagèrent l'heureux goût de la statistique: Archenwald, Aubert de Vitry, Azivède, Baert, Ballois, A. Balbi, Blanchard, Baudeau, Beaufort, Beausobre, Benoisson de Châteauneuf, Bielfeld, Bosc, Bottin, Bourgoin, Brosses, Busching, J. A. Buchon, Cailleau, Chamousset, Chaptal, Condorcet, Coquebert de Mombret, Alex. Delaborde, Desmarets, Depping, Denaix, Dormant, Duhamel, Dupont de Nemours, Charles Dupin, Dupré de Saint-Maur, Duquesnoi, Entick, l'abbé Expilly, De Férussac, Ferrières, Fourbonnais, Graberg

Cependant, le but si louablement, si courageusement cherché par tant de savants, tous recommandables à divers titres, ne fut pas atteint, parce que, au lieu de s'attacher à une méthode commune et précise, chacun d'eux suivit une route différente de celle des autres. Malheureusement ils pratiquèrent la statistique avant d'en avoir fait une science exacte, positive, par la création d'une théorie uniforme et précise. Il faut donc se tracer une marche qu'on suive invariablement, se former une théorie élémentaire sur laquelle les études s'appuient sans cesse. Si cette théorie n'est pas irréprochable, elle aura, du moins, l'avantage d'en provoquer, par la suite, de plus complètes.

Nous allons maintenant essayer de résumer ici, en quelques mots, un système qui, sans appartenir entièrement à M. César Moreau, a été singulièrement abrégé et modifié par cet habile statisticien.

Développer, dans leur ensemble et leurs moindres détails, tous les éléments constitutifs des sociétés. — Voilà les *attributions* de la statistique.

Voici maintenant ses limites : Ne point discuter de principes, ne point exposer de théories, ne point établir de controverses sur les systèmes divers qui sont du domaine

---

de Hemso, Gatterer, Grettman, Hasselt, d'Hauterive, Herbin, Herman, Herzberg, Hubner, de Joquet, Jullien de Paris, Juchereau de Saint-Denis, Kerseboom, King, de Koch, de Laroche, Ch. Lucas, J. Luder, Marschal, Mauroy, Moheau, Monbrion, de Montveran, Mortemart-Boisse, Peuchet, Playfair, l'abbé Raynal, Ramon de la Sagra, Quetelet, Remer, Rodet, Vander Maelen, Saint-Clair, Scheusel, Schœtzer, Sicard, Silvestre, Springel, Storck, Thomas, Trouvé, Schnitzler, Toze, Villars, Villermé, Villot, Van der Maelen, Walckenaër, Arthur Young, etc., etc.

des sciences et des arts ; sa marche devant être purement *mécanique*, si elle fait toutes ces choses, si elle passe les limites tracées par la raison même, elle perd son nom, elle n'est plus ce qu'elle est, ce qu'elle doit toujours être, pour garder son rang de science à part.

Il y a des différences notables entre la statistique et d'autres sciences auxquelles, néanmoins, elle emprunte de grands secours.

Il ne faut pas la confondre avec la *géographie politique*, qui se borne à indiquer la division de la terre en divers Etats, les limites de ces Etats, leur position absolue et relative et l'étendue de leur territoire. La géographie ne s'occupant pas de ce qui se passe à la surface de la terre, c'est là que la statistique prend l'homme pour le conduire, dans ses recherches, jusqu'à l'étude des plus importants objets.

Il ne faut pas confondre la statistique avec l'*arithmétique politique*, qui applique ses calculs aux richesses d'un Etat, au nombre de ses habitants, à la nourriture qu'ils consomment, au travail qu'ils peuvent faire, à la valeur de ce travail, au temps qu'ils ont à vivre.

Enfin il ne faut pas la confondre avec l'*économie politique*, dont l'objet unique est de rechercher des moyens qui puissent faire prospérer la société, en se bornant aux causes générales qui ont rapport à la culture des terres, au commerce, à l'industrie, aux charges de l'État.

Mais la statistique doit :

A la *géographie*, les connaissances topographiques qui lui sont indispensables ;

A l'*arithmétique*, la facilité de connaître les faits par le calcul analytique ;

A l'*économie politique*, l'avantage d'être guidée dans l'application de ses résultats au bonheur de la société civile.

Considérée dans ses *formes* et son *développement*, la statistique est :

1° *Descriptive* ou *physique* ;
2° *Positive, morale* ou *philosophique* ;
3° *Civile* ou *appliquée*.

Comme *descriptive* ou *physique*, la statistique a pour objet spécial la *topographie* terraquée, hydrographique, atmosphérique, et les *productions naturelles*, minérales, végétales, animales.

Comme *positive, morale* ou *philosophique*, la statistique expose l'état de la population sous divers rapports, et fait connaître la culture intellectuelle, morale, économique et politique. En conséquence, elle embrasse la *population* ecclésiastique, militaire et civile ; l'*agriculture* qui comprend l'économie rurale, et l'art vétérinaire ; le *commerce* à l'intérieur et à l'extérieur ; l'*industrie* de tous les genres ; la *civilisation* dont les principaux objets sont l'instruction publique, l'habillement, les usages, les mœurs ; la *religion* avec toutes ses subdivisions ; les *sciences* physiques et morales ; les *arts* libéraux et industriels ; les *langues* anciennes et modernes, mortes et vivantes.

Enfin, comme *civile* ou *appliquée*, la statistique se rapporte au gouvernement, et présente dans tous leurs détails de faits, la *législation* ; la *marine* militaire et marchande ; les *armées* de terre et de mer ; les *finances* dans lesquelles on comprend les revenus et les dépenses ; l'*administration* générale et particulière ; la *diplomatie* nationale et étrangère.

Il y a d'autres distinctions à faire, quant à la *forme* des opérations de la statistique.

Suivant que l'on voudra donner plus ou moins d'étendue à ses recherches, la statistique sera *générale, spéciale* ou *intérieure*.

Générale, la statistique considère seulement l'assemblage relatif de tous les Etats de la terre.

Spéciale, elle ne fait que développer les forces physiques, morales ou civiles d'un seul Etat.

Intérieure, elle se borne à faire connaître, sous leurs aspects particuliers ou généraux, les diverses parties constitutives d'un Etat, telles qu'un département, un arrondissement, une ville de France.

Pour donner aux grands et multiples objets qu'embrasse la statistique, une fin utile et conforme aux intérêts humains, il est *un ordre de travail* qu'il ne faut pas négliger.

Lorsqu'il s'occupe de la situation politique d'un Etat, le statisticien est ou *créateur*, ou *compilateur*, ou simplement *théoricien*.

Il est *créateur*, lorsque pour recueillir et coordonner les matériaux constitutifs d'un État peu civilisé, il est forcé d'interroger les mathématiciens, les naturalistes, les ministres des cultes, les fonctionnaires publics, etc.

Il est *compilateur*, lorsque l'État dont il traite possédant déjà des matériaux, il n'a plus qu'à les rassembler pour dresser, soit l'inventaire général de cet Etat, soit l'inventaire spécial d'une de ses parties.

Enfin, il est *théoricien*, lorsque, ayant à examiner les données certaines et les faits positifs qui doivent entrer dans ses cadres, il faut qu'il distingue ceux d'entre eux qui, exerçant une influence réelle sur la situation d'un Etat, se rapportent le plus au but de l'institution sociale, et qu'il leur donne un ordre tel que, d'un seul coup-d'œil, on puisse vérifier la condition actuelle de cet État, et la comparer à ses diverses conditions passées.

Pour être fructueuses, les opérations statistiques exigent impérieusement la connaissance de la force et des richesses d'un Etat, celle du cœur humain, de ses passions, de ses besoins, de ses faiblesses, un grand tact à démêler les faits importants. La simple indication du nombre et de la qualité des forces et des richesses d'une société civile ne suffit pas, puisque l'une des plus hautes attributions de la statistique, est de faire connaître en quoi et combien ces forces et ces richesses contribuent à la prospérité du corps social et influent sur sa condition relative quant à d'autres sociétés.

Mais, où le statisticien puisera-t-il les faits et les données dont il a besoin ? Aux *sources* publiques ou particulières. Il explorera, non seulement toutes les bibliothèques qui sont à sa portée, mais encore tous les documents anciens ou modernes, manuscrits ou imprimés, nationaux ou étrangers, qui portent un caractère d'authenticité reconnu par les gouvernements et les sociétés savantes. Mais pour se diriger dans de si vastes recherches, il est évident qu'on doit commencer par un travail bibliographique, sous peine de s'engager dans un labyrinthe sans issue possible. M. César Moreau a imaginé une méthode qui simplifie admirablement ce travail compliqué. Cette méthode est celle dont nous avons déjà dit quelques mots plus haut, et qui consiste dans l'emploi de *cartes volantes*, et de *meubles garnis de tiroirs figurant des divisions, sous-divisions et sections*; nous y renverrons le lecteur, regrettant que l'espace nous manque pour la faire connaître dans tous ses détails.

Ce fut vers la fin de l'année 1829, que M. César Moreau conçut la généreuse et belle pensée de créer, à Paris, ce foyer toujours fécond, toujours jeune, de l'intelligence humaine, une société qui aurait des ramifications dans les

Deux-Mondes. Cette pensée, il la conçut en vue du perfectionnement de sa science favorite, la statistique, et du développement graduel de ses intéressants et utiles résultats. Dans la pensée de son auteur, le principal objet de cette fondation était en effet de contribuer au plus rapide développement possible de la prospérité publique. L'idée de M. César Moreau (1) parut grande et patriotique aux savants et aux littérateurs auxquels il la communiqua, et ils lui promirent le concours de leurs efforts, de leur zèle et de leurs lumières. « Ces promesses, » lisons-nous dans un Mémoire historique sur la fondation de ce corps savant, écrit et publié par M. César Moreau, « premier
» et doux fruit de mes déterminations, me comblèrent de
» joie et animèrent mon courage. Ainsi assuré d'un appui
» si précieux et dont ma faiblesse avait si grand besoin,
» j'entrai tout de suite dans la carrière où j'espérais re-
» cueillir, sinon de la gloire, de l'illustration pour mon
» nom, du moins l'honneur d'avoir conçu et exécuté un
» projet utile à mes semblables ; et je ne considérai ni le
» temps, ni les difficultés, ni les soins, ni les peines, ni les
» sacrifices de tous les genres auxquels j'allais me con-
» damner. »

Le premier soin de M. César Moreau fut de rechercher et d'examiner attentivement les constitutions qui régissent les divers corps savants de France, d'Angleterre et d'autres pays, pour leur emprunter celles de leurs dispositions qui pouvaient avantageusement et utilement s'adapter à une société fondée en France, sur un plan inconnu à toutes

---

(1) En 1823, il avait eu la satisfaction de la voir approuvée et appliquée par M. le Préfet de Marseille.

les sociétés savantes existantes. — Il divisa les statuts de la *Société française de Statistique universelle* en dix parties principales, dans lesquelles il s'appliqua à mettre toute la précision, toute la clarté du style qu'elles exigeaient.

1° Voulant avant tout que la société concourût aux progrès de toutes les connaissances humaines, il donna pour *objet* à ses travaux, les progrès de la *statistique générale.* Afin que les savants se trouvassent plus honorés de prendre part à son action délibérative et académique, il borna à soixante le nombre des *membres résidants*, mais ne limita pas celui des *membres non résidants et correspondants.* Pour avoir une honorable distinction à décerner à ceux des vétérans de la science qui, trop vieux pour concourir activement aux travaux de la société, les aideraient de leurs conseils et de leur approbation, il créa le titre de *membres honoraires et émérites.* L'égoïsme national n'étant pour rien dans la conception de M. César Moreau, inspiré, au contraire, par un véritable cosmopolitisme moral et scientifique, le fondateur écrivit l'admissibilité des étrangers dans le sein de la société, et leur participation à tous les droits des membres régnicoles. Enfin, pour atteindre le but de la *Société française de statistique universelle*, M. César Moreau arrêta l'entretien d'une *correspondance* collective et individuelle avec les corps savants ou avec leurs membres; la *publication* du recueil des travaux de la société, des ouvrages couronnés par elle, des documents qu'elle posséderait, et la *fondation* de prix et de médailles d'encouragement, trois choses qui devaient, en augmentant la masse des lumières et des renseignements propres de la société, l'aider à propager partout la connaissance et le goût de la statistique.

2° M. César Moreau exigea, comme condition d'admission parmi les membres de la *société*, ou un haut rang honoré par des vertus et une constante protection accordée aux sciences, aux arts, ou de profondes connaissances, attestées par de grands travaux, etc.

3° Les priviléges académiques n'ayant rien qui répugne ni qui blesse, lorsqu'ils sont fondés sur la raison, l'utilité, l'équité, ceux que M. César Moreau établit consistaient : — Pour les membres agréés avant le 31 décembre 1830, à recevoir, pour moitié prix, tous les ouvrages publiés par la société ; — pour les membres résidants ou correspondants, à pouvoir, sur la présentation du conseil, et sans ballottage, passer dans la classe des membres honoraires, et jouir, pendant leur séjour à Paris, sous la condition de payer une certaine cotisation, de tous les droits accordés aux membres résidants ; — enfin, pour tous les membres de la société, à obtenir la communication des ouvrages et documents contenus dans la bibliothèque, sous les conditions prescrites au règlement d'ordre intérieur.

4° Persuadé que rien ne recommande mieux un corps savant à l'estime du monde, que d'avoir à sa tête les illustrations contemporaines, dans tous les genres, M. César Moreau institua, sous les titres de *protecteurs*, *présidents d'honneur*, et *présidents honoraires*, des grands officiers qui, par l'éclat de leur puissance, l'élévation de leur position sociale, la profondeur de leur savoir, devaient assurer un bel avenir à la société. Il réserva le titre de *protecteur*, aux souverains, aux princes de sang royal ; — celui de *présidents d'honneur* aux grands personnages qui honorent, aiment et encouragent les sciences ; — celui de *présidents honoraires*, aux hommes laborieux recommandables par le culte des sciences.

5° Sous le nom d'*officiers*, il établit douze personnes

chargées de gouverner la société : c'étaient un président, quatre vice-présidents, un secrétaire, un secrétaire-adjoint, un archiviste, un bibliothécaire, un trésorier et deux scrutateurs. Tous ces officiers étaient, chaque année, nommés en séance extraordinaire. Vu l'importance de son caractère, le président, en sortant de fonctions, devenait *président honoraire,* c'est-à-dire *grand officier.* Les fonctions des officiers de la société devaient être, à peu de chose près, ce qu'elles sont dans les autres sociétés savantes.

6° Pour administrer la société, il lui donna un *conseil* de vingt-cinq membres. Les attributions principales de ce conseil étaient la représentation de la société dans tous ses intérêts, la délibération sur toutes les affaires d'administration, la surveillance du mobilier, la provocation et vérification des inventaires, etc.

7° Dans le *bureau d'administration*, M. César Moreau créa un corps de cinq officiers, qui devait être chargé de la gestion de toutes les affaires. Ces officiers étaient : Un directeur-président, un secrétaire ; puis un archiviste, un trésorier et un bibliothécaire, tous trois adjoints.

Les attributions des directeurs-présidents étaient, outre l'exercice, dans le bureau, des mêmes fonctions que celles du président de la société, dans la société : le recouvrement des sommes dues pour la cotisation annuelle et les frais de diplôme, la tenue des registres, la surveillance de la comptabilité, le choix de tout le personnel jugé nécessaire pour exécuter les ordres et les travaux de la société, l'autorisation des dépenses inférieures à 150 francs ; enfin tous les achats et ventes autorisés par le budget. — Les quatre collègues du directeur-président exerçaient les mêmes fonctions que ceux des officiers de la société qui portaient le même titre, dont ils étaient les adjoints (excepté le seul secrétaire), et sous les ordres desquels ils étaient placés.

Comme il importait à la prospérité de la société que les cinq officiers du bureau demeurassent longtemps en fonctions, la durée de ces fonctions fut étendue à cinq ans ; et comme elles exigeaient un travail, un dévouement de chaque jour, M. César Moreau jugea convenable que ces officiers reçussent un traitement annuel que la société seule aurait le droit de fixer. L'archiviste, le bibliothécaire et le trésorier, dépositaires de choses auxquelles étaient attachés l'existence et l'honneur de la société, furent soumis à un cautionnement. Pour comble de précaution, aucune délibération du bureau ne pouvait être valable sans l'approbation du conseil. M. César Moreau a toujours considéré l'institution du bureau d'administration comme l'un des plus puissants moyens d'action, de travail, de succès et de gloire pour la *Société française de Statistique universelle*, et les événements ont assez justifié sa prévision.

8° La nature et l'ordre des séances étaient des points d'une importance capitale. M. César Moreau en établit trois espèces, qu'il appela : *ordinaires*, — *extraordinaires*, — *annuelles*. — Les séances ordinaires avaient ceci de remarquable et de prudent, que la société n'y pouvait statuer sur aucune proposition écrite ou verbale, qu'après avoir entendu l'avis de son conseil, à moins que cette proposition, vu son peu d'importance, pût être discutée, sans inconvénient, séance tenante.

Les séances annuelles devaient être des solennités publiques où le conseil viendrait rendre compte de sa gestion ; — où d'éloquentes voix viendraient donner des regrets aux sociétaires que la mort aurait enlevés ; — où le talent et le patriotisme recevraient sous les yeux de l'élite de la nation, les couronnes qu'ils auraient méritées ; — où l'on proclamerait, enfin, de nouveaux sujets de concours pour les années suivantes, c'est-à-dire de nouveaux moyens de gloire pour les sciences et l'industrie. Tout discours, tout ouvrage de nature à porter atteinte à la morale publique, à la religion et au pouvoir établi, étaient expressément interdits.

9° M. César Moreau fonda des prix dont le sujet et la valeur devaient être déterminés par la société, en séance extraordinaire. Il arrêta, à cet égard, diverses mesures qui lui étaient indiquées par l'expérience et l'intérêt bien entendu de la société.

10° Enfin, prévoyant que, dans ses statuts, il aurait pu omettre quelques points importants, le fondateur autorisa, pour l'avenir, des règlements d'ordre intérieur, qui rempliraient les lacunes; mais il déclara d'avance nul de plein droit, tout article de ces règlements postérieurs, qui serait contraire aux statuts constitutifs.

Telles étaient en résumé les bases fondamentales des statuts destinés par M. César Moreau à régir le corps savant qu'il allait fonder.

« Quand j'eus mis la dernière main à cet acte constitu-
» tionnel, — a écrit M. César Moreau dans le Mémoire
» historique précité, — quand j'eus pris toutes les mesures
» qui, dans mon esprit, devaient assurer le succès de mon
» plan, je convoquai chez moi (22 novembre 1829) une
» *réunion préparatoire*, où j'appelai quatorze personnes,
» parmi lesquelles je comptais, soit des amis dévoués, soit
» d'estimables collègues en travaux scientifiques. Je les
» nommerai toutes; car comment me dispenser de nom-
» mer ceux chez qui j'ai trouvé tant d'obligeance à seconder
» mes efforts, à m'éclairer de leurs lumières, à faciliter

» l'accomplissement de l'un des plus beaux projets que j'aie
» jamais conçus? C'étaient MM. le chevalier d'Abraham-
» son, Ch. d'Aiguebelles, Cauvy, Cavailler, Donndorff,
» Elphinstone, B. Hubert, le baron Juchereau de Saint-
» Denis, Jullien de Paris, J. H. Noble, J.-J. Rifaud,
» F. Smith, le chevalier de Vallarino et le baron de Zœpffel.
» Ce fut avec un vif plaisir que je me vis entouré de tant
» d'hommes distingués par toutes les qualités qui com-
» mandent la confiance, l'estime et l'attachement. Je leur
» annonçai que j'avais donné connaissance de mon projet
» de fonder une société de statistique à une foule de
» savants hommes et de vertueux citoyens, et que tous
» avaient adhéré verbalement à ce projet. Quelle ne fut
» point leur satisfaction, quand parmi les hommes dont
» je parlais, je leur nommai MM. A. Balbi, le général
» Bardin, A. L. Blanchard, de Boyve, Brosset jeune, le
» docteur Dalmas, Th. Dehay, Galabert, E. de Girardin,
» Isoard, Jomard, Le Rée, l'évêque Luscombe, De Mauroy,
» D. L. Rodet, baron Roger, B. Sarrans, J.-B. Say, l'ami-
» ral sir Sidney Smith, le vicomte Toustain du Manoir,
» Warden, et plusieurs autres non moins recommandables.
» Parlant alors du besoin d'un point central où viendraient
» aboutir, pour être réunis et classés méthodiquement,
» les innombrables matériaux qui sont du domaine de la
» statistique, je fis observer à l'assemblée, qui paraissait
» m'écouter avec quelque faveur, que ce besoin avait été
» véritablement senti de MM. le comte de Saint-Cricq, le
» baron Portal, le baron de Damas, le comte de la Fer-
» ronays, le comte de Rayneval, le comte d'Hauterive, le
» baron Deffaudis, et de plusieurs autres administrateurs
» et économistes avec qui j'avais longtemps entretenu de
» chères liaisons. Je rappelai ensuite l'approbation que

» M. le baron de Damas avait donnée, en octobre 1828,
» à l'application du plan que je lui avais présenté, pour
» l'instruction future, en matière de statistique, du royal
» élève confié à ses soins.

» Enfin, après avoir présenté le résumé des travaux
» que j'avais exécutés en cette circonstance, j'exprimai le
» désir d'appliquer le système de classification, suivi pour
» eux, aux travaux même de l'institution dont la prompte
» formation était le premier objet de mes vœux.

» Lorsque j'eus cessé de parler, une discussion géné-
» rale s'engagea sur l'utilité d'une institution telle que
» celle dont je proposais l'établissement à Paris; elle ne
» fut contestée par personne. Etant ensuite passée à l'exa-
» men des travaux préparatoires, l'assemblée en approuva
» hautement le but. Alors fut agréée ma proposition, et
» l'on résolut qu'une première assemblée de fondation se
» réunirait le lendemain pour délibérer sur les moyens
» d'asseoir l'institution sur de larges et solides bases, et
» sur les premières mesures à prendre pour la réalisation
» des vues dont j'avais donné connaissance à l'assemblée.
» Ainsi se passa cette réunion dont j'augurai les plus heu-
» reux résultats. »

La première assemblée de fondation eut lieu, en effet, le 23 novembre 1829. Elle se composait d'hommes distingués dans tous les genres, qui, d'une commune voix, décernèrent, à M. César Moreau, le titre de fondateur et la présidence provisoire. — Le vicomte Toustain-Dumanoir fut chargé des fonctions de secrétaire. M. Cesar Moreau donna lecture des statuts constitutifs destinés à régir la nouvelle institution. Ils furent adoptés. — Après avoir voté différentes mesures d'organisation, on nomma:

Président : M. Chabrol de Volvic, préfet du département de la Seine ;

Vice-Présidents : MM. le comte Chaptal, le duc Decazes, le comte Laisné et le comte Siméon ;

Secrétaire : M. le baron Juchereau de Saint-Denis ;

Secrétaire-Adjoint : M. le vicomte Toustain-Dumanoir ;

Bibliothécaire honoraire : M. Van-Praët ;

Trésorier honoraire : M. J. Laffitte ;

Scrutateurs : MM. le baron Roger et Rodet ;

Directeur-Président du bureau d'administration : M. César Moreau ;

Enfin, *Secrétaire-Archiviste-Bibliothécaire*, adjoint du même bureau : M. Isidore Simard, en attendant qu'il fût nommé à deux de ces emplois.

M. César Moreau s'empressa de mettre, à la disposition de la nouvelle société, une partie du vaste appartement qu'il occupait alors place Vendôme. Il lui offrit, en outre, toutes les ressources pécuniaires dont elle avait besoin pour ses premières opérations. En agissant ainsi pendant les six premiers mois, il ne calcula pas s'il compromettait sa fortune, en cas de non succès : son unique préoccupation était de doter la France d'un corps savant qui devait ajouter à la gloire et à la prospérité nationales. Il n'y eut soins, sacrifices, ni efforts qui lui coûtassent, pour accélérer l'accroissement de cette société.

Le 27 novembre 1829, M. César Moreau remplit, auprès du ministre de l'intérieur, la mission dont l'avaient chargé ses collègues, en présentant, à son approbation, les statuts constitutifs de la *Société française de Statistique universelle.* — Mais le 5 avril 1830, la réponse ministérielle n'étant pas encore arrivée, une députation, composée de MM. le comte de Noé, le baron de Mortemart-Boisse, de Montvéran et César Moreau, porta, au ministre de l'intérieur, une lettre signée de tous les membres du conseil, et, le 19 du même mois, on reçut enfin une autorisation en vertu de laquelle la société se trouva légalement constituée.

Jaloux de faire connaître les travaux de la statistique, et, en inspirant le goût de cette science, de hâter le moment où la société, créée par ses soins, posséderait assez de membres, par suite, assez de ressources pour pouvoir réaliser les espérances fondées sur elle, M. César Moreau adressa, aux corps savants français et étrangers, à plusieurs souverains, princes, ministres et diplomates, des exemplaires de ses ouvrages statistiques. Tous ces sacrifices ne tardèrent pas à porter les fruits qu'on devait en attendre (1); mais M. César Moreau s'en im-

---

(1) Les résultats obtenus étaient tels, que nous trouvons, dans un rapport fait dès le 11 février 1830 à la société, par le conseil d'administration, rapport dont le dépôt fut ordonné, le passage suivant :

« . . . Votre bureau a dû diriger toute son attention sur l'agrégation du plus grand nombre possible d'hommes signalés à la reconnaissance nationale par leur rang social, et bien plus encore par leur savoir, leur amour du bien public, les services qu'ils ont rendus aux progrès des connaissances utiles et la sollicitude avec laquelle ils s'efforcent d'améliorer le bien-être de toutes les branches de la famille humaine ; d'hommes enfin, dont les noms seuls fussent d'hors et déjà autant de témoignages de l'utilité de la nouvelle institution, autant de présages heureux des destinées qui lui sont réservées.

» Sous ce premier et important rapport, votre bureau d'administration est heureux de pouvoir vous annoncer que ses démarches ont été couronnées du succès le plus complet : en parcourant la liste des membres qui ont adhéré par écrit à vos statuts, vous demeurerez, en effet, convaincus que des notabilités de tous les degrés de la hiérarchie sociale se sont empressées de contracter avec vous une alliance directe,

posait bien d'autres, dans l'intérêt de la société : il fit faire, à ses frais, de nombreux travaux de rédaction, de compilation ou de transcription dont il n'a jamais demandé à être indemnisé, non plus que du temps qu'il consacrait, chaque jour, à l'exercice de ses fonctions de directeur-président du bureau d'administration.

L'hommage des ouvrages statistiques de M. César Moreau fut accueilli partout avec un plaisir et une reconnaissance dont les preuves sont consignées dans des centaines de lettres qu'il a entre les mains (1). « J'ai déjà dit, » a écrit à

---

et de vous promettre le tribut de leurs lumières et l'appui de leur patronage, pour porter au plus haut degré le développement de nos facultés collectives.

» Si donc l'influence de noms ennoblis et dignifiés par le savoir, recommandés par la gratitude nationale, et chaque jour prononcés avec respect ; si, dis-je, une telle influence est capable de donner une forte et louable impulsion à une société quelconque, la nôtre, Messieurs, a déjà pris sa place au rang des plus favorisées ; elle se maintiendra, j'ose l'espérer, car les susceptibilités les plus ombrageuses, l'opinion publique la plus exigeante, doivent être amplement satisfaites des garanties que leur offrent les capacités positives et les illustrations légitimes dont la Société française de Statistique universelle peut déjà s'honorer, etc... »

(1) Ce fait se trouve confirmé par l'extrait qui suit, d'un rapport fort étendu, fait par M. Fortuné Chailan à la Société de Statistique de Marseille, sur les ouvrages scientifiques de M. César Moreau, etc.

« . . . Chargé de vous faire un rapport sur les ouvrages statistiques qui nous ont été adressés par M. César Moreau, je viens enfin, Messieurs, m'acquitter de ce devoir que j'aurais dû remplir depuis longtemps déjà.... Mais l'importance des travaux que j'avais à parcourir, me fait espérer que je vous trouverai disposés à excuser le retard que j'ai mis à satisfaire votre juste impatience, et à vous entretenir des excellents ouvrages d'un savant compatriote qui, par les sévères études

ce sujet M. César Moreau dans le mémoire historique cité plus haut, « mon goût, mon faible, si l'on veut, pour les » monuments épistolaires qui renferment mes titres d'hon- » neur. Eh ! de quoi les hommes seraient-ils capables, » s'ils étaient insensibles à l'honneur, au noble désir de » se distinguer par d'utiles travaux et de patriotiques ac- » tions ? Voilà mon excuse, si j'en ai besoin. »

Ce fut l'empereur de Russie qui accepta le premier le titre de *membre honoraire*. L'ambassadeur de ce souverain à Paris, M. le comte Pozzo di Borgo, appela M. César Moreau dans son cabinet pour lui donner lecture d'une longue lettre que lui avait écrite S. Ex. le comte de Nesselrode, ministre des affaires étrangères de Russie. Cette lettre exprimait la haute opinion que l'empereur Nicolas s'était formée de la *Société de Statistique universelle*, dont le but, disait-il, *était le perfectionnement de toutes les connaissances*

---

et par l'étendue de ses connaissances, a marqué sa place parmi les célébrités de notre époque.... »

(*Ici suit le compte-rendu.*)

En terminant son rapport, M. Fortuné Chailan ajoute :

« . . . Cet exposé suffira, je pense, pour justifier la réputation populaire qu'ont obtenue les ouvrages de M. César Moreau... L'hommage que la société a reçu de lui est précieux pour elle, car elle pourra consulter avec fruit ces utiles travaux, et elle y trouvera des documents propres à utiliser ses recherches, et qui lui faciliteront puissamment les moyens d'atteindre le but qu'elle s'est proposé... — La société a déjà accusé réception de cet envoi à M. César Moreau ; je désirerais aujourd'hui qu'elle lui adressât les remercîments et les éloges que méritent ses importants travaux, persuadé que cette démarche, juste récompense accordée au mérite et au talent, ne pourrait que resserrer les liens d'estime qui déjà unissent la Société de Statistique de Marseille avec notre savant et laborieux compatriote. »

humaines. Elle se terminait par l'assurance que Sa Majesté verrait avec plaisir son nom inscrit sur les listes des membres de cette société.

L'acceptation du roi de Wurtemberg donna lieu à une circonstance du même genre. Ce souverain fit écrire à son ministre à Paris, *qu'il voyait avec un grand plaisir l'établissement d'une société savante qui se proposait un but si utile, et qu'il acceptait le titre de membre honoraire.* — La société reçut ainsi successivement l'adhésion de la plupart des maisons souveraines de l'Europe, telles que celles de :

Anhalt-Bernbourg (S. A. S. Monseigneur le Prince Alexis, Duc d').

Anhalt-Bernbourg (S. A. S. Monseigneur le Prince Alexandre-Charles d').

Anhalt-Dessau (S. A. S. Monseigneur le Prince Léopold-Frédéric, Duc d').

Bade (S. A. R. Monseigneur le Prince Louis, Grand-Duc de).

Bade (S. A. R. Monseigneur le Prince G. L. A., Margrave de).

Danemarck (S. A. R. Monseigneur le Prince C. R. de).

Danemarck (S. A. R. Monseigneur le Prince Frédéric de).

Egypte (S. A. Mohamet-Ali, Pacha d').

Furstemberg (S. A. S. Monseigneur le Prince C. E. de).

Hesse (S. A. S. Monseigneur le Prince C., Landgrave de).

Hesse-Rothembourg (S. A. S. Monseigneur le Prince V. A., Landgrave de).

Hohenzollern-Hechengen (S. A. S. Monseigneur G. H. C., Prince héréditaire de).

Hohenzollern-Sigmarengen (S. A. S. Monseigneur A. A. M. F., Prince Souverain de).

Holstein-Beck-Gulcksdourg (S. A. S. Monseigneur F. G. P. L., Duc d').

Leuchtemberg (S. A. R. Monseigneur le Prince Auguste-Charles-Eugène, Duc de).

Mecklembourg-Schwerin (S. A. R. Monseigneur le Prince Gustave, Duc de).

Mecklembourg-Schwerin (S. A. S. Monseigneur le Prince Albert, Duc de).

Mecklembourg-Strélitz (S. A. S. le Prince C. F. A., Duc de).

Mecque (S. A. Ibrahim, Pacha de la).

Prusse (S. A. R. Monseigneur Frédéric-Guillaume, Prince Royal de).

Prusse (S. A. R. Monseigneur Guillaume-Frédéric, Prince de).

Prusse (S. A. R. Monseigneur le Prince-Henri-Frédéric-Charles de).

Prusse (S. A. R. Monseigneur le Prince Charles de).

Russie (S. A. I. Monseigneur le Prince Constantin, Grand-Duc de).

Russie (S. A. I. Monseigneur le Prince Michel, Grand-Duc de).

Saxe (S. A. R. Monseigneur le Prince J. N. M. J., Duc de).

Saxe-Cobourg (S. A. R. Monseigneur le Prince Léopold de).

Saxe-Meinungen (S. A. R. Monseigneur le Prince Bernard, Duc, Régent de).

Sussex (S. A. R. Monseigneur le Prince A. F., Duc de).

Wurtemberg (S. A. R. Monseigneur le Prince Paul de).

Wurtemberg (S. A. Monseigneur le Prince Frédéric-Eugène-Charles-Paul-Louis, Duc de).

Wurtemberg (S. A. R. Monseigneur le Prince Henri, Duc de), etc., etc.

Le 29 janvier 1830, S. A. R. le duc d'Orléans ajouta son nom à cette liste déjà si belle ; plus tard, devenu roi des Français, il permit aux ducs d'Orléans et de Nemours, et au prince de Joinville, d'entrer, comme présidents d'honneur, dans les rangs des membres de la Société de Statistique, dans laquelle il prit lui-même le titre de Protecteur.

Déjà la société comptait, parmi ses membres, les ambassadeurs et ministres plénipotentiaires d'Autriche, de Bavière, du Brésil, du Danemarck, d'Espagne, des Etats-Unis, des villes Anséatiques, de Lucques, de Parme, de Prusse, de Russie, de Saxe, de Suède et Norwége, de Toscane, de Suisse, etc. MM. le duc de Broglie, ministre de l'Instruction publique ; le comte Molé, des Affaires étrangères ; le baron Louis, des Finances ; le comte Sébastiani, de la Marine, et Dupont (de l'Eure), de la Justice, furent aussi des premiers à s'inscrire sur les listes de la *Société française de Statistique universelle.*

La société, réunie en séance extraordinaire, eut bientôt à délibérer sur une proposition importante qui lui était faite par un statisticien renommé, M. le baron Coquebert de Montbret. Il demandait la fusion, en un seul corps, de la Société libre de Statistique qui se fondait alors, et de la Société française de Statistique universelle, et, comme conséquence, des modifications aux statuts de celle-ci. Convaincue du danger de telles modifications, l'Assemblée rejeta la proposition qui lui était soumise ; mais elle s'empressa d'accepter une correspondance avec la Société libre de Statistique, et d'offrir, à l'honorable et savant M. de Montbret, une place dans le sein de la Société française de Statistique universelle. Après cet incident, les membres

représentants naturels de la société donnèrent, à M. César Moreau, de flatteuses marques d'estime, en le confirmant à l'unanimité dans les fonctions de Directeur-Président du bureau. Ils lui votèrent aussi des remercîments pour l'activité, le zèle et le dévouement qu'il avait apportés à poser les bases et à asseoir, d'une manière sûre, l'existence de la société, services qui lui avaient déjà valu le titre de fondateur. Ici finit le rôle des premiers collègues de M. César Moreau et le sien, comme président de la société, et même comme directeur suprême de ses affaires et de ses intérêts ; et alors commencèrent les séances prescrites par les statuts constitutifs. « J'avoue, dit à cette occasion
» M. César Moreau, que ce ne fut pas sans une certaine
» satisfaction que je vis le terme de l'espèce de dictature
» dont je m'étais trouvé forcément investi ; car si cette
» dictature ne pouvait peser à mon dévouement, elle de-
» vait au moins peser à ma faiblesse...... »

Alors, dit encore M. César Moreau, dans son mémoire historique sur la Société française de Statistique universelle, « la société possédait, parmi ses grands officiers,
» sous le titre de présidents honoraires, et ce sage duc de
» *Doudeauville* qu'une patriotique volonté enchaîne à
» jamais à vingt sociétés de bienfaisance, où, pour prix de
» son zèle ardent et de la bonté de son cœur, il ne
» recueille que l'honneur de bien faire ; et ce duc de
» *Cadore* qui n'a dû les titres brillants dont il fut revêtu
» et les grandes places qu'il a possédées, qu'à de rares
» talents reconnus par le plus grand des monarques ; et ce
» savant comte d'*Hauterive* qui posséda jadis la confiance
» de l'Empereur des Français, et à qui ses illustres écrits
» sur l'économie politique obtinrent de bonne heure une
» place méritée au sein du premier corps savant de la

» France; et cet illustre membre de l'Institut, M. *Jomard*,
» dont le monde savant admire la profonde science et la
» noble candeur ; et ce comte *Siméon* qui a tant honoré,
» par ses vertus, les grands emplois qui lui ont été con-
» fiés, et les a exercés avec une intégrité si rare, qu'après
» les avoir quittés, il se trouva presque plus pauvre qu'au-
» paravant; et ce vénérable doyen des savants, M. *J. B. Say*,
» qui, par la multitude et l'excellence de ses écrits et de ses
» cours, a jeté tant de lumières sur les vraies sources de
» la richesse publique. Moi-même, il faut bien que je le
» dise, j'ai été admis parmi ces illustres présidents hono-
» raires ; mais, il faut que je le dise aussi, je n'ai dû, je
» ne pouvais devoir un honneur si grand qu'à mes servi-
» ces comme *fondateur*, et qu'à la courte présidence que
» j'avais occupée dans les premiers mois de la *fondation*
» *de la société*. »

Cependant les travaux administratifs confiés à la direction de M. César Moreau, avaient été poussés avec une grande activité : un succès complet les avait couronnés. Avant le mois d'août 1830, la société possédait déjà tous les éléments d'une existence sûre, longue et brillante. Elle comptait huit cent quatre-vingt-neuf membres, appartenant tous aux rangs les plus élevés, et distingués, pour la plupart, par un savoir étendu et de grands talents. Sur ce nombre, six cent quatre-vingt-dix étaient Français, et cent soixante-neuf étrangers. « Les uns, et c'était le plus grand nombre,
» ajoute ici M. César Moreau, avaient adhéré par écrit à leur
» élection dans le plus noble langage ; les autres avaient
» seulement apposé leur signature, lors de la fondation de
» la société, au livre des statuts constitutifs : je ne puis
» pas nommer ici toute cette élite de citoyens ; mais com-
» ment me refuser au plaisir de citer parmi les Français :

» Des hommes d'Etat, pairs de France ou administra-
» teurs aussi recommandables que MM. les princes de
» Talleyrand et Laval-Montmorency, les ducs de Broglie,
» de Choiseul, de Feltre, de Gaëte, de Larochefoucauld, de
» Périgord, de Praslin, de Montmorency, de Rauzan, les
» marquis d'Osmond, de Pastoret, Maison, les comtes Cha-
» brol de Crouzol, Daru, Lanjuinais, Lemercier, Mollien,
» de Sussy, les barons Molé, Pasquier, Portal, etc., etc.;

» Des magistrats aussi sages, aussi éclairés que MM. de
» Belleyme, Gilbert de Voisins, et le marquis d'Arlatan de
» Lauris, etc., etc.;

» Des jurisconsultes aussi éloquents que MM. Berryer
» père, Dalloz, Doin, Dupin aîné, Dupin jeune, de Joly, etc.;

» Des savants aussi célèbres que MM. Bailly de Mer-
» lieux, Binet, Brué, Bresson, Charles Dupin, Eyriès,
» Galabert, Isoard, Héricart de Thury, Lautour de Méze-
» ray, Pouqueville, Pougens, le baron de Sylvestre, etc.;

» Des négociants aussi estimables, aussi bienfaisants
» que MM. P.-H. de Boisse, Hottinguer, Humblot-Conté,
» Fayolle, Gisquet, Moisson de Vaux, Odiot père, J. Rey,
» Rieussec, Cunin-Gridaine, Worms de Romilly, etc.;

» Des hommes de lettres aussi brillants, aussi instruits
» que MM. Balbi, de Barante, de Bonald, de Bourienne,
» Brifault, Chênedollé, Deleuze, Étienne, Fiévée, Lau-
» rentie, Sevelinge, Viennet, etc., etc.;

» Enfin des militaires aussi intrépides, aussi dévoués à
» la patrie que MM. les maréchaux Jourdan, de Reggio,
» les amiraux Hamelin, Mallet, Werhuel, Rosamel, Sercey,
» Willaumez, et les généraux Belliard, Bonnemain, Bouillé,
» Cara Saint-Cyr, Claparède, Compans, Corbineau, Evain,
» Fririon, Girardin, Gudin, Hulin, Lafayette, Laferrière, La
» Grange, Lemarois, Klein, Nempde, Pully, Sébastiani, etc.

» Certes, le nombre d'étrangers auxquels la société
» s'empressa d'ouvrir ses rangs, ne sont guère moins
» célèbres. Qui n'a entendu parler, sous des rapports
» favorables, de personnages anglais, tels que le général
» marquis d'Anglesey, sir John Bierley, John Bowring,
» R. K. Douglas, J. Frost, Joseph Hume, le marquis de
» Lansdowne, le comte Lousdale, le T. R. évêque Luscum-
» be, T. R. Malthus, le vicomte Melville, le comte de
» Morley, le duc de Newcastle, A. E. O'Reilly, sir Henri
» Parnel, le vicomte Palmerston, J. Penn, le duc de
» Portland, lord J. Russel, le duc de Saint-Albin et l'amiral
» sir Sidney-Smith, etc., etc.

» Lorsque quelques-uns de ces Anglais portaient les
» armes contre la France, ma bouche n'eût pu s'ouvrir
» pour les louer ; mais maintenant que, grâce au ciel, leur
» patrie fait cause commune avec la nôtre, je ne dois point
» avoir de répugnance à proclamer un mérite et des vertus
» faites pour illustrer notre société. Je citerai encore des
» étrangers non moins distingués, non moins recomman-
» dables, tels que :

» Le comte de Nesselrode, le comte de Bernstorff, le
» général Minutoli, le comte Armannsperg, le prince Mi-
» chel de Soutzo, le marquis de Mansi, le vicomte de San-
» tarem, le comte de Beroldingen, le général Santander,
» le chevalier Abrahamson, Rafn, H. C. de Bulaw, le baron
» Cotta de Cottendorff, Bosari, Gaetani, Chodako, Zu-
» moyski, le général Yermaloff, le prince Drucki-Lubecki,
» etc., etc. »

Les heureux résultats obtenus jusqu'alors étaient le fruit évident des travaux et des efforts du bureau d'administration, de cette centrale institution qui d'abord a subi de si amères critiques ; qu'un fatal aveuglement a tronqué ensuite, et qui enfin fut sacrifié à un chimérique équilibre de pouvoir, dont l'amour et la recherche sont venus arrêter, dans son essor, l'une des plus intéressantes sociétés savantes de notre pays. — Ce bureau d'administration, dont tous les membres faisaient essentiellement partie du conseil, se composait de :

MM. César Moreau, directeur-président ;
Sarrans jeune, secrétaire ;
B. Isidore Simard, archiviste-adjoint ;
J. Leivsey, bibliothécaire-adjoint ;
F. Cavallier, trésorier-adjoint.

La société comptant déjà plusieurs mois d'existence, il était temps de décider sous quelle forme seraient publiés les travaux en vue desquels elle avait été fondée.

Cette question à laquelle il était tout naturel que M. César Moreau s'intéressât, en sa qualité de fondateur, fut cependant débattue ailleurs que chez lui.— M. César Moreau possédait de nombreux documents de statistique sur la France, les Etats-Unis et l'Angleterre ; ils étaient le fruit de travaux auxquels il s'était livré précédemment. Convaincu que la forme dans laquelle il les avait rédigés, celle de mémoires, était à la fois la plus rationnelle et la plus convenable, il proposa qu'on l'adoptât pour les travaux de la société ; et pour mettre ses collègues à même de l'apprécier, il livra les documents à leur examen. Son avis ne prévalut point ; il fut décidé qu'on publierait des *Bulletins mensuels*. Le fondateur se conforma à cette décision, et s'empressa de concourir à la rédaction des bulletins adoptés.

Ce ne fut pas avant la fin de l'année 1830, que l'on se

trouva en mesure de publier la première livraison du Bulletin de la Société française de Statistique universelle.

La deuxième partie de cette livraison renfermait cinq documents statistiques émanés du portefeuille de M. César Moreau. La société en avait accueilli la communication avec empressement, et en avait ordonné la publication.

Le premier de ces documents présentait un état comparatif des revenus bruts de la France, en 1828, avec les frais de perception; le second, un aperçu de la progression, ou de *la rétrogression* des principales branches des revenus publics du royaume, année par année, depuis 1816 jusqu'en 1829. Les trois autres se rapportaient à l'industrie vignicole.

Dans son premier tableau, M. César Moreau établissait:

1° Qu'en 1828, les produits bruts de l'Etat se sont élevés à 1,016,644,621 francs; les remboursements, non-valeurs, etc., à 79,002,786 francs; par conséquent, les produits réels seulement à 937,641,835 francs; — 2° que les frais de régie ont présenté un total de 100,554,361 francs, dont 78,536,248 francs pour le personnel, et 22,018,113 francs pour le matériel; — 3° que le taux, pour coût des frais, a été, en conséquence, de 10 7/10es.

Le troisième tableau démontrait : 1° Qu'en 1788, la France possédait 1,574,432 hectares plantés en vignes, et, en 1829, 2,026,219; que, de 1786 à 1788, les premiers produisirent, année moyenne, 27,761,280 hectolitres, et les seconds, 44,951,484; — 2° qu'en 1788, la valeur approximative des premiers fut de 356,493,059 francs, et celle des seconds, en 1829, de 700,979,908 francs; — 3° qu'en 1829, les habitants consommèrent 16,179,256 hectolitres de vin ; — 4° qu'en 1829, 28,772,223 hectolitres de vin furent livrés au commerce extérieur et intérieur ; — 5° enfin, qu'au 1ᵉʳ janvier 1830, la France comptait 2,249,246 propriétaires de vignobles.

Les deux derniers tableaux traitaient de l'industrie vignicole d'une manière trop compliquée, pour être susceptible d'une analyse intelligible.

La partie statistique de la deuxième livraison du Bulletin contenait de nouveaux documents communiqués à la société, par M. César Moreau. Ils étaient au nombre de quatre, savoir :

1° Un tableau dans lequel, pour constater les progrès du commerce entre la France et tous les pays du monde, depuis 1716 jusqu'au 1ᵉʳ janvier 1830, M. César Moreau exposait, par périodes de paix ou de guerre, les résultats récapitulatifs de la marchandise et du numéraire, soit importés, soit exportés, puis la valeur annuelle (de 1787 à 1829) des matières premières et fabriquées, considérées dans leur importation et leur exportation.

2° Un tableau où, suivant, de 1825 à 1829, les mouvements de la navigation commerciale de la France, dans ses rapports avec l'étranger, M. César Moreau indiquait, pour chacune de ces cinq années, d'abord le nombre et le tonnage des bâtiments français et étrangers ; ensuite la valeur officielle de la marchandise à bord de ces bâtiments, puis à l'entrée et à la sortie.

3° Un tableau où, désignant les vingt-six principales branches du commerce général de la France, avec tous les pays, il en constatait les résultats pendant l'année 1829.

4° Un tableau considérable, dans lequel M. César Moreau indiquait : 1° Pour chacun de nos quatre-vingt-six départements, la population en 1827, le nombre de maisons habitables en 1829, le nombre d'habitants par maison, le nombre de portes et fenêtres imposables, le montant de la contribution de ces portes et fenêtres, le nombre et le montant des cotes et taxes personnelles et mobilières, le nombre de patentables en 1829, le montant des rôles de patentes en 1802, 1813 et 1829, enfin le nombre d'électeurs en 1829; — 2° pour chaque chef-lieu de nos quatre-vingt-six départements, outre quelques-uns des objets ci-dessus, le rapport de la population aux taxes personnelles et aux patentables, le montant des valeurs locatives, servant de base à la taxe mobilière et au droit proportionnel de patente; le loyer moyen par taxes mobilières et par patentables; puis des renseignements sur le montant des loyers d'habitation et de ceux qui servent de base au droit proportionnel de patente.

Depuis cette deuxième livraison, aucun document statistique émané du portefeuille de M. César Moreau, n'a figuré dans les publications de la société, jusqu'à la fin de 1832. L'honorable fondateur crut devoir ainsi s'abstenir, parce qu'il était contraire à la mesure imposant une contribution additionnelle de vingt francs, aux membres de la société qui recevraient la seconde partie du Bulletin. Cependant, il eût pu, avec les précieux matériaux qu'il possédait, alimenter facilement le Bulletin pendant plusieurs années.

Tandis que M. César Moreau réunissait, avec peine, les précieux éléments de la société, et se livrait pour elle à des travaux difficiles et compliqués, on cherchait les moyens d'entraver d'abord pour le ruiner ensuite, le bureau d'administration placé sous sa direction. Sans doute l'influence attribuée par les statuts organiques au directeur président inspirait de l'ombrage, bien qu'il n'eût jamais employé cette influence qu'au profit de la société à laquelle il avait donné tant et de si éclatants témoignages de dévouement. Sous prétexte de faire des *règlements intérieurs*, on ne craignit pas de compromettre l'existence même de la société, à peine assise, en altérant, par des modifications imprudentes, les statuts constitutifs, et en y introduisant des éléments étrangers qui pouvaient la rendre suspecte au pouvoir. « Je considérai ces mesures comme un malheur, » nous dit ici M. César Moreau, je m'en alarmai tout haut : » ma voix ne fut point entendue..... » — Sous prétexte encore que la position du directeur-président du bureau entravait le jeu de l'administration, on restreignit ses attributions ; en un mot, on dénatura la constitution primordiale de la société, qui soustraite dès lors, presqu'entièrement, à l'influence de son fondateur, fut loin d'atteindre à l'accroissement et à la prospérité que ses débuts permettaient d'espérer.

C'était, nous l'avons dit, chez M. César Moreau, dans le quartier le plus brillant à la fois et le plus central de Paris, que le bureau, les archives, la bibliothèque avaient été établis, que la société, son conseil et ses diverses commissions se réunissaient. Bientôt, sous prétexte que l'appartement mis à la disposition des membres sociétaires, par le fondateur, était insuffisant, on changea de local, pour aller s'établir dans une rue étroite, marchande et moins centrale (1). Dès lors l'influence de M. César Moreau fut complètement anéantie. Néanmoins il n'y eut sorte d'efforts qu'il ne tentât pour contribuer à l'affermissement de l'institution et pour aider au succès qu'il ambitionnait pour elle. Il conçut mille plans d'organisation et de travail qu'il présenta successivement au conseil. Tous furent accueillis avec

---

(1) Rue Sainte-Anne.

froideur, et aucun d'eux n'obtint jamais l'honneur de la plus courte discussion.

Parmi les divers projets, motions et plans d'organisation présentés par l'honorable fondateur pour garantir la société des dangers qu'elle courait, nous mentionnerons les suivants qui nous paraissent être le fruit d'une sérieuse méditation, en même temps qu'ils dénotent une réelle intelligence pratique. — L'une de ces premières propositions avait pour objet la création de dix comités qui, composés des plus hautes illustrations de l'époque, devaient travailler aux progrès de *la Statistique morale*. Ces dix comités étaient ainsi dénommés :

1° *Le Comité de population*, auquel il donnait pour président M. le duc Pasquier, homme d'État éminent, placé alors à la tête du premier corps politique de la France, la Chambre des Pairs.

2° *Le Comité d'agriculture*, qui aurait eu, pour diriger ses intéressants et utiles travaux, M. le baron de Bois-Bertrand, administrateur aussi intègre que capable, et qui dirigeait au ministère de l'intérieur l'administration générale de l'agriculture.

3° *Le Comité du commerce*, qu'aurait présidé M. le comte de Saint-Cricq, homme non moins remarquable par la noblesse du caractère que par ses connaissances en matières de douane, d'industrie et de commerce.

4° *Le Comité de l'industrie*, qui trouvait un chef aussi sûr qu'éclairé dans M. le baron Charles Dupin, dont une foule d'ouvrages ont depuis longtemps illustré le nom et fait connaître les vastes connaissances en économie politique.

5° *Le Comité de civilisation*, qui aurait trouvé, dans la personne du chef de l'école doctrinaire, M. Royer-Collard, aussi grand orateur politique que profond penseur et éminent philosophe, un président aussi méritant qu'illustre.

6° *Le Comité de religion*, qui recevait pour directeur et pour chef M. le duc de Montesquiou, ecclésiastique non moins recommandable par ses talents hors ligne que par ses vertus.

7° *Le Comité des sciences,* dont les travaux eussent été dirigés par M. le comte de Ségur, aussi grand écrivain alors qu'il s'était montré d'abord soldat courageux et général habile.

8° *Le Comité de littérature;* c'était le plus favorisé de tous : Châteaubriand devait le présider.

9° *Le Comité des beaux-arts*; président, M. le duc de Blacas, homme de goût et de cœur, aimé des artistes.

10° Enfin, *le Comité des langues,* ayant à sa tête M. le marquis de Pastoret, publiciste éminent, eût dignement complété cette puissante organisation.

En outre, M. César Moreau attachait aux dix comités, comme membres, des hommes non moins renommés dans les sciences, les beaux-arts, l'industrie et les lettres ; c'étaient, entre autres, MM. Darcet, Portal, Ternaux, B. Delessert, Cassini, Gay-Lussac, de Gérando, Cousin, Percier, Lacretelle, Villemain, C. Delavigne, Tardieu, Silvestre de Sacy, Boïeldieu, etc.

Le second plan d'organisation proposé par M. César Moreau fut, sous une forme nouvelle, la reproduction de celui que nous venons d'exposer. Il demandait la formation d'un *Conseil supérieur de perfectionnement,* composé de cinquante membres, lequel serait appelé à donner son avis sur les moyens d'accélérer l'avancement de toutes les sciences, de tous les arts et de tous les genres de connaissances se rattachant à la statistique. Ainsi, comme on le voit, ce conseil supérieur aurait rempli le même objet que les dix comités dont nous avons fait connaître l'organisation.

Quant aux membres choisis par M. César Moreau, ils étaient dignes, à tous égards, de s'associer à ses vues philanthropiques, car tous étaient de la plus haute distinction, aussi bien par le rang que par les lumières ; c'étaient, entre autres, MM. le prince d'Aremberg, les ducs d'Aumont, de Cadore, de Broglie, de Choiseul, de Montmorency, de Périgord, de Doudeauville, d'Escars, de Gaëte, de Lévis et de Valençay, etc.; les marquis de Sercey, Maison et Pastoret, etc.; les comtes de Chastellux, de Chabrol, Daru, Molé, de Noailles, Mollien, de Tournon, Ver Huell, H. Sébastiani, Claparède, de Mailly, Klein et Jourdan, etc.; le vicomte de Bérenger et le vicomte de Bonald; le baron Evain, le baron de Barante, le duc de Feltre et le duc de Larochefoucault, le comte Siméon et le prince de Talleyrand, etc., etc. Nul doute que cette combinaison aurait produit d'excellents résultats, car cette réunion brillante de noms illustres entourés du respect et de l'estime publique, associés pour une grande et belle œuvre, eût été pour tous une puissante garantie morale.

Enfin M. César Moreau proposa encore successivement qu'une médaille d'or de 1,000 francs et une médaille d'argent de 300 francs fussent décernées aux auteurs des meilleurs mémoires statistiques sur la France et sur un département français. — Il demanda qu'à l'avenir tous les membres fussent appelés à nommer aux diverses fonctions, proposition juste et raisonnable qui aurait eu pour conséquence d'éloigner toute intrigue. — Enfin, il voulait qu'on appelât, dans le sein de la société, pour lui imprimer une vie académique réelle et efficace, tous les savants, sans distinction de nationalité, qui font l'ornement de leur patrie et dont les glorieux travaux produisent et propagent les bienfaits de la civilisation.

Cependant malgré l'état satisfaisant de ses finances (1), la société, si brillante dès les premiers mois de sa fondation, commença de décliner au commencement de l'année 1831; le mal ne fit plus ensuite qu'empirer. A l'époque des restrictions apportées au pouvoir du directeur-président du bu-

---

(1) Au 31 décembre 1830, la Société avait reçu :

1° 6,300 fr. pour 252 diplômes délivrés, à 25 fr.
2° 4,710 fr. pour la cotisation de 137 membres titulaires, à 30 fr.
3° 1,290 fr. pour la cotisation de 86 membres honoraires, à 15 fr.
4° 1,200 fr. de 4 membres titulaires viagers, à 300 fr.
5° 750 fr. de 5 membres honoraires viagers, à 150 fr.
6° 200 fr. de 1 membre honoraire viager, à 200 fr.

——— Le total de la recette encaissée pour 1830 était donc de 14,450 fr.

L'extrait suivant d'un rapport fait à la Société, va nous donner le chiffre des dépenses :

« Vous observerez, Messieurs, que la somme de 8,700 fr., arrêtée par le budget de la Société, du 25 mars 1830, n'a pas été dépassée par M. César Moreau.

» En effet, le premier chapitre de dépenses fixes, *frais de loyer*, reste à. . . . . 2,000 fr.

» Le deuxième, appointements des employés réglés à 3,500 fr., n'est compris dans les comptes du bureau d'administration que pour. , ... 3,115

» Le troisième, dépenses variables totalisées, etc., ne s'élève qu'à 2,496

» Total. . . . . 7,611 fr.

» La somme de 8,700 fr. du budget du directeur du bureau d'administration, n'est donc pas dépassée, et votre commission a dû en admettre le chiffre. »

reau, M. César Moreau avait prédit que de là proviendrait peut-être la décadence de la Société : sa prédiction ne s'accomplit que trop.... Enfin, les précieuses archives sur lesquelles il avait si longtemps veillé avec une si constante sollicitude, lui furent retirées. « En vérité, a écrit M. César Mo-
» reau dans le mémoire précité, on dirait que le dernier
» coup fut porté à cette institution, le jour où elle quitta
» ma maison, son premier asile, et théâtre heureux de
» progrès, de prospérité qui devaient si tôt finir. Certes,
» je l'avouerai, mon chagrin fut grand, lorsque je vis emporter de chez moi tous ces dépôts, tous ces documents,
» et lorsqu'il fallut me séparer de ces chères adhésions
» aux statuts constitutifs, dont la presque totalité m'avait
» été personnellement adressée. On l'avait décrété, j'obéis;
» mais avant d'abandonner tant de lettres où se trouvait consignée, en traits nobles et touchants, la grande
» opinion qu'on s'était faite de l'institution que j'avais
» créée à mes risques et périls, j'en transcrivis avec un
» soin religieux un grand nombre; car toutes ces lettres
» étaient à mes yeux des titres à jamais honorables, dont
» je devais au moins conserver des copies. Ce travail fut
» long, fatigant, mais pourtant plein de charmes. Après
» cela je livrai tout fidèlement..... » — Ces lettres, en effet, étaient honorables pour l'institution et bien précieuses pour son fondateur ; nous pensons être agréable à nos lecteurs en reproduisant ici quelques extraits de celles que nous avons trouvées éparses dans les publications de la société.

« Je suis infiniment flatté, Monsieur, que la Société de
» statistique veuille bien me conférer le titre de membre
» honoraire ; je l'accepte avec reconnaissance et je vous

» prie de lui offrir de ma part l'expression de ce senti-
» ment et ma gratitude.

» Le Duc DE LA ROCHEFOUCAULD, pair de France. »

« Je me trouve très honoré, Monsieur, du titre de mem-
» bre honoraire que la Société que vous dirigez a
» bien voulu m'accorder ; en adhérant à mon élection, je
» vous prie de faire agréer mes remercîments à ses hono-
» rables membres, etc.

» Le Marquis DE LANSDOWNE, pair d'Angle-
» terre et président du conseil des Ministres. »

HESSE (S. A. S. Mgr. le Prince Charles, landgrave de).

« Je m'honore, Monsieur, d'être associé à un institut dont
» les vastes attributions et les illustres membres promet-
» tent de si intéressants résultats. Quoique plus qu'octogé-
» naire, je désirerais ardemment pouvoir prouver à l'il-
» lustre société mon empressement à mériter sa bonne
» opinion. »

« Je suis flatté que la Société de statistique ait bien
» voulu penser à moi; nul ne prendra plus d'intérêt à ses
» travaux, etc.

» Baron DE BARANTE, pair de France, ambassadeur. »

DANEMARCK (S. A. R. Mgr le prince Chrétien-Frédéric de).

« J'ai reçu la lettre par laquelle vous me faites part de
» la décision que la Société de statistique a bien voulu
» prendre à mon égard. — Je m'empresse de vous répon-
» dre que sensible comme je le dois aux suffrages de la
» société, j'accepte avec reconnaissance le titre de mem-
» bre honoraire, et qu'il me sera très agréable de con-
» tribuer aux succès de ses utiles travaux, etc. »

Russie (S. A. I. Mgr le Prince Michel, grand duc de).

« J'accepte avec un vrai plaisir, Monsieur, l'honneur
» d'être agrégé à la Société de statistique ; je reconnais
» toute l'utilité et tous les avantages que peut offrir, pour
» les besoins des nations et des gouvernements, une insti-
» tution de cette importance, et je prendrai la part la
» plus vive à ses succès, etc. »

« Je ne puis qu'être touché de la décision que vous
» me faites connaître; mon nom se trouvera associé à
» celui de beaucoup d'hommes dont la France sait appré-
» cier les savants et utiles travaux.

» Marquis de Pastoret, pair de France. »

« Je vous prie, mon cher Monsieur, d'exprimer à Mes-
» sieurs les membres de la Société de statistique ma re-
» connaissance de la faveur qu'ils veulent bien m'accorder
» en m'admettant parmi eux.

» Baron de Silvestre, membre de l'Institut. »

« J'accepte avec beaucoup de remerciments l'honorable
» association que vous êtes autorisé à m'offrir.... Je vous
» prie, Monsieur, de vouloir bien être, auprès de la so-
» ciété, l'interprète de ma gratitude et d'agréer person-
» nellement l'assurance de ma considération, etc.

» Duc de Gaete. »

« Rien ne me paraît mieux entendu que de faire servir
» l'activité de l'esprit public et l'ardeur des recherches
» qui caractérisent notre époque à l'avancement d'une
» science aussi utile et aussi importante que la statisti-
» que, etc.

» Duc de Cadore, pair de France. »

Anhalt-Bernbourg (S. A. S. Mgr le prince Alexis, duc d').

« Ayant toujours pris une vive part au progrès de
» toutes les sciences utiles, dont l'accélération contribue
» tant au bien-être de l'humanité, j'accepte très volon-
» tiers le titre de membre honoraire d'une société qui
» s'est proposé un semblable but, et qui réunit tant de
» personnes distinguées par leurs talents, leurs connais-
» sances et leurs travaux ; et il me sera toujours bien
» agréable de voir naître de cet institut, fondé sur des
» principes aussi sages que loyaux, les meilleurs résultats. »

Anhalt-Dessau (S. A. Mgr le prince Léopold-Frédéric, duc d').

« J'ai reçu la lettre par laquelle vous m'informez
» que la Société française de statistique universelle a
» bien voulu m'offrir le titre de membre honoraire, et
» m'adresser ses statuts. Flatté de cette offre qui m'ho-
» nore, c'est avec plaisir que je l'agrée, et je vous prie
» d'en témoigner à la société ma vive reconnaissance. »

« Je suis très sensible, Monsieur, à la justice que l'hono-
» rable Société de statistique veut bien rendre à ma bonne
» volonté, et au désir que j'éprouve constamment de
» m'associer à d'utiles travaux, bien moins dans l'espé-
» rance d'apporter de nouvelles lumières, que par la cer-
» titude d'en acquérir.
          « Duc de Doudeauville. »

« Le titre dont m'honore la Société française de statis-
» tique universelle, est trop flatteur pour moi pour que je
» n'accepte pas ce témoignage d'estime avec une sensible
» reconnaissance ; veuillez en présenter l'expression à

» Messieurs les membres de la société. Je voudrais être
» plus digne de cet honneur.

« Le Lieutenant Général Duc de Choiseul, pair
» de France. »

« La Société de statistique, en m'accordant le titre de
» membre honoraire, m'a beaucoup honoré. Je suis très
» sensible à cette distinction flatteuse, et je vous prie de
» vouloir bien faire agréer à la Société de statistique mes
» remercîments les plus empressés.

» Comte Chabrol de Crouzol, pair de France. »

Saxe (S. A. R. Mgr le prince N.-M.-J., duc de).

« Le témoignage flatteur de considération que la So-
» ciété de statistique m'a donné par votre organe, m'a
» causé une satisfaction d'autant plus grande que je tiens à
» honneur de m'associer à une réunion d'hommes éclairés,
» dont le mérite distingué est généralement reconnu.

» J'accepte donc avec reconnaissance le titre de mem-
» bre honoraire d'une société qui a pour objet le dévelop-
» pement d'une étude également utile aux gouvernements
» et aux peuples, et j'applaudis d'avance aux succès attachés
» à ses nobles travaux. »

Saxe-Meinungen (S. A. R. Mgr le prince Bernard, duc
régnant de).

« J'ai été surpris le plus agréablement du monde de
» l'offre que vous avez bien voulu me faire, et que je
» m'empresse d'accepter. Il y aura bien de la satisfaction
» pour moi à voir mon nom réuni à celui des honorables
» membres d'une société dont le grand but est le bonheur
» des peuples. Je compte retirer de ses travaux d'heureux

» fruits, tant pour mon instruction personnelle que pour
» mon pays. »

Wurtemberg (S. A. R. Monseigneur le prince Paul de).

« J'accepte avec un vrai plaisir l'honneur que la So-
» ciété française de statistique universelle a bien voulu
» me faire, en m'offrant le titre d'un de ses membres hono-
» raires.
» Il me sera très agréable de pouvoir être utile à cette
» belle société d'une manière quelconque. »

« Je viens de recevoir votre lettre dans laquelle vous
» me faites part que la Société française de statistique uni-
» verselle m'a admis au nombre de ses membres hono-
» raires. J'accepte avec reconnaissance l'honneur qu'on
» me propose.

» Duc de Bedfort, pair d'Angleterre. »

« Je dois me tenir très honoré du choix que la Société
» dont vous êtes l'organe a bien voulu faire de moi ; il me
» sera très agréable de concourir à ses utiles travaux, etc.

» Duc de Broglie, pair de France. »

« Je reçois avec la plus vive reconnaissance le titre de
» membre honoraire de la Société de statistique univer-
» selle. Je vous prie de lui transmettre l'expression de
» ma gratitude.

« Vicomte de Bonald, membre de l'Institut. »

Hohenzollern-Sigmaringen (S. A. S. Mgr A.-A.-M.-F.,
prince souverain de).

« En acceptant le titre de membre honoraire que votre
» Société a bien voulu m'offrir, je vous prie de l'assurer

» de ma part que je chercherai avec soin et plaisir l'occa-
» sion d'être utile à ses travaux et au but énoncé dans ses
» statuts. »

Mecklembourg-Schwerin (S. A. S. Monseigneur le prince Gustave, duc de).

« Je reçois le titre de membre honoraire de la Société
» française de statistique universelle avec d'autant plus de
» reconnaissance, que je sens parfaitement combien j'ai
» peu de droits à une telle distinction ; à moins toutefois
» que le goût et l'amour des belles et utiles sciences, qui
» ne me quittera jamais, ne me donnent des titres aux
» yeux des membres d'une société si distinguée. »

Prusse (S. A. R. Monseigneur Frédéric-Guillaume, prince royal de).

« J'accepte avec satisfaction le titre de membre hono-
» raire que la Société a bien voulu me conférer ; et je sai-
» sis avec plaisir cette occasion pour assurer Messieurs ses
» membres du vif intérêt que m'inspirent leurs savantes
» recherches et leurs utiles travaux. »

« Les amis des sciences et des institutions utiles à la
» société doivent se féliciter, Monsieur, de l'heureuse idée
» d'un établissement si particulièrement destiné à répan-
» dre de nouvelles lumières dans le monde civilisé. Je me
» trouve en conséquence très flatté du titre de membre
» honoraire dont la société veut bien m'honorer, et je
» l'accepte avec reconnaissance.

» Le Vice-Amiral Comte Wer Huell, pair de France. »

« Je vous prie de vouloir bien agréer mes remercîments
» de l'honneur très distingué que vous m'avez fait, en

» m'associant à une société aussi utile et aussi estimée que
» la Société française de statistique universelle.

» Le Comte Grey, pair d'Angleterre. »

« Je vous prie, Monsieur, d'être auprès des membres de
» la Société de statistique l'interprète de ma reconnais-
» sance, et de les assurer que je me croirais heureux si
» je pouvais contribuer à favoriser leurs utiles et honora-
» bles travaux, etc.

» Le Comte Pozzo di Borgo, ambassadeur de Russie. »

Prusse (S. A. R. Monseigneur le prince Henri-Frédéric-Charles de).

« Je viens de recevoir la lettre par laquelle vous voulez
» bien m'apprendre que la Société française de statistique
» universelle m'offre le titre de membre honoraire : j'ac-
» cepte ce titre avec d'autant plus de plaisir que j'appré-
» cie tout le mérite du fondateur d'une institution qui a
» pour objet les progrès des connaissances humaines.

» Le but que la Société de statistique se propose, les sa-
» vants illustres qui la composent, font espérer pour elle
» un avenir brillant ; je m'associe de cœur à cette espé-
» rance, et j'apprendrai avec une sincère satisfaction ses
» succès. Je vous prie de lui exprimer les vœux que je for-
» me pour une institution qui, par son utilité universelle,
» honore son pays et son siècle. »

« Par la lettre que vous m'avez fait l'honneur de m'a-
» dresser, vous voulez bien me proposer de m'associer
» comme membre honoraire à la Société française de sta-
» tistique universelle. J'accepte avec plaisir ce titre dont

» s'honorent les hommes les plus distingués de la
» France, etc.

» Comte Charles DE NESSELRODE, vice-chancelier
» et ministre, etc. »

« La distinction dont je suis l'objet doit m'être extrême-
» ment précieuse. La Société de statistique, par l'objet
» même de ses recherches et par la réunion d'hommes
» distingués qu'elle renferme déjà dans son sein, est ap-
» pelée à rendre de grands services. M'associer à ses tra-
» vaux, c'est m'appeler à partager les succès qu'elle ne
» peut manquer d'obtenir.

» Prince DE TALLEYRAND, pair de France. »

« Je suis infiniment sensible à la preuve d'estime que
» me donne aujourd'hui la Société, et j'apprécie tout ce
» qu'il y a de flatteur pour moi de faire partie d'un corps
» aussi respectable.

» Le Prince Michel DE SOUTZO, ambassadeur de Grèce. »

« En acceptant avec reconnaissance la faveur qui m'est
» accordée, je dois vous remercier, Monsieur, des expres-
» sions trop flatteuses dont vous avez accompagné l'an-
» nonce que vous m'avez faite. Je me tiens très honoré d'en
» faire partie.

» Comte SIMÉON, pair de France. »

« Je suis extrêmement flatté de la marque gracieuse, de
» la bonne opinion dont la Société française de statistique
» universelle a bien voulu m'honorer. J'accepte avec bien
» de la reconnaissance l'offre de voir mon nom inscrit sur
» la liste de ses membres.

» Le Marquis DE LONDONDERRY, pair d'Angleterre. »

« J'accepte avec autant d'empressement que de recon-
» naissance le titre de membre honoraire que la Société
» française de statistique universelle a bien voulu m'ac-
» corder. Si je ne puis point mériter son suffrage, je sau-
» rai du moins l'apprécier et jouir de ses importants tra-
» vaux.
» Comte MOLÉ, pair de France. »

« Je suis extrêmement sensible à l'honneur que vous me
» faites, en m'offrant le titre de membre honoraire de la
» Société française de statistique universelle. Je ne pense
» pas que le genre de mes travaux dût me mériter une dis-
» tinction aussi flatteuse; mais je dois me soumettre à vo-
» tre choix, désirant contribuer pour quelque chose au
» succès d'une institution qui me paraît grande, utile et di-
» gne du siècle.
» Le très révérend Evêque LUSCOMBE. »

« Je me tiendrai honoré d'être associé à des hommes dis-
» tingués, amis des sciences, qui, en travaillant à les éten-
» dre, contribuent au bonheur de leurs semblables comme
» à la gloire de leur patrie.
» Le Maréchal Marquis MAISON, pair de France. »

Nous terminerons cette brillante énumération d'illustres
adhésions recueillies par M. César Moreau en faveur de son
œuvre, en rappelant encore les lettres de plusieurs augustes souverains.

« Sa Majesté le roi des Belges présente ses compliments
» à M. César Moreau, — écrit au nom de ce prince, sir Ro-
» bert Gardiner, secrétaire de ses commandements, — et
» en réponse à sa lettre, adressée à Sa Majesté le 19 mars

» 1830, le roi prie M. César Moreau d'annoncer aux mem-
» bres de la Société de statistique, que c'est avec grand
» plaisir qu'il accepte le titre de membre honoraire, etc. »

« Sa Majesté le roi des Deux-Siciles, mon auguste sou-
» verain, a reçu, Monsieur, la lettre que vous lui avez
» écrite, pour lui annoncer son admission comme protec-
» teur de la Société de statistique. Sa Majesté m'ordonne
» de vous instruire qu'elle accepte ce titre avec satisfac-
» tion et reconnaissance, etc.

» *Signé* : P. VERSAGE, chargé d'affaires de Naples. »

A M. CÉSAR MOREAU, *fondateur, etc.*

« Lord Palmerston, ministre des affaires étrangères, au
» nom de Sa Majesté Guillaume IV, roi du royaume-uni de
» la Grande-Bretagne, etc.

» Monsieur, j'ai l'honneur de vous accuser réception de
» la lettre que vous m'avez écrite, et de celle que vous avez
» adressée au Roi, mon auguste souverain, pour le prier
» d'agréer le titre de *protecteur étranger* de la Société fran-
» çaise de statistique universelle, et enfin d'un diplôme où
» le nom de Sa Majesté Guillaume IV se trouvait inscrit
» sous le titre précité.

» Je me suis empressé de soumettre au Roi les deux piè-
» ces que vous lui adressiez ; et j'ai la satisfaction de vous
» apprendre que, sensible au vœu que la Société française
» de statistique universelle lui a exprimé par votre organe,
» Sa Majesté accepte avec infiniment de plaisir le titre que
» cette société lui a voté.

» Sa Majesté me donne ordre en même temps de vous
» exprimer les ardents souhaits qu'elle forme pour le suc-

» cès et la prospérité d'une institution dont le but lui paraît
» si grand et si utile.

» Recevez, etc.   Palmerston. »

Enfin Sa Majesté le roi de Suède écrivit à M. César Moreau :

« J'ai reçu la lettre que vous m'avez adressée, en votre
» qualité de président du conseil d'administration de la So-
» ciété française de statistique universelle, et par laquelle
» vous me proposez de m'associer à cet établissement.
» Ayant pris connaissance du programme imprimé qui
» accompagnait votre lettre, j'ai été à même d'apprécier le
» but honorable de la société littéraire dont vous êtes le
» fondateur : j'accepte avec plaisir le diplôme de protec-
» teur que vous me transmettez de la part de la société.
» En joignant ainsi mon nom à tant de noms illustres et
» distingués qui composent cette réunion, j'éprouverai une
» véritable satisfaction si je puis contribuer aux succès
» qu'elle a en vue, et je vous prie de compter sur mon
» empressement d'en saisir les occasions.

» Je saisis cette occasion pour vous assurer de la consi-
» dération distinguée avec laquelle je suis

» Votre affectionné, Charles-Jean. »

A partir du jour de la remise des archives, M. César Moreau ne fut plus, momentanément du moins, qu'un simple membre de la société qu'il avait créée, avec le titre de président honoraire (1) dont on voulut bien le

---

(1)   « Monsieur,
» J'ai l'honneur de vous informer que la Société vous a nommé

gratifier, en l'expulsant. — Un *directeur général* fut nommé pour remplacer *le président* du bureau d'administration; et, chose digne de remarque, autant l'on avait montré d'antipathie injuste, de défiance tracassière, de sévérité blessante à l'endroit des pouvoirs soi-disant trop étendus du bureau d'administration et de son digne chef, autant l'on se montra facile et peu scrupuleux pour les attributions du directeur général auquel l'on conféra une autorité vraiment dictatoriale. — Cet état de choses dura toute une année. — Cependant le mal continuait à faire de rapides progrès, si bien qu'au commencement de 1832 la situation était devenue telle qu'il devenait impossible de la prolonger. Il n'arrivait plus de cotisations, et l'on n'avait pas même établi de budget pour 1831. La Société allait donc périr... mais M. César Moreau, qui l'avait créée et maintenue longtemps florissante, malgré la malveillance d'esprits inquiets et en dépit d'imprudents et inhabiles novateurs, M. César Moreau, disons-nous, était là pour sauver son œuvre d'une ruine imminente qu'il avait tout fait pour prévenir. — Le 12 mars 1832, il se rend au Conseil en sa qualité de président honoraire, demande la parole et prononce le discours suivant que nous croyons devoir reproduire textuellement, parce qu'il résume et

---

» l'un de ses présidents honoraires; je me félicite d'être, en cette
» occasion, l'interprète de la Société, et d'avoir à vous transmettre
» cette marque de son estime et de sa reconnaissance pour les soin
» que vous avez donnés à *notre institution*, etc.

» J'ai l'honneur, etc.

» *Le Secrétaire général,*
» T. DEHAY »

complète l'historique de la fondation de la *Société frança[ise]* *de statistique universelle*, et parce qu'il montre et révèle ch[ez] l'homme estimable dont nous retraçons la vie, une â[me] d'élite, un cœur droit et une intelligence élevée. L'aute[ur] d'un pareil discours est à la fois, selon nous, un hom[me] de tact et de goût, un homme d'idées sûres et maître [de] sa pensée qu'il exprime heureusement. Que l'on juge [si] nous nous trompons.

« Messieurs, dit-il, je viens appeler votre attention [sur] l'état critique où se trouve notre *Société*, et vous propo[ser] le seul moyen, selon moi, d'y apporter un remède effic[ace] et prompt. Gardez-vous de craindre qu'en vous entre[te]nant sur un sujet si grave, je m'abaisse à d'offensa[ntes] personnalités, à des récriminations violentes. Telle n[e fut] pas et ne sera jamais mon habitude. Je sais souffrir d[e] justes défiances, mais non y répondre par des paroles [ou] des témoignages de haine. Il n'y aura donc, Messieu[rs,] dans tout ce que je dirai, ni aigreur ni fiel ; et les faits, [les] faits seuls seront l'objet de mes remarques. Que si je m[ets] sous vos yeux les fautes qui, dans mon esprit, ont am[ené] la décadence d'une société dont la prospérité ferait n[otre] bonheur, je puis bien attribuer ces fautes à de faus[ses] idées sur mon compte, à une imprudente défiance con[tre] moi ; mais Dieu me garde d'y voir jamais le fruit im[pur] de l'inimitié. L'inimitié ! Je ne croirai jamais que cette [vile] passion ait pu ou puisse jamais inspirer les actions ni [les] discours d'aucun de nous.

» J'avais besoin, Messieurs, de débuter par cette p[ro]fession de sentiments ; j'espère que vous ne la trouve[rez] point déplacée. Voici maintenant les réflexions que j[e vais] vous présenter ; je souhaite bien vivement qu'elles fas[sent] impression sur votre esprit.

» La décadence de la *Société*, malheur que je déplore assurément plus que qui que ce soit, date évidemment du temps où, croyant remarquer de l'obscurité, des anomalies, de la confusion dans les statuts, d'abord acceptés avec un unanime empressement, on les a entièrement refondus ; et où, sous prétexte que les attributions du *directeur-président* du *bureau* étaient gigantesques, et se présentaient comme un obstacle au jeu de l'administration, à la dignité de la *Société*, on les a réduites aux plus étroites proportions possibles. Ce fut là, Messieurs, une erreur des plus graves, et dont les fatales conséquences ne tardèrent point à se manifester. Jamais institution, quelle qu'elle soit, ne fournira une longue et brillante carrière, quand elle sera privée, surtout dès le temps même de sa fondation, d'un centre d'action et de délibération, où se traitent toutes les affaires, du moins en première instance. Cette vérité fut méconnue.

» Aussitôt que j'eus remarqué la langueur où tombait notre Société, j'en fus sincèrement peiné, effrayé, et j'appelai de toutes mes forces (en janvier 1831) la création d'un comité d'enquêtes, *chargé de remonter à la source du mal et d'en indiquer le remède*. Que voulais-je en cela ? qu'on procédât sans retard à une forte réorganisation dont le besoin me paraissait, comme à tous les vrais amis de la statistique, de la plus haute urgence. Il me semblait qu'à cet égard l'initiative appartenait surtout au *fondateur*, à celui qui, sans craindre aucun genre de sacrifice, avait tâché de doter son pays d'une institution qui l'ornât et pût concourir à son bonheur. Ma proposition donna lieu à un long rapport, dont les auteurs, au lieu d'accueillir **un vœu** honorable et désintéressé, demandèrent et obtinrent **la** suspension du bureau d'administration et la création d'un directeur général des travaux.

» Dès ce moment, Messieurs, plus d'utiles projets, plus de grands travaux, partant plus de vie académique. Nombre de membres se retirent. On cesse de venir aux séances ; vainement nos collègues des départements et de l'étranger cherchent-ils dans nos bulletins d'intéressants détails sur nos réunions, sur nos délibérations, sur nos finances. Je m'alarme, je demande avec instance, avec force, dans plusieurs réunions du conseil, qu'on se hâte d'appeler les savants qui honorent le pays, et les grands personnages qui prêtent le noble secours de leur force aux progrès de la civilisation. Je fais propositions sur propositions. Toutes sont écartées, ou, si elles sont prises en considération, jamais d'exécution. On dirait que c'est un parti pris de rester sourd à la voix du *fondateur*, c'est-à-dire de celui de tous les hommes qui doit le plus vivement s'intéresser à la conservation de l'une des plus belles Sociétés savantes.

» Je n'ai pas dit, Messieurs, et malheureusement, toutes les fautes qu'on a faites, entraîné par je ne sais quelle déplorable fatalité.

» Les recettes, perçues jusqu'à ce jour pour l'exercice 1830 s'élèvent à 24,465 fr. (1); celles de 1831 et 1832, seu-

---

(1) Cette recette de 24,465 fr. a consisté en 450 diplômes délivrés à 25 fr., qui font 11,250 fr.; cent quatre-vingt sept membres titulaires à 30 fr. de cotisation, 5,610 fr.; cent soixante-quinze honoraires à 15 fr., 2,625 fr. ; sept titulaires viagers à 300 fr., 2,700 fr. ; quatorze honoraires viagers à 150 fr., 2,000 fr. ; un à 200 fr., un à 60 fr., et un à 20 fr. (20 mars 1832).

lement à 4,150 fr. (1). Il n'arrive plus de cotisations qu'avec d'extrêmes difficultés. Personne n'ignore que, malgré mes fréquentes et pressantes réclamations, le conseil n'a point établi de budget en 1831. Cependant on a continué d'employer trois commis, et l'on fait les mêmes dépenses que celles qui avaient été fixées par le budget de 1830. Ce budget, nécessaire pour le temps où l'on fondait une grande institution, pouvait-il, devait-il, je le demande, servir de base aux budgets des années subséquentes ? Cela était-il raisonnable, quand l'état des choses était changé ? Concevez-vous rien de plus imprudent, rien de plus irrégulier ? Ah ! pourquoi n'ai-je pas été écouté, quand j'ai si souvent élevé la voix contre tant d'erreurs ? Donc, Messieurs, notre organisation actuelle est essentiellement vicieuse : donc il est de la dernière urgence de la changer, si, comme je n'en puis douter, vous avez à cœur d'épargner au monde le désolant spectacle de la chute d'une importante société.

» Le rapport, dont je vous entretenais tout-à-l'heure, concluait à ce que, dans *une séance extraordinaire de février 1832, il fût rendu compte des travaux de l'administration de la* Société *pendant l'année 1831; et à ce que, dans la même séance, il fût statué si la suspension du bureau d'administration et la création d'un directeur général seraient définitives.* Vous savez, Messieurs, comment ces deux conclusions, que vous adoptâtes, ont été exécutées : il est temps qu'elles le soient, la

---

(1) Savoir : 3,945 fr. pour l'exercice 1831, consistant en 93 cotisations de membres titulaires; 73 d'honoraires, et une de 60 fr. ; et, pour l'exercice 1832, la somme de 195 fr. provenant du paiement de la cotisation de trois titulaires à 30 fr., un à 60 fr. et trois honoraires à 15 fr. (20 mars 1832.)

seconde surtout. Je viens donc vous supplier de prononcer enfin si le bureau d'administration est à *jamais suspendu*, ou plutôt je viens solliciter de votre dévouement pour la *Société française de statistique universelle*, le rétablissement immédiat de ce bureau, tel qu'il a été créé le 22 novembre 1829 ; car je le considère comme le pouvoir le plus capable de rendre de l'activité à vos travaux, de la confiance à votre administration, de l'éclat à votre existence académique.

» Je crois, Messieurs, vous avoir suffisamment démontré la nécessité de relever le bureau de sa fatale suspension, quand, plus haut, je vous ai montré tous les maux qui l'ont suivie. Que si vous ratifiez mon vœu, je demande : 1° que l'article 33 de vos statuts soit appliqué au *bureau d'administration*, sauf quelques modifications indiquées par la prudence; 2° que celui d'entre vous que vous appellerez aux fonctions de *directeur-président* soit astreint à un cautionnement de 25 à 100,000 fr. Ce cautionnement sera une garantie rassurante de sa gestion, et d'autant plus rassurante qu'il ne l'exemptera point de l'obligation de soumettre toutes ses opérations à l'approbation du conseil. Et je me trompe fort, Messieurs, si, quand les membres de la Société sauront le rétablissement d'une autorité qui leur apparut, dès le principe, sous de si heureux auspices et leur inspira tant de confiance, ils ne s'empressent pas tous d'acquitter leurs cotisations des années 1831 et 1832. Par là, la Société pourra disposer de *fonds considérables*, et justifier les hautes espérances qu'elle avait fait naître.

» Voilà, Messieurs, la proposition que j'ai l'honneur de vous faire, dans un moment où notre chère Société est menacée d'une inévitable ruine. Si vous l'adoptez, nous n'aurons plus rien à craindre ; j'en ai l'intime conviction :

si vous l'adoptez, notre ouvrage est sauvé, et nous échappons tous au malheur de voir périr misérablement une des gloires littéraires et scientifiques de la France et du XIXe siècle. »

Ces paroles, inspirées par les plus honorables sentiments, furent accueillies favorablement par les membres composant le conseil, et quelques jours après, le 20 mars, une séance extraordinaire eut lieu, dans laquelle la Société, sur la proposition faite par le conseil, nomma une commission de cinq membres, avec mission spéciale d'examiner la question soulevée par M. César Moreau, et de présenter un rapport sur la situation de la Société pendant l'année 1831.

Le 22 septembre suivant le conseil s'assembla de nouveau : la commission fit son rapport; et, M. César Moreau, voulant donner à ses collègues une nouvelle preuve de son entier dévouement en faveur de la Société, demanda, non plus seulement le rétablissement du bureau d'administration, mais encore, et comme complément nécessaire, la création, eu égard à la situation critique de la Société, d'un directeur qui administrerait sous sa responsabilité personnelle, et se chargerait d'acquitter, à ses risques et périls, tous les engagements, toutes les dettes contractées; et comme l'on demandait qui se chargerait d'un pareil fardeau, il s'offrit pour remplir ce poste périlleux. Touchés d'un tel dévouement, ses collègues, à l'unanimité, le proclamèrent directeur; puis les statuts constitutifs furent révisés et mis en harmonie avec la nouvelle administration qui venait d'être établie. Enfin, le 2 octobre 1832, la Société, réunie en assemblée générale, et convaincue que tout ce que son conseil avait décrété et établi l'avait été dans l'intérêt de l'institution, le sanctionna avec empressement (1). — Ainsi disparurent toutes les entraves qui gênaient la marche de cette intéressante société; dès lors il fut permis d'espérer qu'elle pourrait remplir sa noble destinée en réalisant tous les heureux résultats que sa création avait fait concevoir aux amis des sciences et des arts. — L'exposé rapide que nous allons présenter des principaux faits qui marquèrent son existence pendant les années qui suivirent, prouvera au surplus que ces espérances n'étaient point vaines.

---

(1) Voir, pour les faits relatifs à la réorganisation de la Société, le n° 4 (octobre 1832) du 3° volume du journal de ses travaux. — Voici toutefois, en résumé, la proposition faite par M. César Moreau au Conseil de la Société, dans la séance du 22 septembre 1832 :

Il se chargera, sous sa responsabilité personnelle, de toutes les affaires pécuniaires, administratives de la Société, et de toutes les dispositions nécessaires pour améliorer sa position ;

Il sera nanti de tous les registres, papiers, livres, meubles, créances et fonds en caisse ;

Il acquittera les dettes de la Société, d'après le bilan présenté en conseil ;

Il présidera, sous le titre de directeur, le conseil d'administration de la Société ;

Ce conseil sera composé de onze membres;.....

M. César Moreau sera nommé directeur;.....

Il fournira un cautionnement de dix mille francs.....

Dans la séance du 2 octobre, après la lecture de la proposition dont nous venons de relater les principales dispositions, le secrétaire général annonça qu'elle avait été, après examen, adoptée par le conseil, et qu'il était chargé de la présenter à la sanction de la Société.

Une longue discussion s'établit alors sur l'ensemble de la proposition.....

Enfin, on passa à la discussion des articles qui furent tous successivement adoptés. Il en fut de même de l'ensemble de la proposition.

Puis l'on passa à la formation du conseil; M. César Moreau fut, de droit, nommé directeur.....

Nous avons vu M. César Moreau recréant, pour ainsi dire, une seconde fois *la Société française de Statistique universelle* qu'il avait fondée en 1829, et dont la direction lui avait été momentanément enlevée par l'aveuglement d'un grand nombre, par les intrigues de quelques novateurs, esprits inquiets et remuants, toujours prêts pour la critique, mais incapables de rien créer, de rien constituer, de rien diriger d'une manière sûre et durable. La vie académique, grâce à ses soins et à sa bourse, était donc, de nouveau, rendue à ce corps savant. Retraçons-en, comme nous l'avons annoncé, les principaux travaux pendant les années qui vont suivre. En agissant ainsi, nous nous proposons un double but : venger, d'une part, le savant estimable dont nous retraçons la vie et les travaux, des vagues et calomnieuses imputations dont il fut trop souvent l'objet, et que des haines jalouses, de mesquines rivalités se sont efforcées de propager ; de l'autre, montrer combien était méritante cette institution scientifique, cette Société modèle dans le sein de laquelle se faisaient un honneur de venir prendre place, toutes les illustrations du monde, tous les hommes marquants de l'époque; et, aussi, les heureux et féconds résultats qu'elle a produits : c'est là surtout la pensée qui nous a préoccupé en entreprenant ce travail, car, que l'on veuille bien le remarquer (nous disons ceci pour expliquer et légitimer l'étendue de cet article), c'est moins la biographie d'un homme que nous écrivons ici que l'historique d'une grande et belle idée conçue avec talent et appliquée avec habileté (1).

Le 20 novembre 1832, M. César Moreau, après avoir fait connaître, aux membres composant le conseil réuni sous sa présidence, qu'il avait reçu, entre autres nouvelles adhésions aux statuts de la Société régénérée, celles de trois ministres du Roi, MM. Thiers, de l'intérieur; Humann, des finances, et Guizot, de l'instruction publique, fit, à ses honorables collègues, plusieurs communications importantes qui furent accueillies avec un grand intérêt. « Messieurs,
» leur dit-il ensuite, je suis profondément reconnaissant de
» la confiance que m'ont témoignée tous ceux qui prennent
» part aux affaires de la Société, en m'appelant à l'hon-

---

(1) N'oublions pas de dire que, dans la séance extraordinaire où fut discutée la proposition de M. César Moreau, de se charger, à ses risques et périls, de la direction et des affaires de la Société, et au milieu même de cette discussion, une autre proposition fut déposée sur le bureau par un publiciste éminent, M. E. de Girardin, dont notre *Revue* a publié la notice (1re série), et qui, avec la rare aptitude qui le distingue et la sûreté de son coup-d'œil, avait compris la haute importance que pouvait avoir la *Société française de Statistique universelle*, la salutaire influence qu'elle devait exercer dans le domaine des sciences, en un mot tout ce que cette institution renfermait en germes d'avenir et de puissance. — La proposition déposée par M. E. de Girardin, était ainsi conçue :

« Je propose purement et simplement d'acquitter le passif de la
» *Société française de Statistique universelle*, sous la condition que
» j'aurai la faculté de reconstituer sous le même titre, mais avec des
» statuts dont la rédaction absolue et nouvelle m'appartiendra, la
» *Société française de Statistique universelle* dont j'ai été depuis l'ori-
» gine membre du conseil.
                              » *Signé :* Emile DE GIRARDIN. »

» neur de la diriger sous ma responsabilité personnelle.
» La meilleure manière de vous le prouver, ce me semble,
» est de mettre sous vos yeux le rapide tableau de tout ce
» que mon zèle m'a déjà inspiré... Or, voilà ce que je vais
» faire. J'appelle votre indulgence, parce que j'en ai be-
» soin, et j'espère l'obtenir, parce que je suis certain que
» vous croyez tous à mes bonnes intentions... »

La première chose dont ait cru devoir s'occuper M. César Moreau a été de solliciter de MM. les ministres du commerce et des travaux publics, l'approbation des statuts de la Société par une ordonnance royale ; et il a motivé sa demande d'une aussi précieuse faveur sur les services que la Société est appelée à rendre aux sciences, sur ceux que déjà elle a eu le bonheur de rendre, et sur la brillante composition de ses membres, sur leur patriotisme et leurs talents.

L'honorable directeur, voyant la pénurie du trésor de la Société, a également demandé, au Ministre de la Justice, la permission de faire imprimer le *Journal de ses Travaux* à l'imprimerie royale, et il a promis la reconnaissance de la Société entière pour un tel service.

M. César Moreau a encore fait imprimer une pièce importante contenant, outre les statuts de la Société et des extraits de nombreuses lettres d'adhésion, la liste nominative de la composition actuelle de l'institution, et enfin la lettre officielle par laquelle l'administration annonce leur élection aux personnes jugées dignes de cet honneur par le conseil.

« Il est dans notre plan, comme dans notre désir, con-
» tinue le digne président, de publier dans le journal
» mensuel de nos travaux, des documents dont l'impor-
» tance et l'authenticité puissent servir aux progrès des dif-
» férentes branches du savoir humain. » Or, afin de mettre

la Société en état d'accomplir une tâche si utile et si bienfaisante, M. César Moreau a cru devoir écrire aux divers chefs de l'administration française, aux bibliothécaires, aux secrétaires des corps savants français et étrangers, et même aux divers ministres des souverains de l'Europe, pour les prier de vouloir bien communiquer à la Société ceux des documents statistiques qui se trouvent dans leur possession. Déjà sa démarche a réussi auprès de M. le directeur des douanes, qui a fait hommage à la Société d'un exemplaire du *Tableau général du Commerce de la France avec ses Colonies et les Puissances étrangères de* 1820 *à* 1831.

Enfin, M. César Moreau, convaincu que le corps savant dont il dirige les utiles travaux a des droits à la bienveillance du gouvernement, a aussi écrit aux divers membres du ministère, pour en obtenir des souscriptions au *Recueil* publié par la Société.

Vous savez, Messieurs, ajoute M. César Moreau, passant à un autre ordre d'idées, « que parmi les membres de la
» Société, il en est un grand nombre, soit à Paris, soit
» dans les départements, soit à l'étranger, dont les uns ont
» payé le diplôme seulement, dont les autres n'ont acquitté
» qu'une partie de la cotisation des trois années qui se sont
» écoulées depuis la fondation de la Société... »

L'honorable directeur annonce qu'il a écrit circulairement à ces divers membres, leur faisant connaître l'organisation définitive de la Société et l'état de ses besoins. « Je leur ai parlé, dit-il, un langage pressant, mais poli,
» et digne de collègues dont on honore le mérite et le ca-
» ractère. Il est permis d'espérer que de telles raisons,
» qu'un tel langage produiront sur eux l'effet que nous
» attendons, et qu'ils mettront quelque empressement à

» offrir à la Société les moyens de marcher vers le but de
» son institution. »

M. César Moreau a tenté une démarche du même genre auprès des souverains et des princes étrangers dont la bienveillance, à l'égard de la Société, s'était bornée jusqu'alors à la permission précieuse, mais insuffisante, au point de vue des besoins matériels de la Société, d'inscrire leurs noms en tête de ses listes. Or, si l'on peut fonder quelque espoir de succès sur le dévouement de simples particuliers, que ne doit-on point attendre de celui de princes éclairés et puissants?....

Plusieurs membres d'abord adhérents, pendant les années 1831 et 1832, ont voulu rompre le lien scientifique qui les unissait à la Société. « M'étant mis dans l'esprit, dit à
» ce sujet M. César Moreau, que cette résolution pourrait
» provenir d'un refroidissement de zèle, occasionné par
» notre régime provisoire et la langueur de nos travaux,
» j'ai cru devoir faire connaître à nos anciens collègues que
» si, après avoir eu connaissance de notre organisation défi-
» nitive et de notre juste espoir de succès, ils éprouvaient
» quelque désir de reprendre leur première place parmi
» nous, nous serions heureux de les accueillir. Quelle ne
» sera pas, Messieurs, votre joie à tous, si je viens quelque
» jour vous apprendre que nous avons recouvré bon nom-
» bre des premiers coopérateurs de nos travaux !.... »

M. César Moreau paye ensuite un juste tribut de regrets à la mémoire des membres que la mort a enlevés à la Société. Il dit, que croyant prévenir les vœux de ses collègues, il a composé une commission de six membres chargés du funèbre soin de rassembler les matériaux d'une biographie consacrée à garantir de l'oubli la mémoire de ces regret-

tables collègues ; « car il est digne pour la Société de se
» présenter, après l'amitié en pleurs , pour déposer sa
» funéraire offrande sur le tombeau des membres qu'elle
» a eu le malheur de perdre..... » — Ces membres, dont
la Société avait à déplorer la perte, étaient au nombre de
trente-quatre, dont un protecteur, S. A. I. et R. Mgr le
prince Constantin, grand-duc de Russie; trois présidents
honoraires : le comte d'Hauterive, membre de l'Institut;
le lieutenant-général comte de Pully et le célèbre professeur d'économie politique, J.-B. Say. — Parmi les
trente autres membres, nous remarquons les noms du duc
d'Aumont, des marquis de Bausset, de Balbi , du Bourg
et de Levayer ; ceux du comte Belliard, pair de France;
du chevalier de Broval, conseiller-d'état ; du comte Capod'Istrias, président de la Grèce; du baron Miollis, préfet;
des généraux Taponier, baron Varnbuler, comte du Pacthod et baron Dautencourt ; du comte Louis de Larochefoucauld, Gosselin, de l'Institut ; docteur Leroux, baron
M. de Trumilly, chevalier de Sèvelinges, etc., etc. etc.

Après ces différentes communications, M. le directeur
demanda et obtint l'approbation du conseil pour la publication, dans le journal des travaux de la Société, de divers
avis relatifs, les uns aux prix proposés pour les années
1833, 34 et 35, aux divers modes de cotisation, aux communications scientifiques ; les autres, aux rapports à lier
avec les corps savants français et étrangers , aux allocations de fonds pour prix à décerner, à diverses publications
à insérer dans les numéros du journal de 1832, à l'institution de médailles d'honneur, à la confection d'un nouveau diplôme, etc., etc.

« J'espère, Messieurs, dit, en terminant, M. César
» Moreau, que vous verrez, dans cette demande d'appro-

» bation, un désir sincère de ma part de vous consulter
» sur toutes les choses dont l'importance me semble ap-
» peler des lumières supérieures aux miennes. »

Dans la séance suivante (18 décembre 1832), M. César Moreau, après avoir annoncé à ses collègues que la Société venait de perdre encore trois de ses membres, et avoir demandé que leurs noms fussent transmis à la commission chargée de composer des notices nécrologiques sur les membres décédés, apprend au conseil que trente-cinq nouveaux membres ont été présentés à ses suffrages, et que plusieurs personnages de distinction, parmi lesquels il cite M. le duc de Montmorency, M. le comte de Montalivet, M. Jomard, de l'Institut; M. Balbi, M. de OErling, ministre plénipotentiaire, etc., ont bien voulu adresser à la Société divers ouvrages à titre d'hommage, ou des demandes de souscriptions. L'honorable directeur ajoute, qu'ayant remarqué dans la dernière séance l'intérêt bienveillant avec lequel le conseil avait accueilli les diverses communications qu'il lui avait faites, touchant sa gestion, il continuera désormais de présenter à ses collègues le tableau de ceux de ses actes qui lui sembleront mériter le plus leur attention, ou appeler leurs conseils. « Il m'importe beaucoup,
» dit-il, que vous suiviez très attentivement ma marche,
» afin que s'il m'arrivait de tomber en quelque erreur,
» vous puissiez m'indiquer cette erreur, et moi la corri-
» ger. Tel est et tel sera toujours mon vœu le plus cons-
» tant, car lorsqu'il s'agit des intérêts de la grande Société
» dont on a daigné me confier l'administration, il me
» semble que nous ne saurions être tous, ni trop prudents,
» ni trop zélés à bien faire. »

M. le directeur fait ensuite connaître qu'il a écrit à M. le duc de Montmorency, pair de France, homme si justement respecté par la philanthropie de son caractère et son dévouement aux progrès des sciences, pour lui offrir la présidence de la Société. Cette communication avait une haute importance ; elle devait puissamment influer sur la prospérité et sur l'avenir de la Société ; aussi excita-t-elle, au plus haut point, l'intérêt du conseil. Sa satisfaction fut grande lorsque M. César Moreau lui communiqua la réponse d'acceptation de l'honorable duc. — Voici cette pièce :

« Messieurs,

» Je suis sensible, comme je le dois, à l'offre que vous
» voulez bien me faire de la présidence de votre intéres-
» sante Société ; je l'accepte avec plaisir, avec reconnais-
» sance, mais sans me dissimuler toutefois tout ce qu'une
» pareille fonction peut avoir de supérieur à mes forces.
» Du reste, Messieurs, vous pouvez compter sur mon zèle.
» Comment pourrais-je refuser mon concours aux travaux
» d'une institution si recommandable par son but, par la
» composition de ses membres, par les suffrages du monde
» savant, par les services qu'elle lui a déjà rendus, et par
» ceux qu'elle peut lui rendre encore ? Et je ne dis rien
» ici qui ne soit vrai, qui ne soit mérité. J'ai eu, des pre-
» miers, connaissance de la formation de la Société ; j'ai, de-
» puis, suivi attentivement sa marche et ses travaux, enfin
» j'ai assisté à la plupart de ses séances ; voilà comment
» s'est formée mon opinion sur le bien qu'elle peut faire.
» Vos travaux l'ont justifiée, et la justifient chaque jour de
» plus en plus. Croyez donc, Messieurs, que si ma coopéra-
» tion aux affaires de la Société peut lui être utile, comme
» je le désire, j'en éprouverai une véritable satisfaction.
» Recevez, Messieurs, l'assurance de la considération

» distinguée, avec laquelle j'ai l'honneur d'être votre très
» humble et très obéissant serviteur.

» Le Duc de Montmorency. »

M. César Moreau, continuant ses communications, rappelle que M. l'Intendant général de la liste civile, lui a écrit pour lui annoncer la souscription à cinq exemplaires du journal de la Société, pour les bibliothèques des châteaux royaux.

Cette souscription prouve en quelle estime on tient la Société de Statistique dans la maison du Roi, et le désir qu'on y forme de la voir prospérer.

« Puisse cet exemple de M. l'Intendant général, dit
» M. César Moreau, être bientôt imité par les personnages
» qui, comme M. le comte de Montalivet, sont placés
» dans une position qui leur permet de protéger des tra-
» vaux utiles! Si ce vœu vient à être entendu partout où
» nous avons à le souhaiter, et si, fidèles à leur obliga-
» tion, Messieurs les membres titulaires s'empressent de
» la remplir en nous adressant le tribut de leurs travaux
» personnels, nous serons sûrs de triompher des derniers
» obstacles qui peuvent encore nous gêner. »

M. le directeur général de l'administration des postes, auquel M. César Moreau avait écrit pour lui demander, au nom de la Société, des documents statistiques, s'est empressé de lui répondre qu'il se ferait un plaisir d'aider la Société de tous ses moyens, dans les limites de son devoir.

L'honorable directeur avait réclamé, de M. le ministre du commerce et des travaux publics, la permission de faire frapper, à la direction des monnaies, les médailles d'honneur de la Société; M. le comte d'Argout s'est empressé d'octroyer, à la Société, cette autorisation. — S. Ex. M. le comte d'Appony, ambassadeur d'Autriche en France, a bien voulu aussi, par une lettre des plus gracieuses, promettre de faire rechercher dans sa bibliothèque et d'adresser, à la Société, les documents statistiques, imprimés ou manuscrits, qu'elle renferme sur l'empire d'Autriche et les royaumes de Hongrie et de Bohême.

Vivement préoccupé du soin d'agrandir la bibliothèque de la Société, et de rassembler des matériaux pour les publications et le journal de ce corps savant, M. César Moreau soumet, à l'approbation du conseil, une lettre circulaire à adresser aux auteurs et éditeurs d'ouvrages ayant quelque rapport avec la science statistique, pour les inviter à faire don, à la Société, d'exemplaires de ces livres. — La compagnie recevra, avec un reconnaissant plaisir, ce témoignage d'intérêt et d'estime, et le journal de ses travaux, dans son bulletin bibliographique, rendra compte des ouvrages offerts. — Par une autre lettre, M. le directeur recommande également la bibliothèque de la Société à ceux de ses membres possédant, dans leur bibliothèque, des *duplicata* d'ouvrages : s'ils daignent en faire hommage à la Société, ils lui rendront un très précieux service et s'acquerront de nouveaux droits à son estime.

— « C'est ainsi, Messieurs, ajoute M. César Moreau, en
» terminant ses communications à ses collègues du con-
» seil, que je travaille à me rendre digne des pouvoirs
» étendus qui m'ont été conférés. »

Sur la proposition du directeur, et après une discussion aussi longue qu'approfondie, le conseil prit divers arrêtés concernant les membres qui devaient être considérés comme démissionnaires, et ceux dont les noms devaient être rétablis sur les listes de la Société ; sur les rapports à lier, par la Société, avec les cercles de différentes villes, etc.

Enfin, avant de lever la séance, et après avoir déposé sur le bureau, pour être soumis à l'examen du conseil, des documents destinés à l'éclairer sur la situation financière de la Société, l'honorable président du conseil adressa à M. le comte Wachtmeister, ancien ministre et chancelier du royaume de Suède, présent à la réunion, quelques paroles bien senties de félicitation au sujet des travaux scientifiques exécutés par lui, et sur la haute protection que toujours il avait accordée aux sciences et aux arts.

Peu de jours après la séance dont nous venons d'analyser le compte-rendu, le 28 décembre, M. César Moreau, en sa qualité de directeur de la Société et président de son conseil d'administration, recevait deux lettres qui lui étaient adressées par M. le comte d'Houdetot, aide-de-camp du Roi, et par M. Edmond Blanc, secrétaire général du ministère du Commerce, ayant l'une et l'autre pour but de lui annoncer, par ordre du Roi, que Leurs Majestés recevraient la députation de la *Société française de Statistique universelle*, le 1er janvier, à l'occasion de la nouvelle année : c'était là un double et bien flatteur témoignage de la haute estime dont la Société jouissait auprès du gouvernement.

En conséquence, une députation, composée de vingt-cinq membres, fut admise, le 1er janvier 1833, à présenter ses hommages à Leurs Majestés, aux princes et princesses ; elle en reçut le plus bienveillant accueil. Le Roi, en particulier, parut la voir avec un vrai plaisir. Le discours, préparé pour Sa Majesté et signé par un grand nombre de membres, lui fut présenté par M. César Moreau, organe de la députation.

Voici en quels termes s'exprimait l'honorable directeur :

« Sire,

» Dans ce jour, où les Français de toutes les classes
» s'empressent d'entourer le trône de Votre Majesté de
» leurs vœux, de leur vénération et de leur amour, la
» *Société française de Statistique universelle* vient, à son
» tour, vous offrir l'hommage de ces mêmes sentiments.
» Cette Société, qui a pour objet la recherche et la réunion
» méthodique des résultats de toutes les sciences, et à la-
» quelle toutes les sciences pourront devoir, par consé-
» quent, la sûreté de leur théorie et l'amélioration de
» leurs progrès ; cette Société, Sire, se souvient avec une
» profonde reconnaissance que, lorsqu'elle naquit au sein
» de la capitale, vous daignâtes lui sourire, applaudir à
» son but, la recevoir sous votre protection. Auguste pro-
» tection ! elle la méritera toujours, parce qu'elle ne se
» compose que d'hommes dont le cœur palpite au seul
» nom de civilisation.

» Elle la conservera toujours, parce qu'il est impossible
» que Votre Majesté cesse un jour d'honorer les institu-
» tions qui se dévouent au bien public. Toute la France
» le sait, Sire, et la *Société française de Statistique univer-*
» *selle ;* animée par la reconnaissance, éprouve le besoin
» de le dire : ce n'est pas seulement en prêtant, à des corps
» savants, l'heureux talisman d'un nom royal et cher à la
» nation, que l'appui de Votre Majesté s'annonce, c'est
» aussi par des actes généreux qui, en manifestant la bonté
» de votre âme, font connaître en même temps les lumiè-
» res de votre esprit, et votre ferme volonté de procurer
» à la France tous les genres de bonheur et de gloire. »

La réponse de Sa Majesté fut une continuelle exhor-
tation à persévérer dans le noble désir de travailler au per-

fectionnement des arts et des sciences. Elle se terminait par le renouvellement de l'assurance que Sa Majesté apprendrait avec joie les succès de la Société, et qu'elle aimerait toujours à y contribuer.

M. César Moreau s'étant ensuite approché de MM. les ducs d'Orléans et de Nemours, leur adressa ces paroles pleines d'à-propos :

« Nous avons doublement à nous réjouir, Princes, de
» l'heureuse issue d'un grand événement, puisqu'elle
» rend Vos Altesses Royales aux vœux d'une nation,
» qu'illustrent leur courage et leur mérite, et qu'elle nous
» permet d'offrir aujourd'hui nos respectueux hommages
» à deux des plus bienveillants protecteurs de notre insti-
» tution. »

Leurs Altesses Royales parurent fort sensibles à cet hommage, et prièrent l'honorable fondateur de la Société de l'assurer du vif intérêt qu'elles lui portaient.

La réunion mensuelle du conseil de la Société, du 15 janvier 1833, fut consacrée, après l'admission de vingt-deux nouveaux membres et la présentation de cinquante-trois candidats, à l'examen de plusieurs propositions importantes présentées par M. César Moreau. Sur sa demande, le conseil sanctionna successivement trois arrêtés relatifs au droit d'assister aux séances du conseil, à l'élaboration de statistiques des divers états des deux mondes, et au texte d'une lettre à adresser aux membres étrangers pour leur recommander les membres de la Société qui se trouveraient en voyage.

Dans la séance du 21 février suivant, il fut décidé, sur la demande du directeur, que la séance annuelle de la Société, qui devait avoir lieu dans le courant du mois de mars 1833, était ajournée au mois d'avril de l'année suivante.

M. César Moreau communiqua ensuite à ses collègues une lettre fort importante émanée du cabinet du Roi, et par laquelle Sa Majesté lui envoyait une somme de 300 francs pour être donnée en prix à l'auteur de la meilleure statistique d'un département.

Il demande, et le conseil approuve, qu'il soit donné suite immédiatement à l'intention du Roi, et qu'en conséquence la somme de 300 francs, provenant de la munificence royale, soit employée à faire les frais d'une médaille d'honneur en or.

Le conseil, après avoir décrété la destination des cotisations à vie, et avoir décidé la création d'une commission scientifique, écouta la lecture donnée par le président du règlement concernant l'objet et le mode des travaux de cette commission. Enfin, il approuva la distribution des médailles d'honneur instituées par le directeur. — Avant de lever la séance, M. César Moreau adressa, à ses collègues, les paroles suivantes :

« Messieurs, je suis heureux d'avoir à vous apprendre
» que, de tous côtés, je reçois des lettres qui expriment
» la plus grande satisfaction des efforts que nous faisons
» pour atteindre le but si élevé de notre mission. En
» même temps il m'arrive d'assez nombreuses cotisations;
» j'en ai déjà reçu pour la somme de 2,674 francs, somme
» énorme si on la compare, non à l'étendue de nos besoins,
» mais au petit nombre de mois qui se sont écoulés
» depuis l'heureuse reconstitution de notre Société.

» Ainsi, Messieurs, nous n'avons plus de crainte à
» concevoir pour elle. Tout prouve, au contraire, qu'elle
» aura d'honorables destinées, et qu'elle demeurera

» parmi les institutions utiles au pays. Ce résultat sera
» beau ; il sera le digne prix de votre constance à m'aider
» de vos conseils dans la grande administration qui m'a
» été confiée, et de votre coopération personnelle aux di-
» verses publications de la Société. »

A la suite de cette allocution, et sur la proposition de M. le duc de Doudeauville, des remercîments furent votés par le conseil à M. César Moreau, pour lui témoigner sa gratitude en faveur de ses efforts et de son zèle soutenu pour les intérêts de la Société.

Dans la réunion du 19 mars, le conseil d'administration, après avoir prononcé l'admission d'un grand nombre de membres, tous distingués par des travaux antérieurs ou recommandables par une position sociale élevée, entendit, avec un vif intérêt, l'analyse que lui présenta le directeur de sa correspondance avec plusieurs corps savants français et étrangers, parmi lesquels nous citerons, entre autres, la Société statistique du royaume de Saxe et celle d'Agriculture du grand-duché de Bade ; la Société industrielle d'Angers et du département de Maine-et-Loire, et celles d'Agriculture, Belles-Lettres, Sciences et Arts de Poitiers, d'Agriculture et du Commerce de Caen, d'Agriculture, du Commerce et des Arts de Boulogne-sur-Mer, et de la Société centrale d'Agriculture du département de la Meuse, etc., etc.

Il est ensuite donné lecture, par le président, de plusieurs lettres que lui ont adressées divers membres de la Société, entre autres S. A. R. M. le duc d'Orléans, M. le vicomte de Germiny, au nom du ministre des Finances ; MM. d'Antigny, Armand Cassan et Gaudin, sous-préfets de Doulens, de Mantes et d'Avranches. — Ces lettres ont pour objet soit des souscriptions, soit l'hommage de travaux statistiques.

M. le directeur annonce également que les Chambres législatives d'Angleterre, des Etats-Unis, de Belgique et d'autres états, publient des documents statistiques dont l'intérêt égale l'exactitude ; cet avis se trouve confirmé notamment par la lecture que fait M. César Moreau, de la lettre que lui a adressée M. le baron de Stassart, président du sénat belge :

« Je me suis empressé de faire jouir le sénat des inté-
» ressants mémoires dont vous lui avez fait hommage. Je
» me trouve heureux d'être l'organe de sa reconnaissance,
» tant auprès de vous, en particulier, qu'auprès de la *So-*
» *ciété française de Statistique universelle.* Lorsque nous
» ferons imprimer quelques pièces qui nous paraîtront de
» nature à vous fournir d'utiles renseignements sur la
» Belgique, je regarderai comme un devoir d'en offrir un
» exemplaire à la Société dont la fondation est si hono-
» rable pour vous. »

Ce fut dans cette séance et sur la proposition de M. César Moreau, que le conseil décida que les dames qui, par leurs écrits ou leur protection, auraient rendu des services aux sciences, pourraient être présentées aux suffrages du conseil et devenir membres de la Société.

Une nouvelle réunion du conseil de la Société eut lieu le 16 avril 1833.— Après avoir prononcé l'admission de trois protecteurs étrangers et de cent douze nouveaux membres titulaires résidants ou correspondants, le conseil approuva l'acquisition faite, par son président, de plusieurs ouvrages de statistique, entre autres, des statistiques de quarante-six départements de la France

Dans cette même séance, M. César Moreau rend compte des premiers travaux de la commission scientifique. Cette commission, instituée en février dernier, et composée de vingt-un membres, du président de la Société, du directeur et du secrétaire-général, s'est déjà réunie les 5 mars et 2 avril; elle a entendu la lecture d'un grand nombre d'articles, examiné, discuté et approuvé plusieurs documents statistiques.

Enfin, sur la demande de son honorable président, le conseil arrêta la création, sous le nom de *commission supérieure*, d'une commission consultative et permanente de neuf membres de la Société, choisis par le directeur, et chargés de l'assister de ses conseils.

Voici le résumé des considérations qu'avait présentées M. César Moreau à l'appui de sa demande de création d'une commission supérieure. Depuis quelque temps le nombre des membres de la Société s'est beaucoup accru, ainsi que celui des corps savants français et étrangers avec lesquels elle entretient des relations; journellement, il lui est adressé de nombreux hommages, de nombreuses communications et propositions concernant, soit la science dont elle s'occupe, soit la conduite de ses affaires administratives; enfin la correspondance dont est chargé le directeur, devient de jour en jour plus étendue. — Ces diverses circonstances donnent lieu à une multitude d'affaires délicates et difficiles, sur la conduite desquelles M. César Moreau éprouve le besoin de consulter, au fur et à mesure des occasions, un certain nombre d'hommes expérimentés et consciencieux; or, en prenant chaque jour l'avis de tels hommes, en s'inspirant de leurs conseils sur les questions les plus graves amenées par le cours des choses, il trouvera deux avantages : celui d'exposer moins la grande administration dont il est investi à des fautes capables de lui nuire, et celui de faire éclater davantage son sincère désir de suivre les conseils de ceux qui s'intéressent comme lui à la prospérité de la Société.

Par ce simple exposé, on voit que la demande faite par l'honorable directeur émanait de sentiments qui manifestaient à la fois, et sa vive sollicitude pour les intérêts de la Société, et son sincère désir que ces intérêts ne fussent jamais compromis. Du reste, M. César Moreau fit remarquer que sa demande se conciliait parfaitement avec les statuts constitutifs, de même qu'avec toutes les convenances académiques.

Dans la séance suivante, celle du 21 mai, M. le directeur rendit compte de la présentation au Roi, à l'occasion de sa fête, de la députation de la Société.

Le général baron Gourgaud, aide-de-camp de Sa Majesté, avait écrit à M. César Moreau, le 27 avril que, d'après les ordres du Roi, Sa Majesté recevrait les membres de la Société le 1er mai à midi. Conformément à une invitation si honorable et si bien justifiée par le vaste but et les premiers travaux de la Société, une députation de cinquante membres avait été formée; cette députation avait rallié, au palais des Tuileries, un grand nombre de ses membres : pairs de France, députés, officiers-généraux et magistrats.

Le Roi, entouré de sa famille, des ministres, des maréchaux et des grands dignitaires de l'Etat, fit à la députation le plus aimable accueil ; il a écouté, avec beaucoup d'attention et d'intérêt, le discours que lui adressa M. César Moreau.

« Sire, la *Société française de Statistique universelle*,
» en venant s'associer à tous les vœux des corps consti-
» tués et des sociétés savantes, pour la durée et la pros-

» périté de votre règne, ne croit pouvoir offrir, à Votre
» Majesté, un hommage plus digne d'elle que le projet
» qu'elle a conçu, et dont elle va suivre avec ardeur et
» persévérance l'exécution ; ce projet, qui est le but cons-
» tant de ses travaux, et qui a déjà obtenu l'approbation
» et les encouragements de Votre Majesté, est la réalisation
» *d'une statistique partielle et progressive, puis générale et*
» *complète du territoire français.*

» Il s'agit de faire mieux connaître les départements les
» uns aux autres et la France à elle-même ; de rappeler
» à notre patrie ses immenses ressources et les moyens de
» les exploiter ; de resserrer le faisceau de l'unité fran-
» çaise par le développement important des richesses
» matérielles et industrielles, qui lui permettront à la fois
» d'offrir, au monde civilisé, le tableau de son activité
» sagement et habilement dirigée, et des bienfaits que peu-
» vent produire l'union, l'intelligence et le travail d'une
» grande nation, sous les auspices de la liberté et de
» l'ordre public, fondement et garantie de notre royauté
» constitutionnelle. »

A ce discours, le Roi, avec l'accent d'un cœur pénétré, avait daigné répondre :

« Je reçois avec beaucoup de satisfaction la députation
» de la *Société française de Statistique universelle*. Je
» vous remercie des sentiments que vous m'exprimez en
» son nom. Je l'ai toujours jugée utile, et ce qui me le
» démontre surtout aujourd'hui, c'est le projet qu'elle a
» conçu : j'applaudis à ce projet ; il exige de grands tra-
» vaux, de grandes lumières ; il est digne de vous ; je le
» favoriserai de tout mon pouvoir. »

A l'ordre du jour de la séance du 18 juin 1833, on avait indiqué, outre l'admission d'un grand nombre de membres nouveaux et la présentation d'un nombre non moins imposant, un rapport spécial concluant à l'admission, comme membre de la Société, de Mme la princesse Constance de Salm-Dick, connue par de nombreux et utiles travaux littéraires ; un projet d'arrêté autorisant le directeur-président à se procurer et à réunir le plus de documents possibles, soit sur la statistique des départements français, afin d'arriver à une statistique générale de la France, soit sur celles de la Grande-Bretagne et des États-Unis. Le conseil, après avoir approuvé cet arrêté et proclamé à l'unanimité l'admission de la princesse, fut appelé, par M. César Moreau, à se prononcer sur l'établissement de jetons de présence.

Les considérations que fait valoir l'honorable directeur, pour justifier la création de jetons de présence, sont aussi habiles, aussi délicates, à l'égard des membres du conseil qu'il appelle à participer aux jetons de présence, que celles qu'il avait fait valoir dans une précédente réunion, pour obtenir l'institution d'une commission supérieure : c'est toujours le même tact, le même respect des convenances et la même forme heureuse dans l'expression.

A ses yeux, il importe à la prospérité de la Société dont on a bien voulu lui confier la suprême direction, que les séances du conseil soient suivies par les honorables membres qui ont accepté cette mission ; — plus ces séances seront nombreuses, plus aussi elles offriront de garanties d'une discussion sage, approfondie, et plus elles présenteront d'intérêt, d'attrait et de gravité ; — partant, la Société y gagnera une direction plus haute et plus sûre. — D'ailleurs, n'est-il pas d'usage, dans toutes les Sociétés savantes, d'accorder des jetons de présence aux membres du conseil, et cet usage ne repose-t-il pas sur un principe évident de

raison et de sagesse, puisqu'il a pour but la stimulation et la récompense du zèle...... Mais ce qui constitue, dans la pensée de M. César Moreau, le vrai prix du jeton de présence, comme de toute médaille, c'est bien moins sa valeur intrinsèque que sa valeur morale, c'est-à-dire l'idée d'honneur qu'on y attache. — Enfin, M. le directeur sollicite tout particulièrement l'établissement de jetons de présence, « parce qu'il ne souhaite, dit-il, rien plus vive-
» ment que de voir discuter ses actes par un grand nom-
» bre de ses collègues... »

Dans la séance du 16 juillet 1833, le conseil, après avoir prononcé l'admission de plusieurs protecteurs ou présidents honoraires, d'une foule de membres français et étrangers, et avoir agréé l'hommage de plusieurs ouvrages adressés, soit par des membres, soit par divers corps savants, reçut communication de deux lettres écrites à M. César Moreau par S. A. R. le prince Henri de Prusse et par son excellence le comte de Stanhope.

Le prince de Prusse écrivait : « Je vous remercie,
» Monsieur le directeur, de l'obligeante lettre que vous
» avez bien voulu m'adresser..... Je vous prie de consi-
» dérer, comme cotisation pour l'année courante, les
» 600 fr. que je vous fais remettre..... Vous me ferez un
» sensible plaisir en faisant agréer à la Société ce faible
» témoignage de l'intérêt que ses travaux utiles et continus
» m'inspirent ; ses publications, dont j'aime à m'occuper,
» augmentent l'opinion favorable que j'ai eue, dès l'ori-
» gine, de votre institution. Votre zèle pour le progrès des
» sciences lui garantit un bon succès, et je partagerai sin-
» cèrement toute la satisfaction que vous aurez de l'ac-
» complissement de la tâche philanthropique que vous
» vous êtes imposée..... »

La lettre écrite par le comte de Stanhope n'était ni moins flatteuse ni moins honorable: « Je reconnais, y di-
» sait-il, l'importance extrême des objets que se propose
» la Société et je désire très vivement pouvoir lui rendre
» quelques services. Les données que la statistique nous
» fournit sont indispensables aux calculs du commerce, des
» finances et de l'économie politique... La devise que la
» Société a si bien choisie, *vérité*, *utilité*, devrait être le but
» de toutes nos recherches, et elles ne sont d'un avantage
» réel qu'autant qu'elles y répondent.

» Agréez donc mes vœux pour le succès de la Société
» en même temps que l'assurance réitérée de toute mon
» estime pour vous. »

Dans la même séance, le président du conseil donna communication d'une lettre de M. de Caumont, relative au congrès scientifique qui allait s'ouvrir à Caen, et par laquelle la *Société de Statistique universelle* était invitée à envoyer au congrès une députation de sept membres. « Nous
» espérons, disait en terminant M. de Caumont, que vous
» répondrez à l'appel que nous faisons aujourd'hui à toutes
» les personnes amies des études sérieuses, et que vous
» viendrez aviser avec nous au moyen de donner un nou-
» vel éclat et plus d'unité d'action aux Sociétés savantes
» des provinces. Nous espérons aussi que vous communi-
» querez au congrès le résultat de vos savants travaux ;
» nous y attachons le plus haut prix..... »

Le conseil, en conséquence de cette invitation et sur la proposition de M. César Moreau, nomma une commission pour représenter la Société au congrès scientifique de Caen.

L'honorable directeur présenta ensuite le budget des recettes et dépenses pour l'année **1833 - 1834**. Après en avoir donné lecture à ses collègues, il leur dit : — « Avant que vous entriez en délibération sur un sujet de cette importance, j'éprouve le besoin de vous annoncer que, n'ayant rien de plus à cœur que de soumettre ma gestion, sous le rapport financier, au contrôle de tous les membres de la Société, j'ai donné l'ordre, dans les bureaux, de communiquer les divers registres de la comptabilité à tous ceux de nos collègues qui souhaiteront de les vérifier. — Rien ne me sera plus agréable qu'une telle vérification, je l'appelle de tous mes vœux, j'en serai même reconnaissant ; car quelle plus vive satisfaction pour moi que d'offrir à mes collègues la preuve irrécusable du zèle avec lequel je dirige les affaires de notre compagnie ! » Ces observations, si franches et si nettes, furent accueillies avec faveur par le conseil.

Enfin, avant de clore cette séance, M. César Moreau annonça que plusieurs administrations publiques, desquelles il avait réclamé divers documents statistiques, s'étaient montrées pleines d'empressement pour satisfaire à sa demande. M. le comte de Rigny notamment, ministre de la marine et des colonies, lui avait écrit qu'il accédait bien volontiers aux vœux qu'il lui avait exprimés, et qu'il venait de donner, au directeur général du dépôt de la marine, l'ordre de lui faire remettre une collection des principales cartes qui composent l'hydrographie française.

A la séance du 20 août, le directeur déposa, sur le bureau, une liste de plus de cent nouveaux candidats présentés, soit par des membres français, soit par des membres étrangers. Le conseil prononça l'admission de ces nouveaux collègues ; il vota ensuite, sur la demande du président, des remercîments à une foule d'auteurs et de savants éminents, ainsi qu'à plusieurs académies, pour les travaux et les ouvrages dont ils avaient fait hommage à la Société.

M. César Moreau, entre autres communications, annonce que le maréchal duc de Dalmatie, ministre de la guerre, lui a fait remettre, sur sa demande, les premières feuilles de la nouvelle carte de France, dressée par la direction du dépôt de la guerre ; que M. Barthe, ministre de la justice, lui a également fait parvenir un exemplaire du *Compte général de l'administration de la justice criminelle et de la justice civile en France, pour les années* 1829, 1830 et 1831. Il ajoute, après avoir demandé que des remercîments fussent votés pour des dons si précieux et les obligeantes lettres qui les accompagnent, que M. Greterin, directeur de l'administration des douanes, lui a aussi annoncé l'envoi prochain d'un exemplaire des états du commerce de la France avec ses colonies et les puissances étrangères.

Passant à un autre ordre d'idées, l'honorable directeur, au nom de la commission scientifique, propose d'arrêter qu'il sera décerné, par la Société, des médailles d'honneur aux savants français ou étrangers qui ont servi ou servent utilement la science de la statistique, ou qui contribuent aux progrès des sciences en général. Le moment est venu de mettre en application la disposition des statuts portant distribution de médailles d'honneur. C'est une mesure sage propre à exciter le zèle, et conforme aux vues rémunératrices de la Société. En conséquence, M. César Moreau prie le conseil de déclarer que des médailles d'honneur seront décernées, notamment à MM. Benoiston de Chateauneuf, le comte de Chabrol, le baron Charles Dupin, Moreau de Jonès, le comte de Rambuteau, le docteur Villermé, etc., etc., pour les travaux dont ils sont les auteurs.

— Le conseil, après avoir écouté le rapport de son président dans lequel se trouvent énumérés les titres des personnes précitées à l'obtention d'une médaille d'honneur, adopta à l'unanimité ses conclusions fondées sur des titres scientifiques, aussi unanimement reconnus incontestables.

M. le président termina la séance en annonçant qu'il venait de mettre la dernière main à la Statistique générale de la France, sous Louis XVI, y compris l'année 1789. « Je l'ai établie, dit-il, d'après des documents officiels et
» par conséquent d'une authenticité irrécusable..... Ainsi
» cette statistique, dégagée de toute théorie, de tous rai-
» sonnemens, n'offrira, dans un cadre très resserré, que
» des données positives. Tel est l'esprit dans lequel j'ai
» exécuté tous mes travaux statistiques.... Sans lui, la
» science dont nous nous occupons ne serait plus une
» science certaine : c'est peut-être à lui que j'ai dû le peu
» de succès que j'ai obtenus... — Je m'y conformerai tou-
» jours, quant à moi, dans tout ce que je ferai pour la So-
» ciété que j'ai l'honneur de régir. »

M. César Moreau apprend encore à ses collègues qu'il est aussi sur le point de terminer la Statistique générale de la France : 1° sous la république ; 2° sous le gouvernement impérial ; 3° sous la restauration ; qu'enfin, il avait même déjà rassemblé les matériaux d'une statistique s'appliquant aux premières années du règne de Louis-Philippe Ier.

« Dans tous ces travaux, ajouta-t-il, j'ai été et je continue
» à être aidé par plusieurs de nos collègues dont il me serait
» bien agréable de signaler les noms à votre estime, si
» leur modestie ne m'en avait refusé l'autorisation. »

A la réunion du 20 septembre, c'est-à-dire à la quatre-vingt-deuxième séance tenue par le conseil, et comme toujours sous la présidence de M. César Moreau, trente-quatre membres se trouvaient présents. — Elle fut consacrée à la réception de cent vingt-trois nouveaux candidats après examen de leurs titres. — Tous ces candidats ont écrit à M. César Moreau pour adhérer aux statuts, et leurs lettres, dit-il, dans son rapport à ce sujet, « expriment toutes, avec vivacité, la reconnaissance de leurs auteurs pour l'honneur que la Société leur a fait en les admettant dans son sein ; les vœux sincères qu'ils forment pour le succès de ses travaux et leur désir d'y concourir de tous leurs moyens. »

De nombreux dons ont été offerts pour la bibliothèque de la Société, soit par des membres, d'ouvrages qu'ils possédaient en *duplicata*, soit par des sociétés savantes de France et des académies étrangères, soit enfin par des administrations publiques. — L'honorable président prie le conseil de voter des remercîments à tous les donateurs ; puis il annonce :

1° Que les différentes bibliothèques de Paris sont disposées à aider la Société dans l'exécution de ses travaux, par la communication de tous les ouvrages dont elle aura besoin ;

2° Qu'indépendamment des journaux français de Paris et de la province, ceux de l'Allemagne, de l'Angleterre, de la Belgique et des États-Unis manifestent le vif intérêt que leur inspirent les travaux de la Société, en faisant connaître à leurs lecteurs, soit textuellement, soit analytiquement, les documents contenus dans ses publications.

Plusieurs mémoires et travaux statistiques présentés à la Société, notamment par MM. le comte de Rambuteau, préfet de la Seine ; Adrien Balbi, de Venise ; Joseph Hume, etc., deviennent ensuite l'objet d'un rapport analytique de M. le directeur.

Enfin, avant de lever la séance, M. César Moreau communique encore à ses collègues une foule de lettres témoignant des plus vives sympathies pour l'œuvre et pour son fondateur ; les principaux signataires étaient : M. Flourens, de l'Institut ; M. le comte de Rigny, ministre de la marine ; M. Greterin, directeur des douanes ; M. le général comte de Belleval, M. Petou, député ; M. le baron de Prony, de l'Institut ; M. le baron Pieyre, ancien préfet ; M. le prince de Léon, duc de Rohan et M. le comte Cassini, membre de l'Institut. — Nous rapporterons un extrait des lettres de remercîments adressées par les trois derniers.

« Le titre dont la Société m'a honoré, dit M. le baron Pieyre, me rappellera que, moi aussi, j'ai cherché à payer à la patrie mon tribut civique ; et si quelques-uns de mes contemporains me rendent cette justice, je les en remercie.

« Je suis glorieux et touché de voir mon nom inscrit sur la liste de la société. C'est un précieux et dernier anneau de la chaîne qui m'attache encore à la vie ; le reste de mon existence ne me permet plus que des vœux ; mais ils seront toujours pour la prospérité des lumières et des connaissances utiles.... »

M. le prince de Léon, duc de Rohan, écrit :

« J'éprouve le besoin d'exprimer toute ma reconnaissance à la Société. Veuillez, Monsieur, être mon organe auprès d'elle, et l'assurer que son avenir m'est précieux, et que je suis on ne peut plus flatté d'appartenir à une Société dont le but est si noble et si utile, et dont la création fait autant d'honneur à vos sentiments qu'à vos lumières.... »

De son côté, M. le comte Cassini, membre de l'Institut, s'exprime ainsi :

« Parvenu par mon grand âge à être le doyen des astronomes et des membres encore vivants de l'ancienne Académie des sciences de Paris, je ne puis malheureusement me rendre utile à ces sciences, qui ont fait l'entière occupation et la consolation de ma vie au milieu des tristes époques que j'ai traversées dans ma longue carrière. Il ne me reste plus que la faculté d'applaudir aux nouvelles et utiles institutions qui se forment tous les jours pour accélérer les progrès de nos connaissances et des véritables lumières. La vôtre, Monsieur, est une des plus remarquables, et je forme les vœux les plus sincères pour son succès.... »

Trois présidents honoraires, quatorze membres résidents, quatre-vingt-douze membres non résidents et quarante-trois membres étrangers, furent proclamés dans la séance tenue par le conseil, le 15 octobre.—Quatre-vingt-seize nouveaux candidats furent également présentés dans cette séance, à laquelle assistait le marquis d'Anglesey, président honoraire.

Le noble étranger, qui avait su illustrer sa vice-royauté d'Irlande par de constants et signalés services rendus aux sciences, et par une protection efficace accordée aux sociétés savantes, se montra fort sensible à la manière dont il fut accueilli par le président du conseil et par ses collègues. Dans la réponse qu'il adressa aux compliments de M. César Moreau, il exprima, dans les termes les mieux sentis et les plus flatteurs, l'estime dont il était animé pour la Société et son digne chef, le haut prix qu'il attachait à l'honneur qu'on lui avait fait en lui conférant le titre de président honoraire, l'intérêt qu'il portait aux travaux de l'institution, et enfin les vœux qu'il formait pour le succès de la haute mission qu'elle s'était donnée.

Dans cette séance, le conseil, après avoir voté plusieurs médailles d'honneur à divers savants et avoir entendu avec un vif plaisir la lecture, qui lui fut donnée par M. César Moreau, de plusieurs lettres de félicitations et de remercîments, fut appelé à se prononcer sur une question importante concernant les rapports entre la Société et les corps savants d'Angleterre, d'Ecosse et d'Irlande. Il la décida d'une manière conforme aux conclusions formulées en ces termes par le directeur lui-même : « Le premier et
» le plus glorieux titre du royaume uni de la Grande-
» Bretagne et d'Irlande, à l'estime, à l'admiration de
» l'univers, est, sans contredit, de posséder dans son sein
» un grand nombre de Sociétés savantes composées de
» l'élite de ses citoyens, et dont les travaux immenses ten-
» dent tous aux progrès de la civilisation humaine; c'est-
» à-dire, au perfectionnement du bonheur social... »

Rien ne saurait donc être ni plus précieux, ni plus honorable pour la *Société française de statistique universelle*, dont le but est de concourir aux progrès de toutes les connaissances humaines, que d'entretenir incessamment des rapports avec des corps savants aussi recommandables que ceux qui font l'ornement et l'illustration de l'Angleterre, de l'Ecosse et de l'Irlande.

En manière de conclusion, M. César Moreau avait dit, devançant pour ainsi dire, par ses vœux, l'époque si désirée de l'union intime et cordiale de l'Angleterre et de la France : « Que si, en concertant leurs philanthropiques
» efforts, les sociétés savantes d'Angleterre, d'Ecosse et
» d'Irlande et la *Société française de statistique universelle*
» pouvaient s'attribuer quelque part, dans la durée d'une
» union d'où dépendait manifestement la tranquilité du
» monde, cette circonstance leur donnerait des droits sûrs

» et durables à la reconnaissance de tous les peuples.... »

En conséquence, et d'après le désir si éloquemment exprimé par lui, le conseil arrêta que M. César Moreau était autorisé à faire toutes les démarches que lui inspireraient son patriotisme et son dévouement aux intérêts de la Société, dans le but d'établir des liaisons scientifiques durables entre la Société de statistique et les divers corps savants de la Grande-Bretagne et d'Irlande.

M. César Moreau, avant de clore la séance, paya encore au nom de la Société un juste hommage de regret à la mémoire de onze membres que la mort venait d'enlever à l'estime et à l'affection de leurs collègues.

A la réunion du 19 novembre, qui vit proclamer trente-deux membres résidents, soixante-dix membres non résidents et treize membres étrangers, et dans laquelle soixante-seize nouveaux candidats furent présentés aux suffrages du conseil, M. César Moreau fit voter plusieurs médailles d'honneur et prendre un arrêté concernant les documents destinés à former des statistiques générales ; puis, il demanda que des remercîments fussent votés à M. le lieutenant-général Baron Pelet, directeur du dépôt de la guerre, pour l'hommage fait par lui, au nom du ministère, d'une collection du *mémorial du dépôt général de la guerre.*

L'honorable directeur rend ensuite compte de la correspondance administrative et scientifique ; de l'analyse qu'il présente, il ressort : 1° Que plusieurs membres de la Société ont adressé ou se proposent d'adresser des documents et des travaux statistiques, heureux de témoigner ainsi de leur sincère dévouement à la Société ; 2° Que le nombre des corps savants qui entrent en relation avec la Société continue de s'accroître, et que la plupart d'entre eux écrivent les choses les plus flatteuses au sujet de ses publications.

Une nouvelle séance du conseil eut lieu le 17 décembre suivant. — Même concours de réceptions, même concours de présentations : tout ce que Paris possède d'illustrations, tout ce qu'il y a de célébrités et de gloires en France et à l'étranger, tout ce que l'Europe renferme d'hommes éminents dans les sciences, les arts, les lettres, regarde comme une obligation, considère comme un honneur d'inscrire son nom parmi les membres de ce corps savant et de lui apporter son tribut, les uns en travaux, les autres en protection ; tous en affectueux et sympathique dévouement.

A chaque séance, nous retrouvons également une longue liste de publications et d'ouvrages offerts en hommage à la Société ; enfin, chaque mois ramène aussi le compte-rendu d'une multitude de lettres de félicitations ou de remerciments. Désormais, laissant de côté, dans notre analyse déjà longue quoique si incomplète, ces détails intimes, conséquences nécessaires d'une existence académique puissante d'expansion, nous nous bornerons à mettre en lumière les principaux événements, à retracer les faits les plus caractéristiques, ceux qui touchent à l'essence même de l'institution, qui constituent en quelque sorte sa vie propre, sa puissance morale, en même temps que ses garanties de succès et d'avenir.

La séance du 17 décembre nous présente un de ces faits générateurs, si l'on peut s'exprimer ainsi : M. César Moreau, préoccupé de l'idée de perpétuer le souvenir des services rendus à la Société, et voulant en trouver les moyens, présenta dans ce but à ses collègues un projet dont voici quelques traits : chaque jour, à mesure que la Société prend du développement, un grand nombre de ses membres, une foule d'hommes d'étude lui donnent à l'envie de précieux témoignages d'encouragement, ou lui rendent de grands et signalés services....

Il est du devoir du conseil d'administration de rechercher tous les moyens qui peuvent contribuer à l'accomplissement de la grande et noble tâche que s'est imposée la Société; à ce titre, il est de sa justice de constater les services qui lui sont rendus, et de sa reconnaissance d'en perpétuer la mémoire..... Or, elles ont réellement rendu des services à la Société, les personnes qui lui ont offert, par exemple, des sommes destinées à la création de prix, de médailles d'honneur, ou à l'acquisition d'ouvrages importants pour ses travaux....

La Société doit donc de la reconnaissance à tous les membres qui contribuent utilement à ses travaux et à ses publications.... et il est juste qu'elle puisse constater sa reconnaissance et exprimer ses remercîments....

En conséquence, et conformément à des vues aussi sages, le conseil décida que M. César Moreau était autorisé — « à faire inscrire, sur un registre *ad hoc*, les noms de tous les membres ou autres personnes qui auront, depuis la fondation de la Société, concouru à sa prospérité. »

Nous ne relaterons pas ici les dispositions réglementaires pleines de sagesse, dont M. César Moreau entoura l'application de cette mesure qui produisit les plus heureux résultats, car nous avons hâte d'arriver à un nouvel épisode non moins honorable dans les fastes de la *Société française de Statistique universelle*. — Nous voulons parler de la présentation au roi, le 1er janvier 1834.

Le 28 décembre, M. César Moreau avait reçu, de M. le général Heymes, aide-de-camp de service près du roi, une lettre pour l'informer que Sa Majesté, à l'occasion de la nouvelle année, recevrait avec plaisir la députation de la Société. Le 1er janvier les membres résidents, convoqués par l'honorable directeur, se réunirent en grand nombre dans les salons de la Société. M. César Moreau donna, à ses collègues, connaissance du discours qu'il avait préparé, et demanda que l'honneur de le prononcer fût déféré à l'amiral sir Sydney-Smith, le doyen d'âge des présidents honoraires, présent à la réunion ; la députation se rendit aux Tuileries, où après avoir rallié, parmi les députations des grands corps de l'Etat, plusieurs des membres de la Société, elle fut admise en présence de Sa Majesté. L'illustre étranger dont nous venons d'écrire le nom, son organe momentané, dit au monarque :

« Sire,

» C'est toujours avec empressement que le *Société fran-*
» *çaise de Statistique universelle,* qui a l'honneur de comp-
» ter, parmi ses protecteurs et ses membres, des hommes
» illustres de presque toutes les nations, vient vous pré-
» senter le respectueux hommage de ses vœux.

» Pendant l'année qui vient de finir, la Société a en-
» couragé par ses récompenses d'utiles travaux ; elle pré-
» pare, pour l'année qui commence, des publications sta-
» tistiques qui pourront jeter quelque clarté nouvelle sur
» les diverses sources de la prospérité publique.

» Les résultats satisfaisants que nous avons obtenus,
» nous les devrons, Sire, à la profonde sollicitude de Vo-
» tre Majesté, pour le maintien de la paix ; et c'est avec
» une ardeur nouvelle que la Société, dont le but est de

» constater par des chiffres, par des recherches exactes et
» des calculs rigoureux, la prospérité des Etats et les souf-
» frances des peuples, vous remercie de cette sollicitude :
» car elle sait, par expérience, *les maux incalculables que*
» *les guerres entraînent pour la génération qui les soutient.*

» La *Société française de Statistique universelle*, Sire,
» regarderait comme le plus haut prix de ses efforts, de
» nouveaux témoignages de la satisfaction de Votre Majesté.»

Le roi, qui avait écouté ce discours avec tous les signes de l'intérêt, y répondit :

« Je vous remercie des sentiments d'affection qui vien-
» nent de m'être exprimés. Je suis charmé du rapport
» que votre Société vient de me présenter par l'organe
» de son président, puisque ce rapport m'annonce d'heu-
» reux résultats sociaux. Je ne suis pas moins charmé des
» progrès que fait chaque jour la *Société française de Sta-*
» *tistique universelle*. La science dont elle s'occupe est bien
» précieuse, puisqu'elle constate avec tant d'exactitude les
» éléments de l'ordre social, qui ont été améliorés, et ceux
» qui ont besoin de l'être. Veuillez rapporter à tous vos
» collègues que j'applaudis à leurs graves travaux, que
» j'en souhaite le succès, et que je les en remercie. »

La quatre-vingt-sixième séance du conseil de la Société, celle du 21 janvier 1834, ne fut marquée par aucun incident important. M. César Moreau, après avoir annoncé qu'il avait fait inscrire, dans le livre spécial destiné à perpétuer le souvenir de leur bienveillant intérêt, les noms de ceux qui avaient secondé la Société dans ses utiles travaux, présenta au conseil une série de tableaux faisant connaître pour chacune des huit dernières années (1825 à 1832) : le commerce général du royaume de France avec l'Europe, l'Asie, l'Afrique, l'Amérique, et chacun des empires, royaumes, états et colonies qui en dépendent, et contenant tout ce que la France a reçu, durant ces huit années, de chacun de ces pays, et ce qu'elle y a expédié, soit en marchandises, en numéraires, matières nécessaires à l'industrie, objets de consommation naturels et fabriqués, numéraire (or et argent brut en masse). — Tous les membres présents à la réunion témoignent du vif intérêt que leur inspire cette précieuse collection de documents commerciaux, et à l'unanimité l'impression en fut ordonnée.

A la réunion du 18 février (quatre-vingt-septième séance), le conseil entendit, avec un vif sentiment de satisfaction et les marques d'une sincère gratitude, la lecture de trois lettres fort noblement conçues, par lesquelles M. le duc de Montmorency, pair de France; M. le comte de Chastellux et M. le baron Emmanuel de Las Cases, désirant concourir aux fondations de prix votés par la Société, pour l'encouragement des travaux statistiques, proposent de fonder, à leur frais, diverses médailles. Nous croyons, au surplus, devoir transcrire ces trois pièces non moins remarquables par la pensée qui les a inspirées que par la chaleureuse sympathie et le cordial attachement de leurs auteurs pour la Société.

« Paris, le 10 Février 1834.

» Monsieur et honoré Collègue,

» Quand j'ai accepté la présidence de la Société que vous
» avez fondée, je me suis intérieurement promis de con-
» courir à l'accomplissement des hautes vues qui lui ont
» donné naissance, non seulement par des vœux et des

» efforts personnels, mais par des sacrifices même, mesu-
» rés sur ses besoins actuels. Or, Monsieur, j'ai à vous faire
» une proposition qui vous offrira peut-être un vrai témoi-
» gnage de mes bonnes dispositions envers la Société.

» Ayant vu, il y a quelque temps, l'hommage que notre
» institution avait reçu de la statistique de l'arrondissement
» de Nantes, par M. Cassan, sous-préfet de cet arrondisse-
» ment, j'ai réfléchi qu'une telle sorte de statistique offrait
» un moyen sûr et prompt d'arriver à l'établissement de
» la statistique générale du royaume, et qu'ainsi la Société
» devait encourager, par un nombre de prix qui augmen-
» tât celui des concurrents, l'espoir laissé à plusieurs
» d'entr'eux de voir leurs travaux récompensés; c'est pour-
» quoi, Monsieur, j'offre de fonder dix médailles d'hon-
» neur pour les dix meilleures statistiques d'arrondisse-
» ments français; savoir : 1° une en or, grand module;
» 2° trois en argent; 3° six en bronze. Je vous serai fort
» obligé de communiquer ma proposition le plus tôt possi-
» ble à la commission scientifique et au conseil. J'appren-
» drai, avec le plus grand plaisir, son acceptation par ces
» deux honorables assemblées; car j'ai grandement à
» cœur de favoriser l'essor d'une Société dont je suis et
» serai toujours fier de faire partie, non seulement comme
» président, mais encore comme simple membre.

» Agréez, Monsieur et honoré Collègue, la nouvelle as-
» surance de ma haute considération.

» *Le Président de la Société :*

» Le Duc DE MONTMORENCY. »

« Paris, le 17 Février 1834.

« Monsieur le Président,

» Depuis la fondation de la *Société française de Statisti-*

» *que universelle,* j'en ai toujours suivi les travaux avec un
» intérêt particulier, et j'ai toujours formé des vœux pour
» que *la connaissance de ce qui est* se naturalise de plus en
» plus parmi nous.

» J'ai vu avec satisfaction que la Société, par des
» prix, encourageait les hommes studieux à s'occuper de
» la statistique des départements de la France.

» Désirant concourir, d'une manière plus directe à l'en-
» couragement donné à ces utiles travaux, j'ai l'honneur
» de proposer, au conseil d'administration de la Société, un
» prix d'une médaille d'or du grand modèle à décerner par
» elle à la meilleure statistique du département de l'Yonne,
» qui lui serait présentée.

» Et le prix d'une médaille d'argent également du grand
» modèle pour le meilleur mémoire de statistique sur l'un
» des arrondissements dont se compose ce département.

» Je désire vivement que le conseil d'administration
» veuille bien accepter cette proposition.

» Agréez, Monsieur le président, l'expression de ma
» considération la plus distinguée.

» Le Comte DE CHASTELLUX. »

« Paris, ce 18 Février 1834.

» Monsieur le Président,

» J'ai vu, avec grand plaisir, toutes les fondations de prix
» ordonnées par la Société, pour l'encouragement des tra-
» vaux statistiques. C'est en effet surtout par ce moyen
» qu'elle parviendra à obtenir, du zèle des savants, des
» mémoires statistiques sur les diverses parties de notre
» sol. Déjà plusieurs de nos collègues ont fondé des prix, je

» désire imiter leur utile exemple, car, comme eux, je suis
» dévoué à la Société et aux progrès de la haute science,
» objet de ses travaux.

» Je prie donc le conseil de trouver bon que je fonde à
» mes frais :

» 1° Une médaille d'honneur, en or, du grand module;

» 2° Une médaille d'honneur, en argent, également du
» grand module, pour les deux meilleurs mémoires qui
» parviendront à la Société, sur le département du Finis-
» tère.

» Je serais heureux qu'il sortît de ce vaste et intéressant
» département des mémoires qui puissent satisfaire la
» savante Société que vous présidez.

» Veuillez m'apprendre, Monsieur le Président, que le
» conseil a bien voulu agréer mes vœux, et recevez l'as-
» surance de la considération très distinguée, avec laquelle
» j'ai l'honneur d'être votre très humble et très obéissant
» serviteur.

» Emmanuel DE LAS CASES,
» *Député du Finistère.* »

A la suite de la communication de ces lettres si glorieuses pour le corps savant auquel elles étaient adressées,
M. le duc de Doudeauville, l'un des présidents-honoraires
de la Société, présent à la séance, ayant pris la parole,
assura ses collègues qu'il avait toujours porté un sincère
intérêt à la Société, qu'il avait depuis longtemps reconnu
la haute utilité de ses travaux, qu'enfin il avait vu, avec
un grand plaisir, un travail statistique appliqué à des villes
de France, et qu'il croyait à l'importance d'un ouvrage
de ce genre. Pour ces motifs, le noble duc propose de fonder à ses frais, pour être décernées aux dix meilleures

statistiques de villes françaises, dix médailles d'honneur, une en or, trois en argent et six en bronze.

On comprend avec quel empressement les propositions de MM. de Montmorency, de Las Cases et de Chastellux, ainsi que celle de M. le duc de Doudeauville, furent accueillies; des remercîments furent aussitôt votés à leurs auteurs.

Le comte de Chastellux, prenant la parole après ce vote tout spontané, exprima sa sensibilité au témoignage d'estime qui venait de lui être donné; « il aura beaucoup à
» s'applaudir, dit-il, s'il a le bonheur de contribuer à
» provoquer le zèle d'un grand nombre de statisticiens. »

De son côté, M. le duc de Doudeauville remercie le conseil et lui renouvelle l'expression du vif et profond intérêt qu'il porte à la Société, à son honorable directeur et à ses dignes collègues.

M. César Moreau a également reçu une lettre bien honorable et bien flatteuse de M. Pablo Pébrer, membre espagnol de la Société, par laquelle, après avoir exposé que sa patrie mérite d'être connue, il propose de concourir pour une somme de mille francs à la fondation d'un prix qui serait décerné à la meilleure statistique de l'Espagne ; cette offre fut agréé à l'unanimité par le conseil.

Enfin, M. César Moreau, avant de lever la séance, et après avoir présenté une série de nouveaux tableaux statistiques sur le commerce des soieries, communiqua encore à ses collègues une lettre qu'il venait de recevoir de la Société coloniale d'Alger, à laquelle le conseil avait, dans une précédente séance, voté une médaille d'honneur au sujet de son annuaire.

« Cette lettre, dit M. César Moreau, est trop honorable
» pour les deux Sociétés, et renferme des sentiments trop

» généreux pour que je puisse me dispenser de la lire
» textuellement. »

Nous partageons l'opinion de l'honorable directeur ; nous reproduirons donc nous-mêmes cette pièce importante.

« Messieurs, en votant une médaille à la Société colo-
» niale d'Alger, pour son Annuaire de 1833, vous avez
» voulu surtout récompenser ses intentions et encourager
» ses efforts. Vous avez pensé que l'amour de la vérité et
» de l'utilité publique avait seul présidé à notre institu-
» tion et à nos travaux. Vous nous avez aperçus portant
» la même devise à l'entrée de la carrière que vous par-
» courez avec honneur pour vous et pour notre époque.
» Votre sympathie s'est émue, et elle a accordé un prix
» et attribué des éloges lorsque des encouragements seuls
» étaient mérités.

» La Société coloniale d'Alger reçoit avec reconnais-
» sance ces marques de votre haute estime, et ce n'est pas
» sans orgueil qu'elle a appris que vous avez jugé plusieurs
» de ses recherches dignes d'être inscrites dans vos
» mémoires.

» L'honorable directeur de la Société française de Sta-
» tistique universelle, et vous tous, messieurs, êtes allés
» au-devant de nos vœux en nous offrant d'entretenir
» avec vous des rapports dans le but qui nous est commun ;
» ce sera avec un vif empressement que nous vous trans-
» mettrons les renseignements que vous jugerez utiles
» d'entrer dans le vaste plan que vous vous êtes proposé,
» et que nous pourrons recueillir. Insérés dans vos
» mémoires, ces documents, qui peut-être seraient restés
» ignorés, auront une grande publicité. Nos recueils, nos
» dénombrements, les chiffres de nos tableaux, excluent

» l'entraînement des passions et les embûches de la
» mauvaise foi. On saura mieux en France et dans le
» monde civilisé ce qu'est Alger ; les avantages que peut
» en retirer l'agriculture, l'industrie, le commerçant, le
» capitaliste; l'importance de cette glorieuse conquête de
» nos armes, ses progrès, sa prospérité, qui seront encore
» plus glorieux pour notre patrie. La France jugera en
» plus grande connaissance de cause, s'il convient à son
» intérêt, à son honneur de nous aider, de compléter son
» ouvrage, et comment elle doit le faire. Que si la divul-
» gation des faits nous attire de nombreux concurrents,
» nous ne les repousserons pas, mais les accueillant com-
» me frères, nous leur dirons, en leur montrant ces fertiles
» coteaux, ces vastes et riches plaines : Travaillons,
» travaillons, la moisson sera assez belle. Nous prions la
» Société française de Statistique universelle, et en parti-
» culier son honorable directeur, d'agréer nos remercî-
» ments et l'expression de la respectueuse considération
» avec laquelle nous avons l'honneur d'être, Messieurs,
» vos très humbles et très obéissants serviteurs. »

(Suivent les signatures des membres de la commission de la Société coloniale de l'état d'Alger.)

Ici se place un événement remarquable dans les fastes de la Société savante dont nous esquissons l'historique.

Nous sommes au 3 avril 1854. Ce jour-là, eut lieu à l'Hôtel-de-Ville de Paris (salle Saint-Jean), la première assemblée générale tenue par la *Société française de Statistique universelle*, depuis sa réorganisation.

L'assemblée était nombreuse et brillante, plus de mille personnes remplissaient les tribunes et la salle: parmi elles on remarquait un grand nombre d'étrangers de distinction, une foule de personnages d'une haute célébrité dans les sciences, les lettres, les arts, l'armée, l'administration, la magistrature et le commerce. Plusieurs membres ne pouvant assister à cette solennité, mais voulant néanmoins témoigner du vif intérêt qu'ils portaient à la Société, avaient écrit à M. César Moreau, pour le prier de faire agréer leurs excuses et leurs regrets à leurs collègues : — c'étaient, LL. AA. RR. les duc d'Orléans et de Nemours, M. Jomard de l'Institut, le comte de Chabrol, ancien préfet de la Seine, des ambassadeurs, des pairs, des généraux, etc.

A huit heures du soir, M. César Moreau ouvrit la séance en donnant lecture de la lettre que lui avait adressée M. le duc de Montmorency, président de la Société, pour lui annoncer qu'obligé de quitter précipitamment Paris, il ne pourrait présider la séance générale, par laquelle, disait-il : « la Société va marquer son heureuse renaissance par » une distribution de médailles d'honneur à de nombreux » savants renommés par leurs mérites et leurs travaux. » Le noble duc ajoutait : « Je me faisais, tout à la fois une » fête et un honneur de présider à cette solennelle réu- » nion; » — de là, l'inexprimable regret qu'éprouve M. le duc de Montmorency de ne pouvoir, par cet acte, « offrir un nouveau gage de son attachement et de son in- » térêt à la noble Société, qui a daigné l'honorer du beau » privilége de la présider....... »

En conséquence de l'impossibilité où s'était trouvé M. le duc de Montmorency de présider la réunion, M. César Moreau avait écrit à M. le duc de Doudeauville, l'un des présidents honoraires, qui s'était empressé de lui répondre :

« .... Vous ne vous êtes point trompé en pensant que

» je ne serai pas le dernier à regretter l'absence forcée de
» l'honorable président de la Société ; sans doute, pour la
» solennité à laquelle elle se prépare, notre institution
» eût possédé dans M. le duc de Montmorency un prési-
» dent digne d'elle ; néanmoins, heureux de prouver mon
» zèle et mon attachement pour une Société à laquelle
» j'appartiens depuis sa fondation, dont j'ai assidûment
» suivi les séances, dont j'apprécie le but et les travaux,
» dont j'estime le fondateur et tous les membres, je m'em-
» presse d'accepter la mission qui m'est offerte..... »

Après cette double communication, M. le duc de Doudeauville ayant été introduit, prit place au fauteuil et prononça un discours auquel nous emprunterons les lignes suivantes :

« Les institutions utiles ne peuvent naître que d'une
» communauté d'efforts constants. — Les sociétés savan-
» tes, lorsqu'elles s'élèvent à de grands travaux, offrent
» le précieux avantage de former un centre vers lequel
» viennent se classer tous les documents et toutes les dé-
» couvertes; là, on peut les voir dans leur ensemble, les
» comparer, les juger et les mettre à profit, au grand
» avantge de la science......

» L'utilité de la statistique est aujourd'hui vivement sen-
» tie par toutes les classes de la Société.... on apprécie
» tout l'intérêt qu'elle présente et les services qu'elle peut
» rendre à l'humanité.....

» La capitale a longtemps manqué d'un centre où les
» documents statistiques qui abondaient, fussent combinés
» dans leur ensemble, comparés, jugés, classés, et par
» conséquent employés au profit de la science.—Grâce aux
» lumières de quelques hommes connus, grâce surtout aux
» généreux efforts d'un bon Français M. César Moreau, ce

» centre si nécessaire et si désiré existe depuis quatre ans
» dans la *Société française de Statistique universelle*. Je m'ho-
» nore d'avoir été un de ses premiers membres... Cette
» institution a été accueillie dès sa fondation avec une fa-
» veur marquée ; de toutes parts les adhésions les plus
» flatteuses des hommes les plus recommandables de tou-
» tes les classes et de tous les pays sont venues témoigner
» la haute importance qu'on attache à nos travaux.....

» Notre Société est recommandable à beaucoup d'é-
» gards... Elle l'est par son but ; elle l'est par la manière
» dont elle cherche à le remplir ; elle l'est par le nombre
» considérable de ses membres ; elle l'est enfin par les
» différents genres de mérites qui les distinguent... .. »

Après M. le duc de Doudeauville, M. César Moreau, fondateur et directeur de la Société, prit la parole pour faire connaître les travaux et les progrès de la Société. Nous donnerons quelques extraits de ce discours aussi remarquable par l'élévation de la pensée, que par le rare bonheur des expressions :

« Dix-sept mois se sont à peine écoulés depuis qu'en as-
» semblée générale *la Société française de Statistique universelle*
» a résolu de se reconstituer sur de nouvelles bases, et
» déjà le succès le plus complet a récompensé le zèle des
» membres, pour ses intérêts et sa gloire.

» C'était en effet une utile et grande pensée que de ne
» point laisser s'éteindre, après trois années d'existence,
» une institution qui avait déjà rendu et pouvait rendre
» encore de si grands services....... »

L'honorable directeur annonce que le nombre des membres de la Société, qui ne s'élevait guère au delà de

cinq cents au mois de janvier 1833, dépasse aujourd'hui (avril 1834), le chiffre de quinze cents. « Ainsi donc, con-
» tinue M. César Moreau, dans l'espace d'une année la So-
» ciété a vu la liste de ses membres se couvrir des noms
» les plus honorables et les plus illustres : rois, princes,
» ministres, pairs, députés, officiers et magistrats, culti-
» vateurs et propriétaires, poètes et savants, etc., tous
» ceux que leur mérite personnel ou leur position sociale
» nous faisait désirer de compter parmi nous, ont reçu
» comme un honneur le diplôme de membre de notre
» institution....... »

Rendant ensuite compte d'une innovation heureuse, M. César Moreau ajoute : « Un genre d'ornement non
» moins précieux, les noms de dames illustres à quelque
» titre, manquait encore à nos listes, lorsque le conseil
» entendit le rapport des seize membres qui concluaient
» à l'admission de cinq dames présentées à nos suffrages.
» Ce fut d'après ce rapport appuyé par un grand nombre
» de membres que le conseil décerna le titre de *Membres*
» *honoraires* à Mesdames, la princesse de Salm-Dyck, née
» Française ; miss Henriette Martineau, lady Morgan, Eu-
» lalie de Prat et Mistress Opie. »

— Ainsi cette Société savante se trouve du petit nombre des institutions scientifiques, en France et à l'étranger, dont les dames ne sont point exclues. Elle avait pensé, et avec justice croyons-nous, qu'à quelque sexe qu'on appartînt on a droit aux témoignages de considération, lorsqu'on se livre à des occupations utiles, ou qu'on se dévoue à la protection des sciences et des arts.

« En 1833, — nous laissons de nouveau parler M. César
» Moreau, — nous avons eu à déplorer la perte de quel-
» ques hommes que nous comptions dans nos rangs avec

» tant d'orgueil, et dont les vertus et les talents faisaient
» l'ornement de la Société.

» — M. le secrétaire-général s'est chargé de jeter quel-
» ques fleurs sur la tombe de nos collègues si justement
» regrettés. — La correspondance scientifique établie par
» notre Société avec les diverses académies et sociétés sa-
» vantes de France et de l'étranger, nous a procuré des
» documents et plusieurs mémoires où nous avons remar-
» qué que, malgré la distance des lieux qui les séparent,
» malgré la différence des usages, des langues, la diversité
» des objets qui les occupent, les membres de toutes les
» corporations savantes et littéraires sont animés du même
» esprit, pénétrés des mêmes principes et dirigés vers le
» même but : la prospérité, l'instruction de leurs conci-
» toyens, l'honneur et la gloire des sciences et des arts.
» C'est grâce à un accord si heureusement formé sous les
» auspices de la philanthropie et de l'amour des sciences,
» que nous avons pu enrichir notre bibliothèque de bons
» ouvrages ; le journal de nos travaux et nos mémoires
» de documents importants.

» C'est ici le cas de parler d'une foule d'ouvrages utiles
» offerts par nos collègues. Quelques-uns d'entre eux ont
» poussé le dévouement plus loin encore, en adressant des
» dons en argent, pour achat de livres et fondation de
» prix. Il a été annoncé que les noms de tous ceux qui
» se sont ainsi acquis des droits à la reconnaissance de la
» Société, seraient recueillis dans un tableau spécial. Ce ta-
» bleau a été publié. Il est juste qu'une institution honore
» de tout son pouvoir ceux qui contribuent à sa splendeur
» et aux progrès de la science qu'elle cultive...... »

En résumé, du discours de M. César Moreau il ressort :
Que cette Société savante, créée et reconstituée par ses

soins, un instant languissante en 1832, a recouvré sa vie académique et repris son essor en 1833. — Ce fait est prouvé par les publications émises depuis la réorganisation, par les conquêtes nombreuses qu'elle a faites dans les rangs les plus élevés, et par les suffrages qu'elle a obtenus dans le monde savant.

« C'est donc maintenant à nous tous, — dit en termi-
» nant l'honorable directeur, — membres d'une institution
» si utile, à nous efforcer de la soutenir et de la diriger
» vers son but, avec une sage constance. Si elle atteint
» ce but, nos efforts communs seront dignement récom-
» pensés ; car chacun de nous emportera sa part de
» l'honneur dont elle se sera couverte, et, ce qui vaudra
» mieux encore, chacun de nous goûtera la satisfaction
» pure d'avoir fait quelque chose d'utile et de glorieux
» pour la France. »

Cette séance solennelle fut en outre marquée par un discours d'une haute portée, sur l'origine, les progrès et l'utilité de la statistique; en voici le résumé :

L'économie publique marche en aveugle si elle ne prend pour guide la statistique.

L'art de gouverner s'appuie sur elle.

Le législateur formule ses lois sur les besoins qu'elle lui révèle.

Le manufacturier doit lui demander conseil avant de fabriquer un produit nouveau ou avant de créer une concurrence à des produits déjà portés sur le marché.

Le négociant doit l'interroger avant d'expédier ses marchandises au lieu de leur consommation.

Le citoyen doit la consulter dans toutes ses spéculations.

Elle doit être le guide du moraliste et du philosophe dans leurs investigations.

La statistique est donc la science la plus nécessaire peut-être au bonheur de l'humanité.

Aussi était-ce avec raison que M. L. Malpeyre disait en terminant : « Gloire donc, aux savants qui consacrent leurs
» veilles à ces recherches pénibles. Honneur à ceux qui
» s'emparent des faits qu'elle révèle pour en tirer des
» conséquences utiles. Eloge enfin à ceux qui, ne pouvant
» se livrer à ces études appuient de leurs suffrages, aident
» de leurs richesses, soutiennent de leur protection les
» hommes ou les sociétés qui se livrent à ces calculs uti-
» les et si précieux....... »

— Et cet éloge, cet honneur, cette gloire dont parle l'auteur, nous pouvons le dire sans crainte d'être démenti, ne reviennent-ils pas à l'homme habile, au savant modeste dont nous retraçons la vie aussi studieuse qu'utile ?...

Après M. Léopold Malpeyre, M. T. Dehay, secrétaire-général, prenant à son tour la parole, retrace, dans un discours substantiel, nourri de faits et plein d'idées élevées, les travaux scientifiques de la Société durant l'année académique qui venait de s'écouler. — De l'énumération faite par M. T. Dehay, il résulte que la Société doit à la plume de M. César Moreau :

1° Un projet de statistique de la France par divisions militaires ;

2° Un travail sur les hôpitaux de Paris, ses compagnies d'assurances et son Mont-de-Piété, qui, année commune, met en circulation de douze à quinze millions représentés par environ sept cent mille objets servant de nantissement ;

3° D'intéressants documents sur les colonies anglaises des Indes orientales, documents dans lesquels on voit que la valeur des productions de ces colonies s'élève à la somme de six cents millions de francs au moins, et que, la population esclave de ces mêmes colonies monte à près de sept cent mille individus dont trois cent cinquante mille hommes environ et autant de femmes ;

4° Des notes statistiques sur l'Irlande ;

5° De nombreux documents sur la banque d'Angleterre et sur ses caisses d'épargnes. De ces documents il ressort que la première de ces institutions a occasionné durant les dix dernières années des pertes en faux billets de banque pour une somme de plus de quarante mille livres sterling, ou environ dix millions de francs ; et que la seconde institution, celle des caisses d'épargnes, laisse la France bien loin derrière elle, puisqu'on en compte quatre cent quatre-vingts en Angleterre (1) ;

6° Enfin, et entre autres plusieurs travaux remarquables, un tableau curieux des prix du setier de froment et la valeur du marc d'argent depuis Saint Louis jusqu'à nos jours; — un autre tableau faisant connaître, dans chaque département du royaume de France, le nombre d'hectares plantés en vigne, leur produit en hectolitres, leur évaluation en francs, ainsi que le nombre des propriétaires de vignes au 1er juin 1830 ; — et encore un tableau de la circulation du numéraire en France depuis 1661 jusqu'au 1er janvier 1832. On y voit, qu'en 1661, sous le ministre des finances Colbert, 600 millions seulement étaient en circulation; —

---

(1) Au commencement de 1834, la France ne comptait encore que douze caisses d'épargnes dont les opérations présentaient un total de 70,242,084 fr. pour les versements, et de 18,827,662 fr, pour les remboursements en espèces.

en 1708, sous le ministre Nicolas Desmarets, l'on comptait 800 millions ; — en 1754, sous le ministre de Sechelles, 1 milliard 600 millions ; — en 1788, sous Necker, deux milliards; — dans la république, en 1797, sous le ministre Ramel, 2 milliards 200 millions ; — dans l'empire, sous le ministre Mollien, 2 milliards 300 millions ; — sous la restauration, en 1828, 2 milliards 713 millions ; — et enfin, en 1832, 3 milliards 583 millions.

« M. Moreau, dit l'orateur, en terminant son énumé-
» ration des travaux dus à la savante collaboration de
» l'honorable directeur, nous a encore communiqué un
» tableau très détaillé du temps que la France a passé en
» guerre du 13e au 17e siècle, dans lequel on trouve, dans
» l'espace de cinq siècles, trente-cinq années passées en
» guerres civiles, quarante années en guerres religieuses,
» soixante-seize années en guerres étrangères sur le sol de
» la France, et cent soixante-quinze années en guerres à
» l'extérieur : en tout, dans les cinq siècles, trois cent
» vingt-six années de guerre contre seulement cent
» soixante-quatorze années de paix. »

Après plusieurs autres discours et divers rapports de plusieurs membres ayant pour objet de décerner des médailles d'honneur, M. César Moreau lut lui-même un rapport sur une médaille d'honneur accordée par la Société à Miss Henriette Martineau, pour ses ouvrages d'économie politique ; nous nous bornerons à en citer les premières lignes :

« Une Anglaise d'un esprit vaste et éminent, Miss Hen-
» riette Martineau, élevée dans l'étude, au sein d'une cité
» manufacturière du comté de Norfolk, frappée de l'im-
» portance des travaux qui s'exécutent sous ses yeux, des
» richesses qu'ils produisent, de l'aisance et de la mora-

» lité qu'ils répandent dans la classe industrielle, con-
» çoit l'ardent désir d'être initiée aux secrets de l'austère
» science de l'économie sociale ; pénétrée de cette idée,
» elle réunit autour d'elle tous les auteurs qui ont illustré
» sa patrie par leurs travaux et par leurs écrits sur cette
» haute science. Elle médite tour à tour Stewart, Baers,
» Arthur, Yong, Smith, Malthus, Price et vingt autres non
» moins famés, et dans son infatigable amour de cette
» science, elle consulte les économistes les plus renommés
» des autres nations. Elle consacre tous les moments de
» sa jeunesse à ces études ordinairement opposées aux
» goûts de son sexe, et quand elle a enfin acquis une vaste
» instruction en économie sociale elle ouvre un cours
» de cette science à New-Castle....... »

Avant de passer à la distribution des médailles et de fixer les prix qui seront décernés par la Société dans la séance générale de l'année suivante, et après que M. T. Dehay eut jeté quelques fleurs sur la tombe des membres enlevés, durant l'année, à la Société, M. César Moreau prit encore la parole en ces termes :

« Messieurs,

» Dès sa fondation en 1829, la *Société française de Sta-*
» *tistique universelle*, sentant l'importance de récompenser
» les travaux et recherches statistiques, manifesta la vo-
» lonté de décerner des médailles d'honneur aux savants
» français ou étrangers, associés ou non à son existence,
» qui avaient publié ou publiaient des travaux de ce genre.
» Toutefois, jusqu'à ce jour, elle n'en a décerné aucune,
» parce qu'elle a été placée dans des circonstances contrai-
» res à ses vœux.

» J'ai jugé, dès mon avènement à la direction, qu'une
» pareille lacune dans la carrière scientifique de la So-
» ciété devait être réparée le plus promptement possible,
» et je m'en suis occupé dès l'instant que j'ai eu pourvu
» aux premiers et plus pressants besoins de notre institu-
» tion.

» Par mes travaux statistiques sur la France, l'Angle-
» terre et d'autres états, et par des renseignements pris de
» tous côtés, j'étais parvenu à connaître la plupart des sa-
» vants des Deux-Mondes qui cultivent la statistique. J'ai
» choisi, parmi eux, ceux dont les ouvrages me parais-
» saient les plus dignes des récompenses de la Société, et
» je les ai signalés, en différents temps, à la commission
» scientifique. Cette commission, pénétrée de la gravité
» d'un pareil objet, a chargé plusieurs membres, pris dans
» son sein, de lui faire des rapports sur les titres des sa-
» vants dont il s'agit; c'est d'après ces rapports qu'elle a
» proposé au conseil de voter des médailles d'honneur à
» des hommes utiles appartenant à trente-trois nations
» diverses.

» Quel ne serait pas, Messieurs, l'honneur de notre
» institution, si, par des récompenses qui vont chercher
» les savants jusque chez les nations les plus éloignées,
» pour attester l'universalité de ses travaux, elle pouvait
» contribuer à l'affermissement des liens qui unissent ac-
» tuellement ces nations à la France.

» Je me hâte de nommer les hommes distingués qui, à
» des titres divers, ont si bien mérité de la Société....... »

Au nombre des personnes qui reçurent des médailles
d'honneur pour leurs recherches et travaux statistiques,
nous remarquons entre autres noms, en France : ceux du
général Blein, Elie de Baumont, Emile de Girardin, F. Gre-

terin, comte Chabrol, baron Charles Dupin, comte de Rambuteau, Henri Siméon, baron Trouvé, général Bardin, Blanqui aîné, marquis de Chambray, le comte A. de Laborde, Jomard, Julien de Paris, Moline de Saint-Yon, E. de Monglave, le marquis de Sainte-Croix, Moreau de Jonès, Mme la princesse de Salm-Dick, etc., etc.

Et parmi les étrangers, MM. le comte d'Albuquerque, le colonel Amoros, le comte d'Amansberg, Adrien Balby, comte de Benrstorff, de Cérisy, Clot-Bey, capitaine Cook, R. H. Douglas, William Frazer, Graberg de Heimso, baron de Humboldt, Joseph Hume, Jobard, le comte de Lowenhielm, l'évêque Luscombe, John Mac-Grégor, baron de Malchus, Martinez de la Rosa, chevalier Monticelli, comte d'Offalia, Pacheco, sir H. Parnell, Porter, Quételet, Ramon de La Sagra, Rossi, comte de Saldanha, de Sismonde de Sismondi, prince de Soutzo, amiral sir Sidney-Smith, Thomson, Vander-Maelen, Michel de Yermoloff, etc., etc...

En remettant ces médailles à quarante-sept personnes qui assistaient à la séance, M. le duc de Doudeauville, lisons-nous dans le compte-rendu, — « adresse à chacune des » paroles flatteuses qui semblent ajouter à la récompense... » —Parmi ces personnes, deux étrangers, MM. J. Bowring et W. Lake, expriment combien ils sont sensibles aux témoignages qu'ils reçoivent, et leur désir que l'union entre tous les savants de tous les pays se resserre chaque jour de plus en plus, au profit de l'humanité. — « Il m'est » bien doux comme auteur anglais, s'écrie M. W. Lake, de » me voir l'objet d'une si flatteuse distinction de la part » d'une Société française au savant directeur de laquelle » l'Angleterre doit de si utiles et de si importants tra- » vaux......

» J'aime à y voir, dit-il, en terminant, une nouvelle

» preuve de cette heureuse identité de vues qui existe entre
» deux peuples destinés, par leurs forces morales et phy-
» siques, à devenir, sous les auspices du génie de la civi-
» lisation, les bienfaiteurs de l'univers entier. J'ai toujours
» pensé que les plus minces services rendus aux sciences
» sont plus dignes d'éloges que tout le génie que déploient
» les grands conquérants pour dominer le monde. Il est
» temps qu'il n'y ait plus entre les nations d'autres guerres
» que cette guerre intellectuelle dont le but est de disputer
» à qui fera le plus de bien à l'humanité. Telle est la seule
» guerre glorieuse. Fasse le ciel qu'il n'y en ait jamais
» d'autre entre la France et l'Angleterre, dont l'alliance
» intime intéresse le bonheur de toutes les nations ! »

Quelques jours après la solennité dont nous venons de donner une analyse sommaire, le 26 avril, M. César Moreau était informé, par ordre du Roi, que Sa Majesté recevrait une députation de la Société, à l'occasion de sa fête. Cette députation, qui se composait seulement de quarante membres, en arrivant aux Tuileries, en comptait plus de cinq cents lorsqu'elle fut admise en présence du souverain. — « Sire, dit M. César Moreau, la *Société française*
» *de Statistique universelle*, en venant vous apporter l'hom-
» mage de son respect et de ses vœux, aime à saisir cette
» solennelle occasion de vous remercier des encourage-
» ments que vous avez daigné lui accorder, et dont sa
» dernière séance générale a offert une preuve particulière
» quand elle a décerné, à la statistique de l'un de nos
» départements (celui des Pyrénées-Orientales) le plus
» glorieux des prix, un prix fondé par Votre Majesté elle-
» même.

» La Société a vu avec une égale reconnaissance le bien-

» veillant accueil que Votre Majesté a fait à son projet
» d'une Statistique, d'abord partielle et progressive, puis
» générale et complète, de la France. Votre approbation
» et le sentiment de l'utilité de ses travaux, l'ont encou-
» ragée à réunir tous les moyens de remplir la tâche dif-
» ficile, mais honorable, qu'elle a entreprise.

» Notre institution, Sire, s'estime donc profondément
» heureuse de l'espoir d'élever quelque jour un monument
» qui, en attestant les bienfaits versés sur notre sol par
» l'agriculture, l'industrie, le commerce et l'instruction,
» attestera en même temps l'active sollicitude de votre ca-
» ractère et les hautes lumières de votre esprit. Voilà, Sire,
» comment la *Société française de Statistique universelle*
» prétend justifier la confiance dont vous l'avez honorée,
» et rendre témoignage de son dévouement à la patrie,
» et de son respectueux attachement pour Votre Majesté
» et pour son auguste famille. »

Le Roi répondit à M. César Moreau :

« Vous savez combien j'apprécie les travaux dont vous
» vous occupez. Je vous remercie des vœux que vous for-
» mez pour ma famille et pour moi; notre unique sollici-
» tude est le bien-être du pays. Continuez à vous occuper
» d'aussi nobles travaux ; les encouragements de tous les
» hommes de bien vous sont acquis ; les miens ne vous
» manqueront pas. »

Une séance extraordinaire du conseil d'administration eut lieu le 3 juillet 1834. — Le directeur-président y présenta, dans une suite de calculs très serrés et dressés avec une rare méthode, la situation financière de la Société depuis son origine.

A la réunion suivante, 9 septembre, M. César Moreau

donna, à ses collègues, communication d'une lettre du président de la *Société de Statistique de Marseille*, annonçant que le conseil de ce corps savant venait de décider que six exemplaires complets de ses *Annales des Sciences et de l'Industrie* seraient adressés à la *Société française de Statistique universelle*. — « Puisse cette preuve de notre
» estime et de notre reconnaissance, — disait-il, — vous
» être agréable et vous montrer combien nous sommes
» désireux de resserrer encore les liens qui unissent les
» deux Sociétés. »

Plusieurs médailles d'honneur avaient été décernées, dans la séance solennelle du 3 avril, à des membres de la *Société de Statistique de Marseille* : M. César Moreau annonce qu'elles ont été adressées à M. le lieutenant-général comte Danrémond, commandant la 8ᵉ division militaire, qui a bien voulu lui répondre qu'il se ferait un plaisir de les remettre lui-même, au nom de la *Société française de Statistique*, aux honorables membres qui en avaient été jugés dignes, et qu'il se proposait de profiter, pour faire cette distribution, d'une séance publique que devait tenir bientôt la *Société de Statistique de Marseille*. — « Le digne
» général est heureux, — dit-il, — qu'on lui ait offert
» l'occasion de donner, à une institution à laquelle il est
» fier d'appartenir, une nouvelle marque de son attache-
» ment. »

M. César Moreau rend ensuite compte des démarches qu'il a faites dans l'intérêt de l'œuvre, pendant son récent séjour en Angleterre : « Partout il a reçu, — a-t-il dit,
» — en sa qualité de mandataire de la Société, l'accueil le
» plus flatteur des savants et des corps scientifiques. »
L'assemblée témoigne un visible intérêt en apprenant que la *Société française de Statistique universelle* a été ainsi ho-

norée sur le sol de la Grande-Bretagne, dans la personne de son fondateur.

La quatre-vingt-quinzième séance du conseil eut lieu le 21 octobre. L'honorable président l'ouvrit par la lecture d'un article publié quelques jours auparavant dans le *Journal de Dresde*. Il est une preuve nouvelle et évidente du prix qu'on attache partout aux récompenses décernées par l'institution ; en voici le résumé. — La *Société française de Statistique universelle* a décerné une médaille d'honneur à la Société de statistique du royaume de Saxe, en reconnaissance des services rendus par elle à la science. Cette médaille, remise à Paris à l'envoyé de Saxe près la Cour des Tuileries, a été adressée au roi et au prince corégent, qui l'ont fait porter à la Société en lui témoignant leur satisfaction toute particulière pour la faveur dont elle est l'objet....

Pour montrer, au surplus, dans quels sentiments et avec quel empressement étaient reçues, par ceux qui en étaient l'objet, les distinctions accordées par la *Société française de Statistique universelle*, nous citerons, entre une foule d'autres non moins flatteuses et non moins remarquables, la lettre suivante adressée par M. le comte de Rambuteau à M. César Moreau.

« Je m'empresse, Monsieur, de vous exprimer combien
» j'ai été flatté d'apprendre que la Société savante que
» vous avez fondée et dont vous dirigez les utiles travaux
» d'une manière si habile, avait bien voulu me décerner
» une médaille d'honneur. Soyez assez bon pour être au-
» près des membres de son conseil l'interprète de mes
» sentiments dévoués et de reconnaissance. Je n'aurai pas
» la présomption de considérer comme une récompense

» la faveur dont je suis l'objet ; mais je la regarde comme
» un encouragement des plus flatteurs, et si j'ai peu fait
» jusqu'à ce jour pour la mériter, je ne négligerai aucune
» occasion de prouver à la *Société française de Statistique*
» *universelle* mon désir de justifier un jour sa bienveillance.
» Agréez, Monsieur le Président, etc.,

» Le Conseiller d'État, pair de France, préfet de la Seine,
» *Signé* : Comte DE RAMBUTEAU. »

M. César Moreau apprend également à ses collègues qu'à la séance publique tenue le 14 septembre dernier par la Société de statistique de Marseille, M. le lieutenant-général comte de Danremont a remis la médaille d'honneur décernée par l'institution à cette honorable Société et a distribué celles destinées à quelques-uns de ses membres. « Toutes ces médailles, lui écrit le général, ont été
» accueillies avec les témoignages du plaisir et de la grati-
» tude. »

Une députation de la Société fut admise le 1er janvier 1835 à présenter au Roi ses hommages et ses vœux. Au discours qui lui a été adressé par M. César Moreau, Sa Majesté daigna répondre : « Il y a longtemps, Monsieur,
» que je connais vos travaux et que j'en apprécie l'im-
» portance ; croyez que je ferai tout ce qui est en mon
» pouvoir pour qu'ils puissent prendre un nouvel essor.
» Je reçois les vœux que vous et vos collègues faites
» pour moi et ma famille, et je vous en remercie sincère-
» ment. »

A la séance tenue quelques jours après (20 janvier), assistait M. Dion-Landner, auteur d'un grand nombre d'ouvrages sur les manufactures et la mécanique. M. César Moreau qui, comme toujours, présidait la réunion, lui dit au nom de l'assemblée que le conseil s'honorait de sa présence et que la Société lui saurait beaucoup de gré de la mettre en rapport avec toutes les institutions savantes et d'utilité publique dont il faisait partie. L'illustre étranger parut fort sensible à cet accueil flatteur et exprima l'intention de témoigner, par tous les moyens en son pouvoir, son estime profonde pour la Société et son estimable chef.

Dans cette même séance, M. César Moreau adressa à ses collègues les paroles suivantes : « C'est au printemps pro-
» chain qu'aura lieu notre assemblée générale. Il doit
» être dans nos vœux à tous de la signaler par la plus
» large distribution possible de médailles ; car il est clair
» que la tâche de la Société demeurerait imparfaite si elle
» bornait ses efforts pour la propagation des résultats sta-
» tistiques à ses publications qui ne sauraient tomber entre
» les mains de tout le monde. Il faut donc qu'elle encou-
» rage les travaux analogues aux siens, non seulement
» dans notre patrie, mais dans tous les pays civilisés.....

» A cet effet, Messieurs, j'ai l'honneur de vous proposer
» de créer, comme l'année dernière, une commission de
» vingt-et-un membres, qui sera chargée de rechercher
» quels sont les savants français et étrangers dont les tra-
» vaux statistiques, soit anciens, soit récents, méritent les
» distinctions honorifiques que notre Société décernera
» en 1835. »

Le conseil s'empressa d'approuver la proposition faite par son honorable président.

Dans l'une des séances qui suivirent (17 mars), M. César Moreau signale à l'assemblée, d'après un Mémoire que lui adresse M. V. Peltchinsky, les progrès rapides de plusieurs branches des industries agricole, manufacturière et commerciale dans l'empire de Russie ; puis il annonce qu'une assemblée générale et publique des membres de la Société aura lieu le 4 juin prochain à l'hôtel de la préfecture du département de la Seine ; il invite tous les membres à assister à cette solennité.

Le 21 avril, M. César Moreau ouvre la cent-unième réunion du conseil en donnant lecture d'une lettre qu'il vient de recevoir de M. le comte Duchâtel. « L'enquête à laquelle » je viens de procéder, au sein du conseil supérieur du » commerce, contient des renseignements qui m'ont paru » de nature à intéresser la Société que vous présidez. » — En conséquence, M. le ministre du commerce adresse à M. César Moreau, un exemplaire des trois volumes dont se compose l'enquête ; il le prie de l'offrir de sa part à la Société. — Le même ministre et son collègue le ministre de la justice ont promis de gratifier la Société des documents statistiques qu'ils se proposent de faire distribuer aux Chambres.

Son Altesse Royale Monseigneur Louis de Hesse, qui a découvert deux sortes de métaux, a envoyé douze livres de son *métal-or* et six livres de son *métal-argent*. Le prince désire que la Société puisse utiliser son présent. Il adresse en même temps deux médailles composées avec son *métal-or*, l'une pour M. le duc de Montmorency, président de la Société, et l'autre pour M. César Moreau, son fondateur-directeur et président du conseil.

Nous sommes au 1er mai 1835 : une députation de la Société est, comme d'habitude, admise en présence du Souverain, pour le complimenter à l'occasion de sa fête. Voici le nouveau discours adressé au monarque par M. César Moreau :

« Sire,

» *La Société française de Statistique universelle* saisit tou-
» jours avec empressement les occasions de venir réitérer
» à Votre Majesté et à son auguste famille, le respectueux
» hommage de son dévouement.

» Occupée de recherches qui réclament le concours de
» toutes les sciences, et dont le but est le bien-être des
» hommes, elle aime à vous rendre compte, comme à son
» premier et plus auguste protecteur, des travaux auxquels
» elle se livre, dans la vue honorable de seconder utile-
» ment le développement de la prospérité publique. Son
» désir constant est de concourir aux progrès de la statis-
» tique générale de la France, et particulièrement de ses
» départements. Déjà la Société a réuni et publié de nom-
» breux documents dignes de confiance, puisqu'ils sont dus
» aux recherches de ses membres les plus éclairés et les
» plus actifs.

» Encouragée par Votre Majesté, elle redoublera de
» zèle pour être chaque jour plus utile; la tâche que ses
» membres se sont imposée en 1829, sous votre protection
» spéciale, est devenue, depuis 1830, un devoir sacré sous
» le règne de Votre Majesté, dont toutes les pensées et tous
» les travaux ont pour but le bonheur de la France. »

A ce discours le Roi répondit :

« Je remercie la *Société française de Statistique universelle*
» des sentiments qu'elle vient de m'exprimer pour moi et
» ma famille.

» Les travaux dont vous vous occupez, Messieurs, sont
» de ceux qui doivent être encouragés ; car ils résument
» avec lucidité tous les éléments de la science sociale. La

» publication de documents statistiques peut être un jour
» d'un grand prix : il est utile d'enregistrer les faits pour
» pouvoir les consulter au besoin. Je ne puis donc que
» vous encourager, Messieurs, à continuer vos importants
» travaux, qui ont déjà eu les résultats les plus satisfaisants;
» je les suivrai avec intérêt; je ne doute pas de votre zèle
» à les rendre de plus en plus dignes de fixer l'attention
» générale. »

La séance annuelle qui eut lieu à l'Hôtel-de-Ville, le 4 juin 1835, ne fut pas moins brillante que celle de l'année précédente : même concours d'hommes célèbres dans la diplomatie, la politique, la magistrature, l'armée, les lettres, les arts et les sciences, même empressement de notabilités étrangères et de dames appartenant aux plus hautes classes de la société.

A huit heures, M. le duc de Montmorency, président de la Société, ayant à ses côtés M. le duc de Doudeauville, président honoraire, et M. César Moreau, directeur, ouvre la séance par un discours où il expose rapidement les services déjà rendus par la *Société française de Statistique universelle*, et ceux qu'elle est appelée à rendre encore en constatant tous les faits, toutes les observations, toutes les découvertes qui peuvent conduire l'homme à une plus grande sociabilité.

Après lui, M. le duc de Doudeauville donne lecture d'un rapport spécial où il indique, au nom de la commission dont il est l'organe, les sociétés savantes françaises qui se sont le plus particulièrement occupées de statistique, et parmi ces institutions, celles auxquelles la Société a cru devoir décerner des médailles d'honneur pour les encourager à persister dans les vues d'utilité générale, et à continuer à en propager le goût et l'étude dans leurs départements respectifs. Ces institutions sont au nombre de douze ; ce sont, d'après le noble rapporteur, les académies et sociétés suivantes :

1° L'Académie des sciences, lettres et arts de *Bordeaux*, instituée par lettres-patentes du 3 mai 1713, fille du siècle glorieux de Louis XIV, et l'une des plus anciennes sociétés savantes de l'Europe ;

2° L'Académie des sciences, belles-lettres et arts de *Marseille*, fondée en 1726, et dont les membres pouvaient prendre place à l'Académie française, lorsqu'ils se trouvaient à Paris, en vertu d'une délibération du 1er octobre 1746 ;

3° L'Académie des sciences, inscriptions et belles-lettres de *Toulouse*, dont l'origine remonte à 1640, et qui fut instituée définitivement en 1745 ;

4° La Société académique de la Loire-Inférieure, fondée à *Nantes*, en 1798 ;

5° L'Académie des sciences, arts et belles-lettres d'*Arras*, instituée en 1738, supprimée comme toutes les autres sociétés savantes par le décret du 8 août 1793, et rétablie en 1817 ;

6° L'Académie des sciences, arts et belles-lettres de *Rouen*, fondée en 1744, et reconstituée en 1803 ;

7° L'Académie des sciences, arts et belles-lettres de *Caen*, fondée à la fin du dix-septième siècle, et rétablie en 1802 ;

8° L'Académie des sciences, arts et belles-lettres de *Lyon*, également très ancienne ;

9° L'Académie des sciences, arts et belles-lettres de *Dijon*, instituée en 1725 ;

10° La Société des sciences, lettres et arts de *Nancy*, érigée en 1750, et reconstituée en 1802;

11° La Société des sciences, de l'agriculture et des arts de *Lille*, organisée en 1803;

12° L'Académie des belles-lettres, sciences et arts de *La Rochelle*, fondée en 1732.

Vint ensuite M. Timothée Dehay, secrétaire général de la Société, qui retrace, dans un magnifique langage et au milieu de vifs applaudissements, les travaux scientifiques de la Société, pendant l'année académique 1834-1835.— Il termine son discours étincelant d'esprit, rempli de chiffres et de faits également curieux et éloquents, par un hommage rendu aux membres que l'institution a eu le malheur de perdre depuis la dernière séance générale.

Enfin, M. César Moreau, fondateur et directeur de la Société, prit à son tour la parole pour présenter le tableau succinct du progrès de l'institution depuis sa fondation. Voici quelques extraits de son discours.

« ..... Le concours nombreux de personnes que réunit,
» dans cette enceinte, l'amour des sciences est déjà un titre
» de gloire pour la *Société française de Statistique univer-*
» *selle ;* votre présence, Messieurs, lui rappelle en même
» temps les devoirs que ses membres s'imposent, lors-
» qu'ils aspirent à se rendre dignes d'un accueil aussi flat-
» teur.

» La statistique, trop longtemps négligée, fixe, depuis
» quelques années, l'attention des gouvernements et des na-
» tions. Elle fait connaître la marche progressive ou dé-
» croissante des populations et de toutes les branches d'in-
» dustrie dans les différents États; elle fournit des notions
» exactes sur la force et la richesse des peuples, et sur les
» rapports politiques et commerciaux qui existent ou peu-

» vent exister entre eux. Portant ses vues dans le passé,
» et le comparant avec le présent et l'avenir, elle offre le
» tableau des relations qui lient les siècles entre eux ; elle
» permet, par conséquent, par l'exposé de ses principes,
» résultant de l'expérience, d'éviter bien des erreurs dans
» la marche administrative des gouvernements, et d'arri-
» ver d'une manière plus prompte, plus sûre, sans hési-
» tation, à des mesures vraiment utiles pour le bonheur
» et la prospérité des nations.

. . . .

» ..... C'est par de bonnes études statistiques que les
» gouvernements peuvent conduire les peuples au but
» constant de leurs efforts, à une civilisation générale,
» c'est-à-dire à cette réciprocité d'obligations qui devrait
» exister entre tous les pays, par l'échange, entre tous,
» des avantages et des travaux de chacun.

. . . .

» ..... La *Société française de Statistique universelle* est
» sans doute autorisée à croire qu'elle a pu contribuer,
» pour une faible part, à ce beau mouvement de civilisa-
» tion.

» Cette institution, fondée en 1829, a, dès son début
» dans la carrière scientifique, traversé sans malheur l'une
» des époques les plus difficiles, parce que les person-
» nes qui la composent n'ont d'autre mobile que l'amour
» de la civilisation humaine, d'autre but que le désir de
» concourir à la prospérité de leur pays. Et, comme elle
» a pu s'établir sans aucun secours financier du gouverne-
» ment, on a vu avec quelque surprise le grand accroisse-
» ment qu'elle a pris dès son origine. En effet, notre insti-
» tution a été accueillie, dès sa fondation, avec faveur ;
» les hommes les plus recommandables de toutes les clas-

» ses et de tous les pays sont venus témoigner la haute
» importance qu'on attache à l'étude de la statistique chez
» tous les peuples civilisés.

» Notre Société ne comptait, au 31 décembre 1829, que
» cinquante-trois membres; au 1er janvier 1831, sept cent
» cinquante; en 1832, mille onze; en 1833, mille deux
» cent cinquante-sept; en 1834, mille cinq cent soixante;
» et aujourd'hui, elle en compte plus de deux mille.

» ..... La *Société française de Statistique universelle*, qui
» a déjà pris un si grand développement, doit espérer un
» avenir plus brillant encore; déjà elle a publié ou encou-
» ragé par des prix des travaux remarquables; elle en
» prépare de nouveaux qui auront aussi leur utilité.

» Sa correspondance avec les corps savants français et
» étrangers a pris, en 1834, un grand développement, et
» le journal de nos travaux a pénétré sur presque tous les
» points du globe. Nos publications sont lues, et produi-
» sent en plusieurs pays d'utiles résultats, et recueillent
» quelques illustres suffrages.....

» ..... Maintenant, Messieurs, il ne nous reste plus qu'un
» vœu à former, c'est que la Société continue d'être se-
» condée par ses membres, comme elle l'a été depuis sa
» fondation.

» ..... Peut-être pourrions-nous aussi former des vœux
» qu'elle n'ait jamais à craindre l'influence qui arrête sa
» marche ascendante; mais nous n'oserions en prévoir
» pour une institution si utile. En vain, nous eussions
» trouvé des milliers de personnes éclairées, empressées
» à nous aider dans la fondation de la *Société française*
» *de Statistique universelle*, empressées à lui prêter l'appui
» de leur nom, de leur réputation et de leur crédit; en
» vain, les hommes même du pouvoir et les plus illustres

» notabilités du siècle l'entoureraient de leur protection,
» tout cela ne pourrait lui suffire, si elle n'obtenait de ses
» membres une coopération sans cesse active, un zèle
» sans cesse occupé à féconder ses moyens de succès, en
» lui conciliant de nouveaux suffrages, en lui cherchant
» des membres éclairés, en lui suscitant des soutiens puis-
» sants, en lui procurant enfin la circulation de ses tra-
» vaux, pour assurer les fruits de son œuvre philanthro-
» pique.... »

Après ce discours, qui fut fort applaudi, M. César Moreau procéda à la proclamation et à la distribution des médailles d'honneur décernées pour les travaux et recherches statistiques, soit sur les pays étrangers, soit sur la France et ses colonies.

Cette séance solennelle, l'une des plus remarquables que tint la Société, et qui fut aussi l'une des plus honorables pour son savant et digne fondateur, se termina, vers onze heures, par la lecture du programme de nouveaux prix et médailles d'honneur, mis au concours par la Société pour être décernés dans les séances générales de 1836, 1837 et 1838.

La Société de statistique vient de commencer une nouvelle année académique. — Non moins que les précédentes, l'année 1835-1836 sera féconde en utiles travaux.

Dans la séance tenue le 16 juillet 1835, par le conseil de la Société, M. César Moreau annonce que, sur la demande d'une foule de membres, il a cru devoir apporter une modification au *Journal des Travaux*, en substituant au format in-4° usité jusqu'alors, le format grand in-8°, comme étant plus portatif et mieux fait pour prendre place dans les bibliothèques. Il donne ensuite lecture à ses collègues, d'une lettre qu'il a reçue le 12 juin, et par laquelle la *Compagnie d'exploitation et de colonisation des Landes de Bordeaux* l'informe de la fondation de trente-six médailles d'honneur. — « Désirant concourir, écrit son directeur, » M. Jules Mareschal, aux vues de haute utilité que se » propose la *Société de Statistique universelle*, nous venons » de fonder trente-six médailles d'honneur à cette Société, » pour les meilleurs mémoires statistiques sur les dépar- » tements de la Gironde, des Landes et des Basses-Pyré- » nées.....

» Je me trouve heureux, ajoute en terminant M. Jules » Mareschal, d'être ainsi l'interprète des sentiments de » haute estime que professent notre compagnie et son » conseil de direction pour la Société scientifique, si émi- » nemment utile et si honorable, fondée par vos soins et » à la tête de laquelle vous êtes placé. — Je ne suis pas » moins heureux des rapports nouveaux que cette cir- » constance va me donner avec vous.... » — Sur la proposition de M. César Moreau, le conseil, après en avoir délibéré, agrée à l'unanimité l'offre qui lui est faite, et décide qu'il sera donné le plus de publicité possible à cette utile proposition.

Le 20 juillet, le conseil se réunit de nouveau. Il approuve le budget des recettes et dépenses qui lui est présenté par le directeur; puis, sur sa proposition, il décide la création d'une commission spéciale de neuf membres, pour examiner et mettre en ordre les nombreux documents statistiques sur les divers pays du monde, adressés à la Société durant les six dernières années.

M. César Moreau donne ensuite lecture d'une lettre qui lui a été adressée par M. le général Anastasio Bustamente, ancien président de la République des États-Mexicains,

lettre par laquelle l'honorable général annonce qu'il a reçu la médaille d'honneur que la Société a bien voulu lui décerner dans sa dernière assemblée générale. — « Je vous
» prie, dit-il, d'être mon organe auprès des membres de
» cette illustre institution, et de leur faire agréer mes vifs
» sentiments de gratitude pour la distinction flatteuse dont
» on a bien voulu honorer mes faibles services..... »

Le général désire fonder quatorze médailles d'honneur à décerner aux meilleurs mémoires statistiques sur le Mexique ; et, en conséquence, M. César Moreau dépose en son nom, sur le bureau, une proposition dont voici la substance :

« Attendu que la *Société française de Statistique universelle* a
» pris, en assemblée générale, la résolution de réunir le
» plus de documents statistiques possible sur l'Amérique,
» afin de pouvoir parvenir à l'établissement de la statisti-
» que générale de cette partie du monde, grande et noble
» entreprise dont, avec le temps, elle a solennellement
» promis la réalisation ;

» Que, pour pouvoir opérer la réunion de ces docu-
» ments, elle a fondé plusieurs prix destinés à encourager
» les travaux relatifs aux statistiques des divers pays ;

» Convaincu que ces fondations de prix auxquelles quel-
» ques membres français et étrangers de la Société ont
» voulu concourir, d'une manière plus directe par des fon-
» dations particulières, doivent infailliblement lui procu-
» rer les précieux avantages qu'elle poursuit, c'est-à-dire
» la réunion de matériaux suffisants pour la composition de
» la grande œuvre de statistique qu'elle médite ;

» Voulant, à l'exemple de ces honorables membres,
» prouver en même temps à la Société, et l'intérêt qu'il
» porte à son existence, et le dévouement qu'il professe

» pour la grave science dont elle s'occupe, le général
» Anastasio Bustamente propose de fonder, à ses frais,
» quatorze médailles d'honneur, dont une en or, trois en
» argent et dix en bronze, pour récompenser le zèle de
» ceux qui auront coopéré aux travaux statistiques de la
» Société, par des articles spéciaux relatifs à quelqu'une
» des branches de la statistique sur le Mexique, etc.... »

M. César Moreau demande, et le conseil à l'unanimité décide que la proposition de M. le général A. Bustamente est acceptée. — Des remercîments lui sont votés.

Un déplorable attentat eut lieu le 28 juillet 1835 ; aussitôt qu'il en avait eu connaissance, M. César Moreau s'était empressé de convoquer la commission supérieure de la Société, et le lendemain (29 juillet), une députation se rendait aux Tuileries pour exprimer au Roi les sentiments de douleur de la Société sur un aussi funeste événement. Dans la séance tenue par le conseil, le 18 août suivant, l'honorable président rendit compte de cette démarche, annonçant que Sa Majesté avait de nouveau promis à la Société la continuation de sa protection toute spéciale, et qu'elle avait aussi daigné adresser des paroles bienveillantes à chacun des membres de la députation. — Une commission s'est également rendue, au nom de la Société, près du général Blein, l'un de ses membres, grièvement blessé le 28 juillet. Cet officier général a été vivement sensible à cette visite.

Le 22 septembre, M. César Moreau lit au conseil des lettres du prince Charles de Hesse, de Mgr l'évêque de Saint-Claude, et de S. Ex. le prince de Karadja. Il demande que des remercîments soient votés à ces honorables membres de la Société, pour l'intérêt qu'ils veulent bien prendre à l'institution. Puis, après avoir donné lecture d'un mémoire que lui a adressé M. Boyer, sur les avantages que promet à la France la colonie d'Alger, il clot la séance par la communication d'une série de documents publiés par les Sociétés statistiques de Londres et de Dresde.

La *Société française de Statistique universelle* s'était empressée de décerner à M. le général Allard, Français d'origine, et devenu, en Orient, le généralissime des armées du souverain de Lahore, le titre de président honoraire étranger. — Dans la séance du conseil du 17 novembre, M. César Moreau communiqua à ses collègues la réponse qu'il avait reçue de l'honorable général; elle était ainsi conçue : « J'ai
» reçu, Monsieur, avec d'autant plus de plaisir, la décision
» de la Société qui m'admet au nombre de ses membres,
» que je suis persuadé que cette institution a pour but une
» immense amélioration dans toutes les sciences; je m'esti-
» merai heureux si, pendant le peu de loisirs que me lais-
» sent, à Lahore, mes occupations militaires, je puis vous
» envoyer, de ces contrées lointaines, des documents sta-
» tistiques et scientifiques, dignes d'être agréés par la So-
» ciété, et prouver que, quoiqu'éloigné de ma patrie, mon
» cœur et mes affections seront toujours tournés vers elle...
» Veuillez être, Monsieur, l'interprète de mes sentiments
» de reconnaissance auprès de Messieurs les membres de
» la Société, dont les noms offrent une si puissante garan-
» tie à l'accomplissement de ses travaux, et auxquels je
» présente, ainsi qu'à vous, Monsieur le président, l'ex-
» pression de tout mon dévouement, etc.... » — Le conseil vote à l'unanimité des remercîments au brave général Allard, et approuve la classification statistique dressée par les soins de son président, pour être remise au général

et lui servir de guide pour mettre en ordre les documents qu'il lui sera possible de réunir et d'adresser sur le royaume de Lahore.

Avant de lever la séance, M. César Moreau communique à ses collègues :

1° Un mémoire que lui a adressé M. le vicomte de Bondy sur la nécessité de réviser la législation concernant les enfants trouvés, abandonnés et orphelins pauvres ;

2° Un mémoire historique, géographique, statistique, sur l'île de Cuba, rédigé et envoyé à la Société par l'un de ses membres, M. F. Lavallée.

Après ces lectures entendues avec intérêt, le conseil, sur la proposition de son président, vote des remercîments à MM. le vicomte de Bondy et F. Lavallée.

Nous sommes au 15 décembre, le conseil est réuni en séance. La veille M. César Moreau a reçu de MM. Perrotet et Monniot, une lettre dans laquelle nous lisons : «.... C'est
» avec la plus profonde douleur, Monsieur le président,
» que nous vous annonçons que les numéros d'août, sep-
» tembre, octobre et novembre 1835 du *Journal des tra-*
» *vaux de la Société française de statistique universelle,* on
» été détruits dans l'affreux incendie qui vient de nous
» ruiner. Nous avions expédié peu de temps avant, ceux
» des trois premiers mois aux membres de la Société, et
» le jour de l'incendie, le numéro de novembre devait
» leur être adressé ; mais il a été totalement brûlé. Quant
» à la collection complète du journal et mémoires de l'an-
» née 1834-1835, dont vous nous aviez confié la mise en
» ordre et le brochage, ce travail était prêt à vous être livré
» le jour de notre malheur.... Les adresses et bandes impri-
» mées ont été également consumées, car nous n'avons pu

» même sauver nos propres effets.... Notre malheur est
» grand, Monsieur le président, et nos pertes immenses....
» Nous vous supplions en grâce de nous continuer votre
» confiance. Les principales maisons de librairie, malgré
» notre malheur, nous la continuent, et nous allons, grâce
» à la commission de bienfaisance, chargée de secourir
» les incendiés, rouvrir nos ateliers dans la rue Cassette....

» Le temps nous presse et nous sommes si affligés, que
» nous ne pouvons en ce moment, vous donner d'autres
» détails (1). Nous venons de remettre à la commission
» une note sur la perte que la Société de statistique a faite
» dans notre établissement, afin qu'elle puisse avoir part
» à la répartition qui sera faite aux incendiés....

» Nous sommes avec respect et dévouement, Monsieur
» le président, etc... »

M. César Moreau expose au conseil que la perte « argent
» déboursé, que vient de faire la Société, peut être évaluée
» à 2,000 fr. » — Plusieurs membres proposent d'ouvrir
une souscription pour couvrir cette perte ; mais, après une
assez longue discussion, le conseil décide qu'il ne sera
fait aucune souscription ni aucun appel aux membres, et
que la Société supportera la perte qu'elle vient d'éprouver.

Le 1er janvier 1836, une députation de la Société, ayant
à sa tête M. César Moreau, fut admise à présenter au Roi
ses hommages et ses félicitations à l'occasion de la nouvelle
année.

---

(1) Ce fut le 12 décembre que le grand établissement de brochage
de la maison Perrotet et comp^{ie}. fut détruit par les flammes. Plus de
1,800,000 francs d'ouvrages déposés chez eux pour être brochés ou
reliés, devinrent la proie de l'incendie.

« Sire, dit M. César Moreau, la *Société française de sta-
» tistique universelle* vient offrir à Votre Majesté ses vœux
» sincères pour votre conservation, pour celle de votre
» auguste et belle famille et pour notre commune patrie....

» Votre Majesté, en appréciant l'utilité des recherches
» et des travaux statistiques que nous avons entrepris, a
» daigné encourager nos efforts. Notre but constant est de
» mieux montrer à tous les yeux, par des faits comparés,
» par des rapprochements instructifs, comment, dans les
» divers pays du monde, les améliorations introduites
» dans l'agriculture, les merveilles nouvelles créées par
» l'industrie, l'extension et les progrès du commerce, l'ac-
» croissement de la population, l'amour du travail, prin-
» cipe de moralité, se prêtent un mutuel appui, et contri-
» buent au bien-être général des peuples.

» La Société de statistique, en faisant connaître chaque
» mois la marche progressive de quelques nations, la si-
» tuation stationnaire ou même rétrograde de quelques
» autres, et en constatant l'heureux et rapide essor de nos
» forces productives nationales, aime à penser que, dans
» ses modestes attributions, elle contribue aussi, utilement,
» à la stabilité de nos institutions et au bien-être de la
» patrie..... »

Le Roi répondit :

« J'apprécie vivement vos efforts, j'applaudis à vos tra-
» vaux, que je me ferai toujours un vrai plaisir d'encou-
» rager. La statistique est une science certaine, elle révèle
» des faits longtemps ignorés, et dont le rapprochement
» peut devenir un vaste sujet de méditations pour l'homme
» d'état. Continuez donc vos importantes recherches, et
» croyez à toute la sympathie que m'inspirent des occupa-

» tions aussi utiles au pays que celles auxquelles vous
» vous livrez. »

La quarante-sixième assemblée générale des membres de la Société eut lieu le 19 janvier suivant, pour procéder à l'élection du président de la Société et à celle des membres du conseil. M. le duc de Montmorency fut réélu à l'unanimité. — Aucun autre choix ne pouvait être assurément ni plus digne ni plus honorable.

Les élections terminées, M. César Moreau rappelle à l'assemblée, qu'aux termes des statuts constitutifs, les présidents d'honneur et honoraires, français et étrangers, ont voix délibérative dans toutes les séances du conseil; en conséquence, l'honorable directeur annonce que le conseil se trouve composé, pour l'exercice 1836, de cent dix-neuf membres.

Le même jour, le nouveau conseil s'étant réuni, M. le président lui annonça qu'on lui avait offert de dédier à la Société, l'analyse de l'histoire asiatique et de l'histoire grecque, et le chronorama; etc. — Après en avoir délibéré, le conseil déclara accepter la dédicace de ces ouvrages.

Dans la séance qui suivit (23 février), M. César Moreau apprit à ses collègues qu'il allait publier, dans le journal de la Société, une statistique des montagnes de l'Europe; puis il leur fit connaître le nombre des membres composant actuellement la Société, et le nombre de ceux qui recevaient ses publications.

Le 15 mars, M. César Moreau fait part au conseil qu'il vient de terminer la statistique générale de la Grèce; il dit que M. le général Coletti, ministre plénipotentiaire de ce royaume, à Paris, a bien voulu contribuer à ce travail par la communication de documents officiels relatifs à la po-

pulation et à l'armée, etc. Lecture est donnée de plusieurs passages de cette statistique dont le conseil ordonne l'impression. Sur la demande de l'honorable directeur, une commission spéciale de sept membres est ensuite instituée avec mission de recueillir des documents pour la rédaction de notices nécrologiques sur les trente-un membres que la Société a eu la douleur de perdre depuis sa dernière assemblée générale. Une discussion s'élève dans l'Assemblée relativement au moyen de les remplacer dignement. Plusieurs membres sont entendus. M. César Moreau prend à son tour la parole; il dit que la Société possède encore à Paris trois cent quarante-sept membres, six cent cinq dans les départements et cent treize à l'étranger. Sur sa demande, le conseil à l'unanimité décide, « que ces mille
» cinquante-cinq membres seront invités, dans l'intérêt
» de la Société, à présenter des candidats choisis parmi
» les personnes qui peuvent concourir au but de la Société,
» non seulement par leurs propres travaux, mais encore
» par l'appui moral de leur nom. »

Par une lettre du 27 avril, M. le baron de Berthois, aide de camp du Roi, ayant informé M. César Moreau que Sa Majesté, à l'occasion de sa fête, daignerait recevoir, le 1er mai, une députation de la Société, l'honorable président s'empressa de convoquer une séance extraordinaire. Une députation de vingt-cinq membres fut formée. Admise en présence de Sa Majesté, après avoir recruté au palais des Tuileries plusieurs de ses membres faisant partie des grands corps de l'État, elle lui présenta un discours de félicitations, dont nous nous bornerons à reproduire quelques fragments :

« .... Consacrés à la *vérité*, à *l'utilité*, les travaux de
» la Société de statistique, en prenant chaque jour plus

» d'extension, lui révèlent de nouveaux faits dont l'étude
» et le rapprochement, longtemps négligés, servent à éclai-
» rer les sociétés humaines sur leurs vrais intérêts, et à
» leur ouvrir des voies plus larges d'amélioration.

» La statistique, dont l'importance paraît de plus en
» plus appréciée, est aujourd'hui l'objet d'une attention
» spéciale dans tous les pays : elle fixe à la fois les médita-
» tions de l'homme d'état, et les recherches laborieuses
» des simples particuliers, amis du bien public.

» En apprenant à se mieux connaître, les nations ap-
» prennent aussi à s'estimer et à s'entr'aider, au lieu de
» se nuire ; elles resserrent les liens de leur union ; et
» dans l'union intime des grandes nations civilisées est le
» gage de la paix générale. La paix elle-même est la pre-
» mière condition nécessaire pour donner une impulsion
» plus rapide et une meilleure direction aux esprits, et
» pour favoriser tous les genres de progrès.

» La statistique, qui recueille, qui enregistre, qui com-
» pare ces progrès, devient une grande école d'enseigne-
» ment mutuel parmi les peuples. Ses tables instructives
» présentent l'histoire fidèle de l'administration publique,
» et deviennent pour elle une excitation continuelle à
» mieux faire, un conseiller utile, en signalant les faits
» propres à la diriger, une noble récompense, en consta-
» tant les résultats de son action......

» Tels sont, Sire, les motifs qui nous ont valu jusqu'ici
» le bienveillant appui et la haute protection de Votre
» Majesté et des princes vos fils, que nous nous efforce-
» rons toujours de mériter. »

A ces paroles, écoutées par le monarque avec toutes les marques du plus vif intérêt, il répondit :

« Je m'intéresse beaucoup au développement de la sta-

» tistique, que vos ouvrages m'ont fait apprécier. La sta-
» tistique est nécessaire, non seulement aux États qui ont
» le bon esprit d'y chercher l'appréciation de faits curieux
» à connaître, mais elle sert encore aux États chez les-
» quels cette science, la première entre les sciences exac-
» tes, n'est pas encore mise en pratique, car vos travaux
» statistiques sont pour eux un stimulant qui ne peut
» manquer de les exciter à y puiser un jour d'utiles ren-
» seignements. Je verrai toujours avec plaisir les travaux
» auxquels vous vous livrez; continuez les, c'est le moyen
» de mériter les encouragements que je me plais à vous
» renouveler. »

Les étincelles lumineuses de science que la *Société française de Statistique universelle* avait fait jaillir de son sein, étaient allées enflammer les intelligences d'élite répandues dans les cinq parties du monde : M. César Moreau signale ce glorieux résultat dans la séance du 17 mai. Après avoir annoncé à ses collègues du conseil la formation de nombreuses sociétés statistiques dans les divers états de l'Amérique, dans les îles Britanniques, en Allemagne, etc., il leur apprend que LL. Exc. MM. les ambassadeurs d'Angleterre, de Russie, de Suède, de Wurtemberg et de Saxe, ont bien voulu adresser aux divers statisticiens qui habitent leur pays, les médailles d'honneur qui leur ont été décernées par la Société.

Nous assistons de nouveau (12 juillet), à une de ces séances publiques annuelles qui tiennent toujours une si large place dans l'existence des sociétés savantes dont elles ont pour but de retracer synthétiquement les travaux, en même temps qu'elles prouvent leur degré de vitalité académique, constatent leur importance, montrent la confiance qu'elles inspirent et l'autorité dont elles jouissent dans le monde. A cette solennité, qui a lieu comme d'habitude à l'Hôtel-de-Ville de Paris, on remarque parmi les deux mille personnes qui se pressent dans la salle Saint-Jean, un grand nombre d'hommes célèbres dans les sciences, les lettres et les arts; plusieurs pairs de France, des députés, des membres du corps diplomatique et des notabilités de l'armée, de la magistrature et du barreau, etc. Toutes les tribunes sont occupées par des dames.

M. le duc de Montmorency, président de la Société, ouvre la séance par un discours où respirent à la fois une dignité imposante et un ton d'éloquente noblesse. La tâche du président de toute société scientifique, est de rappeler, chaque année, dans un discours d'ouverture l'utilité des travaux de l'institution qu'il a l'honneur de présider; mais aujourd'hui, pour le noble duc, cette tache est devenue facile, car personne ne conteste plus l'utilité ni les avantages de la statistique ; cette science, toute nouvelle il y a quelques années, a fait, en effet, des progrès rapides dans toutes les sociétés qui s'occupent des améliorations publiques; mais la *Société française de Statistique universelle* a le rare mérite d'être entrée la première dans cette carrière; la première peut-être, elle a exclusivement consacré ses soins, ses recherches et ses études à cette science aride des chiffres qui n'était encore alors, dans toutes les autres institutions scientifiques, qu'une branche particulière et peu cultivée de leurs travaux. Elle a réussi dans ses vues honorables, et l'importance qu'ont acquise ses séances publiques annuelles le prouve suffisamment. Sans doute, il est difficile d'arriver à la connaissance parfaite des faits de la civilisation ; mais pour des hommes courageux et éclairés, *difficulté* ne veut pas dire *impossibilité*.

Les paroles de M. le duc de Montmorency furent écoutées avec une religieuse attention et accueillies par les applaudissements unanimes de l'Assemblée.

M. César Moreau prit ensuite la parole : écoutons le, dans un discours où l'éloquence se joint à la clarté et à la précision, retracer la situation de la Société dont il dirige les travaux, nous dire ses nombreuses acquisitions, donner des détails sur les opérations administratives, sur le nombre toujours croissant de ses membres, sur l'état de sa correspondance et sur son utilité scientifique :

« Chaque année nous avons de nouveaux motifs de nous
» féliciter de la constance avec laquelle nous avons suivi
» la route que nous nous sommes depuis longtemps tracée;
» chaque année la culture plus étendue de cette science,
» qui fait connaître la marche progressive ou décroissante
» des différents états, amène dans nos rangs des hommes
» distingués dans tous les genres et de toutes les nations,
» qui viennent ajouter un nouvel éclat à notre Société et
» nous prêter l'appui de leur caractère et de leurs ta-
» lents ; le motif de ce zèle, de cet empressement, nous
» devons le trouver dans cette sage mesure qui nous a fait
» appeler à partager nos travaux tous les hommes éclairés,
» sans aucune distinction de pays, de rang ou d'opinion et
» à ne demander d'autres titres, pour être reçus dans notre
» association, que l'amour du pays et de l'humanité.

» Nos relations avec les corps savants français ou étran-
» gers s'étendent tous les jours davantage; plus de deux
» cents académies ou institutions scientifiques correspon-
» dent avec notre Société, et nous tiennent sans cesse au
» courant de toutes les améliorations qui surgissent dans
» le monde savant. Ces relations ne peuvent être sans in-
» térêt et sans fruit, ces échanges réciproques de lumière
» doivent tourner à l'avantage général....... Tels sont,

» Messieurs, ajoute en terminant l'honorable directeur, les
» renseignements sommaires qu'il m'était permis de vous
» donner sur notre administration, dans la solennité de
» cette séance. Plus nos travaux ont acquis d'extension,
» de profondeur et d'importance, plus nous sentons l'o-
» bligation qui nous est imposée, de redoubler de zèle et
» de soins pour arriver encore à de plus notables amélio-
» rations; notre but constant sera toujours de démontrer à
» tous les yeux, par des faits comparés et par des rap-
» prochements instructifs, comment, dans les divers pays
» du monde, les perfectionnements de l'agriculture, les dé-
» couvertes de l'industrie, l'extension du commerce, l'ac-
» croissement de la population, la propagation de l'ins-
» truction et l'amour du travail peuvent contribuer au
» bien-être public.

» *La Société française de Statistique* continuera à faire
» connaître successivement les progrès des nations et la
» situation de celles qui restent stationnaires ou deviennent
» rétrogrades; elle aime à penser, qu'en suivant dans ses
» travaux la même marche qu'elle a suivie jusqu'à ce jour,
» elle parviendra à remplir d'une manière honorable et
» utile le noble but de son institution. »

Ce discours obtint les suffrages de l'assemblée et fut chaleureusement et unanimement applaudi.

Après M. César Moreau, le secrétaire général M. Timothée Dehay, dans un rapport très détaillé, et comme toujours admirablement écrit, énumère les principaux travaux de la Société depuis sa dernière séance générale, les nombreux ouvrages dont elle s'est enrichie, les noms de ceux de ses membres qui ont le plus utilement concouru à la rédaction de ses divers bulletins, et résume les avantages que le pays et la science peuvent retirer de l'ensemble de tous ces travaux. Deux dames, mistress Emilia Opie, pour ses œuvres littéraires, ses mémoires sur l'éducation et ses divers ouvrages sur l'économie domestique, et la signora Cecilia de Luna-Folliero, pour ses nombreux travaux littéraires et plus spécialement pour son livre sur l'éducation des femmes, doivent recevoir des médailles d'honneur. Mistress Opie n'est pas présente à la séance; la médaille d'honneur qui lui a été décernée lui sera adressée à Londres; mais Madame Cecilia de Luna-Folliero, de Naples, qui, sur un rapport spécial de M. Julien de Paris, vient d'être proclamée membre honoraire de la Société, assiste à la séance : M. le directeur l'invite à vouloir bien se présenter au bureau. En lui remettant, au milieu des plus vifs applaudissements, le prix qui lui a été décerné, M. le duc de Montmorency lui adresse ces paroles flatteuses : « En vous remettant cette médaille, si bien » méritée, je puis dire, Madame, qu'au lieu de donner c'est » moi qui reçois la récompense. » M. le président continue la distribution des quarante et quelques médailles d'honneur accordées par le conseil; il accompagne toujours la remise de chacune d'elles de paroles gracieuses qui en doublent le prix.

Après cette distribution et la lecture du programme de prix mis au concours pour les années 1837 et 1838, M. le directeur reprend de nouveau la parole pour rendre hommage à la mémoire de ceux de ses membres que la Société a eu la douleur de perdre, durant l'année académique qui vient de finir. Il nomme ces regrettés collègues, puis il ajoute : « Vous le voyez, cette longue liste de nos » pertes récentes ne justifie que trop les éloges que nous » avons cru devoir donner en peu de mots à la mémoire » de nos collègues dont la plupart nous ont été enlevés

» avant l'âge où la mort réclame ordinairement ses victi-
» mes ; pourquoi faut-il que sa faux capricieuse ne res-
» pecte pas davantage les hommes qui consacrent leurs
» veilles à l'utilité publique..... Que du moins l'accomplis-
» sement du pieux devoir que nous venons de remplir
» serve à rappeler qu'il existe entre tous les membres de
» notre Société une confraternité indestructible, et que la
» mort même ne peut effacer de notre souvenir des
» hommes qui ont longtemps, avec nous, travaillé pour le
» bien de leur pays et de l'humanité ! »

Ces nobles paroles attirèrent à leur auteur de nouveaux et vifs applaudissements.

Dans la 117e séance du conseil (20 septembre 1836), M. César Moreau, après avoir proposé et fait adopter un projet de budget de recettes et dépenses présumées pour l'année, et avoir donné quelques détails sur une notice du Texas, que vient de lui adresser M. Pomier, vice-consul du Mexique, à Bordeaux, annonce à ses collègues la double perte que vient de faire la Société, dans la personne de S. A. Sérénissime le Landgrave prince Charles de Hesse, et dans celle de l'amiral Sercey ; ce qu'il dit de ces deux illustres membres excite l'intérêt et les regrets du conseil.

Le 15 novembre (119e séance), M. César Moreau donne à ses collègues des détails intéressants sur l'association britannique fondée en Angleterre pour l'avancement des sciences, et dont les membres, depuis quatre années, se réunissent en congrès annuels, dans une des principales villes des îles Britanniques. Il termine en faisant remarquer au conseil que dans les réunions de ce congrès, qui ont eu lieu successivement à Édimbourg, à Dublin et à Bristol, plus de cinquante membres étrangers de la *Société fran-*

çaise de *Statistique universelle*, y ont assisté. La *statistique* y a été reconnue SCIENCE et une des sciences les plus utiles.

Le 20 décembre M. César Moreau appelle l'attention de ses collègues sur une lettre de M. le comte Alexandre de Laborde, député, l'un des présidents honoraires de la Société, par laquelle il l'informe qu'il s'empressera, en sa qualité de questeur, d'adresser à la *Société française de Statistique*, dont il apprécie de plus en plus les services importants, tous les rapports, mémoires et documents relatifs à la science dont elle s'occupe et qui paraîtront durant la prochaine session de la chambre élective. Avant de clore la séance, l'honorable président donne également lecture d'une lettre que vient de lui adresser M. Em. de Sainte-James au nom de la Société des sciences morales, lettres et arts de Seine-et-Oise, dont une section s'occupe exclusivement de statistique ; nous y lisons le passage suivant : « .... La section de statistique comprend que c'est
» surtout par la communication entre les sociétés savantes
» que l'on peut se tenir à la hauteur des progrès et en dé-
» terminer le développement....... L'étendue des services
» rendus par la statistique, presque inconnue en France,
» il y a dix ans, n'est plus méconnue, et l'on sait de quel
» poids a été l'influence de la *Société française de Statis-*
» *tique universelle*, sur ce moyen si puissant de faire con-
» naître la base de la prospérité des états.....

» La section de statistique de la Société des sciences mo-
» rales, lettres et arts de Seine-et-Oise, a pensé que rien
» ne saurait être plus honorable pour elle que son affilia-
» tion à la *Société française de Statistique universelle* ; elle
» m'a chargé, Monsieur, d'être son intermédiaire au-

» près de vous, afin d'arriver à un but auquel elle attache
» un grand prix..... »

Sur la proposition de M. César Moreau, le conseil, après en avoir délibéré, agrée l'affiliation proposée et vote des remercîments à M. de Sainte-James.

Dans la 48ᵉ assemblée générale des membres de la Société, tenue le 17 janvier 1837, sous la présidence de M. le duc de Doudeauville, M. César Moreau annonce qu'il a reçu du préfet de l'Isère, une lettre par laquelle ce magistrat l'informe que le conseil général de son département vient de voter l'établissement et la publication de la statistique de l'Isère. En conséquence le préfet demande que la Société veuille bien lui envoyer ses modes de classification, afin de mieux répondre aux vœux du conseil général. Sur la proposition de M. César Moreau, l'assemblée décide qu'il sera fait droit à la demande de M. le préfet de l'Isère.

On entend ensuite la lecture de la pièce suivante, émanée de M. Fallot de Broignard, président de la Société de Statistique de Marseille, par laquelle il annonce que, dans sa dernière séance, la société qu'il a l'honneur de présider a décerné une médaille de vermeil à la *Société française de Statistique universelle* et une à son savant fondateur, M. César Moreau.

« Ce ne sont pas des récompenses, dit M. Fallot
» de Broignard, et encore moins des encouragements
» que la Société de Marseille vous accorde; elle désire que
» vous voyiez, dans ces deux médailles, une nouvelle
» preuve de son estime, de sa sympathie pour le succès
» dont sont couronnés vos efforts pour l'extension et le
» développement des études et des travaux statistiques, et
» enfin de son désir de voir continuer et se resserrer en-

» core davantage, par des rapports plus fréquents, les liens
» qui unissent les deux Sociétés ; elles sont sœurs, et l'aî-
» née, loin d'être jalouse de sa cadette, la félicité au con-
» traire de ses succès; elle sera toujours heureuse d'y
» coopérer de tout son pouvoir. »

A l'ordre du jour était portée la réélection du président de la Société et celle du conseil d'administration pour l'année 1837. M. le duc de Montmorency réunit, comme l'année précédente, l'unanimité des suffrages. Les membres du conseil en fonctions sont également réélus. L'assemblée décide ensuite que des remercîments seront votés au conseil pour sa gestion de l'année écoulée.

Le 18 avril 1837 (124° séance), M. César Moreau réclame la création d'une commission spéciale de sept membres pour prendre connaissance des recettes et dépenses de la Société depuis sa fondation en 1829 jusqu'en 1837; il désire que cette commission prenne lecture des pièces de la comptabilité qui doivent servir de base à la rédaction d'un rapport général qu'il se propose de publier sur la situation financière actuelle de la Société. Le conseil s'empresse d'adhérer à la demande de son honorable président.

Le 25 juillet la *Société française de Statistique universelle* tint sa séance publique annuelle de 1837.

A cette nouvelle solennité, la vaste salle Saint-Jean de l'Hôtel-de-Ville était, comme toujours, remplie de notabilités : hommes de lettres, hommes de sciences, officiers-généraux, magistrats, etc.

M. le directeur ouvre la séance par la lecture de deux lettres que lui ont adressées M. le duc de Montmorency, président de la Société, et M. le duc de Doudeauville, l'un de ses présidents honoraires, pour lui témoigner leurs vifs regrets de se trouver absents de Paris. M. l'amiral Sydney-Smith, aussi président honoraire et auquel l'âge donnait la présidence après M. le duc de Doudeauville, n'ayant pu arriver au commencement de la séance, M. César Moreau invite M. Julien de Paris à prendre place au fauteuil.

Après avoir exprimé tous les regrets que doit éprouver la Société de l'absence de ses deux présidents titulaire et honoraire, qui jusqu'alors ont si dignement présidé ses séances annuelles, M. Julien de Paris ajoute, qu'à leur défaut, il aurait désiré voir le fauteuil occupé par un autre président honoraire, l'amiral sir Sidney-Smith, « dont la pré» sence au milieu de nous, dit-il, a été souvent une sorte » de représentation et de gage de l'étroite et intime union » des deux grands peuples (la France et l'Angleterre) » qui sont appelés à exercer une puissante influence sur » la civilisation du monde. » Il entre ensuite dans quelques détails généraux sur l'utilité de la statistique, dont le but est de recueillir et d'associer un grand nombre de faits analogues, « dont la connaissance sert à mettre les » nations en présence et à leur offrir une sorte de miroir » réflecteur de la civilisation progressive et comparée... » Ce discours, où l'élégance du style rivalisait avec la noblesse des expressions, fut écouté avec la plus grande attention et vivement applaudi par l'assemblée.

Après M. Julien de Paris, M. Timothée Dehay, secrétaire général, dans un rapport remarquable d'ordre et de précision, énumère les nombreux et utiles travaux de la Société depuis sa dernière séance générale annuelle ; il signale rapidement tous les ouvrages qui ont reçu les suffrages du conseil et les noms des membres de la Société qui ont le plus concouru à la rédaction de ses mémoires;

puis, après avoir fait connaître, en des termes touchants, les noms des membres que la mort avait enlevés à la Société, depuis sa dernière assemblée générale, il termine en disant : « ...... Chargé de rappeler ces pertes, pour me
» conformer au vœu de nos statuts et remplir les devoirs
» qu'ils m'imposent, j'ai fait connaître les noms des mem-
» bres que la mort a ravis à notre affection ; mais je me
» bornerai à cette triste énumération, et, me gardant
» d'anticiper sur le travail de la commission permanente,
» chargée de ce funèbre travail, je laisserai à de plus di-
» gnes et à de plus capables le soin pieux d'honorer leur
» mémoire ! »

Le discours de M. Timothée Dehay lui mérita, de même que les années précédentes, de nombreux suffrages.

M. César Moreau prend à son tour la parole. Il entre dans quelques détails sur les opérations administratives de la Société, sur l'état de sa bibliothèque, l'importance de sa correspondance, le nombre toujours croissant de ses membres, et fait ressortir la haute utilité de l'institution.

« La *Société française de Statistique universelle*, dit-il,
» qui comprend dans ses travaux toutes les branches des
» connaissances humaines, ne compte encore que neuf ans
» d'existence, et cependant les services qu'elle a le bon-
» heur de rendre chaque année, retentissent de plus en
» plus en France et à l'étranger.

» Les gouvernements, les corps savants, la presse de
» tous les pays apprécient chaque jour davantage le besoin
» d'encourager les recherches et les travaux statistiques,
» et les hommes les plus distingués de toutes les parties
» du monde tiennent à honneur d'étudier et de propager
» cette science dans leur patrie. Mieux connue, la statis-
» tique sera le lien fraternel des hommes et des peuples,

» car elle n'a d'autre but que d'accroître le bonheur et la
» prospérité des nations. Fondée dans l'intérêt général,
» notre institution a cru devoir étendre dans tous les pays
» ses relations avec les hommes qui aiment et cultivent les
» sciences, les arts et les belles-lettres. Sa correspondance
» a pris un grand accroissement. Le nombre de nos mem-
» bres, qui ne s'élevait en 1829 qu'à quarante-huit, a été
» porté à cent soixante-sept en 1830; trois cent dix en
» 1833, sept cent cinquante en 1835, et il est aujourd'hui
» à mille cinq cents. Tous les hommes que leur mérite
» personnel et leur position sociale nous faisaient dési-
» rer de compter parmi nos collaborateurs, ont accepté
» comme un honneur de nous accorder leur concours.....

» La collection des livres achetés ou offerts qui com-
» posent notre bibliothèque a été considérablement aug-
» mentée.

» Notre correspondance avec les corps savants français
» et étrangers, a acquis un grand accroissement....

» Continuons donc de soutenir notre utile institution et
» de la diriger par de constants efforts vers son noble but,
» et ne perdons jamais de vue que c'est par l'étude de la
» statistique que l'on connaît les progrès ou la décadence
» de la force, de la puissance et de la richesse des nations,
» et si notre Société atteint, avec le temps, le but glorieux
» qu'elle se propose, nos efforts seront dignement récom-
» pensés..... »

D'unanimes applaudissements accueillirent ce discours.

L'honorable directeur procède ensuite à la distribution des prix et médailles d'honneur, accordés par le conseil à soixante-quinze personnes, auteurs de travaux divers jugés dignes de cette distinction. M. le président, en présentant les médailles, prononce quelques paroles flatteuses qui ont le double avantage d'adresser de nouveaux éloges et de nouveaux encouragements à chacun des lauréats, et de faire apprécier, en même temps, à l'assemblée les motifs qui ont décidé le conseil à leur décerner ces récompenses.

Esquissons rapidement les principaux faits qui occupèrent les séances du conseil d'administration pendant l'année académique qui vient de commencer.

Le 17 octobre (126e séance), M. César Moreau annonce à ses collègues, qu'ayant été nommé, dans une des séances précédentes, rapporteur d'une commission chargée de dresser une notice statistique de tous les pays du globe, il s'est adjoint, pour ce travail, M. André Slowaczynski. Le conseil, après avoir donné son approbation à ce choix, adopte successivement tous les articles du budget annuel de recettes et dépenses présenté par son honorable président.

M. César Moreau communique ensuite de précieux documents qui lui ont été adressés par plusieurs sociétés statistiques, et par LL. Exc. les ministres du commerce, de la justice, des finances et de la marine, ainsi que par Messieurs les directeurs des douanes et des postes. Enfin, il annonce qu'il vient d'être créé plusieurs chaires de statistique dans les universités de Londres, de Bruxelles et dans plusieurs colléges des États-Unis ; « preuve irrécu-
» sable, dit-il, des progrès que fait la science dont notre
» Société poursuivra toujours avec ardeur le perfection-
» nement. »

Un des membres distingués de la Société de statistique de Londres, entraîné par ce sentiment naturel qui excite les savants à s'intéresser aux travaux utiles pour y puiser de nouveaux sujets de méditations, M. J. Whishan, était venu, pendant son séjour à Paris, assister à la séance tenue

par le conseil, le 20 février 1838.—M. César Moreau signale sa présence : lecture est donnée au savant anglais de plusieurs décisions prises par la *Société française de Statistique universelle*, ayant pour but d'établir des relations entre les deux Sociétés de France et d'Angleterre. M. Whishan après avoir exprimé, à ce sujet, ses remercîments, tant en son nom qu'en celui de la Société de statistique de Londres, ajoute que la Société de statistique de la Grande-Bretagne, a attaché, dès sa fondation, un grand prix aux communications de celle de Paris. « Le but commun des deux so-
» ciétés, dit-il, est de faire faire le plus de progrès possi-
» ble à l'utile science de la statistique, dont l'étude et la
» propagation peuvent contribuer à la prospérité et au
» bonheur des peuples. »

L'importante science de la statistique, dont la Société avait, la première, levé l'étendard, promenait victorieusement son drapeau sur le champ fertile de la civilisation universelle. Les illustrations diplomatiques et politiques commençaient à rivaliser avec les notabilités de la science, pour lui donner un essor plus libre, un développement plus étendu : dans la réunion du 20 mars (130e séance), M. César Moreau constate ces brillants résultats en annonçant que les chambres représentatives de France, d'Angleterre, de Belgique, d'Espagne et des États-Unis, ont voté des sommes assez considérables pour la publication de documents statistiques ; que plusieurs nouvelles institutions pour l'encouragement de cette science, viennent d'être fondées dans divers pays ; et qu'enfin presque tous les gouvernements, appréciant de jour en jour davantage l'importance de cette science, ont établi des bureaux spéciaux de statistiques.

A la séance suivante (17 avril), M. César Moreau communique au conseil un mémoire de M. Desruelles aîné, chirurgien en chef de l'hôpital militaire de Rennes, qui contient des recherches curieuses sur la statistique de la population du département d'Ille-et-Vilaine ; la série de tableaux qui l'accompagne est présentée à l'assemblée : M. le président signale quelques-unes de leurs données, et sur sa demande, le conseil vote des remercîments à M. le docteur Desruelles.

La 132e séance du conseil se tint le 15 mai. M. César Moreau y fut chargé par ses collègues de l'examen des bulletins de la Société de statistique de Marseille. — Ce même jour il déposa sur le bureau des documents statistiques qui lui avaient été adressés par les ministres de la marine, de la justice, et par M. le directeur des douanes.

La foule nombreuse, composée, comme les années précédentes, de l'élite du monde savant, qui se presse à l'Hôtel-de-Ville, le 18 juin 1838, annonce qu'une nouvelle année académique va encore commencer pour la société : comme toujours, des pairs et des députés, des membres du corps diplomatique, des magistrats, etc., sont venus ajouter par leur présence une importance plus grande à la solennité de cette réunion. Un brillant concours de dames de la haute société remplit les tribunes. Cet empressement, ce concours d'illustrations en tout genre, prouvent à la fois la vitalité de ce corps savant et l'utilité reconnue de ses travaux scientifiques. — Nouveaux discours prononcés par M. le duc de Montmorency, président; par M. César Moreau, directeur, et par M. Th. Dehay, secrétaire-général, etc., et mêmes applaudissements unanimes de l'assemblée. — M. de Montmorency fait ressortir avec un rare sentiment de tact et de convenance les signalés

services rendus par la Société, « qui, la première, dit-il,
» n'a pas craint de consacrer exclusivement ses recherches
» aux chiffres arides de la statistique, lorsque toutes les
» autres sociétés ou académies de France ne regardaient
» encore cette science si importante que comme une des
» branches secondaires de leurs travaux... »

Le noble duc félicite donc la Société d'avoir en quelque sorte donné le signal, d'avoir pris une honorable initiative qui a servi d'exemple, qui a procuré d'utiles directions, qui a excité une émulation salutaire en provoquant des travaux analogues. « Nous avons, ajoute-t-il, ouvert
» une sorte de lutte et de concours, où l'expérience et
» l'observation viennent à l'envi produire au grand jour
» de précieux documents, et fournir des matériaux à la
» science... — Les rapports qui vont vous être soumis feront
» mieux ressortir ces vérités et vous les rendront plus
» sensibles. Ils vous encourageront, Messieurs, à persévérer
» dans la noble carrière dans laquelle vous êtes engagés,
» et ils exciteront tous les hommes amis du bien, qui sen-
» tent le prix de l'instruction, à s'associer à vos louables
« efforts et à vous seconder. »

La parole est donnée à M. César Moreau, fondateur et directeur de la Société : il passe rapidement en revue les opérations administratives, fait remarquer judicieusement le nombre toujours croissant des membres de la Société, donne des détails sur l'état de sa correspondance, signale l'utilité de l'institution, et finit en appelant l'attention de l'assemblée sur les voyages entrepris par plusieurs membres pour propager l'étude de la statistique. Nous ferons quelques emprunts à ce long et important discours, où l'on peut remarquer la justesse de l'appréciation unie à celle des termes, et les détails les plus minutieux ressortant avec clarté de phrases serrées et concises ;

« .... Une année de plus, dit M. César Moreau, est venue
» s'ajouter à celles que vous marquez par de constants
« efforts pour l'avancement de la statistique qui, dans ses
» vastes applications, embrasse toutes les branches des
» connaissances humaines, et pour la neuvième fois, Mes-
» sieurs, le président de votre conseil d'administration
» est appelé à l'honneur de porter la parole dans votre
» réunion annuelle. A mesure que vous vous avancez
» dans la carrière où votre institution s'est la première
» engagée, vous voyez grossir l'imposant cortége de
« corporations savantes, de maîtres, de disciples em-
« pressés de se rallier à votre œuvre et de concourir aux
« succès de vos travaux.

» Pour étendre vos relations et surtout dans le but de
» propager le goût de l'étude de la statistique, votre con-
» seil a cru devoir donner à plusieurs de nos honorables
» collègues, la mission importante de visiter, dans leurs
» voyages, les corps savants de différents pays, afin d'ob-
» tenir communication des documents recueillis par celles
» de ces sociétés qui déjà ont encouragé la statistique, ou
» d'inviter à la cultiver les *académies et sociétés savantes*,
» qui, jusqu'à ce jour, ne s'en sont que peu occupées....

» La conséquence de ces voyages a été, comme nous de-
» vions l'espérer, l'établissement de plusieurs correspon-
» dances importantes avec les Sociétés de Londres, de
» Dresde, d'Edimbourg, de Francfort, de Milan, etc., etc.
» Déjà des missions pareilles en France, avaient établi des
» relations suivies entre les Académies et Sociétés savan-
» tes de Marseille, Bordeaux, Caen, Dijon, Lyon, Lille,
» Metz, Valenciennes, Rouen, etc....

» Enfin, Messieurs, je puis porter à deux cents le nom-
» bre des corps savants qui sont en correspondance avec
» notre Société. De telles relations ne peuvent manquer

» de tourner à l'avantage général des nations, et nos échan-
» ges mutuels de publications nous tiennent au courant des
» progrès de la statistique en pays étranger, en même
» temps qu'ils nous fournissent souvent de précieux maté-
» riaux pour nos publications...

» Nous vous annonçons également, avec plaisir, que tous
» les gouvernements, suivant l'exemple de la France,
» commencent à sentir davantage l'importance de la sta-
» tistique. Elle leur sert aujourd'hui de boussole, puis-
» qu'elle est le tracé net et précis des faits indiquant la
» marche universelle de l'esprit humain dans les institu-
» tions civiles, politiques et morales, dans les connais-
» sances agricoles, industrielles et commerciales, dans les
» arts et les lettres....

» La statistique devient la vie comme l'oracle de la
» science.... Elle est une puissance ; avec elle, plus de
» perturbation et de malaise dans les faits propres à cons-
» tater le but civil et politique des Etats ; avec elle, les
» doutes s'évanouissent et l'esprit ne peut plus être incer-
» tain ou paralysé, les créations imaginaires et décevantes
» disparaissent : l'histoire reçoit le baptême de la vérité. Avec
» le secours de la statistique, il n'est plus, pour l'homme
» à hautes conceptions, d'obscurité à pénétrer. Il suit d'un
» pas ferme et certain le mouvement physique des nations ;
» il saisit et constate les causes qui soulèvent et font mar-
» cher les gouvernements dans les développements de la
» vie sociale, comme celles qui produisent leur décadence
» et précipitent leur chute ; il pose les jalons servant à me-
» surer les vicissitudes des empires ; il en cherche les re-
» mèdes et les infuse au sein de la civilisation pour opérer
» dans les institutions cette fixité et ce perfectionnement

» si étroitement liés à l'union comme au bonheur général
» du genre humain....

» Toutes ces vérités ont été vivement senties ; et dans
» presque tous les Etats principaux et secondaires, il vient
» d'être fondé des bureaux spéciaux de statistique.... Les
» chambres législatives de ces divers pays ont accordé les
» sommes nécessaires à leur établissement. En Angleterre,
» par exemple, il a été voté une somme de deux millions
» pour la publication de documents statistiques, et nous
» avons vu avec satisfaction, qu'en France, non seulement,
» les conseils généraux ont reconnu la nécessité de les en-
» courager, mais que, se rendant à leurs vœux, les autorités
» départementales ont, à cet effet, adressé différentes circu-
» laires à leurs administrés. Le gouvernement en a demandé
» la ratification aux Chambres, dans les lois de finances, et la
» Chambre des députés a accordé sans aucun retranchement
» toutes les sommes spéciales qui lui ont été demandées
» dans les budgets des divers ministères : heureux présage
» pour l'avenir et les destinées de la statistique !....

» Une communication de moins d'importance, peut-
» être, mais que nous devons faire pour répondre au désir
» manifesté par un grand nombre de nos collègues, c'est l'é-
» tablissement de tables analytiques et raisonnées de toutes
» les publications émises par la Société de statistique de-
» puis sa fondation en 1829 jusqu'en 1837 (1).

---

(1) La tâche difficile et laborieuse de dresser, par ordre alphabétique, avec les noms de leurs auteurs et l'indication de la page et du volume, une table générale analytique et raisonnée de toutes les publications faites par la Société, de 1830 à 1837, fut confiée à M. Auguste Turpin, l'un de ses membres. — Voici, d'après ce vaste répertoire, le relevé

» Telle est, Messieurs, la situation de notre Société en
» 1838, et combien n'a-t-elle pas de quoi surprendre quand
» on considère les circonstances difficiles que nous avons
» eu à traverser depuis 1829!... C'est donc maintenant à
» nous tous, *Membres* d'une institution si utile, à nous ef-

---

sommaire de la part prise par M. César Moreau aux travaux de la Société, durant cette période de sept années.

M. MOREAU (César), de Marseille. — Fondateur, en 1829, de la *Société française de Statistique universelle*.

Tableau de l'Etat comparatif et progressif des Revenus bruts de la France.

Tableau de son Industrie vignicole, t. 1, 2e partie, n° I et suivants.

Tableaux statistiques des Progrès du Commerce entre la France et tous les pays du monde, de 1716 jusqu'en 1830, t. 1, 2e partie, n° VI.

Tableaux du Mouvement de la Navigation et du Commerce entre la France et tous les pays, 1825 à 1829, nos VII et VIII.

Tableaux indiquant : 1° les Propriétaires rentiers à 5 pour 100 au 1er janvier 1830; 2° les Contributions pour les quatre-vingt-six départements de la France, nos XI et XII, pages 18, 19, etc.

Mémoire historique sur la Fondation de la *Société française de Statistique universelle*, t. 2, p. 89 et suivantes.

Le même Mémoire, précédé d'une Introduction ou Note historique comme fondateur de la Société, t. 3, p. 1 et suivantes.

Aperçu historique sur les Progrès de l'Industrie humaine, t. 3, p. 42 à 47.

Tableau pour servir de base à une Statistique du royaume de France, par divisions militaires, p. 47, 48.

Proposition lue à la séance du conseil du 20 novembre 1832, p. 65, 66.

Finances de France, 1831, p. 71.

Histoire de la Dette publique de la Grande-Bretagne, p. 74.

Etat des Prêts faits en France, au commerce et à l'industrie, p. 78.

Aliénation des Bois de l'Etat, p. 78.

Situation des Canaux et Ponts, janvier 1832, p. 78.

» forcer de la soutenir et de la diriger vers son but avec
» une sage constance. Ce but atteint, nos efforts communs
» seront dignement récompensés, car chacun de nous em-
» portera sa part de l'honneur dont elle se sera couverte,
» et ce qui vaudra mieux encore, chacun de nous goûtera

Diplomatie (Observations sur la), comme branche de la Statistique d'un Etat, p. 80.

Administration de la Justice civile en France, p. 87.

Recherches statistiques sur la Prusse, la Grèce, la Belgique, le Danemarck, Hambourg, Brême, Lubeck, Francfort-sur-l'Oder, Trieste (Autriche), Russie, Turquie, Sardaigne, Leipsick (Saxe) et Malte, p. 93, 96.

Discours au Roi, p. 97.

Documents recueillis sur les Loteries de France, p. 122.

Principales Bibliothèques de Paris, p. 125.

Législation commerciale, Traité des Sociétés commerciales, etc., par MM. Malepeyre et Jourdain, p. 155.

Allocution à la Séance du Conseil du 21 février 1833, p. 131.

Analyse raisonnée de quelques Principes fondamentaux d'Economie politique, t. 4, p. 26, 27.

Note statistique, p. 30.

Etat actuel de l'Economie politique en Allemagne, p. 41, etc.

Discours au Roi, p. 97.

Aperçu statistique de l'Irlande, établi d'après des documents officiels, premier article, p. 115, etc.

Deuxième article, p. 78.

Opinion de MM. Dubochet, Hectot et Verger, sur plusieurs Questions agricoles, p. 122, etc.

Statistique générale du royaume de Portugal, p. 31.

Rapport sur les Progrès de la Société, séance générale du 3 avril 1834, t. 4, p. 146.

Rapport sur une Médaille d'honneur décernée à Miss Henriette Martineau, pour ses Ouvrages d'Economie politique, t. 4, p. 155.

Recherches statistiques sur le royaume de Pologne, t. 5, p. 7.

» la satisfaction douce et pure d'avoir fait quelque chose
» d'utile et de glorieux pour la France ! »

Durant le cours de l'année académique 1838 - 1839, le conseil de la Société continua ses séances mensuelles.

Dans celle du 17 juillet (la 133ᵉ séance), M. César Mo-

Des Banques anglaises, p. 13.
Des Revenus publics de la France et de l'Angleterre, p. 14.
De l'utilité des Machines à vapeur, p. 14.
Progrès de l'Industrie en Angleterre, p. 15.
Marine militaire égyptienne, p. 15.
Instruction, Ecoles primaires, p. 16.
Marine militaire suédoise, en 1824, p. 16.
De la Population en général, p. 27 à 30.
Mélanges statistiques, p. 65 à 68.
Discours et Proclamations des Médailles d'honneur, à la séance générale du 3 avril 1854, p. 156.
Recherches statistiques sur les Iles Britanniques, premier article : Aperçu du Caractère, des Mœurs et des Usages des Anglais, t. 5, p. 77, etc.
Du Sort des Femmes en Angleterre, t. 5, p. 80.
Deuxième Article de la Constitution anglaise, t. 5, p. 107.
Recherches statistiques sur les Etats-Unis, t. 5, p. 82.
Mélanges statistiques (communication), p. 83, 84, 99, 100; *idem*, p. 116.
Discours au Roi, p. 197; *idem* à la séance générale, 199.
(Voir à la Table des Travaux de la *Société française de Statistique universelle*, ceux de M. César Moreau, comme président ou rapporteur des Commissions scientifiques de la Société).
Discours à la Séance générale du 12 juillet 1836, t. 7, p. 9.
Projet de Classification pour l'Etablissement de la Statistique générale d'un Département, t. 7, p. 401.
Recherches statistiques et historiques des Agrandissements de l'Empire russe, t. 7, p. 472.

reau présenta le budget des recettes et dépenses pour l'année courante, et sur ses observations relativement à la situation financière de la Société, qu'il divise en trois périodes, 1829 à 1833, 1834 à 1837 et 1837 à 1838, le conseil, confirmant, pour les deux dernières périodes, la décision antérieurement prise pour la première, alloua un intérêt de 5 p. % à l'honorable directeur pour les avances de fonds que peuvent nécessiter les dépenses autorisées par les budgets, mais que les recettes présumées ne pourraient couvrir. Il donna de même son approbation aux bases sur lesquelles sont établies les recettes et dépenses, et adopta enfin, article par article, toutes les allocations indiquées au projet soumis par son président.

Dans les 134e et 135e séances (16 octobre et 20 novembre 1838), M. César Moreau fait lecture de plusieurs travaux et de diverses lettres importantes qu'il a reçues. M. le lieutenant général baron Bernard, ministre de la guerre, lui a adressé le tableau des établissements français dans l'Algérie.—Le ministre de la marine, l'amiral Rosamel, lui a fait remettre les états de populations, de cultures et de commerce relatifs aux colonies françaises pour l'année 1836, avec le complément des états de 1835. — M. le baron de Stassart, gouverneur du Brabant et président du sénat belge, lui a transmis ses trois rapports administratifs sur le Brabant et celui qu'il a publié en 1834 sur la province de Namur.

M. le président donne ensuite connaissance à ses collègues des principaux passages d'un ouvrage sur les États-Unis, par M. Eugène A. Vail, et leur lit la partie qui a rapport à l'origine de l'esclavage, à la condition des hommes de couleur et à l'effet du mélange des hommes de couleur aux États-Unis. — Il communique également un extrait d'un mémoire de M. Jobart, de Bruxelles, sur le commerce du coton en Europe jusqu'à la clôture des opérations de la saison 1837-1838 ; puis il appelle l'attention du conseil sur un tableau statistique sur la France, par M. Souquet, indiquant pour chacun des quatre-vingt-six départements la population, la superficie, le nombre d'habitants par lieue carrée et le rang d'importance relativement aux autres départements. Enfin il donne lecture d'une lettre de M. le chevalier Rossety, grand serdar de Valachie, dans laquelle cet honorable membre étranger rend compte des progrès que fait la statistique dans la principauté, et annonce que le gouvernement de ce pays vient de terminer un recensement général de la population ; il s'empresse de présenter ce travail à la Société et lui fait hommage en même temps d'un exemplaire de la carte de la Valachie et de la Moldavie dont il est l'auteur.— Sur la proposition de M. César Moreau, le conseil vote des remercîments à LL. Exc. les ministres de la guerre et de la marine, à M. le président du sénat de Belgique, et à MM. Vail, Jobart, Souquet et chevalier Rossety.—M. le directeur continue en faisant connaître au conseil divers établissements et bureaux statistiques récemment fondés en Amérique, en Italie, en Allemagne, etc. — Les progrès de cette science, en Algérie, sont surprenants, et « il n'y a nul doute que la » statistique, dit en terminant l'honorable président, n'ait » fait plus de progrès dans ces contrées depuis les dix der- » nières années, que dans les dix siècles précédents. »

A la séance du 18 décembre, M. César Moreau démontre au conseil la nécessité d'augmenter le nombre de ses membres adjoints, afin qu'en l'absence des titulaires les affaires administratives et scientifiques ne puissent être entravées. En conséquence il dépose sur le bureau une liste nominative de soixante-onze membres de la Société parmi lesquels il propose de chosir vingt-cinq membres adjoints. Après délibération, le conseil, approuvant la motion de son président, procède aux nominations par lui réclamées.—Dans la même séance l'honorable directeur demanda également, qu'eu égard aux progrès que continue de faire la statistique dans divers pays, il soit créé une commission spéciale de correspondance. Le conseil, séance tenante, donne son approbation à la création de ce comité divisé en quatre sections et chargé, sous la direction du directeur de la Société, d'ouvrir ou d'étendre une correspondance avec tous les corps savants, les statisticiens et les géographes de tous les pays du monde. Enfin, M. le président, après avoir appelé l'attention de ses collègues sur diverses autres communications et leur avoir donné sur chacune d'elles des détails intéressants, présente l'analyse d'un mémoire du plus grand intérêt sur la production, le mouvement et la consommation du sucre de canne dans les cinq régions du globe.

Le 15 janvier 1839, M. César Moreau communique au conseil une esquisse statistique de la Servie, puis il l'entretient d'un annuaire militaire, historique, topographique, statistique et anecdotique que l'un des membres de la Société, M. le capitaine Sicard, assisté par un grand nombre d'officiers supérieurs de l'armée, vient de publier, et dont il lui a adressé un exemplaire.— « Membre de notre insti-
» tution depuis sa fondation, dit l'honorable président, et
» ayant reconnu que la science statistique était l'une des
» plus utiles, M. le capitaine Sicard n'a rien négligé pour
» que son ouvrage renfermât de nombreux faits impor-
» tants et curieux, pouvant donner une haute idée des fas-
» tes militaires des armées françaises et de ceux des autres
» pays du monde, depuis les temps les plus anciens

» jusqu'à nos jours.—Cet annuaire est précédé d'un calen-
» drier contenant sept cent trente faits d'armes français...

» Cet important ouvrage, ajoute M. César Moreau,
» forme à lui seul une bibliothèque militaire ; il sera non
» seulement utile aux hommes d'état, aux officiers de toutes
» armes, mais encore aux personnes qui veulent posséder,
» en un seul volume, ce qu'elles trouveraient difficilement
» dans plusieurs centaines. »

Avant de clore la séance, M. le président signale encore à l'attention de ses collègues, une lettre qu'il vient de recevoir de M. le directeur général des postes, par laquelle cet éminent administrateur se plaît à reconnaître les services que la Société de statistique a rendus et est appelée à rendre à la France ; il promet de saisir toutes les occasions possibles de lui témoigner son intérêt pour ses travaux.

Le 11 février 1839, M. le comte de Rambuteau, pair de France et préfet de la Seine, écrit à M. César Moreau pour lui demander des renseignements sur la Société et sur les membres qui la composent, etc. ; ces documents, M. le préfet doit les transmettre à S. Exc. le ministre de l'instruction publique qui s'occupe en ce moment d'un travail sur les sociétés savantes et littéraires du département de la Seine. — « Pour répondre à la demande de M. le Ministre,
» j'ai pensé, Monsieur le Directeur, dit le noble pair,
» que je pouvais compter sur votre bienveillant concours
» en ce qui concerne la *Société française de Statistique*
» *universelle* dont vous êtes le fondateur.....

» L'intention du ministre, en s'entourant des documents
» qu'il réclame des diverses sociétés savantes du départe-
» ment de la Seine est de mettre à la portée des sociétés
» existantes des moyens nouveaux d'étendre leurs tra-
» vaux, et de servir ainsi les intérêts des sciences et des

» lettres... Appréciant ces motifs, vous mettrez le gouver-
» nement à même de connaître le genre d'encouragement
» dont la *Société française de Statistique universelle* pour-
» rait avoir besoin et de rechercher les moyens les plus
» propres à la seconder utilement... »

Dans la 139ᵉ séance (19 février 1839), le conseil décida que MM. les ducs de Montmorency et de Doudeauville et son président M. César Moreau feraient immédiatement une réponse à la dépêche de M. le préfet de la Seine. — Voici cette réponse dont l'importance justifie suffisamment la reproduction :

« Monsieur le Comte,

» Nous avons reçu avec une satisfaction véritable la let-
» tre par laquelle vous voulez bien nous informer que,
» dans sa sollicitude pour tout ce qui intéresse les sciences,
» M. le ministre de l'Instruction publique vous a demandé
» des renseignements circonstanciés sur les sociétés savan-
» tes et littéraires qui existent dans le département de la
» Seine.

» Les diverses demandes de l'honorable ministre trahis-
» sent des intentions trop bienveillantes pour que nous ne
» nous empressions point de vous mettre à même d'y sa-
» tisfaire.

» A cet effet, Monsieur le Comte, nous avons l'honneur
» de vous adresser les pièces suivantes où M. le mi-
» nistre de l'Instruction publique trouvera toutes les sor-
» tes de renseignements dont il pourra avoir besoin en
» ce qui touche la Société dont nous avons l'honneur d'ê-
» tre les organes auprès de vous.

» Ces pièces sont :

» 1º Le tableau que vous nous avez adressé, et où se

» trouvent consignées nos *réponses* aux renseignements
» demandés par M. le Ministre ;

» 2° Les statuts constitutifs de la Société de Statistique,
» approuvés par M. le Ministre de l'Intérieur en 1830 ;

» 3° La liste de ses Dignitaires ;

» 4° La liste de ses membres souscripteurs de première
» et deuxième classes et celle de ses membres correspon-
» dants français et étrangers ;

» 5° La liste de ceux de ses membres qui ont fondé des
» prix, en médailles d'honneur en or, argent et bronze ;

» 6° Des extraits de quelques discours attestant l'intérêt
» que lui porte le Roi, son Protecteur ;

» 7° Une lettre écrite au directeur de la Société au nom
» de S. A. R. Monseigneur le duc d'Orléans, prince royal ;

» 8° Des preuves du même intérêt que portent à la So-
» ciété plusieurs Princes Souverains, Ministres et Membres
» du corps diplomatique des divers pays du monde ;

» 9° Enfin, la table des matières traitées par la Société
» dans les *sept volumes* qu'elle a publiés depuis sa fonda-
» tion jusqu'en 1838, et la table du dernier volume, parue
» en janvier 1839.

» La Société a droit, sans doute, d'espérer que, dans les
» divers documents ci-dessus, M. le Ministre de l'Instruc-
» tion publique trouvera d'abord une preuve irrécusable
» de la haute considération dont elle jouit en France et
» dans l'étranger, et de son chaleureux zèle pour les pro-
» grès de la plus utile des sciences ; puis de suffisants mo-
» tifs de lui accorder les encouragements qu'il annonce en
» faveur des sociétés savantes.

» Ici, Monsieur le Préfet, nous ne craignons point de
» vous dire que l'un des moyens les plus efficaces de ser-
» vir les intérêts de la science qui fait l'objet des travaux

» de la Société de Statistique consisterait dans des sous-
» criptions à ses publications. Elle est convaincue que, si
» elle obtenait cette faveur, les principales villes de France,
» n'en sauraient pas moins de gré qu'elle-même à M. le
» Ministre, puisque, parmi les sciences utiles qui préoc-
» cupent le plus le monde, la Statistique tient le premier
» rang. En effet, aujourd'hui, il n'est point d'écrivain un
» peu grave qui ne profite des moindres occasions de ser-
» vir l'économie publique, principal objet de nos travaux.
» Veuillez agréer l'hommage de la haute considération
» avec laquelle nous sommes,
» Monsieur le Comte,
» Vos très humbles serviteurs,
» Le président titulaire de la Société,
» LE DUC DE MONTMORENCY ;
» Le président honoraire,
» LE DUC DE DOUDEAUVILLE ;
» Le directeur-fondateur, président du conseil
» d'administration.
» César Moreau, de Marseille. »

Parmi les diverses communications que fit à ses collègues le 19 mars, (140e séance du conseil), M. César Moreau, une lettre écrite au nom de la Société de Statistique
du département des Deux-Sèvres par le secrétaire de ce
corps savant, excita surtout un vif intérêt ; on y lisait le
passage suivant : « ..... Jeunes hommes pour la plupart,
» désirant d'être admis dans la grande famille intellec-
» tuelle, je viens vous demander avec instance au nom de
» notre Société tout entière, de vouloir bien nous admettre
» aux bénéfices de votre confraternité. Les travaux pleins
» de science que vous publiez nous serviront de modèles

» et nous apprendront comme il faut faire pour être utile
» à son pays. Puissiez-vous accepter notre demande et ne
» pas décourager par votre silence ou un refus des hommes
» qui veulent entrer dans la carrière que vous avez déjà
» parcourue avec tant de distinction...... » Sur la demande
de M. le président, l'Assemblée s'empressa d'adhérer au
vœu si éloquemment formulé par la Société de Statistique
desDeux-Sèvres.

Dans la séance suivante, (16 avril), M. le directeur annonce au conseil qu'un illustre membre du parlement britannique, et l'un des présidents honoraires étrangers de la Société, M. Hume, qui a passé quelques jours à Paris, a eu l'obligeance, en retournant dans sa patrie, d'emporter quelques volumes des mémoires de la Société, destinés à la chambre des lords et à celle des communes, à la Société royale de Londres, et à la Société de Statistique de la même ville. « .... Ainsi, grâce à l'intérêt qu'elle ins-
» pire à cet honorable et savant anglais, notre Société,
» ajoute M. César Moreau, aura la satisfaction de voir ses
» publications répandues dans la Grande-Bretagne...

» Un autre service non moins important que M. Hume
» a promis de nous rendre, et par lequel nous pourrons
» voir applanir les difficultés qui nous empêchent de sui-
» vre des relations scientifiques avec nos collègues anglais,
» consistera dans de promptes et actives démarches au-
» près de l'administration des postes, à l'effet d'en obtenir
» qu'à l'avenir nos publications ne soient plus taxées en
» Angleterre comme les lettres... »

Continuant ses communications, M. le président fait connaître à ses collègues que M. le marquis de Fuente-Hermosa, membre de la Société, lui a annoncé son intention de fonder vingt-quatre médailles d'honneur : une en or, onze en argent et douze en bronze, pour être décernées par la Société à des statistiques manuscrites ou imprimées sur les divers pays qui composent l'Italie. — Sur sa demande, des remercîments sont votés à cet honorable et généreux collègue.

Avant de clore la séance, M. César Moreau donne encore au conseil communication d'une lettre qu'il a reçue de son excellence le général Edhen-Bey, ministre de l'instruction publique, en Égypte, pour lui annoncer son acceptation comme président honoraire. « ... Je vous prie, écrit
» le noble étranger, de faire agréer à la Société de Statis-
» tique mes remercîments les plus vifs de l'honneur qu'elle
» m'a fait, et mes regrets les plus sincères de ce qu'étant
» dans un pays si éloigné et dans la nécessité de donner la
» plus grande partie de mon temps, ou plutôt tout mon
» temps, aux devoirs impérieux imposés à ceux qui, comme
» moi, ont des missions à remplir en Europe, je ne serai
» pas à même de me rendre utile, autant que je le désire, à
» l'accomplissement de vues spéciales de cette Société.

» J'espère toutefois que mes efforts, pour avancer la
» civilisation en Égypte, ne manqueront pas de produire,
» à la fin, des résultats très heureux, qui contribueront à
» l'amélioration de l'humanité en général..... »

Enfin, le 21 mai, dans la dernière séance (142e), tenue par le conseil, durant l'année académique 1838 - 1839, M. César Moreau, entre autres communications, donna lecture de quatre lettres d'une haute importance et dont nous allons citer quelques fragments ; — dans la première on lit :

« ..... Le comité statistique de Saxe a reçu avec grati-
» tude l'expression de l'opinion bienveillante que l'hono-
» rable directeur de la Société française lui a fait parvenir,
» au sujet de ses travaux ; il y trouvera un nouveau mo-

» tif d'agir dans ce sens... Comme la Statistique compara-
» tive peut seulement être cultivée avec succès par des
» rapports avec l'étranger, le comité de Saxe a l'honneur
» de prier la Société de vouloir bien lui communiquer
» ceux de ses matériaux statistiques, dont elle pourrait
» disposer; le comité s'empressera de lui faire parvenir, de
» son côté, tout ce que son action livrera à l'impression...
» Le comité de Saxe se compose d'un président hono-
» raire, d'une direction et d'un nombre illimité de mem-
» bres..... — En Allemagne, à Berlin, à Stuttgard, ces ins-
» tituts sont organisés en bureaux, en quelque sorte,
» comme divisions du gouvernement. En Saxe seulement,
» le comité est fondé sur des rapports collégials; mais
» dans l'exécution, en quelque sorte, c'est une réunion
» pure monarchique. — Depuis quelque temps seulement,
» il a aussi été établi un comité statistique à Lubeck et à
» Francfort sur le Mein ; une section de la société géo-
» graphique s'est chargée de travaux relatifs à la Statisti-
» que.

» La Statistique est, comme on le sait, une science
» qui, depuis plusieurs années seulement, a fait des pro-
» grès marquants, et qui est devenue indispensable au
» système des gouvernements modernes : mais la Statis-
» tique comparative est un produit des temps les plus ré-
» cents qui n'a pu encore prendre pied ferme en Alle-
» magne, pour être complètement rangée au nombre des
» sciences cultivées. Il lui manque principalement la par-
» tie de la littérature, car ce que quelques savants en ont
» écrit, sont, ou des fragments, ou n'ont pour objet que
» des parties spéciales de son vaste cercle. Cependant, si,
» par les rapports de ce genre d'instituts européens, la
» communication des observations et des matériaux de-

» vient de plus en plus suivie, il est à espérer que le
» grand but de la Statistique comparative pourra, avec le
» temps, être atteint.

» Agréez, Monsieur le Directeur, l'expression de notre
» considération.

» La Direction du Comité statistique
» pour le royaume de Saxe,

» Von Schlieben, Président de la Direction. »

La seconde lettre, émanait de M. le duc de Montmorency ; il y disait :

« ..... J'apprends avec le plus grand plaisir que quel-
» ques-uns des membres français et étrangers, viennent
» de fonder des médailles d'honneur en argent, destinées
» à récompenser les publications de statistique qui se re-
» commandent par des faits positifs et conséquemment
» par un haut caractère d'importance. Pour moi, je désire
» fonder deux médailles d'honneur en argent, du grand
» module, en faveur des publications dont il s'agit. Je vous
» prie de croire que je serai heureux si la Société, que j'ai
» toujours jugée si utile et si recommandable, agrée mon
» offrande avec la même satisfaction que j'éprouve à la lui
» faire, et si cette offrande remplit le but que je me pro-
» pose, celui de contribuer avec quelque efficacité aux
» progrès de la Statistique.....

» Agréez, Monsieur et cher Collègue, etc.

» Duc de Montmorency. »

De son côté, M. le duc de Doudeauville écrivait :

« .... J'ai l'honneur de fonder douze médailles en ar-
» gent, du grand module. La Société les décernera aux

» publications statistiques qu'elle en aura jugées dignes.
» J'aime ainsi à me joindre aux membres français et étran-
» gers qui ont pris une détermination analogue, afin de
» prouver, comme eux, à la Société, l'intérêt que j'atta-
» che au succès de sa mission..... »

La quatrième lettre portait la signature de M. le comte de Chastellux ; en voici également un extrait : « ..... J'ai
» appris avec le plus vif intérêt que quelques-uns des ho-
» norables membres de la Société ont offert de fonder des
» médailles d'honneur pour des *Publications de Statistique*
» réellement importantes.

» Imitant cet exemple, je vous prie, de vouloir bien
» offrir de ma part, à la Société, la fondation de deux mé-
» dailles d'argent pour une destination semblable ; heu-
» reux, si la Société veut bien les accueillir et voir dans
» mon offre l'effet du désir qui m'anime, de contribuer
» aux progrès de la science utile dont elle s'occupe... »

Ces lettres, dit M. César Moreau, après en avoir ter-
miné la lecture, « offrent une nouvelle et bien éclatante
» preuve de l'intérêt qu'inspirent universellement les tra-
» vaux de la Société ; » et, sur sa proposition, le conseil s'empresse de voter des remercîments à MM. les ducs de Montmorency et de Doudeauville, le comte de Chastellux et Von Schlieben.

Du mois de juillet 1839 au mois de juin 1840, le conseil de la Société ne tint que six séances les 19 novembre et 17 octobre 1839, 21 janvier, 18 février, 10 mars et 23 avril 1840.

Ce furent les 143e, 144e, 145e, 146e, 147e et 148e séances.

Dans la première, M. César Moreau après avoir donné lecture de plusieurs travaux importants de statistique présenta le budget des recettes et dépenses pour l'année courante.

Dans la seconde, il demanda et obtint la création de plusieurs commissions spéciales pour l'examen de divers mémoires qui lui avaient été adressés.

Il ouvrit la troisième en exprimant au nom du conseil, à M. le duc de Doudeauville, tout le plaisir que l'on éprouvait à le revoir après la longue et cruelle maladie qui l'avait tenu si longtemps éloigné de ses collègues ; puis, il rend compte d'un document qu'il a été chargé d'analyser sur les revenus et les dépenses intérieurs de l'Angleterre, indépendants du budget annuel ; il termine en présentant au conseil plusieurs communications de la Société royale des antiquaires du nord, de la Société de statistique des Deux-Sèvres, de la Société d'agriculture de Massachusetts, et une analyse d'un document sur la question des deux sucres, le sucre indigène et celui des colonies.

A la quatrième, celle du 18 février, l'assemblée, sur la demande de M. César Moreau, proclama à l'unanimité, comme l'un de ses *protecteurs étrangers*, S. M. le roi de Danemarck qui avait daigné écrire : « J'ai reçu, Monsieur
» le directeur, la lettre que vous m'avez adressée, et par
» laquelle vous me faites part de la décision que le corps
» savant que vous dirigez a bien voulu prendre à mon
» égard. — Je m'empresse de vous répondre que, sen-
» sible aux suffrages de la Société, j'accepte avec recon-
» naissance le titre de *protecteur étranger*, et qu'il me sera
» très agréable de contribuer, autant qu'il dépend de moi,
» aux succès de ses utiles travaux..... »

M. César Moreau appelle ensuite l'attention du conseil sur une lettre de M. Maximo Garro, ministre résident de la république Mexicaine, en France, par laquelle il lui annonce qu'il est prêt à verser entre ses mains la somme de 300 francs pour le prix fondé par M. le général A. Bustamente, président de la république mexicaine, pour la meilleure statistique du Mexique.—A cette occasion, l'honorable directeur fait un rapport verbal sur la statistique générale du Mexique par M. l'abbé de l'Hoste auquel il propose de décerner la médaille d'or fondée par le général-président. —Enfin, avant de clore la séance, il donne quelques détails sur les renseignements statistiques sur Turin adressés à la Société par une commission supérieure nommée spécialement par le roi de Sardaigne; puis il fait lecture d'une lettre de M. Heuschling qui demande l'insertion dans le journal de la Société de plusieurs documents qu'il transmet sur la Belgique.

Dans la réunion du 10 mars, M. le président lit un rapport sur un ouvrage anglais relatif à la propriété littéraire, ou droit d'auteur, par M. John J. Lowndes ; sur sa demande, le conseil vote trois médailles d'honneur, l'une à M. John J. Lowndes, l'autre, à M. Eugène Vail pour son ouvrage sur les Indiens de l'Amérique du nord, et la troisième à M. Jacques Bresson pour son annuaire des sociétés par actions.

M. César Moreau donne ensuite à ses collègues quelques renseignements sur un travail intitulé: *Recueil d'observations géologiques et minéralogiques sur l'île de Corse*; Il les prie de voter des remercîments à l'auteur, M. Bellaire, officier d'état-major en retraite ; enfin, il annonce que, bien que tout soit prêt pour l'assemblée générale qui devait avoir lieu dans le courant de mars, cette solennité, se trouve remise au 28 juin, par suite du changement de domicile de la Société dont les bureaux vont être transférés rue Neuve-des-Capucines.

Le 23 avril, après avoir fait connaître à l'assemblée que M. le duc de Montmorency ne peut assister à la séance de ce jour, parce qu'il est obligé de se rendre à la chambre des Pairs, M. le président donne lecture de plusieurs lettres importantes au point de vue administratif, de divers rapports dont il a été chargé par le conseil, et, enfin, de plusieurs travaux et mémoires qui lui ont été adressés, par divers membres de la Société.

Nous allons rendre compte de la nouvelle séance publique annuelle tenue le 28 juin 1840, sous la présidence de M. le duc de Doudeauville. Ce fut au théâtre de la Renaissance, à une heure de l'après-midi, qu'eut lieu cette solennité, composée, comme d'habitude, de l'élite de la société, dans les arts, les sciences, les lettres, la diplomatie, l'armée, le parlement, la magistrature et le barreau. Un grand nombre d'illustrations étrangères assistent également à cette brillante réunion, et plus de cinq cents dames ornent les loges et les galeries de la belle salle Ventadour, que l'administrateur et les propriétaires ont accordée à M. César Moreau pour cette solennité scientifique.

L'honorable fondateur ouvre la séance par la lecture d'une lettre que lui a adressée quelques jours auparavant (19 juin), M. le duc de Montmorency, président titulaire de la Société. « Il y a longtemps, lui écrivait le noble duc, que
» j'attendais cette séance publique ; je me faisais une joie
» et un honneur de la présider ; malheureusement, j'en
» serai privé, car il faut que je parte pour la campagne où
» m'appellent des affaires que je ne puis remettre. Croyez
» bien, cher Monsieur, que je regrette infiniment de ne
» pouvoir me réunir à mes collègues dans ce jour solennel,
» qui promet d'être si intéressant ; le rôle qui m'y était

» destiné m'eût été doux et honorable ; et si je ne l'avais
» rempli avec éclat, je l'aurais au moins rempli avec un
» vif plaisir. Je vous prie, Monsieur le Directeur, de don-
» ner communication de la présente à nos honorables col-
» lègues, car il m'importe qu'ils sachent que l'estime qu'ils
» m'inspirent égale l'intérêt que je porte à la Société.

» Personnellement, je vous prie d'agréer, etc...

» Signé : Le Duc de Montmorency. »

M. le duc de Doudeauville, l'un des plus anciens présidents honoraires, prononce ensuite un discours où il expose rapidement les services que la Société a déjà rendus et qu'elle est appelée à rendre, en développant par ses travaux et en encourageant par d'honorables récompenses la statistique particulière et générale de tous les pays.

« ..... Cette science, dit-il, était devenue un véritable
» besoin ; c'est ce qu'avait parfaitement senti l'homme ca-
» pable auquel nous sommes redevables de notre fonda-
» tion. Depuis longtemps il s'occupait d'utiles recherches à
» cet égard ; il en connaissait toute l'importance et toutes
» les difficultés... »

Faisant avec beaucoup d'à-propos et d'esprit une heureuse allusion au lieu où se tenait l'assemblée, l'honorable duc dit, en terminant : « .....J'étais bien loin, il y a quinze
» ans, de croire que *je représenterais* dans cette enceinte ; je
» me trouverais heureux si j'avais pu, dans une bien lon-
» gue carrière, et dans beaucoup de *rôles* importants que
» j'ai constamment joués, *représenter* un bon Français, un
» ami de son pays comme de l'humanité, un homme
» qui n'eût jamais joué la comédie, comme tant d'au-
» tres, dans le siècle où nous vivons ; qui eût toujours
» sacrifié sa santé et parfois sa fortune pour tâcher d'être

» utile, qui n'eût jamais fait sa cour qu'à sa conscience,
» enfin, qui jamais n'eût eu d'ambition que celle du
» bien..... »

Après M. le duc de Doudeauville, M. Sainte-Fare-Bontemps, au nom et en l'absence du secrétaire général, fait un rapport sur les travaux de la Société depuis sa dernière séance générale, travaux qui embrassent, dit-il, plusieurs contrées sur lesquelles on possédait peu de renseignements statistiques. La Société, dans cet intervalle, a aussi publié des documents fort importants sur la France, et donné, entr'autres, une statistique complète du royaume de Belgique et du Mexique. «..... Cette dernière statistique (celle
» du Mexique) a été, ajoute l'orateur, dressée avec des
» documents communiqués par MM. le général Bustamente,
» président, et Pacheco, ancien consul-général de ce pays,
» tous deux membres de notre Compagnie; et ces docu-
» ments ont été coordonnés, élaborés, par M. César Moreau
» lui-même, qui, emporté par son zèle pour une science
» dans laquelle il s'est acquis un nom si honorable, et pour
» laquelle il a tant fait par ses travaux personnels et la fon-
» dation de *la Société française de Statistique universelle,* n'a
» voulu céder à personne la peine (ne dois-je pas dire aussi
» l'honneur) d'exécuter un grand et difficile travail..... »

M. César Moreau prenant à son tour la parole : « Ce
» n'est jamais, dit-il, sans une vive émotion de plaisir que
» je vois arriver le jour où nous avons à montrer ce que
» nous avons fait et obtenu, et peut-être à recevoir un no-
» ble prix de nos travaux dans le suffrage du public éclairé
» qui honore nos solennelles réunions de sa présence. Je
» souhaite bien vivement du moins que, lorsqu'on nous
» aura entendu, on puisse dire que nous continuons de
» mériter l'estime qui accueillit nos débuts dans la carrière

» aussi philantropique que scientifique où nous sommes en-
» trés il y a dix ans.

» Je cède d'abord au besoin de remercier publiquement
» Messieurs les membres du Conseil, du constant et bien-
» veillant appui qu'ils m'ont prêté dans l'administration de
» la Société. Jamais tribut de reconnaissance ne fut plus
» dû que celui que je suis heureux de leur payer ici. Il est
» facile de comprendre qu'avec le concours de tant d'hom-
» mes aussi éclairés que zélés, j'ai pu remplir plus facile-
» ment ma tâche, et que j'ai été moins exposé à ces fautes
» et à ces erreurs qui accompagnent et signalent tout ce
» que font les hommes ....

» Nous avons continué avec fruit nos relations avec les
» sociétés savantes de France et de l'étranger. Il y a plus,
» grâce à la réputation dont jouit notre Compagnie, et au
» zèle de ceux de nos collègues qui, appelés par leur santé
» ou leurs affaires à de lointains voyages, vont visiter en
» notre nom les sociétés savantes, nous avons vu accroître
» le nombre de celles avec lesquelles nous avons à faire
» échange de publications, de communications manuscrites
» et de toute sorte d'autres bons offices. Quant aux sociétés
» savantes de France, nous avons lieu de croire qu'il n'y
» en aura bientôt plus avec qui nous ne correspondions...
» Voilà par quels moyens nous nous sommes mis et nous
» continuerons de nous mettre au courant, non seulement
» des progrès de la statistique, mais des progrès même des
» autres sciences auxquelles la statistique a la gloire d'être
» si utile........

» Un genre d'établissement qui ne favorisera pas médio-
» crement le projet que nous avons conçu, ce sont les bu-
» reaux spéciaux de statistique qui existent dans tous nos
» ministères, et d'où émanent ou peuvent émaner de pré-

» cieuses publications touchant l'objet de nos travaux.....

» Non seulement, Messieurs, on s'occupe de statistique
» dans les ministères et les hautes administrations, on s'en
» occupe encore dans toutes les préfectures et dans toutes
» les mairies... Enfin, on trouverait difficilement aujour-
» d'hui une administration, si petite qu'elle soit, qui ne
» s'occupe de travaux utiles à la science statistique.

» Cette grave science, Messieurs, a donné naissance
» dans l'étranger à deux sociétés célèbres : je veux parler
» de la Société de statistique de Londres et de celle de
» Dresde, avec lesquelles nous entretenons depuis long-
» temps des relations qui nous honorent et qui nous ont
» souvent été utiles.....

» Dans le Nouveau-Monde aussi, la statistique est en
» honneur. A Boston, par exemple, ville où nous possé-
» dons un certain nombre de collègues dont la plupart se
» distinguent par leur capacité scientifique, il a été récem-
» ment publié un *Almanach américain, ou Répertoire des*
» *connaissances utiles*, dans lequel la statistique occupe une
» large place.....

» Ainsi, Messieurs, le goût de la statistique est mainte-
» nant répandu partout : ainsi, l'on peut déjà entrevoir
» l'heureuse époque où tous les gouvernements ne répu-
» gneront à aucun sacrifice pour les progrès d'une grave
» et noble science qui suit les développements successifs de
» la vie sociale, qui les constate, et qui, par là même, est
» appelée à la gloire de contribuer à la prospérité des na-
» tions et au bonheur individuel des hommes........ »

Ce discours, comme ceux de MM. le duc de Doudeauville et Sainte-Fare-Bontemps, écouté avec attention, obtint, à diverses reprises, les applaudissements unanimes de l'assemblée.

Avant de procéder à la distribution des médailles d'honneur et à la lecture du programme des prix à décerner en 1841, M. Julien, de Paris, l'un des présidents honoraires, intéressa vivement l'assemblée par la lecture d'un mémoire sur les avantages qui devaient résulter, pour la France, de la navigation transatlantique à la vapeur.

Ce fut aussi dans cette solennité qu'eut lieu le rapport sur la statistique générale du Brésil, envoyée au concours pour le prix de mille francs fondé par M. le commandeur Moutinho, de Lima, ancien ambassadeur du Brésil en France. — Nommer le rapporteur, M. E. de Monglave, c'est dire que cette lecture fut souvent applaudie, et captiva constamment l'attention de l'assemblée. — Le prix fut décerné à M. Oscar Mac-Carthy.

Avant de terminer notre précis analytique sur la marche administrative et les travaux scientifiques de cette célèbre société, nous relaterons encore, en quelques mots, les séances tenues par son conseil d'administration, sous la présidence de M. César Moreau, les 14 et 28 décembre 1841, 11 et 25 janvier, 9, 22 février et 8 mars 1842.

Sous le rapport *administratif*, l'honorable président soumit à ses collègues, qui en approuvèrent la rédaction, plusieurs projets de lettres destinées aux gouvernements étrangers, dans le but d'étendre encore les relations de la Société. — Le conseil décréta ensuite la formation d'un comité de finances réclamé par M. César Moreau. — Il l'autorisa aussi à faire annoncer le bulletin de la Société, dans le *Journal général de la Librairie*, et à faire faire diverses traductions destinées à prendre place dans ses mémoires.

Comme M. le directeur exprimait son regret de ne

pouvoir faire parvenir les publications de la Société aux membres résidents en Angleterre, vu l'énormité de la taxe à laquelle venaient d'être soumis les imprimés, le conseil, après l'avoir remercié de son zèle et de sa sollicitude pour les intérêts de l'institution, le pria de tenter encore de nouvelles démarches et d'user de toute son influence pour lever l'obstacle qu'il venait de signaler.

Sur la proposition de son président, l'assemblée vota des remercîments à M. Van-Rensslaer qui avait fondé plusieurs médailles d'argent de 300 fr., pour être décernées, par la Société, aux auteurs des meilleurs mémoires statistiques sur les États-Unis. Il fut en outre décidé que M. le directeur adresserait à ce digne membre étranger une collection complète des publications de la Société, en témoignage de reconnaissance. — Enfin, à la demande de M. César Moreau, et attendu que lord Cowley, ambassadeur de la Grande-Bretagne près la cour de France, est généralement reconnu comme l'un des hommes les plus marquants de l'Angleterre, le conseil déclara que le titre de *président honoraire* de la Société serait offert à cet illustre étranger.

Passant à l'examen de la *correspondance*, M. César Moreau donna successivement lecture d'une foule de lettres, parmi lesquelles nous signalerons : 1° celle que lui écrivait M. Heuschling, de Bruxelles, pour l'informer des progrès que faisait l'étude de la statistique dans le royaume de Belgique, « où Sa Majesté le roi Léopold vient de créer, disait » l'honorable correspondant, un bureau consacré à cette » importante spécialité »; — 2° celle que lui a écrite le directeur-général de l'Administration des Postes, M. Conte, pour lui annoncer qu'il avait fixé à cinq centimes par feuille le prix d'affranchissement des tableaux statistiques que la Société joignait à son journal; — 3° Une autre de M. Cailleau, ancien membre du conseil d'administration, par laquelle il demandait, comme récompense des services rendus par lui à la Société, le titre de *président honoraire*. — Le conseil ordonna le classement aux archives de toutes les lettres se rattachant à l'administration, et pria M. le directeur d'y faire droit.

Sous le rapport *financier*, le conseil invita M. César Moreau à donner des ordres pour que l'administration pût s'occuper sans retard de la rentrée des fonds, tant à Paris que dans les départements. — Il approuva les comptes des recettes et dépenses qui lui furent présentés et accorda les diverses allocations demandées par la direction. — Enfin, après avoir donné son entière approbation à toutes les mesures d'ordre qu'avait prises M. le directeur, *lesquelles révélaient*, déclare-t-il, *une bonne administration*, il lui vota, à l'unanimité, des remercîments pour les soins qu'il n'avait cessé de prodiguer aux affaires de la Société.

M. César Moreau recommanda ensuite à l'attention de ses collègues un grand nombre de lettres ayant toutes pour but d'offrir, à titre d'*hommage*, à la Société, des ouvrages imprimés ou des travaux manuscrits. Nous y remarquons entre autres : 1° une histoire des antiquités du royaume de Danemarck adressée par le prince royal; cet ouvrage est publié par la société littéraire de Fionie, dont le prince est président titulaire ; — 2° une carte des chemins de fer de l'Allemagne dressée par M. Desjardins; cet auteur autorise M. César Moreau à faire insérer dans le Journal des Travaux de la Société, le texte latéral qui accompagne sa carte, « comme pouvant, écrit-il, engager la France à se » mettre au niveau de l'Allemagne sous le rapport des » chemins de fer ; » — 3° un ouvrage statistique de M. le chevalier Adriano da Costa sur le royaume de Portugal ;

le conseil prie M. le directeur d'engager M. le vicomte de Santarem à vouloir bien examiner cet important travail; — 4° enfin, un ouvrage de M. E. Vail sous ce titre : *De la littérature et des hommes de lettres dans les États-Unis d'Amérique.* —Le conseil, sur la demande de son président, après avoir ordonné le dépôt, à la bibliothèque ou aux archives, de ces ouvrages et de plusieurs autres brochures et mémoires manuscrits qui ont été mis sous ses yeux, vota des remercîments à leurs auteurs et donateurs:

Diverses autres lectures de travaux statistiques furent encore faites sur la Saxe; sur les trois règnes, animal, végétal, et minéral de l'Autriche, comparés aux richesses de cette nature que possède la France; sur les foins et le bétail de Bourgogne; sur l'abus des pâturages publics; sur les sept premiers tableaux de la statistique de la France, qui doivent être envoyés à Messieurs les membres de la Société; sur les chemins de fer de l'Allemagne; sur l'éducation des femmes; sur la justice criminelle en France, etc., etc., etc.

Arrêtons-nous ici: ce que nous avons dit doit suffire pour faire apprécier l'importance académique de cette institution et l'utilité à la fois pratique et scientifique de ses travaux, ainsi que les heureux résultats qu'elle produisit en portant les esprits vers la recherche et la solution de grands problêmes sociaux et d'économie politique; en constituant pour ainsi dire une science nouvelle, et en inspirant partout le goût de cette science si féconde en graves et utiles enseignements.— Mais, pourquoi faut-il, qu'après avoir vu cette institution se développer, grandir, puis, arrêtée un instant, reprendre son essor sous l'habile direction de son fondateur, nous assistions maintenant à sa décadence?

Telles furent, en effet, les phases diverses qui marquèrent l'existence de *la Société française de Statistique universelle* durant les années 1829 à 1843 : — importance scientifique reconnue, renom mérité, rapports académiques nombreux, activité intérieure, expension au dehors, rayonnement dans tous les états européens, utilité universellement proclamée, considération publique universelle reposant sur des titres sérieux au point de vue de la science et sur de réels services rendus au point de vue pratique et théorique ; — Enfin, suffrages glorieux, adhésions chaleureuses et dévouées, protectorats illustres, tout sembla longtemps se réunir pour assurer à ce corps savant une longue carrière de prospérité et de gloire. Cependant, à quelques mois de l'époque à laquelle nous sommes arrivés, de nouveaux germes de dissolution, des ferments de troubles, des tiraillements intérieurs longtemps latents éclatèrent tout-à-coup ; des questions intempestives furent de nouveau soulevées, comme en 1832, par quelques esprits enclins à la critique, au point que bientôt, M. César Moreau au lieu de pouvoir continuer son intelligente direction, eut chaque jour à se défendre et dut consumer son énergie dans l'examen et la réfutation de doctrines dangereuses soulevées sans à propos. A la discussion calme des problèmes scientifiques succèdent des séances tumultueuses, perdues pour la science et consacrées à la satisfaction de petites passions personnelles ; des disputes de mots surgissent et au lieu de la grande et noble lutte des intérêts publics, toutes les séances se passent à livrer de petits combats individuels dont le moindre inconvénient est d'aigrir les esprits, d'agiter les cœurs et de troubler les têtes.

Et cependant, tandis que des hommes intelligents et honorables, sans doute, mais d'humeur tracassière, s'efforcent d'amoindrir la direction, d'énerver son action, de la renverser enfin pour lui substituer une administration multiple, qui satisfît leur amour-propre ; une multitude d'hommes de haut renom dans la science témoignaient à l'envi de leurs affectueuses sympathies pour M. César Moreau, et proclamaient avec l'imposante autorité de leur nom, les services rendus par lui non seulement à la France, mais à l'humanité. Parmi ces glorieux suffrages, nous nous bornerons à rapporter ceux qui lui vinrent de M. Charles de Rossety, préfet de Valachie et de M. Eugène Burnouf, membre de l'institut de France.

Voici quelques mots de la lettre du dernier : « Permet-
» tez, Monsieur, que je vous exprime la vive satisfaction
» que j'éprouve de me trouver en relation avec un des
» hommes qui honorent le plus le nom français... L'inté-
» rêt que tous ceux qui pensent, prennent à vos vastes
» recherches et aux résultats si neufs qui en dérivent, a
» fait connaître votre nom des personnes même les plus
» spécialement livrées à des études d'une nature très di-
» verse : pour ma part, je suis heureux de pouvoir vous
» faire agréer l'hommage de mon admiration sincère... »

C'est maintenant, M. N. Monge, un illustre savant aussi, qui transmet à M. César Moreau la lettre que lui écrivait M. de Rossety, en lui disant : « Je suis heureux de pou-
» voir joindre mon hommage à la haute considération que
» M. de Rossety professe pour une personne aussi éclai-
» rée et aussi estimable que M. César Moreau... »

Quant à la partie de la lettre de M. de Rossety, dont M. Monge transmet copie à l'honorable fondateur de la Société de Statistique, en voici quelques fragments, que nous transcrivons textuellement : « ... Veuillez bien pré-
» senter de ma part les sentiments de respect et de con-

» sidération qui sont dus à M. César Moreau et lui ajouter
» que la science de la statistique arrivée à l'état où elle
» est, est devenue une des premières nécessités pour tout
» fonctionnaire public qui est pénétré de la tâche qui lui
» est imposée par la Société, et pour lequel elle doit ser-
» vir de compas et de guide à toutes ses opérations; que
» fondateur de la *Société française de Statistique universelle*
» et propagateur de cette science, il ne se doutait peut-
» être pas assez, ou bien il ne pouvait pas encore assez
» calculer le bienfait qu'il rendait à la cause de la civilisa-
» tion; que les régions les plus éloignées en goûtent déjà
» le prix, et ne manqueront pas de lui exprimer leur re-
» connaissance en tout temps; que, ayant eu l'honneur
» d'être introduit dans cette Société par son honorable re-
» commandation, en qualité de membre honoraire, à la-
» quelle d'ailleurs je n'avais pas d'autre titre que celui de
» vouloir m'instruire et profiter des lumières qu'elle pos-
» sède, je crois devoir lui renouveler l'expression de ma
» profonde reconnaissance et le prier de me continuer
» la bienveillance et l'amitié qu'il a bien voulu me témoi-
» gner, surtout au moment où, appelé à remplir un poste
» de confiance publique, j'en ai le plus grand besoin;
» qu'en conséquence je le prie de vouloir bien m'indiquer
» les ouvrages qu'il croit pouvoir m'être propres à rem-
» plir cette tâche; et enfin, que la capitale de la Valachie
» lui en saura gré, et lui devra les améliorations que
» les connaissances que je puiserai dans cette honorable
» Société me mettront à même de pouvoir introduire dans
» l'administration des intérêts de cette ville..... »

Le 12 avril 1843, avait eu lieu une séance fort orageuse, dans laquelle, malgré les efforts de M. César Moreau, l'on avait décidé la création *d'une commission de réorganisation in-*

térieure. — Dans une séance générale extraordinaire tenue le 19 juillet suivant, sous la présidence de M. le général baron Juchereau de Saint-Denis, l'un des présidents honoraires, l'ordre du jour appelait le rapport de cette commission de réorganisation. Le rapporteur, M. Timothée Dehay, après avoir rappelé le but de la formation de la commission, annonça qu'elle avait reçu le 5 mai, de M. César Moreau la lettre suivante :

« Le mauvais état de ma santé ne me permettant plus
» de diriger la *Société française de Statistique universelle*,
» j'ai dû songer à résilier mes fonctions; je viens, en
» conséquence, déposer ma démission entre vos mains.

» La confiance dont la Société de Statistique m'a honoré
» depuis quatorze ans, le souvenir d'avoir été le fondateur
» de cette utile et nationale institution, et la conscience
» des services que j'ai eu le bonheur de lui rendre, sont
» autant de garanties du regret profond que j'éprouve
» en cessant de la diriger; le jour, Monsieur, où la com-
» mission que vous présidez m'aura, par un *quitus motivé*,
» libéré de toute responsabilité ultérieure, cette démis-
» sion que j'ai l'honneur d'offrir à la Société, par votre
» intermédiaire, deviendra définitive.

» Je vous prie de vouloir bien transmettre, à mes ho-
» norables collègues, l'assurance des sympathies que je
» leur conserverai toujours, et du vif intérêt que je ne
» cesserai jamais de porter au succès de l'institution que
» nous avons fondée ensemble, et dans quelque situation
» que je me trouve, le souvenir de nos communs rapports
» sera toujours un des plus doux de ma vie.

» Je suis, etc.
» *Signé* : César Moreau. »

M. le rapporteur explique alors le motif de la demande de *quitus motivé* que réclame M. César Moreau, par l'exposé de ses comptes financiers; il ajoute que M. César Moreau, créancier de la Société pour une somme considérable, a déclaré toutefois que, pour prouver le vif intérêt qu'il a toujours porté et qu'il porte encore à l'institution, et pour faciliter les nouvelles améliorations qu'il désire lui voir obtenir, il lui fait l'abandon volontaire de cette créance; mais qu'il désire, comme souvenir honorable et flatteur de sa gestion, que la Société lui accorde une partie des exemplaires restants dans les archives des publications qui ont eu lieu sous sa direction. En terminant, M. le rapporteur annonce que la commission de réorganisation a chargé son président d'exprimer à M. César Moreau, tous les vifs regrets qu'elle éprouve d'être obligée de se rendre au vœu formel de sa lettre, demandant à la Société d'accepter sa démission. — Voici, dit-il, en quels termes M. le président de la commission s'est acquitté de sa mission.

« Monsieur et honorable collègue, d'après la délibé-
» ration de la commission que j'ai l'honneur de prési-
» der, prise dans sa séance du 30 juin dernier, je m'em-
» presse de vous faire connaître, en réponse à votre lettre
» du 5 mai, que la commission a accepté votre démission
» dans les termes dans lesquels vous l'avez donnée, et en
» vous accordant le *quitus* que vous désirez... Je ne veux
» pas terminer cette lettre sans vous exprimer, en mon
» nom et au nom de mes collègues de la commission, les
» regrets que nous font éprouver votre démission, et la
» cause, votre santé délabrée, qui vous oblige à la donner,
» ainsi que notre désir sincère que la Société de Statisti-
» que fondée par vos soins, et qui compte quatorze an-

» nées d'honorable existence, puisse reprendre le cours
» de ses travaux et satisfaire pleinement à l'un des besoins
» de notre époque, qui est de s'appuyer sur la connais-
» sance exacte des faits importants en tous genres, et bien
» constatés, pour donner l'impulsion et la direction à une
» marche sagement progressive dans toutes les parties du
» domaine de l'intelligence.

Agréez, Monsieur et cher Collègue, etc. »

En conséquence, M. le rapporteur conclut à l'acceptation de la démission de M. César Moreau, dans les termes ci-dessus relatés.

Le président ouvre la discussion sur les conclusions de la commission. — Il demande à M. César Moreau s'il persiste à donner sa démission de directeur, et sur sa réponse affirmative, il accorde successivement la parole à MM. Adorne de Tscharner, Daniel de Saint-Anthoine, Sarrans jeune, Jullien de Paris, Timothée Dehay, Arthur comte Legrand et Meuleray, qui tous, et tout en différant sur la manière et l'opportunité de mettre cette question aux voix, demandent que la démission de M. César Moreau soit acceptée dans les termes les plus honorables, et en exprimant les vifs regrets que la Société éprouve de la retraite forcée de son directeur.

Après avoir résumé la discussion, M. le Président met aux voix l'acceptation de la démission, dans les termes honorables ci-dessus précités. Elle est adoptée à l'unanimité, et M. le Président, témoignant de nouveau des regrets de la Société, déclare que M. César Moreau cesse d'en être le directeur, qu'il est dégagé de toute responsabilité concernant l'administration financière de la Société, « dont la
» réorganisation intérieure sera, dit-il, l'objet d'une

» délibération ultérieure. » Il ajoute : « que la plan de
» réorganisation sera, ainsi que la démission du directeur,
» soumis à la première réunion générale de la Société, la-
» quelle sera convoquée, à cet effet, dans le mois. »

M. César Moreau prenant alors la parole, adresse ses remercîments à l'assemblée, pour les termes flatteurs dans lesquels sa démission est acceptée; il demande qu'il lui en soit donné une communication officielle.

Poursuivant sa tâche de rapporteur, M. Timothée Dehay entre dans l'exposé des motifs du mode de réorganisation intérieure proposé par la commission, comme conséquence de la démission dont il vient d'être parlé, et il donne lecture du nouveau projet de statuts constitutifs.

A quelques jours de là, M. César Moreau, écrivant à M. le duc de Montmorency pour lui annoncer qu'il avait cru devoir donner sa démission des fonctions de directeur de la Société que deux fois, secondé par l'appui moral de son nom, il avait créée, lui disait, en termes qui trahissaient malgré lui sa douleur de voir ainsi succomber son œuvre:

« Monsieur le Duc,

» Vous savez avec quelles peines, quels sacrifices et
» quel dévouement j'ai fondé, en 1829, et reconstitué, en
» 1832, la *Société française de Statistique universelle*,
» dont vous daignâtes alors, à ma prière, accepter la pré-
» sidence. Je ne vous rappelerai point, pour épargner
» votre modestie, quelle considération cette condescen-
» dance de votre part lui a value auprès du monde et des
» puissances qui le gouvernent, ni combien votre illustre
» nom lui a été utile pour accroître le nombre de ses mem-
» bres.

» Le gouvernement de cette Société et celui de l'*Acadé-*

» *mie de l'Industrie* (1), autre institution qui n'a pas moins
» dû à votre présidence, m'imposèrent pendant longtemps
» d'incessants travaux et de pénibles soins. Ces travaux
» et ces soins, *joints à certains dégoûts inséparables des*
» *positions dans lesquelles on cherche à se rendre utile à ses*
» *semblables*, minèrent peu à peu ma santé, et la rendirent
» enfin si mauvaise, que, pour calmer les alarmes d'une
» digne épouse plutôt que les miennes, je pris la résolution
» de résilier mes fonctions.

» Je commençai, comme vous le savez, Monsieur le duc,
» à quitter la direction de l'Académie de l'Industrie.

» Je viens également, *et pour les mêmes raisons*, de me
» démettre de mes fonctions de directeur de la Société de
» Statistique, et cela sous certaines conditions dont la
» principale est que je ne serai, en aucune façon, respon-
» sable de la gestion de mes successeurs. Ma démission a
» été acceptée, le mois dernier, dans ces termes, et je n'ai
» pas vu, sans un secret plaisir, les regrets unanimes
» qu'elle a excités *parmi ceux de mes collègues, surtout, qui*
» *n'apportent, comme vous, dans la Société, que l'honorable*
» *désir de coopérer à ses succès*. Cependant, ce n'est pas
» *sans une vive peine* que je me suis déterminé à cet acte;
» car la Société de Statistique m'était particulièrement
» chère, non seulement parce qu'elle était ma première
» création, mais parce que j'y voyais un caractère plus
» prononcé de durée et d'utilité. Mais je reste l'un de ses

---

(1) Nos lecteurs trouveront plus loin quelques détails sur cette autre Société savante fondée par M. César Moreau, et un compte-rendu sommaire de ses travaux et des services qu'elle a rendus à l'agriculture, à l'industrie et au commerce.

» membres, et toutes les fois que je trouverai l'occasion de
» la servir, je la saisirai avec un plaisir qu'expliquent, en
» même temps, les sacrifices que j'ai faits pour la fonder,
» et mon zèle pour le progrès des Sciences.

» Maintenant, M. le duc, que je vous ai donné ces infor-
» mations, dont mes rapports avec vous me faisaient un
» devoir, il me reste à vous remercier du constant et bien-
» veillant appui que vous m'avez prêté dans toutes les oc-
» casions où j'en ai eu besoin. J'aime à reconnaître ici que
» votre coopération m'a souvent applani de graves difficul-
» tés, et que sans elle je n'eusse pu réussir à faire le bien
» que je voulais. Aussi n'oublierai-je de ma vie vos bontés;
» et, si j'y pouvais voir la marque de votre estime pour
» moi, comme j'y reconnais celle de vos sympathies pour
» les institutions utiles au pays, rien n'égalerait ma joie
» que la respectueuse considération avec laquelle je suis,
» M. le duc, votre, etc., etc. »

C'était le 5 août que M. César Moreau avait adressé la lettre qu'on vient de lire à M. le duc de Montmorency, alors absent de Paris. Voici l'affectueuse et honorable réponse qu'il en reçut trois jours après.

« Montfleaux, 8 août, 1843.

» J'ai reçu, M. Moreau, avec une vraie sensibilité, la
» lettre beaucoup trop flatteuse pour moi que vous venez
» de m'écrire, pour me faire connaître votre démission
» de directeur de la Société de Statistique, et me remercier
» de mon concours aux affaires de cette intéressante
» Société. Tous vos collègues seront peinés comme moi,
» j'en suis sûr, de votre retraite, mais pas plus que moi
» qui vous connais depuis longtemps, et qui, par mes rap-
» ports avec la Société, ai si souvent été à même d'ap-

» précier le zèle éclairé avec lequel vous saviez la gou-
» verner. Au reste, en prenant le parti que vous m'annon-
» cez, je reconnais que vous avez cédé à des raisons lé-
» gitimes. Si l'on ne doit ménager sa vie pour soi, on le
» doit évidemment pour les siens et pour ses amis. Je n'en
» regretterai pas moins, pour mon compte, de ne plus vous
» voir à la tête d'une institution à laquelle vous étiez si dé-
» voué, et pour le succès de laquelle vous avez fait des sacri-
» fices de tant de genres. Croyez, Monsieur, que les vœux
» de toute la Société et les miens notamment, vous suivront
» dans votre retraite ; puissent-ils vous être doux et vous
» rendre si parfaitement la santé, que vous puissiez rentrer
» dans une carrière où vous avez recueilli, avec le plaisir
» que l'on goûte à bien faire, l'estime de tous les gens de
» bien.

» Quant à vos remercîments pour mon concours à vos
» opérations, j'y suis extrêmement sensible, je regrette
» seulement de ne pas les mériter davantage, non que je
» ne partage votre honorable dévouement à la civilisation
» humaine, mais j'ai trop de sujets de craindre de n'avoir
» pu y contribuer jusqu'ici aussi puissamment que je l'au-
» rais désiré.

» Recevez, mon cher Monsieur, l'assurance du sincère
» attachement et de la considération affectueuse avec la-
» quelle je suis, etc.

» *Signé* : Le Duc de Montmorency. »

La commission dite de *réorganisation intérieure* avait été
instituée le 12 avril ; le 5 mai, M. César Moreau adressait
au Président sa démission des fonctions de directeur ; le
30 juin, les membres de la commission réunis en séance,
sans examiner s'ils avaient pouvoir et mission à cet effet,

s'empressaient, à l'unanimité, d'accepter cette démission et d'exprimer à son auteur des regrets de commande. — Le 19 juillet, le conseil, dans une réunion extraordinaire convoquée *ad hoc*, ratifiait, sans plus de droits que la commission, la décision prise par elle le 30 juin.

Le conseil tint le 11 août une nouvelle séance. — L'on avait abattu la direction, le triomphe était complet; M. César Moreau avait dû céder... Il s'agissait de se concerter pour constituer une nouvelle administration sous une forme qui pût donner satisfaction à tous les désirs. C'était là précisément que se trouvait la difficulté; aussi ne put-on parvenir à s'entendre. Plusieurs autres séances, non moins agitées et toujours aussi infructueuses, eurent encore lieu. — Cependant, ceux qui s'étaient emparés des rênes de l'administration de la Société arrachées aux mains de M. César Moreau s'apercevaient déjà qu'il était plus facile de détruire que d'édifier, de renverser que d'organiser. — Forcés bientôt de reconnaître leur insuffisance, sentant bien d'ailleurs aux plaintes qu'on leur adressait et aux nombreuses démissions qui arrivaient de toutes parts que la confiance ne s'impose pas et que la grande majorité des membres, improuvant leur conduite à l'égard du fondateur de l'œuvre, ne consentiraient jamais à les suivre dans la voie dangereuse où les avaient fait entrer leur inexpérience et leur amour d'innovations, ils comprirent l'indispensable nécessité de se rattacher, au moins en apparence, M. César Moreau, afin de pouvoir s'étayer de l'autorité morale de son nom. — En conséquence, ils s'efforcèrent de lui persuader qu'il devait au salut de l'institution d'entrer dans le triumvirat qu'ils allaient former pour la gouverner.

Désireux de sauver son œuvre de la ruine complète qui

la menaçait, et ne voulant laisser aucun doute sur l'intérêt qu'il lui portait ; croyant d'ailleurs à la sincérité des ouvertures qui lui étaient faites; sensible même au retour de ses collègues qui en venant ainsi réclamer de nouveau son concours semblaient reconnaître et vouloir réparer les torts qu'ils pouvaient avoir eus à son égard, enfin, sinon convaincu, du moins ébranlé, M. César Moreau consentit à se rendre à la prochaine assemblée du conseil. — Cette réunion eut lieu le 13 décembre 1843: on y donna lecture d'un projet d'organisation préparé d'avance, et dont nous allons faire connaître les principales dispositions.

C'était M. César Moreau qui était censé soumettre au conseil le nouveau plan de direction, convaincu que l'on était, que présenté par lui, il rallierait toutes les opinions.

« Quels que soient, lui faisait-on dire, mon zèle et mes
» efforts, je me trouve depuis quelques années dans un état
» chancelant de santé qui ne me permet plus de donner à la
» Société de Statistique les soins, l'activité et les dévelop-
» pements que comporte cette grande institution. » — Le directeur se voit donc dans la nécessité de s'adjoindre des collaborateurs pour la direction administrative et scientifique de la Société; mais en prenant cette détermination, il a dû avant tout respecter scrupuleusement l'esprit et le texte des statuts constitutifs, et n'apporter de changement aux travaux intérieurs, qu'en basant les innovations sur les pouvoirs qui lui étaient reconnus par l'acte de fondation. Or, l'article 40, (1) proclame la légalité des divers

---

(1) Art. 40. — Le directeur fixe les réunions du conseil et des comités dont seul il règle les ordres du jour, etc.

conseils dont la formation peut être reconnue utile aux intérêts de l'institution. —L'article suivant (1), attribue au directeur seul le réglement de l'ordre intérieur et du mode des travaux statistiques et des affaires administratives.

Ces textes sont aussi clairs que précis; M. le directeur aurait pu s'en armer pour opérer à lui seul les divers changements reconnus utiles ; cependant il croit devoir soumettre ses vues au conseil, jaloux qu'il est de ne marcher qu'avec son approbation et guidé par ses lumières. Il vient donc le consulter sur la formation d'un nouveau comité de direction administrative et scientifique.

Ce comité sera composé de trois membres nommés pour cinq années; il sera chargé de la réception, de l'examen, du classement et de la rédaction définitive de tous les documents qui doivent être imprimés dans le journal, revue ou bulletins de la Société, afin de rendre ces publications conformes au plan de rédaction et aux principes scientifiques que s'est tracés l'institution. Aucune publication ne pourra jamais être admise au nom de la Société, sans avoir été discutée entre les trois membres formant le comité, et sans leur approbation.

Quant à la partie administrative, le directeur devant, en vertu des articles 37 (2) et 38 (3) des statuts, être seul chargé de la gestion de toutes les affaires, les deux autres membres constituant avec lui le comité de direction en

---

(1) Art. 41. — Le directeur règle l'ordre intérieur, le mode des travaux statistiques et des affaires administratives.

(2) Art. 37. — Le directeur est le seul agent responsable de la Société.

(3) Art. 38. — Le directeur a la gestion des affaires de la Société ; seul il écrit et agit en son nom.

auront la surveillance et le contrôle ; ils devront donc surveiller la préparation des budgets provisoires et définitifs des recettes et dépenses et recevoir chaque trimestre une situation exacte de la caisse et des autres registres financiers de l'administration.

Mais en demandant le concours de zélés collaborateurs qui viendront partager ses travaux, le directeur a dû songer aussi à leur faire partager le traitement qui lui avait été affecté et à leur donner en même temps des garanties pour leur collaboration scientifique, en les admettant *de sa propre volonté* à contrôler tous ses actes.

Voulant donc, autant qu'il est en lui, offrir les moyens d'arriver à l'exécution d'un plan qui doit régénérer la Société, et désireux de donner un témoignage du prix qu'il attache à tout ce qui peut contribuer à son bien-être, M. César Moreau renonce personnellement au traitement de cinq mille francs que lui ont alloué tous les budgets; ce traitement sera appliqué à la rémunération du comité de direction, lequel doit, à l'avenir, consacrer son temps aux affaires administratives et scientifiques.

M. César Moreau, directeur actuel, M. Timothée Dehay, présentement secrétaire-général de la Société, et M. le comte Legrand, secrétaire actuel du conseil, sont nommés membres du comité de direction pour cinq années; ils pourront être réélus à l'expiration de leurs fonctions.

M. César Moreau renonce à user, à l'égard de Messieurs Timothée Dehay et A. Legrand, du droit de révocation dont il est question dans l'article 43 (1) des

---

(1) Art. 43. — Le directeur a seul le pouvoir de nommer et de révoquer les fonctionnaires choisis par lui pour l'aider dans les travaux statistiques et affaires administratives ; il en est responsable et fournit un cautionnement, etc.

statuts; ce droit ne pourra jamais, dans aucun cas, leur être appliqué, et il est bien entendu que M. Timothée Dehay et M. le comte A. Legrand *n'acceptent les fonctions de co-directeurs qu'avec cette condition expresse.*

M. César Moreau, car c'est toujours lui que le projet fait parler, ajoute en outre que, dans l'intérêt de la Société, et pour ne pas porter obstacle aux nouvelles améliorations qu'il désire lui procurer par la création du nouveau comité de direction, il renonce à prélever les sommes qui lui sont dues par la Société sur les nouvelles recettes des cinq premières années.

Telle fut la pièce dont lecture fut donnée à l'assemblée comme émanant de M. César Moreau, et que l'on s'empressa de faire accepter par lui-même sans réserve et signer séance tenante.

Le conseil de son côté, se hâta de donner son approbation à cette convention dont il ordonna même l'insertion au procès-verbal de la séance, et la transcription sur le registre destiné à recevoir le résultat de ses délibérations.

Cependant, M. César Moreau, ayant bientôt reconnu, d'une part, que les conventions précitées se trouvaient frappées de nullité par les statuts eux-mêmes; sentant, d'autre part, que son action comme directeur serait constamment entravée; voyant d'ailleurs que toute possibilité de faire le bien pouvait et devait lui devenir nécessairement, sinon impossible, du moins très difficile, en un mot que, si la responsabilité entière continuait à peser sur lui seul, son autorité serait complètement annihilée; qu'il allait même être obligé d'obéir au lieu de diriger, il comprit tout ce qu'avait pour lui d'équivoque, de peu digne, cette situation; tout ce qu'elle présentait de dangereux, non-seulement pour son repos et pour ses intérêts, mais aussi pour ceux de la Société qu'il avait voulu sauvegarder, tandis qu'en réalité il les compromettait gravement; M. César Moreau, disons-nous, promptement éclairé par la réflexion sur la position à la fois fausse et périlleuse, que dans son zèle pour la Société il venait d'accepter, se hâta de provoquer une nouvelle réunion du conseil.

Après la lecture du procès-verbal de la séance du 13 décembre dans lequel, comme on l'a vu, se trouvaient insérés les arrangements relatifs au nouveau mode d'administration de la Société, M. César Moreau prenant aussitôt la parole, protesta avec énergie et en termes amers contre ce prétendu traité qui lui reconnaissait deux co-directeurs; il dit que c'était une déchéance morale, une déclaration d'incapacité qu'on lui avait fait signer à la suite d'une rapide lecture; on daignait lui conserver, pour la forme, le titre de directeur; mais on lui donnait des tuteurs!!..... Une telle position ne doit ni ne peut lui convenir; il ajoute : ne pas avoir compris d'abord toute la portée de cet acte qui peut compromettre si gravement et sa fortune et son caractère. En conséquence, il dépose sur le bureau une protestation écrite et signée de lui, pour demander l'annulation pure et simple de l'acte « qui, dit-il, » lui a été surpris le 13 décembre. » Lecture est donnée aussitôt de cette protestation par M. Timothée Dehay; elle soulève de grandes rumeurs, et M. Sarrans, lui-même, bien que l'approuvant au fond, déclare qu'elle est, quant à la forme, rédigée en termes très durs. Plusieurs membres la combattent par de violentes récriminations; les uns s'étonnent que M. César Moreau vienne demander l'annulation d'un acte qu'il a lui-même signé; d'autres que le conseil consente à revenir sur un procès-verbal dont l'adoption a été prononcée; d'autres encore disent, que M. César Moreau méconnaît le pouvoir du conseil dont les membres en apposant leurs signatures à côté de la sienne, ont cru concilier à la fois ses propres désirs et les intérêts de la Société. — M. César Moreau malgré la violence des interpellations qui lui sont adressées par les uns, des supplications qui lui sont faites par d'autres, déclare persister dans sa protestation ; « fort, dit-il, du témoignage » de ma conscience et du sentiment d'un devoir accompli, » je déclare la maintenir dans toute son intégrité. » La première irritation passée, la discussion prend enfin un ton plus calme ; alors M. Sarrans, après avoir déclaré qu'il est totalement étranger à la décision prise le 13 décembre par le conseil, se demande si, dans cette circonstance, le conseil a cru agir conformément à l'esprit des statuts. Il conteste la légalité de cette mesure et dit que M. César Moreau (telle est aussi notre opinion) n'avait pas plus le droit de faire cette proposition, que le conseil n'avait celui de l'accepter ; l'un et l'autre ont outrepassé leur pouvoir et cet arrangement, ajoute-t-il, doit être, conformément au texte formel des statuts, soumis à une assemblée générale.—En conséquence, M. Sarrans, pose les conclusions suivantes :

« Attendu, d'une part, que de la combinaison des articles 73 (1) et 80 (2) des statuts qui régissent la *Société française de Statistique universelle*, il résulte que pour qu'il y ait lieu,

---

(1) Art. 73. — Si le scrutin est réclamé par un ou plusieurs membres, l'assemblée est consultée, etc.

(2) Art. 80. — Il en sera de même pour tous les changements ou modifications aux présents statuts constitutifs.

soit à la dissolution de la Société, soit à la modification des statuts, il faut la réunion des trois conditions suivantes :

» 1° Que la proposition en soit faite par le directeur ou accueillie par lui ;

» 2° Qu'un quart au moins des membres *titulaires*, *honoraires* et *correspondants* cotisés, désignés au registre matricule comme ayant leur domicile à Paris, appuie la proposition ;

» 3° Qu'une séance spéciale ait lieu, et que la majorité des trois quarts des voix présentes, soit obtenue par la proposition.

» Attendu que l'article 37 des statuts porte : *Le directeur est seul agent responsable de la Société*; et l'article 43 : *Il a seul le pouvoir de nommer et de révoquer les fonctionnaires choisis par lui pour l'aider dans les travaux statistiques et affaires administratives. Il en est responsable et fournit un cautionnement de* 10,000 *francs, etc.*

» Attendu que l'article 46 porte : En cas de maladie ou de quelque autre empêchement, le directeur, seul agent responsable, *délègue* ses pouvoirs à un membre de son choix.

» Attendu que par ces mêmes statuts, les émoluments affectés à la direction demeurent fixés à 5,000 francs.

» Attendu, d'autre part, que par une délibération du conseil, à la date du 13 décembre dernier, non soumise aux formalités ordonnées par les articles 73 et 80, formalités prescrites, pour les cas de dissolution de la Société ou de modification des statuts, le directeur est remplacé par un comité de direction composé de trois membres ; qu'un traitement de 6,000 francs est alloué à ce comité de direction au lieu de celui de 5,000 francs déterminé par les statuts; que le directeur est dépouillé du droit de révoquer les fonctionnaires nommés par lui, et que par conséquent sa responsabilité personnelle devient illusoire ; qu'il n'avait point le droit de se dessaisir de cette faculté de révocation qu'il tenait de la Société tout entière ; qu'elle ne lui avait concédé que le droit de déléguer ses pouvoirs en cas de maladie, mais non de les aliéner.

» Attendu enfin, que la délibération précitée du 13 décembre dernier, constitue, par ces divers motifs, une violation flagrante des articles 37, 38, 43 et 46 des statuts, qui sont la loi de la *Société de Statistique universelle*, et dont aucun n'a été abrogé jusqu'à ce jour, il est conclu à ce qu'il plaise à l'assemblée générale, casser la délibération du conseil du 13 décembre 1843; la déclarer nulle et non avenue, et dire que, sauf toute délibération à prendre ultérieurement, la constitution scientifique et administrative de ladite *Société de Statistique universelle*, est placée dans les mêmes conditions où elle se trouvait antérieurement au 13 décembre 1843. »

Répondant à M. Sarrans et combattant ses conclusions, M. T. Dehay prétend que c'est M. César Moreau lui-même qui a provoqué la décision qu'il attaque aujourd'hui ; que son collègue, M. Legrand et lui, ont voulu en effet des garanties contre le droit de révocation inscrit dans l'article 43 des statuts; que cet arrangement était pour ainsi dire une *affaire de famille*, et que c'était pour ce motif que le conseil n'avait pas cru devoir décliner sa compétence, « dans une occasion, dit-il, où il s'agissait du salut de la » Société. » A cela M. Sarrans répond de rechef : « que » M. César Moreau, reconnu par l'article 37 comme seul » responsable, ne pouvait recevoir de l'article 46 que le » droit de déléguer ses pouvoirs, mais jamais celui de les

» aliéner. » Or, dans la circonstance présente, il y a eu aliénation, et la société toute entière peut lui en demander compte. Mais si le conseil est d'avis que cette mesure ne constitue qu'une simple délégation, afin de la faire rentrer dans l'esprit des statuts, alors comme toute délégation admet un droit de révocation, M. César Moreau reste toujours le maître de révoquer la délégation faite par lui.

M. T. Dehay est bien obligé de reconnaître la justesse et la force de ce raisonnement, mais il répond que, dans cette circonstance, si l'on a peut-être sacrifié l'esprit des statuts à l'intérêt de la Société, le reproche, ainsi que toutes les difficultés doivent retomber sur M. César Moreau lui-même.

A cela M. César Moreau déclare de nouveau ne pas avoir compris que le conseil eût voulu lui associer deux directeurs pour gérer à sa place, toucher les bénéfices et lui laisser la responsabilité morale et matérielle; et comme MM. Arthur et Legrand, lui demandent s'il a versé le cautionnement mentionné dans l'article 43 des statuts. « La » Société, dit-il, m'est redevable de plus de 20,000 francs, » il n'y a donc pas lieu de m'adresser votre question, puis- » que le cautionnement dont vous me parlez se trouve » plus que doublement réalisé par la dette de la Société » envers moi. »

La réponse était précise; elle s'appuyait sur un fait constant, établi, et connu de tous ; en effet, tout le monde savait que M. César Moreau, non seulement n'avait jamais rien perçu du traitement qui lui était alloué par l'acte de fondation, mais qu'il avait même pourvu de ses deniers personnels à plusieurs dépenses et frais pour le compte de la Société. — Il n'y avait donc rien à répondre; l'on prît avec prudence le parti du silence.

Rappelant les conclusions déposées par lui sur le bureau, M. Sarrans réclame la convocation d'une assemblée générale des membres de la Société, à l'effet de résoudre cette grave question, qu'elle seule, dit-il, peut aborder.

Une discussion s'engage encore à ce sujet entre MM. Legrand et Arthur d'une part, MM. Sarrans et César Moreau de l'autre.

Enfin, la proposition de M. Sarrans est mise aux voix, et comme M. le comte Legrand se trouve seul pour protester contre la convocation de l'assemblée générale, la majorité arrête qu'elle aura lieu. — M. César Moreau ayant réclamé le droit de la convoquer, le conseil le laisse libre d'en fixer l'époque ; mais il décide que les lettres de convocation devront porter : « MM. les membres auront » à examiner, dans cette séance, une communication spé- » ciale relative à l'exécution des statuts. » — Ainsi échoua cette tentative d'une réorganisation impossible.

Reprenons l'ordre chronologique des faits. — Durant son séjour en Angleterre, M. César Moreau avait remarqué que le premier et le plus noble des arts, le plus utile et le plus riche dans ses produits, l'art de cultiver la terre, y obtenait d'elle plus et mieux qu'il n'obtient dans d'autres contrées, même dans celles plus favorisées par la Providence ; il y avait vu aussi les manufactures, dirigées par des hommes actifs et instruits, sachant allier la prudence à la hardiesse, enfanter des prodiges et arriver à des résultats tels qu'il leur était possible de donner, à des prix infiniment moins élevés qu'ailleurs, des produits bien supérieurs ; il y avait également remarqué que le commerce, dirigé par un esprit prévoyant, hardi, souvent même audacieux, mais toujours raisonné, étendait ses relations à l'infini, et, jetant des ballots de marchandises partout où se trouve un port, une anse, une crique, multipliait avec habileté, sous la protection de lois tutélaires, ses savantes et lucratives opérations ; il y avait vu enfin, en homme qui savait voir, étudier et comprendre, toutes les sciences, tous les arts, soumis à une impulsion puissante et continue, s'approcher chaque jour davantage du degré de perfection qu'il leur est donné d'atteindre.—A cet imposant spectacle de l'art et de l'industrie d'un grand peuple qui, se développant constamment et produisant chaque jour de nouveaux et plus féconds résultats, assurait à la nation prospérité et puissance, et donnait aux citoyens richesse et considération, notre compatriote, qui se trouvait alors à cet âge où l'esprit de l'homme est dans la plénitude de sa force et de son énergie, et où l'imagination, chez les âmes d'élite, est facilement portée à l'admiration de ce qui est grand et beau, notre compatriote, disons-nous, reçut de vives et profondes impressions.—Surpris d'abord, puis entraîné par une curiosité à la fois scientifique et philanthropique, il ne se borna pas à admirer et à constater tant de merveilleux effets, mais il voulut en connaître les causes : il les trouva d'abord dans les sages institutions qui régissent l'Angleterre, puis et surtout dans cet esprit si bien compris d'association qui a doté la Grande-Bretagne d'une multitude de Sociétés et de corps savants auxquels elle doit, en grande partie, la propagation des bonnes méthodes et des théories sûres, en même temps que l'anéantissement des préjugés et des erreurs de la routine.

C'est cet heureux esprit d'association , — lisons nous dans une des savantes pages tombées de la plume de M. César Moreau, — « qui, rapprochant incessamment les
» hommes, leur apprend à se connaître, à s'estimer, à

» s'aimer, à se secourir. C'est lui qui, par l'heureuse con-
» centration des lumières, du savoir, des observations
» et des découvertes de chacun d'eux, allume ce phare
» immense qui, éclairant au loin les nations, les détourne
» des dangereuses voies d'erreur et de routine ou l'impiété
» les retient enchaînées, et les pousse, quelquefois malgré
» elles-mêmes, dans les voies de raison et de vérité que
» Dieu lui-même leur ouvre par l'auguste main de la phi-
» lanthropie. C'est lui enfin qui, plaçant sous l'influence
» des mêmes idées des mortels qui s'ignorent, séparés
» par des royaumes et des mers, et, les réunissant dans un
» commun sentiment d'humanité, dans de communs efforts
» pour le bien général des peuples, échauffe saintement
» leur cœur et leur inspire ces continuels et généreux sa-
» crifices sans lesquels il ne se fait rien de beau ni de bon
» sur la terre.... »

Frappé des féconds et immenses avantages que retirait l'Angleterre de ses nombreuses associations, M. César Moreau avait donc dès lors formé, dans son cœur et arrêté dans son esprit, le généreux dessein et la philanthropique résolution de doter un jour son pays d'associations semblables, et d'imiter l'Angleterre lorsqu'il lui serait permis de réaliser, sur la terre de France, ses patriotiques projets; et telles étaient, en effet, déjà ses pensées et ses vues, lorsqu'en 1828 il fut, par un concours de circonstances mentionnées plus haut, rendu à sa patrie.

La première application qu'il fit de ses observations et de ses études, nous l'avons dit aussi, fut la création de la *Société française de Statistique universelle*, à laquelle peu de mois suffirent, comme nous l'avons vu, pour jeter un grand éclat et grouper autour de son auteur une multitude de citoyens distingués, dans toutes les carrières et dans toutes les branches du savoir humain. Mais la fondation d'une seule société savante ne pouvait satisfaire son ardente philanthropie, et une année s'était à peine écoulée depuis la création de cette Société, premier fruit de ses lumières et de son patriotisme, dont nous venons de retracer les principales phases, lorsque M. César Moreau, toujours mu par le noble besoin d'être utile à son pays, toujours inspiré par le désir de contribuer au bien-être de ses semblables, et voulant attacher son nom à une institution philanthropique dont les bienfaits fussent assurés, fonda, à Paris, le 26 décembre 1830, *l'Académie de l'Industrie agricole, manufacturière, et commerciale.*

« C'était peu de jours après les journées de Juillet !!...» —nous dit M. J.-B. Vaucher, dans son tableau historique de la fondation de ce corps savant. — « ...... Ni le bruit des
» armements dont retentissait l'Europe entière, ni les
» préoccupations publiques qu'excitait la royauté nouvelle
» de la France, ni les préparatifs de guerre civile qui
» menaçaient le pays d'une horrible subversion ; rien de
» tout cela n'interrompit les hautes et savantes méditations
» de M. César Moreau. La société était malheureuse : c'é-
» tait à ses yeux une raison de plus pour hâter l'accomplis-
» sement de ses généreux desseins... Il les communiqua
» avec confiance à plusieurs citoyens qui, dès longtemps,
» lui étaient attachés par le triple et beau lien du savoir,
» du patriotisme et de l'amitié....... Appréciant de prime-
» abord tout ce qu'il y avait de grand, d'utile et de fécond
» en avantages pour la patrie, dans la conception de
» M. César Moreau, nous l'encourageâmes de toutes nos
» forces à l'exécuter sans différer.... Mais était-il besoin
» de nos exhortations pour le déterminer à bien faire?
» et n'en trouvait-il pas de plus puissantes encore dans

» sa sensibilité, dans sa générosité, dans son vif amour
» du bien public ?.... Alors, sans hésiter un seul moment,
» sans reculer devant les grands et indispensables sacri-
» fices qu'exigeait l'exécution de ses projets ; et, sans con-
» sidérer qu'attendu les circonstances critiques qui affli-
» geaient la patrie, il pouvait, par l'avortement de son
» entreprise, compromettre sa fortune, et, ce qu'il y avait
» encore de plus douloureux pour son cœur, la sécurité
» d'une famille tendrement aimée, il prit hardiment son
» parti, et fixa, au 26 décembre 1830, la première réunion
» de ses amis ; c'est-à-dire de ceux qu'il appelait à par-
» tager avec lui la gloire de fonder l'Académie de l'Indus-
» trie agricole, manufacturière et commerciale. A cette
» nouvelle, chacun de nous éprouva un vif sentiment de
» joie, et se prépara à seconder de tous ses moyens l'ac-
» complissement des vues du sage philanthrope... »

L'objet de la nouvelle Société savante était, dans la pensée de son créateur, de recueillir et de propager les découvertes, les inventions et les procédés utiles à l'industrie agricole, manufacturière et commerciale de tous les pays du monde. — Cette institution devait donc être un foyer actif et puissant d'où partiraient constamment de graves et doctes enseignements destinés à éclairer, sur leurs intérêts, les agriculteurs, les manufacturiers et les commerçants de tous les pays engagés dans une voie de civilisation. — Voici, au surplus, en quels termes l'honorable fondateur développa sa pensée et le but qu'il se proposait en créant l'Académie, dans un discours adressé aux membres fondateurs de cette œuvre.

« Messieurs,

» Dans l'état actuel de la civilisation humaine, la liberté

des peuples doit être inséparable de leur prospérité. Or, la prospérité d'une nation, c'est le développement complet de toutes ses facultés productives, accéléré et soutenu par la propagation et l'échange des connaissances théoriques et pratiques qui, chez tous les peuples, sont essentiellement propres à perfectionner les divers genres d'industrie, d'où dépend le bonheur social.

» Dans les temps anciens, comme dans les temps modernes, nous ne voyons nulle part que la liberté des peuples se soit affermie lorsqu'elle n'a point eu pour base et pour but, outre les règles conservatrices de la modération, l'amélioration du sort de l'homme, fondée sur l'accroissement, le perfectionnement et l'échange des produits du sol et de l'industrie. Aussi longtemps que la liberté, en Angleterre, a été restreinte à des abstractions politiques, ou à des théories philosophiques, elle n'y a produit que des fruits inutiles à la société. Mais dès qu'elle s'est appuyée sur le commerce, dès qu'elle a pris l'industrie pour auxiliaire, dès qu'elle s'est identifiée avec toute la hiérarchie des intérêts individuels, alors elle s'est fait comprendre et s'est pour ainsi dire fortifiée de l'existence de chacun; alors elle est devenue vraie, forte, indestructible.

» C'est le désir, Messieurs, de doter ma patrie d'un pareil genre de bonheur, qui m'a inspiré la pensée de former, sous vos auspices et avec votre concours, l'institution dont nous venons de jeter les fondements. Sans doute il n'est personne parmi vous qui n'eût pu concevoir, mieux que moi, l'idée mère de l'Académie de l'Industrie agricole, manufacturière et commerciale. Mais voici, Messieurs, ce qu'il me semble pouvoir vous dire sans orgueil comme sans fausse modestie.

» La carrière que j'ai parcourue, les études spéciales et

les laborieuses investigations auxquelles j'ai consacré toute ma vie ; les lieux sur lesquels j'ai pu apprécier, durant de longues années, l'effet combiné des pratiques et des théories du commerce et de l'industrie ; les nombreux ouvrages où sont consignés les résultats de ma faible expérience, enfin le succès aussi large que rapide d'une institution analogue à la vôtre (1), institution que j'ai conçue, commencée et poussée avec l'aide de mes nombreux collègues, à un point de prospérité où n'était jamais parvenue aucune association de ce genre ; toutes ces considérations m'autorisent peut-être à espérer que je n'ai point trop présumé de mes forces, en pensant que j'étais appelé à poser la première pierre d'un édifice que vous cimenterez de vos lumières et de vos sentiments philanthropiques.

» Je crois, Messieurs, que je pourrai aussi succinctement que clairement, préciser l'esprit de cette institution nouvelle, en rappelant ici des paroles qui s'appliquaient à la Société dont je vous parlais tout à l'heure :

« *Quant aux choses* : Appeler à soi et répandre dans
» toutes les classes de la Société la connaissance des faits
» propres à guider les hommes dans tous leurs intérêts.

» *Quant aux Hommes* : Adopter pour base le grand prin-
» cipe de la civilisation générale, la réciprocité d'obliga-
» tion qui existe entre tous les pays, l'échange, entre tous,
» des avantages des travaux de chacun, et la communauté
» de tous les faits et de toutes les vérités essentielles ; con-
» tracter, tant au dedans qu'au dehors, une alliance directe
» de corps à corps, d'homme utile à homme utile ; res-
» pecter toutes les convenances de position ; enfin présen-

---

(1) La *Société française de Statistique universelle*.

» ter le phénomène remarquable d'une Société qui, sans
» acception de parti, d'école ou de système, confond, dans
» un but d'utilité commune, le savoir et le zèle d'hommes
» appartenant à toutes les nuances d'opinion. »

» Ces paroles, Messieurs, expriment la véritable pensée à laquelle je m'arrêtai, lorsque je conçus le plan de l'Académie de l'Industrie agricole, manufacturière et commerciale. Jamais il ne se présenta de circonstances plus favorables au succès d'une entreprise à la fois si vaste et si philanthropique. Aujourd'hui, plus de préjugés qui paralysent le progrès de la civilisation, plus de routine qui contrarie les innovations utiles, plus d'idées fixes qui empêchent le mieux, même au bénéfice du bien. Pour obtenir ce mieux, il ne s'agit que d'en rechercher, d'en découvrir et d'en rassembler avec art les éléments épars, lesquels fécondés par l'appui tutélaire de la puissance publique, par l'intérêt et la coopération de tous les gens de bien, porteront, n'en doutons pas, des fruits avantageux à l'universalité des peuples.

» Sans rentrer, Messieurs, dans le détail de tous les moyens d'action qui vous conduiront sans doute au résultat immense que vous voulez atteindre, et dont les bienfaits ajouteront à tous vos droits à l'estime de vos semblables, je crois devoir insister sur un fait qui me paraît les résumer tous. Nous ne perdrons jamais de vue que notre mission est de réunir dans un foyer commun, pour les mettre ensuite à la portée de toutes les fortunes et de toutes les intelligences, toutes les théories, inventions, modifications ou découvertes nouvelles, qui peuvent intéresser, en quelque manière, l'agriculture, les manufactures et le commerce, n'importe le temps, le pays où elles naîtront. Il existe, dans les deux mondes, quinze cents sociétés savantes, dont l'institution a pour objet le développement des progrès de l'industrie. Sur ce nombre, il en est près de la moitié qui publie des mémoires ou écrits périodiques, lesquels, consacrés en partie à l'agriculture, aux manufactures et au commerce, présentent à l'examen et à la méditation les précieux fruits des travaux de ces corps savants. Nous mettrons toute notre sollicitude à recueillir la substance de tant de veilles diverses, et à en faire bénéficier non seulement nos concitoyens, mais les peuples étrangers eux-mêmes.

» Cette masse imposante de notions puisées à toutes les sources, jointe aux travaux qui nous seront propres, formera notre corps de doctrine et nos moyens d'enseignement. C'est avec de telles ressources, et les créations que nous solliciterons par des encouragements dignes d'elles, que nous parviendrons, sans nul doute, à imprimer le plus heureux mouvement à l'amélioration de l'agriculture, des manufactures et du commerce.

» Cette tâche, Messieurs, est grande, laborieuse, hérissée de difficultés, de sacrifices de plus d'un genre ; mais nous trouverons les forces nécessaires pour l'accomplir avec gloire, dans l'espérance d'être utiles à l'universalité des hommes, et de mériter les bénédictions de leur reconnaissance. »

Après ce discours si plein de pensées justes et élevées, et qui renferme tant de choses dans un cadre si étroit, M. César Moreau exposa rapidement, à ses honorables auditeurs, les moyens d'exécution auxquels il s'était arrêté, puis il leur présenta les statuts destinés par lui à régir la nouvelle institution. — Nous les reçûmes avec une entière confiance, ajoute ici M. Vaucher, dans le tableau historique déjà cité, et auquel nous allons emprunter l'ana-

lyse des principales dispositions des statuts en question:
« — car l'auteur nous garantissait la bonté de son ouvrage
» par les longues méditations auxquelles il s'était livré, et
» par son ancienne expérience dans l'organisation des
» corps savants. Nous considérâmes ces statuts comme une
» œuvre de raison, de sagesse, de prévoyance...... Nous
» vîmes des gages de durée et d'éclat dans ces dispositions
» dont l'une (art. 4) ordonne la publication mensuelle des
» travaux de l'Académie, indépendamment des mémoires
» jugés utiles et des ouvrages couronnés; dont l'autre
» (art. 10) impose une modique cotisation de 30 francs ou
» de 15 francs; dont celle-ci (art. 23), qui passe peut-être
» toutes les autres, en bon sens, défend toute discussion
» sur des matières de politique ou de religion; dont celle-
» là (art. 26) défère le *protectorat* de l'Académie aux sou-
» verains et princes qui en font partie. Comment s'abs-
» tenir de signaler également le haut caractère d'utilité
» empreint dans une foule d'autres dispositions? Qui n'ap-
» plaudirait à ces conceptions d'un esprit judicieux, équi-
» table, qui a voulu investir de la présidence d'honneur
» (art. 27) les grands de ce monde qui usent noblement
» de leurs richesses pour favoriser les progrès des sciences,
» et de la *présidence honoraire* (art. 28) les savants si dignes
» de vénération dont les veilles fatigantes ont opéré ces
» mêmes progrès? Qui ne ratifierait cet article 29 qui
» fixe à cinq années la durée des fonctions du président
» du conseil d'administration, auquel sont attribuées
» (art. 39, 40, 41 et 42) (1) des fonctions et des charges qui,

---

(1) **Président du Conseil.**

Art. 39. — Le président du conseil a la gestion immédiate de toutes

» pour être fructueuses, demandent tant de lumières et de
» suite? Et cet article 32 qui accorde à tous les membres,
» résidents ou non résidents, le droit de concourir à l'é-
» lection des pouvoirs de l'Académie? Et cette série de
» dispositions (art. 47 à 53) qui, composant le conseil d'ad-
» ministration des grands officiers et officiers de l'Acadé-
» mie, lui confient tant et de si grandes attributions : qui
» attachent au conseil jusqu'à huit comités (1) investis du
» droit et du devoir d'indiquer les moyens les plus favo-
» rables aux développements des industries agricole,
» manufacturière et commerciale ; de poursuivre le per-
» fectionnement des méthodes et des systèmes; de fixer
» les prix et encouragements dus aux talents, aux services ;
» d'examiner les comptes de finances; d'ordonner et de
» vérifier les traductions intéressantes pour l'Académie ;
» enfin de soutenir et de défendre les droits de cette insti-
» tution, s'ils étaient jamais attaqués? Qui n'accorderait
» aussi son approbation aux volontés éclairées du *fonda-*
» *teur*, lorsqu'il défère (art. 56) aux membres non résidents,

---

les affaires de l'Académie, et la direction spéciale, scientifique, morale et administrative de toutes les parties de l'institution.

Art. 40. — Il a la nomination de tout le personnel jugé nécessaire pour exécuter les ordres et les travaux de l'Académie.

Art. 41. — Il écrit et agit en son nom, et convoque toutes les assemblées ordinaires et extraordinaires de l'Académie, du conseil et des comités.

Art. 42. — Il pourra être exigé un cautionnement du président du conseil d'administration, lequel sera de 25 à 100,000 francs.

(1) *Comités attachés au conseil d'administration.*

Art. 54. — Ces comités sont ceux : de perfectionnnement, des prix et des encouragements, de traduction, d'agriculture, des manufactures, du commerce, des finances et du contentieux.

» pendant leur séjour à Paris, les mêmes droits qu'aux
» membres résidents? Lorsqu'il institue (art. 59) des
» récompenses annuelles qui, sous le beau nom de *Mé-*
» *dailles d'honneur*, iront honorer les auteurs ou les pra-
» ticiens dont les veilles sont consacrées au perfectionne-
» ment de l'industrie des nations? Lorsqu'il veut (art 66 et
» 67) que le fonds de prévoyance, sagement formé de
» trois natures diverses de produits, ne puisse recevoir
» d'emploi qu'en vertu d'une décision du conseil, sanc-
» tionnée par l'approbation d'un tiers au moins des mem-
» bres résidents? Lorsqu'il pourvoit si prudemment (art. 68
» à 71) à la conservation et au placement des fonds de la
» société? Lorsque, dans le cas de dissolution de cette
» société (art. 72 et 73), il établit une égale répartition de
» toutes les propriétés disponibles entre tous les membres,
» co-propriétaires qui ont payé leur cotisation viagère et
» ceux qui paient, depuis deux ans au moins, leur cotisa-
» tion annuelle? lorsque, présumant bien de la générosité
» de ses collègues, il excepte (art 74) du partage précité les
» sommes, manuscrits, dessins, ouvrages offerts à l'Acadé-
» mie avec destination spéciale, pour en doter (art 75 et 76)
» des sociétés analogues, qu'il charge dans ce cas d'exécu-
» ter les engagements imposés par les donateurs (1)? Lors-
» qu'enfin ce qui, aux yeux des hommes expérimentés, at-
» testera un haut degré de prudence, M. César Moreau exige
» que l'on ne puisse modifier (art. 79), jusqu'en 1835, les
» statuts constitutifs de l'Académie, qu'avec l'autorisation

---

(1) Art. 77. — Par ce moyen, les BIENFAITEURS de l'Académie seront assurés de l'accomplissement de leurs généreuses et utiles intentions, même après qu'elle aurait cessé d'exister.

» du *fondateur*, approuvée par le tiers au moins des mem-
» bres résidents?.. »

Les membres fondateurs, au nombre de 36, qui dans la première séance donnèrent leur approbation au discours de M. César Moreau, ainsi qu'aux statuts dressés par ses soins, furent entre autres MM. L. Galabert, député; Altaroche, homme de lettres; E. de Girardin, publiciste; Thiebault, officier d'état-major; le chevalier Rifaud, voyageur scientifique; Sarrans aîné, négociant, et Sarrans jeune, publiciste; J.-B. Vaucher, homme de lettres; le prince de Soutzo, ministre plénipotentiaire de Grèce à Paris; Théologue, orientaliste et ancien diplomate; l'évêque Luscombe; Lautour de Mézeray; Huber, vice-consul; Morard, avocat; le général baron Juchereau de Saint-Denis; Mitchel, homme de lettres; le baron d'Asda; le chevalier Leroy de Bacre ; Boubée de Brouquens, employé supérieur; Chaumette, ingénieur; Ducluzeau; Ballard de Gironne, homme de lettres, etc.

L'idée de M. César Moreau était grande, belle et puissante d'avenir, et elle avait en outre le mérite de répondre à un besoin vivement senti ; le but qu'il se proposait était aussi louable qu'utile, aussi important qu'honorable; il frappa immédiatement les hommes les plus distingués, tous ceux qui joignent les lumières aux vertus, et ils s'y associèrent de grand cœur. A peine, en effet, la fondation de ce nouveau corps savant fut-il connu, qu'un grand nombre de citoyens de toutes les classes sollicitèrent l'honneur d'y être admis. L'élan fut tel qu'après un mois d'existence, l'Académie, complètement organisée, put commencer à montrer ses titres à l'estime publique, par la publication de bulletins remarquables, qui justifièrent les espérances qu'elle avait fait concevoir. Enfin, au bout de quatre mois environ, l'existence de cette nouvelle société, qui comptait parmi ses membres des notabilités industrielles et autres, les plus respectables de la France et de l'étranger, fut assurée sur un long avenir de services, et son fondateur put dès lors être certain qu'elle continuerait, sous les généreuses inspirations d'un patriotisme vrai, les grands travaux qu'elle s'était courageusement imposés ; il put se dire aussi que ces travaux porteraient des fruits dignes de l'époque et des louables sentiments qui les avaient inspirés.

Mais n'anticipons pas.

La première séance des membres fondateurs fut en outre consacrée à l'examen de quatre lettres adressées par M. César Moreau : la première au roi, la seconde à S. A. R. M. le duc d'Orléans, et les deux autres à M. le comte de Montalivet, pair de France et ministre de l'intérieur, et à M. Odilon Barrot, député, et alors préfet du département de la Seine.

La lettre au roi peut se résumer ainsi : Persuadé qu'il n'est point d'amélioration qui ne puisse, à l'ombre de son trône populaire, être tentée avec succès pour le perfectionnement de tous les genres d'industrie, on supplie Sa Majesté d'honorer de son auguste protectorat la nouvelle Académie. C'en est fait de la destinée des peuples qui ne fixeraient pas toute leur attention sur les moyens de perfectionner l'agriculture, les manufactures et le commerce. C'est cette conviction, c'est le désir de contribuer autant que possible au bonheur de l'universalité des peuples civilisés, qui ont inspiré l'institution, sur laquelle on prend la liberté d'appeler les regards et l'intérêt du souverain.

L'Académie, disait-on à M. le duc d'Orléans, devra à ses principes constitutifs l'appui des notabilités dont s'honore la France ; connaissant et révérant les vertus patriotiques du prince royal, les membres fondateurs sollicitent, pour cette société savante, sa haute protection.

La lettre adressée au ministre de l'intérieur portait en substance :

Travailler au perfectionnement du bonheur social est un devoir pour tous, en même temps qu'une nécessité de l'époque. Animés d'une philanthropie sincère, les signataires viennent de fonder, sous le nom d'Académie de l'Industrie agricole, manufacturière et commerciale, une institution qui se propose l'avancement de ces trois genres d'industrie. Telle est la glorieuse tâche que se sont imposée les membres fondateurs de l'Académie, et qu'ils sauront remplir avec cette ardeur, cette constance et cette suite qu'inspire seul l'amour de l'humanité..... Ils espèrent que le ministre applaudira à cette conception, rendra justice à leur zèle pour le bien public, et daignera, lui, homme de lumières, de vertus et de patriotisme, appuyer leurs efforts de toute l'influence de sa position dans l'État.

Enfin, à M. Odilon Barrot on écrivait, en résumé :

Pénétrés de l'extrême importance attachée au perfectionnement de l'industrie agricole, manufacturière et commerciale, nous avons cherché avec tout le zèle et la chaleur qu'inspire un véritable patriotisme, par quels moyens nous pouvions atteindre à ce perfectionnement si désiré. Nous croyons en avoir trouvé un digne d'exciter les méditations d'hommes éclairés et dévorés de la passion d'être utiles. Ce moyen consistait à créer une institution spéciale, où vinssent se concentrer, comme dans un foyer commun, toutes les connaissances qui, de quelque manière, se rattachent à la triple industrie de l'agriculture, des manufactures et du commerce. l'Académie, au nom de laquelle nous avons l'honneur de vous entretenir, a été fondée sur des bases qui lui promettent un long avenir d'honneur et de prospérité....

Mais tout établissement qui s'élève a besoin de l'appui des dépositaires de la puissance publique...... Revêtu de la première magistrature du département de la Seine, vous ne verrez pas avec indifférence une institution scientifique dont tous les membres réunis par une ardente philanthropie se proposent de si importants résultats, et vous appuierez leurs généreux efforts de toute l'influence que vous tirez de votre haute position.

Le roi et le prince royal félicitèrent M. César Moreau de son heureuse idée, et lui firent la promesse de le seconder dans l'exécution de sa généreuse conception; quant à M. le comte de Montalivet et au préfet de la Seine, ils s'empressèrent de lui répondre avec une bienveillance marquée, et en lui donnant l'autorisation de les inscrire au nombre des membres de l'Académie.

Dans cette même séance du 26 décembre 1830, après avoir discuté et adopté diverses mesures d'organisation et de règlements intérieurs dont l'examen n'entre pas dans notre cadre, on décréta encore la formation graduelle d'une bibliothèque composée d'ouvrages relatifs à la triple spécialité des travaux de l'Académie, et l'on décida, en principe, la fondation de plusieurs médailles *d'honneur* destinées à récompenser le zèle des industriels. Enfin, avant de se séparer, les membres fondateurs, obéissant à un louable sentiment de reconnaissance, votèrent d'unanimes remercîments au savant estimable, au citoyen recommandable aux talents et aux soins duquel la nouvelle Académie devait sa création, ses statuts et ses premiers membres.

Les diverses opérations accomplies dans cette journée, nous dit M. J.-B. Vaucher (Tableau historique de la fondation de l'Académie), « avaient honorablement ouvert la
» carrière philanthropique où nous nous élancions tous
» avec joie, sur les pas de M. César Moreau. Mais pour
» avancer dans cette belle carrière avec un raisonnable es-
» poir de succès, que d'obstacles à vaincre ! Il s'agissait
» d'abord de trouver la somme nécessaire aux premiers
» frais d'établissement... Ici éclate le dévouement de
» M. César Moreau, dévouement touchant, admirable, et
» qui lui donne d'incontestables droits à notre reconnais-
» sante estime. Quelques membres se présentent, deman-
» dant à fournir leur part dans les dépenses qu'exigera la
» fondation de la société. Il se refuse à leurs offres ; non
» qu'il prétende s'arroger toute la gloire de l'entreprise,
» mais parce qu'il en veut courir seul les chances, si cette
» entreprise offre des chances; et l'on ne peut se dissimu-
» ler qu'elle en offrait de très grandes, quand on se reporte
» à l'époque qui succéda aux journées de Juillet... Cepen-
» dant M. César Moreau, qui vit dans un rang, possède une
» fortune et jouit d'une réputation qui le place au-dessus
» de tout soupçon de vues intéressées, ne se contenta point
» de faire des avances d'argent; ce fut sa propre maison
» qu'il mit à la disposition des membres de la société pour
» y tenir leurs séances... »

La seconde réunion, celle du 3 janvier 1831, fut remplie par la discussion et l'adoption de quatre arrêtés importants. Le premier concernait l'établissement d'un comité permanent, composé de cinq membres du conseil pro-

visoire (1). Ce comité, ou pouvoir exécutif, créé dans le but d'imprimer plus d'unité et de promptitude aux travaux, et chargé de tous les détails de la fondation et de la direction de l'Académie, devait rendre compte de ses actes aux membres fondateurs composant le conseil provisoire, et soumettre à leur approbation les mesures qu'il aurait jugées utiles. — Le second et le troisième arrêtés, qui furent adoptés dans la séance du 3 janvier, avaient rapport à la tenue des séances ordinaires et extraordinaires du conseil. Enfin, le quatrième, relatif à la convocation d'une assemblée générale, portait : « Aussitôt que les membres rési-
» dents seront au nombre de cinq cents, il sera convoqué
» une assemblée générale dans laquelle on procèdera à l'é-
» lection définitive du conseil d'administration. »

Les séances des 10, 15, 22 et 29 janvier furent consacrées à l'examen de diverses propositions et de plusieurs circulaires et lettres, dont l'une, adressée à M. Girod (de l'Ain), alors préfet de police, avait pour objet de demander à ce magistrat l'autorisation de se réunir.

Les institutions philanthropiques et scientifiques, lui disait-on, qui ont pour objet de hâter le développement de l'industrie agricole, manufacturière et commerciale, ne sauraient jamais se multiplier trop dans un Etat où les savants abondent, sans doute, mais où peut-être le nombre des praticiens ne se trouve pas en même rapport.

Frappés de cet inconvénient, et souhaitant d'y remédier autant qu'il peut dépendre d'eux, quelques hommes,

---

(1) Le conseil provisoire avait M. César Moreau pour président, et le général baron Juchereau de Saint-Denis pour secrétaire-général. — Les cinq membres du comité permanent furent MM. César Moreau, Boubée de Brouguens, Leroy de Bacre, Monnoyeur et J.-B. Vaucher.

qui se recommandent par leur amour du bien, par leurs travaux et leurs connaissances, ont fondé, sous la direction de M. César Moreau, une Académie où viendront se concentrer, comme dans un foyer commun, toutes les connaissances qui se rattachent, de quelque manière, à l'agriculture, aux manufactures et au commerce.

Cette Académie s'est fait une loi, qu'elle ne violera jamais, de n'admettre que des données positives, de ne s'occuper que des faits accomplis, et de rejeter constamment toute espèce de théories arbitraires qui offriraient la moindre analogie avec les questions politiques et religieuses.

Déjà, plusieurs fois, les premiers membres de l'Académie se sont réunis pour jeter les bases du scientifique édifice qu'ils voulaient élever, et pour concerter entre eux les moyens d'en assurer l'éclat et la prospérité. Mais, esclaves des lois qu'ils révèrent, leurs réunions n'ont jamais été composées de plus de dix-neuf personnes. — « Cependant, » Monsieur le Préfet, comme il deviendra bientôt nécessaire » à l'importance du but que se propose l'Académie, que » ces réunions soient plus nombreuses, elle nous a chargés » d'en solliciter la permission auprès de vous ; elle l'attend » de vos bontés, en considération de l'honorable carrière » où elle s'engage, et elle la recevra avec reconnaissance. »

Dans une réponse pleine de bienveillance et aussi prompte que délicate, M. le préfet annonça à M. César Moreau, qu'adhérant d'esprit et de cœur aux sages principes professés par l'Académie, il venait de transmettre sa demande à M. le ministre de l'intérieur, avec prière d'y faire droit. Peu de jours après, en effet, l'obtention de l'autorisation sollicitée et l'approbation ministérielle octroyée aux statuts de l'Académie prouvèrent aux membres fondateurs de ce corps savant, et à son respectable auteur, que l'idée était sympathique à l'autorité supérieure, et qu'ils pouvaient compter, en faveur de l'œuvre, sur son appui et sa protection.

Les 5 et 12 février, les membres fondateurs, entre autres mesures, lettres et arrêtés qu'ils sanctionnèrent, décidèrent, sur la demande et la présentation de M. César Moreau, qu'attendu qu'à toute société il convient d'avoir des *armes*, c'est-à-dire une image, une figure, qui exprime son esprit et son but, et lui imprime, en quelque sorte, un caractère propre et distinctif, les armes de l'Académie seraient :

1° UN SOLEIL APPARAISSANT DANS TOUTE SA SPLENDEUR AU-DESSUS DU GLOBE, ET DISPERSANT, PAR LA FORCE DE SES RAYONS, LES ÉPAIS NUAGES QUI L'ENVELOPPENT ET L'OBSCURCISSENT.

2° *Les mots* : ACADÉMIE DE L'INDUSTRIE, *seront placés au-dessus du soleil*; *et ceux-ci* : FONDÉE PAR M. CÉSAR MOREAU, LE 26 DÉCEMBRE 1830, *au-dessous du globe et des nuages.*

A la réunion du 19 du même mois, M. César Moreau, qui remplissait à la fois les fonctions de président de l'Académie (1) et celles de président de son conseil provisoire

---

(1) Dans la première séance tenue par les membres fondateurs, le 26 décembre 1830, l'on avait appelé, à la présidence de l'Académie, M. le duc de Doudeauville, pair de France. Cette décision lui ayant été transmise, sa réponse ne se fit point attendre ; malheureusement elle annonçait un refus exprimé avec autant d'esprit que de délicatesse, et fondé sur de graves et légitimes raisons. Voici quelques fragments de la lettre qui lui avait été adressée, et la réponse du noble duc :

« Monsieur le Duc,

» Frappée de vos vertus, de vos lumières et de la constante protec-
» tion que vous accordez aux arts industriels, l'Académie réunie pour
» procéder à son organisation, vous a choisi pour son président....

et du comité permanent, cédant à un louable sentiment de modestie, soumit aux membres fondateurs une lettre écrite par lui, au nom de tous, à M. le duc de Montmorency, pour lui offrir la présidence de la société. Cette lettre de l'honorable fondateur, à laquelle ses collègues s'empressèrent de donner leur adhésion, était conçue en ces termes :

« L'Académie a été formée dans l'honorable but de contribuer, autant qu'il dépendra d'elle, à l'accroissement successif de la prospérité publique. Elle sera comme un foyer commun et permanent où viendront se concentrer toutes les connaissances d'où peut dépendre l'amélioration de l'agriculture, des manufactures et du commerce. Or, voici, Monsieur le Duc, à quels moyens d'exécution elle

---

» Elle a saisi avec empressement l'occasion qui se présentait, d'hono-
» rer en vous l'homme de bien, l'homme éclairé, et de vous offrir un
» hommage public de son estime et de sa vénération ; trop heureuse,
» Monsieur le duc, si, prenant en considération le but important
» qu'elle se propose, et sensible au vœu qu'elle vous manifeste par
» notre bouche, vous daignez accepter un poste où vous pourriez lui
» être si utile, et lui prêter l'appui de ce savoir, de cette sagesse et de
» cette expérience, dont vous offrites naguère de si éclatantes preu-
» ves dans les conseils de la France..... »

« Je viens, Messieurs, de recevoir l'obligeante proposition que vous
» voulez bien me faire. Si quelque chose pouvait ajouter à ma recon-
» naissance, c'est la manière dont elle m'est faite, et les choses flatteu-
» ses dont vous avez bien voulu l'accompagner. Mais plus j'en sens le
» prix, plus je sens l'avantage de la nouvelle société que vous venez
» de former, et son but estimable et ses résultats importants ; plus je
» sens la nécessité de choisir pour président un homme qui en soit
» vraiment digne. Je ne le suis que par mon extrême désir d'être utile,
» que par mon vif amour du bien ; mais cela ne suffit pas : destiné à

s'est arrêtée. Il existe sur la surface du globe plus de quinze cents sociétés savantes, dont les mémoires renferment une foule de documents précieux, relatifs à la triple industrie qui fait l'objet spécial des méditations de l'Académie. Tels sont les documents qui seront compulsés avec une ardeur et une persévérance que ne lasseront jamais ni les difficultés ni les sacrifices que peut entraîner une si vaste entreprise.

» L'Académie de l'Industrie, dont l'institution est le noble fruit d'un ardent amour du bien public, s'est réunie en assemblée générale, le 19 février, pour procéder à la nomination de son président.

» Parmi les divers personnages recommandables par leurs lumières et leur patriotisme, auxquels elle a songé pour la direction de ses délibérations, elle n'en a vu aucun dont le nom pût jeter autant d'éclat que le vôtre, et lui at-

---

» passer dans mon département cinq ou six mois par an, occupé pen-
» dant mon séjour à Paris, par douze ou quinze places (gratuites)
» qu'on a bien voulu me presser d'accepter, je serais plus qu'inutile
» dans celle-ci ; car lorsqu'on n'est pas un utile président, on est un
» président nuisible. Veuillez donc me permettre d'être simplement
» votre collègue. De loin, je ferai des vœux pour vos succès; de près,
» j'y contribuerai par mon exactitude, autant que mes nombreuses
» occupations m'en laisseront la possibilité ; et, de près comme de
» loin, je m'honorerai d'être associé à des hommes dont l'unique objet
» est de rendre à leur pays et à l'humanité tous les services qui dépen-
» dent d'eux.

» Veuillez, Messieurs, avec mes sincères remercîments, recevoir
» l'assurance non moins sincère, des sentiments distingués avec les
» quels j'ai l'honneur d'être, votre très humble et très obéissant ser-
» viteur,

» *Signé* : Le Duc de Doudeauville. »

tirer plus promptement la confiance publique. En conséquence, Monsieur le Duc, elle a réuni sur vous tous ses suffrages. Elle ose espérer que, sensible à ce vœu, et sympathisant avec les vues élevées qui l'animent, vous daignerez accepter la présidence qu'elle vous offre avec le même sentiment qui lui a inspiré le choix de votre personne.

» Voilà, Monsieur le Duc, l'honorable mission que nous avons reçue de l'Académie. Puisse le succès de cette mission répondre à nos désirs. Puissions-nous avoir bientôt à mettre sous les yeux de l'Académie une réponse qui justifie ses espérances et les nôtres ! Nous n'osons pas douter du succès que nous ambitionnons avec ardeur, car nous savons qu'on ne s'adresse jamais en vain au patriotisme et à la sagesse des Montmorency. C'est en marchant sous les auspices d'un Français renommé par la loyauté de son caractère, que l'Académie avancera à grands pas dans la carrière que lui a ouverte une généreuse et vraie philanthropie, et qu'elle pourra servir, avec un succès infaillible, les trois genres d'industrie qui fondent le bonheur et la puissance des peuples... »

Ce langage était noble et digne ; il fut compris, et dès le lendemain, 20 février, l'honorable duc de Montmorency, ce philanthrope si éclairé, si sincèrement ami de la civilisation humaine, cet homme, comme on l'a si bien dit, qui ne s'est jamais souvenu de sa descendance des premiers barons de la chrétienté que pour s'efforcer de les imiter, sinon dans la grandeur de leurs héroïques actions, du moins dans la grandeur de leurs vertus patriotiques et de leur dévouement aux intérêts et à l'honneur de la France, répondait, par les lignes suivantes, expression aussi élevée que sympathique, aussi touchante que flatteuse, à l'appel qui lui avait été fait.

« Je viens, Messieurs, d'avoir avec le fondateur de votre
» Académie un entretien qui a fixé toute mon attention, et
» a laissé dans mon esprit un profond souvenir. Lorsque
» M. César Moreau m'eut expliqué le but philanthropique
» de sa fondation, et les solides bases sur lesquelles il
» l'établissait; lorsqu'il m'eut exposé sa noble et philan-
» thropique intention de réunir, en un brillant faisceau de
» lumières, les matériaux immenses qui ont trait à l'agri-
» culture, aux manufactures et au commerce, matériaux
» qui, répandus dans des milliers d'ouvrages français ou
» étrangers, attendent une main habile qui les coordonne
» et en tire les précieuses richesses qu'ils renferment;
» lorsqu'enfin il eut mis sous mes yeux les modèles de
» différentes médailles destinées à récompenser les talents
» et le zèle de tous les hommes qui vous aideront à rem-
» plir la belle et difficile tâche que vous vous êtes imposée,
» je demeurai convaincu que jamais plus intéressante
» institution n'avait été conçue, et je félicitai sincèrement
» son auteur.

» Je sais que l'Académie, pressée d'accomplir sa grande
» œuvre, a ouvert une lice glorieuse, dont les vainqueurs
» recevront de précieuses récompenses si ingénieuse-
» ment nommées MÉDAILLES D'HONNEUR, et si bien faites
» pour exciter l'émulation du savoir, si toutefois le savoir
» avait besoin d'autre attrait que la gloire de servir l'hu-
» manité.

» Or, Messieurs, la conviction profonde des services
» immenses que l'Académie de l'Industrie française peut
» rendre à la société humaine, telle est la source du vif
» intérêt qu'elle m'inspira tout d'abord; quant à l'estime
» sincère que je porte à son respectable auteur et à ses

» membres, elle repose sur la connaissance que j'ai ac-
» quise de leur philanthropie et de leur expérience.

» Déjà j'ai accepté avec une vive reconnaissance le titre
» de membre; mais j'accepte aujourd'hui, avec une recon-
» naissance bien plus vive encore, le titre nouveau qui
» vient d'être décerné, moins à mon mérite sans doute,
» qu'aux pures intentions qui m'animent. Certes, Mes-
» sieurs, l'Académie pouvait aisément trouver parmi ses
» premiers membres un homme plus digne que moi de
» diriger ses délibérations, et j'ai de grandes raisons de
» craindre que l'honorable poste où elle m'appelle ne soit
» beaucoup supérieur à mes forces. Néanmoins, Messieurs,
» fier de la flatteuse confiance qu'elle me témoigne, j'y
» répondrai comme je le dois, comme elle le mérite : les
» lumières pourront me manquer souvent; mais le cou-
» rage et le dévouement, jamais. Aidé de vos conseils,
» soutenu de votre savoir, encouragé par votre indulgence,
» je remplirai avec une constante ardeur la glorieuse tâ-
» che qui m'est imposée, et rien ne surpassera mon bon-
» heur, si ma faible coopération à vos intéressants travaux
» obtient la publique approbation que j'ambitionne.

» Voilà, Messieurs, la résolution que je prends et le vœu
» que je forme. Toute ma vie j'y serai fidèle; car je croi-
» rais manquer à mes devoirs d'homme et de Français, si,
» refusant d'entrer dans la carrière que les bontés de
» l'Académie ont ouverte à mon zèle, je laissais échapper
» l'heureuse occasion de contribuer au bonheur de l'uni-
» versalité des peuples. En rapportant, Messieurs, à
» l'Académie, qui possède en vous de si dignes interprètes,
» cette réponse où j'ai mis toute la franchise de mon âme,
» daignez l'assurer de ma respectueuse considération et
» de mon éternelle gratitude. Lui dois-je moins, à cette

» belle Académie, en retour de l'honneur et de l'éclat
» que son choix va répandre sur mon existence?

» Je suis, avec la considération la plus distinguée,

» Messieurs,

» Votre très humble et très obéissant serviteur,

» Le duc DE MONTMORENCY. »

Dans cette même séance du 19 février, les membres fondateurs approuvèrent également l'appel fait par M. César Moreau, au nom de l'Académie, A TOUS LES HOMMES, *de quelque pays qu'ils soient, qui, par leurs écrits ou leur protection, avaient rendu des services à l'agriculture, aux manufactures et au commerce.* — Nous croyons qu'on nous saura gré de reproduire ici les principaux passages de cette pièce importante, parce qu'elle indique, surtout, les bases aussi larges que bien pensées sur lesquelles M. César Moreau avait déterminé et pris soin d'assurer son œuvre.

« L'idée-mère de l'Académie est due au plus vrai, au
» plus ardent patriotisme. L'unique but que se propose
» cette institution toute scientifique, et vers lequel
» tendront tous ses efforts, c'est d'élargir chaque jour la
» sphère de toutes les connaissances qui, de quelque ma-
» nière, se rattachent à l'agriculture, aux manufactures et
» au commerce, et de les concentrer dans un foyer com-
» mun, pour leur donner un développement plus étendu,
» plus systématique, et faciliter leur propagation ultérieure.
» Si, comme il n'est possible à personne d'en douter, les
» trois branches d'industrie qui seront le constant objet
» de toutes nos méditations, sont la principale source de
» la prospérité des peuples, quel homme de bien refuse-
» rait de travailler à épurer, à agrandir une source si pré-

» cieuse ? Telle est la grande et belle tâche que nous avons
» pris l'irrévocable résolution d'accomplir. Permettez-
» nous, maintenant, quelques mots plus caractéristiques
» encore, sur une institution qui, par la nature de son
» but, et le zèle de ses membres, est destinée à rendre de
» si importants services à l'universalité des hommes.

» Il y a sur la terre quinze cents sociétés savantes, dont
» plus de moitié s'occupe d'agriculture, des manufactures
» et de commerce. C'est dans les immenses publications
» de ces sociétés que se trouvent épars les éléments de la
» prospérité industrielle des nations. Ces éléments pré-
» cieux sont innombrables; ils existent sans lien; ils for-
» ment comme un dédale inextricable, qui, jusqu'à ce
» jour, a rebuté bien des courages. Par le nôtre, ils seront
» réunis, comparés, publiés, et deviendront, nous en
» avons l'espoir, un vaste faisceau de lumières, propre à
» guider, dans la voie des grands intérêts de l'industrie,
» les agriculteurs, les manufacturiers et les commerçants.

» L'Académie a mis à la disposition de son conseil d'ad-
» ministration les moyens d'encouragement les plus
» étendus. Pendant les seules années 1831 et 1832, il sera
» distribué, en son nom, 600 médailles d'honneur, en or,
» argent, et bronze.

» Tous les prix seront décernés avec autant d'équité que
» de discernement ; tels sont les titres de l'Académie à
» votre intérêt. C'est au nom de l'humanité même que
» nous vous supplions de ne lui point faire attendre l'utile
» concours de vos talents et de vos lumières. Cet intérêt
» qu'elle invoque, ce concours qui répandrait tant d'éclat
» sur ses travaux, seront considérés par elle comme le
» plus flatteur encouragement qui puisse être accordé à
» ses intentions philanthropiques. Ils seraient sa plus

» belle couronne, sa couronne de gloire. Elle les obtiendra
» sans doute ; car, comment penser que des hommes dé-
» voués au bonheur de l'espèce humaine, refusent de
» faire cause commune avec une académie dont les pre-
» miers membres se recommandent tous par la pureté
» de leurs vues, qui a inscrit sur son drapeau : Industrie
» agricole, manufacturière et commerciale, et qui n'attend
» d'autre prix de ses sacrifices et de ses veilles, que la
» gloire de hâter les progrès de cette triple et intéressante
» institution. »

Des séances d'un haut intérêt se succédèrent les 5, 12, 19 et 26 mars : les principales mesures proposées par l'honorable fondateur à ses dignes collègues, et adoptées par eux, furent, entre autres :

1° Une adresse empreinte des plus purs sentiments de confraternité académique aux principales sociétés savantes de France, pour leur exprimer le désir de l'Académie d'entrer en communication avec elles, et d'échanger leurs publications contre les siennes. — Cette adresse, accueillie avec empressement et sympathie par les corps savants auxquels elle fut adressée, produisit les plus heureux résultats.

2° Une lettre circulaire à adresser aux directeurs et conservateurs des principales bibliothèques des villes de France, en vue de se procurer des matériaux utiles et nombreux, destinés à alimenter et enrichir les publications de l'Académie.

« Nous eûmes singulièrement à nous louer, » — dit à ce sujet M. J.-B. Vaucher (tableau historique de la fondation de l'Académie), — « de la politesse empressée avec
» laquelle on accueillit notre demande. Beaucoup de bi-
» bliothécaires, saisissant d'un coup d'œil l'importance

» de notre institution et les résultats possibles de nos tra-
» vaux, nous assurèrent qu'ils se feraient un devoir de
» mettre à notre disposition tout ce qu'ils possédaient
» d'ouvrages propres à l'exécution de nos travaux. Mais
» ce qui nous toucha par dessus toute chose, c'est qu'il se
» trouva plusieurs de ces savants distingués qui, en solli-
» citant l'honneur d'être associés à l'Académie, promirent
» de concourir à ses travaux par leurs propres travaux. »

Dans la séance du 5 avril, alors que l'Académie était complètement et légalement organisée (1), et qu'elle avait déjà reçu, en grand nombre, de bien précieuses et illustres adhésions, les membres composant le conseil, ordonnèrent au journal des travaux de la société, l'insertion d'une notice historique et biographique sur M. César Moreau, fondateur de l'œuvre et président du conseil d'administration. Ce travail confié à la plume de M. J.-B. Vaucher, l'un des quatre secrétaires de l'Académie, fut ensuite unanimement approuvé, après lecture, par le conseil. Nous en citerons ici les premières lignes, dans lesquelles l'auteur explique le but de cette publication.

« Lorsqu'un homme, attachant son nom à une société
» savante, et entouré d'hommes éminents en savoir et
» en patriotisme, se présente devant ses concitoyens, et les
» convie à joindre à ses lumières et à son zèle, leur zèle
» et leurs lumières ; lorsque cet homme, ne recevant que
» de son amour pour son pays la mission qu'il annonce,

---

(1) Les statuts de l'Académie ont été *approuvés par le gouvernement*. — Le conseil général du département de la Seine a déclaré que l'Académie de l'industrie agricole, manufacturière et commerciale, était une institution d'*utilité publique*, et elle a été exemptée comme telle de toute imposition.

» s'adresse à ses semblables, et leur dit : — Suivez-moi
» dans une carrière où l'on travaille au bien de l'huma-
» nité, et où l'on recueille le prix de ses travaux et de ses
» sacrifices dans les satisfactions de sa conscience et dans
» l'estime publique ; — il faut évidemment que celui qui
» parle de la sorte fasse voir clairement qu'il est digne
» du grand rôle qu'il s'attribue ; il est important, il est
» indispensable que l'on sache quel est cet homme, et
» s'il mérite véritablement la confiance qu'il sollicite.
» Telles sont les raisons qui ont déterminé la publication
» d'une notice biographique sur M. César Moreau, fon-
» dateur de l'Académie. Puisse cette notice ajouter à l'es-
» time que portent à M. César Moreau tous les membres de
» l'Académie ! Ce serait une digne et précieuse récom-
» pense de tous les services qu'il a rendus à la chose pu-
» blique. »

L'honorable biographe, après avoir raconté la vie si active, si dignement et si utilement remplie de M. César Moreau, terminait en ces termes : « Telle est la position de
» cet homme de bien qui a longtemps et honorablement
» servi son pays, et qui a créé des sociétés savantes, dont
» les travaux utiles ont encore ajouté à sa renommée et au
» bonheur de la France. — Nous croyons qu'il n'est per-
» sonne qui ne rende hommage aux généreux sentiments,
» à la noble conduite du principal fondateur de notre
» institution, et ne soit disposé à lui en continuer la
» preuve, en concourant aux perfectionnements des trois
» plus hautes sources de la prospérité des nations. »

C'est au travail, dont nous venons de parler, c'est à cette notice biographique de M. César Moreau revêtue de la sanction publique d'une réunion imposante d'hommes marquants à divers titres, et aux nombreuses pièces justificatives qui l'accompagnent, que nous avons emprunté la plupart des faits que nous consignons ici ; nous avons lu également avec soin les nombreux ouvrages de M. César Moreau; nous avons compulsé les cahiers publiés par les deux sociétés qu'il a fondées, nous avons enfin apporté une scrupuleuse attention à n'admettre que des pièces déjà imprimées, que des documents authentiques, parfaitement établis et connus. A peine avons-nous hasardé de temps à autre quelques réflexions pour mieux expliquer les faits. C'est, du reste, à dessein, que nous avons agi ainsi : convaincu que M. César Moreau avait été souvent trop précipitamment jugé ou mal apprécié ; nous avons voulu répondre à de vagues accusations par des faits, combattre l'erreur par la vérité, et faire passer dans l'esprit de nos lecteurs, à l'aide de preuves sûres et fortes, l'intime conviction qui nous animait. Pour y parvenir, nous le répétons, nous nous sommes attachés à produire et à mettre en relief des faits authentiques, publics, incontestés et incontestables. C'était, dans notre pensée, le meilleur moyen d'éclairer le lecteur sur l'homme dont nous retraçons la vie. Nous croyons n'avoir été que juste ; et c'est la main sur la conscience qu'après un long et minutieux examen, nous venons dire à notre tour ce qui a été déjà établi et constaté avant nous par plusieurs écrivains estimables : — Que M. César Moreau, ses œuvres l'attestent, fut un homme d'études sérieuses. Qu'homme de bien dans l'acception de ce mot, il a su sacrifier généreusement ses propres intérêts à l'utilité publique. — A cela nous ajouterons : — Doué d'un coup d'œil sûr et d'un esprit synthétique, également apte à l'étude et à la pratique des affaires ; enfin, homme de cœur et de tête à la fois, M. César Moreau a produit ou a concouru à produire de durables et importants travaux, de grandes et fécondes pensées. Il a pu se tromper sans doute, il a pu errer parfois ; mais partout et toujours, nous croyons pouvoir assurer qu'il a agi avec sincérité et avec la plus loyale probité.

Au surplus, continuons l'exposé rapide des faits, leur laissant le soin de justifier nos assertions.

Le 7 mai 1831, M. J.-B. Vaucher fit, à la séance de ce jour, le rapport qui suit au nom du comité permanent :

« Messieurs,

» Chargé par vous, il y a quelques jours, de rédiger une
» notice qui contînt l'exposé naïf des services importants
» rendus à la patrie par M. César Moreau, c'est-à-dire de
» ses nombreux titres à l'estime publique, je sentis pro-
» fondément tout ce qu'il y avait d'honorable pour moi
» dans une telle mission ; et je l'exécutai, sinon avec talent,
» du moins avec l'impartialité d'un intègre historien. Si, à
» cet égard, je ne me fais point d'illusion, mon travail a dû
» avoir quelque mérite à vos yeux ; car j'avais évidemment
» à me défendre des affectueux sentiments que j'ai voués à
» M. César Moreau. J'ai donc dit impartialement, à mon
» sens, tout ce que je savais de l'honorable vie de cet
» homme de bien, qui est venu ajouter à l'estime que
» nous lui portons tous, en fondant l'Académie de l'Indus-
» trie. Ma notice, publiée dans le quatrième numéro du
» journal de nos travaux, a obtenu votre assentiment et
» celui d'un grand nombre de nos collègues, tous recom-
» mandables, comme vous, par la vérité de leur savoir et
» de leur patriotisme. Je ne pouvais point espérer de plus
» douce récompense. Celle-ci a payé au centuple le faible
» service que j'ai eu le bonheur de rendre à l'Académie,

» en lui révélant les nobles qualités de celui à qui elle doit
» son existence.

» Dejà, Messieurs, depuis plusieurs jours, tous les mem-
» bres de l'Académie de l'Industrie ont reçu le numéro de
» son journal, qui renferme la notice biographique con-
» sacrée à son fondateur. Ceux d'entre eux qui ne con-
» naissaient pas M. Moreau, le connaîtront ; ceux qui n'a-
» vaient pas de raisons pour l'honorer, l'honoreront ; ce
» résultat est infaillible : mais suffit-il, Messieurs, à l'inté-
» rêt, à la gloire de l'institution que vous gouvernez avec
» tant de sagesse, que les seuls hommes qui la composent
» soient initiés à la connaissance d'une vie si remplie de
» traits honorables ? Nous ne l'avons point pensé. Nous
» croyons, au contraire, et cela pour fournir à l'Académie
» de l'Industrie plus de moyens de remplir, d'une manière
» prompte et éclatante, la noble tâche que lui a imposée
» le patriotisme ; nous croyons, dis-je, qu'il importe à cette
» société bienfaisante, que le plus grand nombre d'hom-
» mes possible connaisse l'estimable citoyen qui la fonda.

» Je viens donc vous proposer, Messieurs. au nom de
» votre comité permanent, d'ordonner la publication sé-
» parée de la biographie de M. César Moreau, accompa-
» gnée de différents documents propres à en faire ressor-
» tir la vérité. Cette nouvelle pièce serait distribuée, non
» seulement à tous nos collègues, mais encore à tous les
» hommes à qui l'on doit naturellement supposer de l'in-
» térêt pour une institution, dont le nom seul annonce le
» bien qu'elle est capable de faire. Alors, Messieurs, il ne
» restera plus nulle part d'incertitude sur le but que le fon-
» dateur de l'Académie s'est proposé ; alors il ne se trou-
» vera personne qui puisse attribuer à des motifs intéres-
» sés l'entreprise de M. César Moreau, ni qui puisse hési-

» ter, par défiance, à la seconder ; alors, enfin, Messieurs,
» tous les hommes sages et éclairés, convaincus que l'Aca-
» démie ne doit son origine qu'au désir de contribuer au
» perfectionnement de la vie sociale, brigueront avec em-
» pressement l'honneur de lui appartenir ; et l'inévitable
» résultat du concours de tant de capacités et de vertus,
» ce sera d'accomplir vite et bien les généreuses vues du
» fondateur, et de tous ceux qui auront associé leur zèle
» à son zèle, leur dévouement à son dévouement. La seule
» pensée d'un résultat si grand et si beau a de quoi séduire
» des cœurs tels que les vôtres ; et si j'en crois mes heu-
» reux pressentiments, vous adopterez, sans hésiter, la
» proposition qui vous est faite au nom d'un comité, dont
» tous les membres possèdent votre confiance. Il y a, je
» le sais, une certaine somme à dépenser, et l'institution
» n'est pas riche encore ; mais je sais aussi qu'il n'est point
» de sacrifices auxquels vous ne soyez prêts, quand il s'a-
» git de la prospérité même de votre ouvrage, et voilà pour-
» quoi nous espérons tous votre assentiment. »

L'arrêté suivant, pris à l'unanimité, prouva à l'honorable et savant rapporteur et au comité dont il était le digne
et éloquent organe, que sa pensée avait été comprise et
appréciée.

« Les membres fondateurs, composant le conseil d'administration, vu la notice biographique sur M. César Moreau, fondateur de l'Académie de l'Industrie, notice in-
sérée au quatrième numéro du *Journal des Travaux de
l'Académie de l'Industrie;*

» Considérant qu'il est nécessaire aux progrès de ladite Académie, que la biographie du fondateur passe sous
les yeux du plus grand nombre d'hommes possible, afin
que tout le monde demeure convaincu qu'aucune vue

d'intérêt n'a présidé à la création de l'Académie de l'Industrie française ;

» Considérant aussi que ladite biographie, publiée seule, pourrait laisser quelqu'incertitude sur son authenticité ;

» Considérant enfin que les membres d'une institution conçue dans l'unique intérêt de l'agriculture, des manufactures et du commerce, triple et principale source de la prospérité des empires, ne doivent reculer devant aucun genre de sacrifices, quand il s'agit d'assurer le succès d'une telle institution ;

» Le conseil d'administration, d'après la proposition de son comité permanent,

» Arrête :

» 1° La notice biographique sur le fondateur de l'Académie sera publiée séparément et accompagnée de pièces justificatives ;

» 2° Cette notice sera adressée, *gratis et franche de port*, à toutes les personnes dont la liste, dressée par les soins du comité permanent, aura été approuvée par le conseil d'administration ;

» 3° Le caissier de l'Académie est autorisé à faire les fonds nécessaires à l'impression et à l'envoi de ladite notice. »

Approuvé,

Le Président de l'Académie,

Le Duc de MONTMORENCY (C. ✻).

Le Secrétaire-général,

Le Général Baron JUCHEREAU DE SAINT-DENIS (C. ✻).

ASDA (Chev. d'), ✻, offic. supér., memb. de plus. soc. savantes.
ALTAROCHE (A.), homme de lett., memb. de plus. soc. savantes.

AUDOUIN DÉ CÉRONVAL, auteur de plus. ouvr. d'écon. publique.
BALBY (Adrien), auteur de plusieurs ouvrages de statistique.
BALLARD DE GIRONNE, homme de lettres.
BENNIS, membre de plusieurs sociétés savantes.
BLANCHARD, professeur d'économie politique.
BOUBÉE DE BROUQUENS, membre de plus. sociétés savantes.
LOUVET (Charles), graveur en médailles.
CARRIÈRE (E.), propriétaire et ancien notaire.
CHABERT (Jean-Claude), aut. de plus. perfectionn. en industrie.
DOMINGON (Amédée), avocat, propriétaire.
DUCLUSEAU (Bernard), propriétaire.
DUKERLAY (Isidore), membre de plusieurs sociétés savantes.
GALABERT (Louis), ✻, député du Gers.
JULLIEN, de Paris, ✻, directeur de la Revue encyclopédique.
LAUTOUR DE MÈZERAY, membre de plus. sociétés savantes.
LEROY DE BACRE, ✻, offic. supér. retraité, m. de plus. soc. sav.
LUSCOMBE (le révérend Henri), memb. de plus. soc. savantes.
MALEPEYRE jeune, avocat à la cour royale de Paris.
MORARD, avocat et homme de lettres.
MONBRION, auteur de plus. ouvrages d'économie publique.
RAYMOND (L.), de l'université de Cambridge.
RIFAUD (J.), ✻, voyageur scientifique.
SARRANS aîné, négociant.
SICARD, ✻, capitaine d'infanterie.
SAINT-DENIS (E.-J. de), membre de plusieurs sociétés sav.
SUEUR-MERLIN, membre de plusieurs sociétés savantes.
VAUCHER (J.-B.), auteur d'un ouvr. historiq. sur la France.

L'Académie devait encore, dans la suite, payer à son honorable fondateur un nouveau tribut de sa reconnaissance. Son conseil d'administration arrêta (séance du 27 février 1839), qu'une lithographie représentant le portrait de M. César Moreau serait tirée à trois mille exemplaires, pour être distribuée à chacun des membres de la société, et que cette lithographie, témoignage de reconnaissance de l'Académie envers son auteur, contiendrait un exposé succinct des services rendus par lui au pays, à l'humanité, aux sciences et à l'industrie.

Cependant l'Académie, grâce aux efforts de ses membres fondateurs et à la sage et habile direction imprimée à ses travaux par M. César Moreau, marchait rapidement vers un succès complet. Le 28 avril 1831, le général baron Athalin, aide de camp du roi, écrivait à M. César Moreau :

» J'ai l'honneur de vous informer que le roi, à l'occa-
» sion du jour de sa fête, recevra samedi prochain 30 avril,
» à midi, MM. les membres de l'Académie de l'Industrie,
» que vous voudrez bien lui présenter. »

Conformément à une invitation si honorable et si bien justifiée déjà par le vaste but et les premiers travaux de l'Académie, un grand nombre de membres résidents s'empressèrent de se rendre à l'heure indiquée (onze heures) au local de l'administration, où une députation de vingt membres fut immédiatement formée pour accompagner au château M. César Moreau ; admise en présence du monarque, elle en reçut le plus gracieux accueil, et ce fut même avec un intérêt et une attention marqués que le roi écouta les paroles suivantes que lui adressa M. César Moreau :

« Sire, organes d'une société savante, née d'hier, mais
» à laquelle d'honorables destinées sont promises, puis-
» qu'elle jouit de l'auguste intérêt de Votre Majesté, et
» qu'elle n'a pour but de ses veilles savantes que le bien
» des hommes, nous venons joindre nos vœux aux vœux
» de la France, et vous souhaiter son bonheur. Ce bonheur
» est bien dû aux actives sollicitudes et aux nobles vertus
» de Votre Majesté ; elles l'obtiendront ; si l'Académie de
» l'Industrie pouvait y contribuer, elle serait largement
» payée de toutes ses peines et de tous ses sacrifices.

» Voilà, Sire, les sentiments qu'elle avait besoin de vous
» exprimer ; et si Votre Majesté en daigne agréer la res-
» pectueuse expression, avec sa bonté ordinaire, l'Aca-
» démie de l'industrie agricole, manufacturière et com-
» merciale, trouvera, sans nul doute, dans une telle faveur,
» un titre de plus à l'estime publique, cher et constant
» objet de tous ses désirs. »

A ce discours inspiré par de généreux sentiments, Sa Majesté, avec l'accent d'un cœur pénétré, répondit en ces termes :

« Je reçois avec plaisir l'expression de vos vœux ; la
» carrière que vous avez à parcourir est vaste, le but que
» vous vous proposez est éminemment utile. Grâce au
» zèle des membres qui composent l'Académie de l'Indus-
» trie, vous parviendrez à l'atteindre, et je vous secon-
» derai de tous mes efforts, puisqu'il s'agit des intérêts
» industriels de la France (1). »

---

(1) *Autre Réponse de Sa Majesté.*

« Fort sensible, Messieurs, à l'expression de vos généreux senti-
» ments, je veux vous assurer de nouveau combien je désire favoriser
» les travaux utiles de votre société, combien il m'importe de favori-
» ser le développement de l'industrie agricole, manufacturière et
» commerciale. Je vois avec intérêt que ces trois grandes branches de
» l'industrie sont l'objet de vos soins assidus et de vos recherches
» laborieuses. C'est un vaste champ ouvert à vos nobles travaux où je
» seconderai vos efforts de toute mon influence ; car la plus honora-
» ble et la plus utile de toutes les entreprises est celle qui, sous le
» règne des lois qui affermissent l'ordre et la liberté, s'occupe spécia-
» lement de faire fleurir le commerce, perfectionner l'industrie et
» faire prospérer l'agriculture, source principale de la richesse d'une
» nation. » (1er *janvier* 1832.)

Autre Réponse de Sa Majesté.

« Je reçois, Messieurs, avec satisfaction l'expression des vœux que

Les séances des derniers mois de 1831 furent consacrées à la discussion et à l'adoption d'importantes et utiles mesures; nous nous bornerons à mentionner les principales: —convaincus qu'aux meilleures institutions humaines, il faut pour assurer le succès et consolider leur avenir des noms qui séduisent, un éclat qui attire la confiance, les membres fondateurs, toujours empressés de suivre les sages inspirations de l'homme intelligent chargé de présider aux travaux du conseil d'administration, décidèrent que les souverains et princes seraient priés d'accepter le titre de *membres protecteurs*.

« Nous leur tînmes un langage digne de l'Académie et
» de nous ; — nous dit M. Vaucher dont nous ne saurions
» trop citer les éloquentes paroles. — Nous leur rappe-
» lions que les hommes appelés à gouverner les peuples
» doivent, sous peine d'enfreindre les volontés mêmes de
» celui qui les a faits souverains, consacrer toute leur
» puissance au bonheur, à l'amélioration des hommes.
» Nous leur disions que cette mission, la plus sainte et la
» plus auguste des missions humaines, nous ne doutions
» point qu'ils ne la remplissent avec une honorable cons-

» vous faites pour le bonheur de la France. Je vous en remercie.
» C'est avec un nouveau plaisir, Messieurs, que je vois chaque année
» vos efforts soutenus tendre vers le but utile que vous vous êtes
» proposé dans vos travaux. J'y applaudis et je ne négligerai rien pour
» vous encourager et vous soutenir dans la noble carrière où vous
» êtes entrés, heureux si je puis concourir avec vous à faire prospérer
» notre agriculture, nos manufactures et notre commerce. Ce sont là
» mes vœux les plus sincères, mon espoir le plus doux. J'apprendrai
» toujours avec plaisir les succès obtenus par votre institution, puis-
» qu'ils sont si étroitement liés au développement de notre richesse
» et de notre prospérité nationale. » (1ᵉʳ *janvier* 1833.)

» tance. Puis, nous leur exprimions notre désir de pouvoir
» annoncer au monde que nous avions obtenu leur assen-
» timent à notre œuvre, et leur permission d'orner nos
» rangs de leurs augustes personnnes..... »

Cet appel de la philanthropie, fait dans un langage aussi digne qu'élevé, fut entendu de quelques-uns des augustes personnages auxquels il était adressé, et bientôt plusieurs princes, honorés du respect et de l'estime de leurs peuples, y répondirent favorablement, disant qu'ils voulaient bien en acceptant le titre de membres protecteurs de l'Académie, considérer ce titre comme un honneur qu'ils savaient apprécier (1).

---

(1) Voici les noms des souverains et princes qui se sont intéressés à l'Académie de l'industrie dès les premiers mois de sa fondation.

S. M. LOUIS-PHILIPPE Ier, roi des Français.
S. M. GUILLAUME IV, roi de la Grande-Bretagne.
S. M. FRÉDÉRIC-GUILLAUME III, roi de Prusse.
S. M. FRÉDÉRIC VI, roi de Danemarck.
S. M. CHARLES-JEAN, roi de Suède et de Norwège.
S. M. LÉOPOLD Ier, roi des Belges.
S. A. R. Mgr le duc d'ORLÉANS.
S. A. R. Mgr le grand-duc de HESSE-DARMSTADT.
S. A. R. Mgr le grand-duc de MECKLEMBOURG.
S. A. R. Mgr le prince GUILLAUME DE PRUSSE.
S. A. R. Mgr le prince FRÉDÉRIC DE DANEMARCK.
S. A. R. Mgr le duc de SUSSEX.
S. A. R. Mgr le prince PAUL DE WURTEMBERG.
S. A. R. Mgr le prince ERNEST DE SAXE-COBOURG.
S. A. R. Mgr le prince ALEXIS DUC D'ANHALT.

Ajoutons que les ambassadeurs des puissances étrangères à Paris s'empressèrent, dès la fondation de l'Académie, d'associer leurs noms à ceux de ses premiers fondateurs, et d'offrir leurs services pour les mettre en rapport avec les corps savants et les notabilités scientifiques de leurs pays respectifs.

Guidé par les mêmes motifs que nous avons exprimés plus haut, le conseil d'administration de l'Académie, sur la proposition de son honorable président, M. César Moreau, décréta également (séance du 18 juin), qu'une circulaire serait adressée à tous les ministres du roi, dans le but de réclamer leur bienveillant intérêt en faveur de l'œuvre, et de leur faire apprécier les utiles services que l'institution était appelée à rendre un jour au pays. —
« Nous avons l'honneur, leur disait-on, de vous informer
» que sous le nom d'Académie de l'industrie agricole,
» manufacturière et commerciale, nous avons fondé, à
» Paris, une institution savante, destinée à verser des flots
» de lumières sur trois genres d'industrie, dont la pros-
» périté produirait infailliblement celle de l'État. Notre
» philanthropique ouvrage a souri à un grand nombre de
» citoyens puissants et éclairés, et, si vous daignez jeter
» les yeux sur le cinquième numéro du journal de nos
» travaux, vous y trouverez une liste de noms dont l'éclat
» scientifique ou social vous inspirera sans doute une
» grande confiance dans les hommes qui composent ac-
» tuellement l'Académie.... » Puis l'on ajoutait : « Après
» six mois d'existence et de travaux scientifiques qui ne
» sont peut-être pas sans honneur pour ceux qui les ont
» produits ou dirigés, sera-t-il permis à l'Académie de
» l'Industrie, d'aspirer aux bontés, et à la bienveillante
» protection de Votre Excellence? Ne pourriez-vous, même,
» pour l'aider à remplir avec plus de succès la noble
» tâche qu'elle s'est imposée, lui permettre de faire com-
» pulser ceux des immenses et précieux matériaux, qui,
» enfouis dans les archives de votre ministère, ont rap-
» port à l'agriculture, aux manufactures ou au commerce?
» Il est évident que des documents, puisés à de telles

» sources, nous mettraient à même de rendre nos travaux
» plus fructueux et plus brillants.

» Alors sans doute, les succès de notre institution ne se
» feraient pas long temps attendre, et ces succès, dus en
» partie à une obligeance, dont nous serions toujours re-
» connaissants, nous seraient doux à tous, moins à cause
» de l'honneur dont ils couvriraient nos noms, que parce
» que nous sommes convaincus qu'ils ajouteraient iné-
» vitablement à la puissance et à la prospérité de la
» France...... »

L'on reçut bientôt les réponses suivantes :

APPROBATION DES MINISTRES DU ROI.

M. le maréchal duc de DALMATIE, secrétaire d'état au département de la guerre, président du conseil des ministres : « Je suis flatté de l'offre que vous avez bien voulu
» me faire d'être membre honoraire de l'Académie que
» vous avez fondée ; je l'accepte avec plaisir, et je fais des
» vœux pour tout le succès que vous avez droit d'attendre
» d'un but si louable et si utile.... »

M. le comte D'ARGOUT, ministre du commerce et des travaux publics : « Personne plus que moi n'apprécie les
» avantages qui peuvent résulter d'une institution qui a
» pour but de répandre les connaissances utiles à l'indus-
» trie.... » *et dans une autre dépêche :* « Je vois avec intérêt
» la réussite de toutes les associations qui ont pour but de
» favoriser la prospérité nationale. .. »

M. BARTHE, député, garde-des-sceaux, ministre de la justice : « J'applaudis aux vues généreuses et philanthropi-
» ques qui dirigent votre association. A l'époque où le déve-
» loppement de nos libertés ouvre un champ plus vaste à
» l'industrie, et lui promet de brillants succès, la recon-

» naissance publique doit encourager les citoyens hono-
» rables, dont les lumières et les travaux patriotiques
» concourent à hâter cet heureux résultat.... »

M. le Ministre de l'intérieur : « J'apprécie, Messieurs,
» les intentions qui vous animent. Je suivrai les travaux,
» auxquels vous vous livrez, avec tout l'intérêt qu'ils doi-
» vent inspirer, et j'applaudis d'avance au succès des
» vues d'utilité publique qui les dirigent, etc. »

M. le comte de Montalivet, pair de France, intendant-
général de la maison du Roi : « J'accepte avec reconnais-
» sance l'une des présidences d'honneur à laquelle
» MM. les membres de l'Académie de l'Industrie agricole,
» manufacturière et commerciale, ont bien voulu me
» nommer. Veuillez, je vous prie, leur faire agréer mes
» sincères remercîments de ce témoignage d'intérêt. »

Hommes à la fois éclairés et religieux, les membres
fondateurs de l'Académie, confiants dans la sainteté de leur
mission, recherchèrent aussi la protection et le concours
d'un autre ordre de puissance, et dans ce but ils adressèrent à d'éminents prélats, notamment à Sa Grandeur le
nonce du Saint-Père et à Monseigneur l'archevêque de
Paris, une lettre respectueuse par laquelle, après leur
avoir annoncé la *présidence d'honneur*, qui leur avait été
votée à l'unanimité, on leur disait: qu'inspirés par cet
amour du prochain si constamment recommandé par Jésus-
Christ à ses disciples et si glorieusement attesté par le
sang des martyrs, les membres composant la société
souhaitaient pouvoir contribuer au perfectionnement du
bonheur social; qu'ils avaient fondé, dans ce but, l'Académie de l'Industrie agricole, manufacturière et commerciale ; puis l'on terminait en ces termes :

« Cette institution fut à peine apparue au milieu d'un

» monde livré aux tumultueuses agitations de la politique,
» qu'elle conquit les suffrages de tout ce qui porte un
» cœur droit et honnête. Des princes, des grands, des
» savants du premier ordre, des industriels philanthro-
» pes, souriant à notre ouvrage, permirent à l'Académie
» de naître et de vivre sous les auspices de leur puissance,
» de leur génie et de leurs vertus. Mais si, joignant à l'ap-
» pui de l'autorité civile l'appui du pouvoir spirituel, cette
» jeune et scientifique institution possédait dans son sein,
» outre les grandes illustrations temporelles, les non moins
» grandes illustrations de l'Église, et qu'elle vît le cercle
» de ses travaux, purement terrestres, agrandi et sanc-
» tifié par la pieuse accession *des princes du saint-empire*;
» c'est alors qu'éclairée à la fois, et par les inspirations de
» l'esprit divin et par le flambeau des sciences, elle mar-
» cherait d'un pas sûr et rapide dans la grande carrière
» où elle est entrée sous les sacrées enseignes d'une vive
» philanthropie.... » — Ce langage fut compris; il ne
pouvait pas ne pas l'être : Monseigneur le nonce et l'archevêque de Paris se montrèrent vivement sensibles à
l'honneur que l'Académie voulait bien leur faire, et ils
s'empressèrent de répondre qu'ils lui souhaitaient pour
prix des nobles intentions auxquelles elle devait le jour,
les succès les plus brillants et les plus étendus.....

« Le clergé catholique, ajoutait Mgr de Quélen, a tou-
» jours favorisé les institutions utiles qui ont eu pour ob-
» jet de développer l'industrie et de contribuer ainsi à un
» plus grand bien-être de la société..... C'est dire que je
» ne puis qu'applaudir au projet que vous avez formé d'é-
» tablir l'Académie... »

Vers le même temps, un saint et vieux prêtre, l'abbé
Bertrand, curé doyen de Serronville, faisait de son côté

la réponse suivante à l'invitation que lui avait adressée M. César Moreau pour le convier à devenir membre de l'Académie. Le lecteur comprendra qu'en reproduisant ici en partie la lettre du digne abbé Bertrand, nous avons par là voulu montrer en quels termes honorables se trouvaient en général exprimés les rares refus que recevait l'Académie.

« .... J'applaudis de toute mon âme, Monsieur, à ce
» que vous avez fait, car ce que vous avez fait est très
» bien. Le ciel vous bénisse! Si j'étais instruit comme vous
» et riche, je courrais m'enrôler sous votre bannière,
» puisque sous votre bannière on sert l'humanité ; mais,
» hélas! je suis ignorant et pauvre... et puis de quoi est-on
» capable à quatre-vingts ans ? car j'ai quatre-vingts ans.
» Or, à cet âge quelle est l'affaire dont un chrétien doit
» s'occuper? N'est-ce pas celle de son salut ? Je n'en ai donc
» pas d'autre aujourd'hui ; puissé-je y réussir !... Et ne
» croyez pas, pour cela, que je sois indifférent au bonheur
» de mes semblables ; je ne l'ai jamais été ; Dieu m'en a
» fait la grâce.... Mais, je vous le répète, à mon âge on
» n'est plus bon à rien, qu'à prier... Adieu donc, Monsieur;
» jusqu'au dernier de mes jours, je demanderai au ciel la
» prospérité de votre œuvre ; je le souhaite, et je serai très
» heureux si je l'apprends avant d'aller rendre compte de
» mes actions au Souverain Juge.... »

Un usage aussi ancien que raisonnable, et consacré du reste dans toutes les sociétés savantes, consiste à délivrer à chacun des membres qui en font partie un *brevet* ou *diplôme*. Sur la proposition de M. César Moreau, il fut donc résolu que les membres de l'Académie recevraient un diplôme destiné à attester d'une manière authentique sous quel titre chacun d'eux lui appartenait.

On avait, comme nous l'avons indiqué, décidé, dès le principe, la création d'une bibliothèque de l'Académie ; on arrêta le règlement destiné à la régir, et l'on vota une première somme de 2,000 francs pour être employée en achat de livres concernant l'agriculture, le commerce et les manufactures.

Enfin, sur la proposition de M. César Moreau, l'on décida également que l'Académie publierait successivement, en dehors du journal consacré à relater ses travaux, des annuaires et des dictionnaires d'agriculture, des manufactures et du commerce, et une encyclopédie d'agriculture. Une somme de 3,000 francs fut même votée pour commencer la réunion des importants matériaux destinés à l'édification de ces utiles et grands monuments historiques.

Toutes ces sages mesures, et une foule d'autres non moins utiles, dues en grande partie à l'intelligente initiative de M. César Moreau, en même temps qu'elles avaient pour but d'assurer et qu'elles assuraient en effet le succès de l'œuvre, doivent suffire pour en faire apprécier la haute portée et l'habile direction. Nous ne suivrons donc pas plus loin les intéressants travaux de cette belle institution, pendant la première année de son existence académique; nous allons clore ce que nous avions à en dire par un compte-rendu sommaire de sa première séance publique annuelle. — C'était le 26 décembre 1831, jour anniversaire de sa fondation : ce jour-là dut être un jour de bonheur pour M. César Moreau, car il reçut une digne et glorieuse récompense de ses travaux et de ses soins. Plus de mille personnes, parmi lesquelles on distinguait des pairs de France, des députés, des généraux, et une foule d'hommes marquants dans les sciences, la politique, les arts, les lettres et l'administration, dans le

commerce, l'industrie, la magistrature et le barreau, se pressaient dans la vaste enceinte de la salle Saint-Jean, à l'Hôtel-de-Ville de Paris, mise à la disposition de l'Académie par le préfet de la Seine, M. le comte de Bondy. La séance s'ouvrit vers sept heures du soir; en sa qualité de fondateur, M. César Moreau occupa le premier le fauteuil de la présidence. « Cet honneur, dit le procès-verbal,
» était légitimement dû au brillant service qu'il a rendu
» au pays par la création de l'Académie. »

Voici en quels termes s'exprima M. César Moreau dans cette séance solennelle :

« Je viens, Messieurs, célébrer avec vous l'anniversaire
» d'un beau jour, d'un jour qui a laissé dans mon esprit
» un profond souvenir de bonheur; car c'est dans ce jour,
» qu'environné d'une glorieuse élite de citoyens, de sa-
» vants, d'industriels, tous renommés par leur sincère
» amour des hommes, j'ai jeté les fondements d'une
» institution qui doit ajouter à la prospérité de la patrie,
» en perfectionnant les trois sortes d'industries d'où dé-
» pend plus spécialement la puissance des empires.

» Je ne dis point que ces industries, chez nous, soient
» en dépérissement; que la France manque de bons agri-
» culteurs, de manufacturiers habiles, de hardis et de
» judicieux commerçants. Grâce au ciel ! nous avons tout
» ce qu'il faut pour être riches, tout ce qu'il faut pour
» être puissants, tout ce qu'il faut pour être heureux.
» Mais je dis, Messieurs (et en cela je ne dois être mal-
» heureusement démenti par personne), je dis que, com-
» parés à l'agriculture, aux manufactures et au commerce
» de cette Angleterre que j'ai habitée quinze ans, l'agri-
» culture, les manufactures et le commerce de France,
» sont dans un état peu prospère. Portant à ma patrie

» tout le dévouement que je lui dois, j'ai vu avec peine cet
» état de choses, et j'ai voulu fonder une institution qui,
» par sa position centrale, le nombre et le savoir de ses
» membres, fût plus particulièrement capable de l'amé-
» liorer. Cette pensée, j'ose le croire, était grande; mais
» par cela même on a pu lui trouver quelque ressem-
» blance avec toutes ces généreuses utopies qui, dans
» notre siècle, sortent souvent des têtes françaises ; j'ai
» craint moi-même un moment d'avoir conçu un projet
» inexécutable ; mais j'ai osé, et avec l'aide du ciel et de
» plusieurs nobles personnages, j'ai vu la réalisation du
» plus cher et du plus ardent de mes vœux. J'ai donc
» appelé à moi tous les hommes, tant français qu'étran-
» gers, que je jugeais capables d'accomplir une si grande
» tâche. J'ai été compris : on est venu en foule ; on m'a
» secondé; et maintenant près de quinze cents citoyens
» sont entrés dans la carrière des perfectionnements.
» Gloire à eux, non à moi ! car ce sont eux, et non pas
» moi, qui ont fait tout le bien que l'Académie, âgée seu-
» lement d'un an, a déjà pu réaliser.

» Or je n'ai pris, Messieurs, la parole que pour offrir
» un public hommage de ma profonde reconnaissance, et
» à ceux qui partagent avec moi l'honorable titre de *fon-*
» *dateurs* de l'Académie; et à ceux qui nous ont procuré les
» moyens de publier des choses qui, si je m'en rapporte
» à de chères correspondances, ont déjà donné d'heu-
» reux résultats; et à ceux qui, par l'acquittement em-
» pressé d'une ou plusieurs années de cotisation, nous
» ont si généreusement aidés à venir à la vie; et à ceux
» dont les savantes productions, offertes sans autre calcul
» que celui de la bienfaisance, ont commencé notre biblio-
» thèque ; et même à ceux qui, sans se soumettre à aucune

» cotisation, ont du moins prouvé que, si la fortune leur
» manquait, le zèle ne leur manquait point.....

» Quant à vous, Messieurs, que je ne puis regarder sans
» émotion ni sans un vif plaisir dans cette enceinte,
» croyez, comme tous ceux dont l'éloignement nous sé-
» pare, que je sens vivement tout le prix de la glorieuse
» confiance que vous m'avez accordée, soit en acceptant
» une place dans l'Académie, soit en me maintenant au
» poste de président du conseil, et que, toute ma vie, j'en
» conserverai une reconnaissance dont une administra-
» tion intègre, sinon savante, vous offrira de sûrs témoi-
» gnages...... »

Des applaudissements sympathiques, flatteurs, mais mérités, couronnèrent ce discours si plein à la fois de modestie et de sentiments généreux. — M. le duc de Montmorency, ayant alors pris place au fauteuil, entre M. César Moreau, président du conseil, et M. le général baron Juchereau de Saint-Denis, secrétaire général, prononça les paroles suivantes, si dignes de son patriotisme et de ses lumières, et qui furent également couvertes de l'approbation unanime de l'assemblée.

« Messieurs, — dit le noble duc, — l'Académie de
» l'Industrie agricole, manufacturière et commerciale,
» due au zèle infatigable et à la philanthropie éclairée de
» M. César Moreau, me parut, dès que j'en eus connais-
» sance, devoir inspirer le plus vif intérêt aux amis de
» l'humanité. Je compris tout de suite que la société, for-
» mée dans ce but et sous de tels auspices, pouvait
» exercer l'influence la plus heureuse sur la prospérité
» publique, donner un plus rapide essor aux trois princi-
» pales branches de l'industrie des peuples, et assurer, à
» ses honorables fondateurs, des droits réels à la recon-

» naissance de la patrie. Accueillie et protégée par un
» prince qui ne veut rester étranger à aucune institution
» utile, l'Académie se devait aussi de ne placer à sa tête
» qu'un citoyen recommandable par ses services et ses
» talents. Dans cette circonstance, je n'avais nulle raison
» de présumer que les suffrages des fondateurs se dirige-
» raient sur moi, qui n'ai d'autres titres que le goût des
» arts et surtout l'amour de mon pays. Le plus grand
» nombre d'entre vous, Messieurs, avait, aux fonctions
» de président de l'Académie, des droits tellement supé-
» rieurs aux miens, que mon premier mouvement a été
» de me refuser à l'honneur que l'on voulait bien me
» faire; et si je me suis enfin déterminé à l'accepter, ce
» n'est que dans l'espoir de trouver, dans votre concours
» et dans votre indulgence, les moyens de diriger utile-
» ment les délibérations de tant d'hommes qui représen-
» tent ici les plus hautes notabilités de la science et de
» l'industrie, ou plutôt de tout l'ordre social. Ce n'est,
» Messieurs, ni le désir de briller, ni celui de faire parade
» de connaissances acquises qui nous réunit, mais bien
» celui de propager rapidement les découvertes qui sur-
» gissent journellement dans le domaine des arts, de sim-
» plifier les méthodes, de répandre les procédés ingénieux
» qui tendent à satisfaire plus généralement, et à moins
» de frais, les besoins de toutes les classes, et particuliè-
» rement des classes inférieures qui ont tant de droits à
» notre intérêt. Vous voulez être, vous serez, Messieurs,
» une de ces sources d'amélioration progressive dont les
» bienfaits doivent s'étendre partout et sur tout. Et quelle
» serait l'assemblée où dominerait plus impérieusement
» la conviction qu'à l'époque où nous sommes parvenus,
» la richesse, la science et la philosophie doivent combiner

» tous leurs efforts pour procurer aux masses le plus grand
» adoucissement possible aux souffrances, aux privations
» que la triste humanité ne peut entièrement répudier !
» C'est en les éclairant et en rendant leur existence plus
» supportable, que vous aiderez à raffermir l'ordre social
» ébranlé. Mais, repoussant toujours des théories vagues
» ou dangereuses, c'est en s'appuyant constamment sur
» les faits et sur l'expérience, que l'Académie atteindra ce
» noble but qui s'offre à ses généreuses intentions. Heu-
» reux et fier, non pas de vous guider, mais de vous ac-
» compagner dans la carrière qui vous a été ouverte avec
» succès par le savant directeur de l'Académie, permettez-
» moi de me féliciter, en terminant, des rapports que ma
» présidence me donne avec tant d'hommes qui honorent
» leur pays.... »

Après M. le duc de Montmorency, M. J.-B. Vaucher, l'un des membres de l'Académie les plus dévoués à sa prospérité, et sans contredit l'un de ses plus capables et de ses plus éloquents interprètes, dans un discours aussi savamment pensé qu'élégamment écrit, puis M. Montbrion et M. Julien, de Paris, savants estimables, dans des discours remarquables d'érudition et éclatants de style, et enfin M. Cailleau, avocat, dans une improvisation courte, mais nerveuse, brillante et pleine d'âme, payèrent tour à tour un juste tribut d'éloges au sage et digne créateur de l'œuvre, et aux philanthropes qui l'aidèrent dans l'exécution de sa grande et noble tâche.
— Des remercîments publics furent ensuite votés à M. César Moreau; et, à ces remercîments si bien justifiés par les heureux résultats déjà obtenus, l'assemblée entière, soudain, spontanément, s'y associa par de vifs applaudissements qui durèrent plusieurs minutes.

Si la jeune Académie avait acquis un grand développement en 1831, ses succès ne furent pas moins remarquables pendant les années qui suivirent : la marche progressive imprimée à ses travaux, lui donna promptement un caractère vraiment scientifique, conforme au but que lui avait assigné son fondateur. Tout continua donc à marcher au gré des désirs de M. César Moreau et de ses dignes et dévoués collègues.

« Quiconque, écrit M. J. B. Vaucher, avait connaissance
» du scientifique édifice que nous élevions, le considérait
» tout d'abord comme une grande chose, lui souriait, lui
» applaudissait, lui souhaitait une haute prospérité et se
» proposait d'y travailler avec activité ; car tout le monde
» pensait justement que plus il y a de mains à l'œuvre, plus
» elle avance..... »

C'est qu'aussi chacun apportant sa pierre à l'édifice commun, avec entente, zèle et dévouement, s'efforçait par de généreux efforts de concourir au succès de l'œuvre. — Il suffit de jeter un coup-d'œil sur la forte organisation et sur les travaux de l'institution, à cette époque, pour s'expliquer la réputation de science et d'utilité, si bien justifiée d'ailleurs, dont elle jouissait partout. — Devenue en quelque sorte un intermédiaire entre le savant, le littérateur et l'artiste qui crée, reproduit ou améliore, et le mécanicien, l'artisan, l'homme industrieux qui exécute, elle allait au devant du savant ignoré, de l'ouvrier inconnu, des talents naissants, et signalait souvent dans des ébauches imparfaites les germes d'heureuses découvertes qu'elle s'empressait de féconder.

Ses publications ne se bornaient point à des compilations sèches ou littéralement extraites d'ouvrages déjà connus, mais elles étaient le fruit des recherches intelligentes de quelques-uns des membres, ou bien les résultats de l'expérience raisonnée des autres. Présentant toujours des idées nouvelles ou de nouveaux rapports comparatifs, les vastes travaux de l'Académie embrassaient, dans un ensemble synthétique, les meilleurs écrits des nations les plus éclairées de l'Europe, sur les trois industries, agricole, manufacturière et commerciale, dont elles signalaient les progrès.

Pour sa part, M. César Moreau, dont la coopération ne se bornait pas à imprimer aux affaires administratives et scientifiques de l'Académie, une direction unitaire, mais qui savait encore, lorsqu'il le fallait, mettre la plume à la main, enrichit souvent, soit le journal mensuel de la Société, soit le recueil de ses mémoires, d'articles remarquables dont quelques-uns méritent une mention spéciale. Ce fut d'abord la communication qu'il fit au conseil sous ce titre : *Examen des principes les plus favorables, en France, au progrès du commerce ;* travail auquel il avait donné pour épigraphe ces mots qui le résument remarquablement bien : *Sécurité des personnes, garanties des propriétés, concurrence illimitée et stabilité des lois* (1).

Un autre article, qui ne fut pas moins remarqué, fut celui qu'il publia, cette même année et dans le même volume, sur la *cause des progrès du commerce et des manufactures de la Grande-Bretagne.* Nous en donnerons une rapide esquisse. — L'Espagne, le Portugal, la Hollande, les républiques d'Italie et les villes libres des bords de la Baltique, faisaient depuis longtemps déjà un échange fructueux de leurs pro-

---

(1) *Recueil supplémentaire des Mémoires de l'Académie.* Vol. 1er, 3e livraison, 1832.

duits contre les produits des pays les plus lointains, que l'Angleterre méconnaissait encore les grands et précieux avantages que lui donne sa position.

Avant le XIVᵉ siècle quelques laines, vendues particulièrement aux Flamands, constituaient à peu près tout le commerce d'exportation de l'Angleterre, tandis que les peuples du Nord et du Midi de l'Europe fournissaient à ses besoins et s'enrichissaient à ses dépens. — Mais quelle est donc la fatalité qui paralysait alors le commerce de ce pays et l'empêchait de s'emparer, comme il pouvait le faire, du commerce universel?....

— « La même, nous dit M. César Moreau, qui enchaî-
» nait ses enfants à la glèbe, les livrait aux horreurs de
» l'anarchie, aux fléaux de la conquête, ou à la dégradation
» du despotisme. L'hétérogénéité de l'heptarchie saxonne,
» l'invasion des Normands, les guerres follement entrepri-
» ses pour soutenir des prétentions royales à la couronne
» de France, les longues et sanglantes querelles des mai-
» sons d'Yorck et de Lancastre, et la nature des gouver-
» nements qui succédèrent à toutes ces frénésies, sont les
» causes qui stérilisèrent si longtemps le sol et l'industrie
» de l'Angleterre. »

Puis l'auteur nous la montre dès que l'aurore d'une sage liberté eut lui sur elle, dès que des institutions libérales et vigoureuses eurent élevé ses habitants à la dignité de l'homme et garanti leur avenir : alors toutes les immenses facultés de ce pays se développent avec une rapidité dont on ne trouve d'exemple dans l'histoire d'aucun peuple. Toutes ses ressources, tous ses moyens d'échange, de production et d'achat, les travaux de son agriculture et de ses manufactures, ses entreprises industrielles et maritimes, « atteignent soudain, ajoute l'auteur, la hauteur de la per-

» fection de ses institutions civiles et politiques. Dès lors
» aussi s'établit entre la richesse commerciale et la liberté
» du peuple anglais cette correspondance perpétuelle d'ac-
» tion et de réaction qui assure leur durée et fait l'admi-
» ration de l'univers....

» La nature et l'homme ont posé les bases de la supré-
» matie commerciale de l'Empire Britannique : une situa-
» tion formidable d'où son commerce se porte à volonté
» sur tous les points habités du globe; des côtes maritimes
» sûres; un grand nombre d'excellents ports et des rades;
» des rivières et des canaux qui traversent le pays dans
» tous les sens, etc. » Voilà, d'après M. César Moreau, ce
que la puissance actuelle du commerce anglais tient presque entièrement de la nature. Quant à ce qu'elle doit au
génie de l'homme et à la bonté des institutions qu'elle en
a successivement reçues; en voici le résumé :

1° La constitution qui environne toutes les propriétés et
toutes les industries d'une garantie inviolable et leur permet ainsi de se développer et de croître en toute sécurité.
—C'est d'après l'auteur de ce bienfait primordial que dérivent tous les autres ;

2° La liberté de la presse, la première de toutes aux yeux
de l'auteur, parce que c'est d'elle d'où sont nés, avec une
rapidité électrique, toutes les inventions du génie, les procédés des arts, les lois de la mécanique, toutes les découvertes utiles, toutes les idées généreuses ;

3° L'institution du jury en toutes matières de juridic-
tion, institution qui place l'homme, la propriété et la vie
du citoyen sous la sauvegarde de la loi ;

4° Les longs crédits que l'immensité des capitaux acquis
par les négociants anglais leur permettent de faire à leurs

débiteurs, ainsi que la loyauté, la probité et la bonne foi qui président aux transactions commerciales de la nation;

5° La consommation immense de toutes les nations des deux Indes qui s'alimentent des produits de sa prodigieuse industrie ;

6° La puissance magique de son crédit qui donnera toujours à l'Angleterre les moyens, même malgré des revers passagers, non pas peut-être de fomenter et nourrir toutes les guerres qu'elle croira utiles à ses intérêts, mais d'assurer sa sécurité et sa gloire contre ses ennemis....

Une autre cause indiquée aussi par l'auteur « est la lettre
» de change sanctifiée par la foi nationale, et à l'aide
» de laquelle l'Angleterre opère, par d'habiles calculs, le
» déplacement de la richesse des deux hémisphères en fa-
» veur de ses intérêts commerciaux. »

Enfin, et en dernier lieu, M. César Moreau nous signale encore l'étendue et la mobilité des forces navales de la Grande-Bretagne qui partout et toujours protègent l'action immense de son organisation politique, commerciale et industrielle.

« Tels sont, nous dit-il en terminant, les principaux élé-
» ments de cette colossale fortune commerciale. »

M. César Moreau qui, parmi les causes des progrès de la richesse commerciale de l'Angleterre, place presqu'en première ligne, un peu à tort, peut être, la liberté de la presse, qui, si elle favorise en effet l'éclosion des découvertes utiles et propage, en les faisant triompher, les inventions du génie, sait aussi trop souvent fomenter des révolutions toujours ruineuses pour le commerce et terribles pour l'industrie, aurait pu et avec raison nous parler surtout de l'active et constante sollicitude du gouvernement anglais en faveur de l'industrie et du commerce national. C'est qu'en effet l'action puissante du gouvernement, chez nos voisins d'outre-mer, embrasse le passé et le présent; calcule l'un par l'autre et fixe, pour ainsi dire, les destinées de l'avenir ; combine avec intelligence les rapports qu'ont entre eux l'agriculture, l'industrie et le commerce ; étudie avec une remarquable constance les besoins et les goûts de tous les peuples ; les subordonne en quelque sorte à l'industrie britannique qu'il environne d'une vigilance qui ne s'assoupit jamais.

Nous noterons encore au nombre des travaux rédigés par M. César Moreau un mémoire *sur les entrepôts à Londres*, (12ᵉ livraison 1833), dans lequel il traite de l'institution et de l'utilité des docks, de celle des warrants, connaissements, etc., et un écrit d'une haute portée scientifique sous ce titre : *de l'Esprit de commerce et de l'esprit d'association en France* (1). — L'esprit de commerce est-il le résultat des circonstances, de l'impulsion et de la direction qu'elles donnent à l'activité, aux besoins et aux habitudes d'une nation ; ou bien, est-ce une qualité fondamentale, une faculté pour ainsi dire instinctive que la nature a donnée à certains peuples ? Tel est le problème que se pose l'auteur et qu'il résout ainsi : « S'il était démontré, dit-il, que l'esprit
» de commerce est en quelque façon un produit du sol,
» et que cette faculté ne peut acquérir son entier déve-
» loppement que chez certains peuples, il faudrait que
» ceux qui ne posséderaient pas ce feu sacré renonçassent à
» lutter avec ces populations privilégiées ; il faudrait qu'ils

---

(1) *Recueil supplémentaire des Mémoires de l'Académie.* Vol. 1ᵉʳ, 13ᵉ livraison, 1833.

» abandonnassent toute rivalité dans les procédés pure-
» ment industriels et qu'ils se bornassent au commerce des
» choses qui sont en quelque sorte le produit spontané de
» leur sol, mais qui n'exigent pas cette persévérance,
» cette suite d'idées, ce courage invincible à braver les
» revers et à les réparer par des efforts inouis d'invention
» et de génie que doivent développer les peuples qui veu-
» lent rester à la tête de l'industrie manufacturière et
» commerciale. »

L'auteur nous montre ensuite l'esprit de commerce se développant chez les différents peuples au milieu des grandes évolutions de la civilisation ; il nous fait voir chaque nation remplissant successivement la mission qui lui est dévolue par la nécessité du progrès et le déplacement des intérêts sociaux. Les instruments instinctifs de ces évolutions ont été tour à tour Tyr, Carthage, Athènes, Florence, Venise, etc.; ces villes ont successivement monopolisé le commerce du monde, et c'est avec et par le génie du commerce qu'on a vu se développer la puissance de ces imposantes cités..... Les circonstances détruisirent ensuite ce qu'elles avaient fait naître. Les Portugais et les Castillans ont aussi vu se développer chez eux le génie commercial alors qu'ils dominaient dans les Indes-Orientales, mais ce fut comme l'éclair qui brille pour s'éteindre aussitôt, car bien que ces peuples aient conservé une certaine puissance, l'esprit d'industrie s'est amorti chez eux et une sorte de sommeil léthargique, en assoupissant leur activité, a éteint le génie du commerce.

« Cependant, nous dit M. César Moreau, il a existé un
» peuple qui a été puissant, qui a étendu sa main de fer
» sur tout l'univers et qui n'a jamais vu se développer
» chez lui l'esprit du commerce : Je veux parler du peu-

» ple romain. Il attaque Carthage non pas comme une
» nation commerçante, mais comme rivale de sa puissance ;
» sa gloire, l'éducation militaire qu'il donne à sa jeunesse,
» la forme de son gouvernement l'éloignent du commerce.
» Dans les villes, on n'était occupé que de guerres, d'élec-
» tions, de brigues et de procès ; à la campagne, que d'a-
» griculture ; et dans les provinces, un gouvernement dur
» et tyrannique était incompatible avec les transactions
» commerciales. ...

» Cependant sous Auguste, l'esprit de commerce fit
» quelques efforts ; les Romains firent quelque trafic
» avec l'Arabie et les Indes ; Strabon (livre 2e) nous ap-
» prend qu'ils y envoyèrent 120 navires dans le courant
» d'une année. Mais c'était un commerce sans industrie,
» ce n'était pas un échange de produits contre produits;
» les Romains ne le soutenaient que par l'argent qu'ils
» avaient accumulé dans leurs guerres si lucratives, ils
» y envoyaient chaque année 50 millions de *sesterces*.

» Après la chute de l'Empire romain ce commerce fut
» détruit. Les barbares ne le considéraient pas plus que
» l'agriculture ; et la noblesse, qui dominait partout, le
» dédaignait. Il n'y eut presque plus de commerce en
» Europe.... Après les ténèbres du moyen-âge, où l'esprit
» avait été exclusivement chevaleresque et religieux, le
» génie du commerce reprit quelque activité. La décou-
» verte de la boussole permit de pénétrer dans l'intérieur
» de l'Asie et de l'Afrique, dont on ne connaissait encore
» que les rivages ; et le génie de Christophe Colomb de-
» vina un nouveau monde, que son courage découvrit.....
» Dès lors, l'esprit de commerce prit un nouvel essor en
» Europe. »

Après nous avoir présenté le tableau des luttes achar-

nées que soutinrent, les uns contre les autres, dans ces nouvelles contrées, où ils se portaient avec ardeur, les Portugais, les Espagnols, les Hollandais, les Français et les Anglais ; après nous avoir montré les seuls ports de Nantes et de Bordeaux important chaque année, en France, de l'île Saint-Domingue et de nos possessions dans les Indes, près de deux cent mille tonneaux et employant à ce commerce plus de mille navires, il nous fait assister à la destruction de tous nos comptoirs dans ces parages, à l'anéantissement de notre marine et par conséquent de notre commerce extérieur, ainsi qu'à la ruine de nos manufactures..... Puis il ajoute : « Bonaparte et son génie nous en-
» traînèrent bientôt à la victoire ; il nous ouvrit avec son
» épée des débouchés en Europe. Un gouvernement ré-
» gulier, de bonnes lois, firent enfin renaître l'industrie en
» France ; mais le funeste système du blocus continental,
» empêcha la France d'élever son industrie et son com-
» merce au rang qui leur appartenait. L'activité indus-
» trieuse des Français fut forcée de s'épuiser sur des ma-
» tières indigènes qui offraient moins d'avantages pour fa-
» briquer un produit que des matières exotiques. La chi-
» mie, en lui prêtant secours, fit vaincre à notre industrie
» des difficultés qui paraissaient insurmontables ; mais tous
» ces efforts merveilleux ne pouvaient lutter contre les
» produits des Anglais qui, maîtres des mers, se procu-
» raient les matières premières les plus propres à leur fa-
» brication, et trouvaient des débouchés immenses sur les
» nombreux marchés dont ils étaient restés seuls posses-
» seurs dans les pays nouveaux....... Et même dans les
» contrées européennes, malgré les menaces de la
» France....... »

De toutes ces considérations, de ce long, savant et labo-

rieux examen, l'auteur arrive à cette conclusion que l'esprit de commerce n'est pas le privilége de quelques nations, mais le résultat des circonstances, et qu'il se développe avec elles.—Aujourd'hui il est comme la civilisation, il tend à la diffusion. Il n'affecte plus une cité, comme à l'époque des Grecs et des Romains; il n'affecte plus un peuple, en particulier, comme à la sortie du moyen-âge; mais cités et peuples, il les appelle tous à marcher concurremment dans la carrière. Enfin, après avoir décrit la marche lente de notre développement industriel et commercial, après avoir montré les divers obstacles qui les avaient arrêtés et parmi lesquels il place, en première ligne, l'extrême division des fortunes, notre pauvreté relative, l'incapacité de nos hommes d'état qui ne savent pas appuyer le crédit sur le travail, l'insuffisance de nos institutions, le défaut de communication, l'irrationalité de nos lois de douanes et l'ignorance de la plupart de nos grands négociants, des besoins des peuples avec lesquels ils pourraient faire un commerce avantageux;—«Tels sont, dit-il, joints à
» plusieurs autres circonstances, les motifs qui ont empêché
» l'esprit de commerce d'arriver en France au développe-
» ment qu'il doit atteindre.... » Puis prophétisant en quelque sorte l'avenir : —« Mais le génie national, favorisé par
» le gouvernement, va prendre son essor.... Les relations
» fréquentes que nous avons avec les Anglais nous façonne-
» ront bientôt aux études commerciales. La civilisation,
» qui va pénétrer partout avec l'éducation qui s'introduit
» comme un ruisseau bienfaisant dans toutes nos commu-
» nes, y fera naître des besoins nouveaux ; l'accroissement
» de la consommation appellera la production et les capi-
» taux qui ne lui manquent jamais, lorsqu'elle est lucra-
» tive.... Les besoins nouveaux qui se manifesteront dans
» notre population développeront son génie en mettant en

» exercice toutes les puissances physiques et morales de
» l'homme. Nos travailleurs seront mieux vêtus, mieux
» nourris et partant moins malheureux.... Les canaux, les
» chemins de fer, les manufactures, les marchandises dépo-
» sées dans nos entrepôts pourront être monétisés. Dès
» lors, les fonds plus abondants alimenteront avec facilité
» toutes les industries, soutenues par une consommation
» toujours croissante.... Et c'est ainsi que le bien-être gé-
» néral sera le résultat du développement de l'esprit de
» commerce et d'industrie. D'autre part, l'esprit d'associa-
» tion, qui n'est qu'une des formes de l'esprit de commerce,
» et se développe nécessairement avec lui, prendra aussi
» une nouvelle activité.... »

Quant à la composition de l'Académie, ses listes prouvent qu'elle appelait dans son sein, comme à un honneur particulier, tous ceux qu'elle en jugeait dignes : au nom d'un général célèbre ou d'un haut magistrat succède celui d'un homme de lettres ; un homme d'état s'y trouve rangé à côté d'un artiste ; un nom presque inconnu y précède une renommée presque européenne. Si, en principe, on avait proclamé la plus grande indépendance de suffrages, en réalité, la plus grande liberté présidait aux élections : on voulait que l'homme utile, que l'artiste modeste ne fussent pas exclus de ses rangs, et que le plus simple artisan eût droit à sa couronne, quand il présentait l'application heureuse d'une découverte, ou la première idée d'un procédé qui pouvait avoir un jour des résultats avantageux.

Voici, du reste, quelle était la position sociale des principaux membres de l'Académie et dans quels rangs elle avait recruté ses adhérents : c'était le législateur, pair de France ou député, qui préside aux destinées du pays ;—ici, le magistrat qui prononce entre de graves intérêts, ou poursuit, au nom des lois, le crime qui les brave ; — là, le guerrier qui sait tenir haut et ferme la puissante épée des batailles et le glorieux drapeau du pays ; — c'était, l'administrateur éclairé, qui exerce avec une vigilance dévouée une partie du pouvoir ; — l'agronome qui passe sa vie à perfectionner les méthodes, afin de multiplier les produits de la terre ; — ou l'agriculteur qui vit au milieu des champs dont il n'obtient, qu'à la sueur de son front, le pain qui nourrit les hommes ; — ou le défricheur qui, vainqueur de stérilités crues invincibles, goûte la douce et double joie d'ajouter aux richesses du pays et d'arracher des victimes à la misère ; — ici, le propriétaire ou le rentier ; qui, secouant une ennuyeuse oisiveté, s'efforce d'honorer sa vie en servant ses semblables ; — là, le manufacturier qui, par de laborieuses combinaisons et en produisant les choses qui font la vie plus commode, procure à des milliers de bras, à des centaines de familles une occupation utile ; — ou le commerçant, intermédiaire nécessaire entre l'homme qui produit et l'homme qui consomme ; — c'étaient le maire et le juge de paix, qui remplissent une utile mission au milieu de leurs concitoyens ; — ou le notaire à qui la loi confie le dépôt des conventions et des volontés humaines ; — c'était le médecin qui, pénétré des austères devoirs de sa profession, applique son savoir et sacrifie son repos au soulagement de l'humanité ; — ici, l'avocat, le jurisconsulte-orateur qui, fier du courage et des sacrifices que réclame sa noble mission, éprouve un plaisir ineffable, quand il a arraché une victime à l'échafaud ; — là, l'écrivain publiciste, qui pèse et discute les institutions qui conviennent le mieux au pays, ou cherche, dans les profonds enseignements de l'histoire, et dans les effets des lois en vigueur, de grandes leçons, qu'il somme courageusement le pouvoir d'écouter ; — ici, le savant qui, dans le silence de longues veilles, médite sur le perfectionnement des sciences ; — là, le modeste instituteur qui, saintement dévoué aux labeurs de sa profession, la première peut-être entre toutes, se console de l'oubli et de son obscurité, en formant une jeunesse destinée à faire la force et l'ornement de l'État ; — ou bien le voyageur scientifique qui, bravant les privations et les périls d'une lointaine navigation, va étudier les mœurs et les lois des nations les plus éloignées ; — l'artiste qui, trop souvent dédaigneux de la richesse qui glace l'esprit et dessèche le cœur, charme les hommes et orne la terre des productions de son génie ; — le poète, dont l'imagination exaltée au seul mot d'honneur ou de patrie, jette au monde des accents prophétiques et lègue aux siècles des œuvres passionnées ; — c'était enfin le prêtre, directeur sacré de la vie de l'âme, qui apprend à l'homme malheureux à se consoler en lui montrant le ciel.

Tels étaient les hommes que les honorables fondateurs de l'Académie avaient associés à leurs travaux, et dont ils avaient fait les soutiens de leur œuvre.

Quant à l'organisation de ce corps savant, rien de plus fortement constitué : Ainsi, au commencement de 1834, par exemple, on remarque à sa tête, outre les rois et princes *ses protecteurs* dont nous avons indiqué plus haut les augustes noms, environ trente *présidents d'honneur* ou *présidents honoraires*, tant français qu'étrangers. — Mais, sans citer textuellement, car le temps nous presse, laissons à MM. J.-B. Vaucher et César Moreau le soin de nous en nommer quelques-uns : C'étaient entre autres, nous apprennent-ils, M. Barthe, jurisconsulte renommé qui, du barreau retentissant des mâles accents de son élo-

quence, s'était élevé jusqu'au faîte des dignités judiciaires ;
— M. le duc de Cadore, ce sage administrateur dont la vie
orageuse a brillé dans un si grand nombre de hauts emplois ; — M. le duc de Choiseul qui, inviolablement attaché aux institutions nationales, ne désavoua sa solidarité
à des actes auxquels il n'avait eu aucune part, que lorsque
le danger de cette effrayante solidarité fut passé ; — M. le
duc de Dalmatie, cet illustre maréchal qui fut grand sous
le plus grand des hommes, et qui, après avoir glorieusement servi la France sur vingt champs de batailles, la servit, non moins glorieusement, en lui préparant si habilement
les moyens de ne pas craindre la guerre ; — M. le comte
de Montalivet, ce ministre qui, dans la haute administration confiée à ses soins, rappela si heureusement les talents
et les qualités de son illustre père ; — M. le baron Portal
qui, animé par une heureuse ambition sans laquelle la
société serait sans gloire et sans bonheur, sut, à force de
mérite, conquérir l'honneur de siéger dans le premier
corps de l'état ; — M. Bailly de Merlieux, savant renommé,
qui, honoré d'une place méritée dans la plupart des corps
savants d'Europe, sert avec éclat la cause de la civilisation, en suivant pas à pas, dans un recueil célèbre, les
progrès des sciences et des arts ; — M. Berryer père, cet
honorable avocat qui prêta si souvent aux malheureux
le secours de son éloquente voix, et qui, parvenu à un
âge avancé, pense, écrit et parle encore comme la virilité même ; — M. Mathieu de Dombasle, citoyen sage,
agronome éclairé, qui, dans un établissement modèle,
connu et admiré de toute la France, applique avec un
bonheur constant les savantes théories de l'agriculture, et
en consigne chaque jour les précieux résultats dans un
vaste et intéressant répertoire ; — M. Dupin, député infa-

tigable et judicieux, qui se dévoue chaque jour à l'instruction et à la moralisation de notre jeunesse industrielle ; — M. L. Galabert, ce militaire ardent, mais pur comme le ciel de sa patrie, dont l'ingénieuse audace a enfanté le plan d'un vaste canal, qui doit un jour embellir et féconder la France ; — M. Jacobsen, ce vertueux vieillard de Noirmoutiers, qui, par de pénibles et dispendieux défrichements, a si bien mérité de l'industrie française ; — M. Julien de Paris, littérateur savant et si plein de tact et d'expérience, qui dirige avec un si brillant succès ce recueil périodique (*Revue encyclopédique, etc.*), dont les matières justifient si bien le titre imposant qui exprime son universalité ; — M. Lautour de Mezeray, écrivain ingénieux qui, fondateur de la plupart des journaux littéraires qui charment nos loisirs, y jette à pleines mains des traits si fins et si piquants ; — M. Odilon Barrot, ce célèbre jurisconsulte qui, à la barre comme à la tribune nationale, défend avec tant d'éclat, de mesure et de loyauté les graves intérêts de ses concitoyens et du pays ; — M. Rodet, judicieux négociant, qui, dans de sages écrits, a si bien exposé les vrais principes de l'industrie commerciale, et les moyens de la faire fleurir ; — M. Sarrans jeune, publiciste véhément, qui jette toute son âme dans ses passionnés écrits ; — M. J.-B. Say, ce vénérable doyen de nos savants, dont l'esprit sage, étendu, a si profondément expliqué tous les ressorts de l'économie publique ; — cet amiral Codrington qui, après avoir concouru jadis avec gloire à l'anéantissement des flottes de la barbarie, en face et au profit de la renaissante civilisation d'une contrée malheureuse, ajoute, à l'honneur de ses trophées maritimes, l'honneur de ses conquêtes industrielles ; — sir Sidney-Smith, cet autre amiral anglais, qu'une bouche française ne doit point célébrer, quand, sur les rivages de l'antique et savante Égypte, il triomphe des Français; mais qu'elle est heureuse de louer, quand, par de savantes inventions, il triomphe des horreurs du naufrage;—H. Luscombe, ce sage évêque anglais qui, par de beaux écrits sur le christianisme et de savantes analyses des auteurs anciens, a conquis la reconnaissante admiration de sa patrie, et qui donne à la culture des sciences et des arts tous les instants que ne réclament point les austères fonctions de son ministère, — S. Exc. le prince de Soutzo, ce grave et sage Hellène, dont l'œil regarde et le cœur bat, comme l'œil et le cœur de ses courageux compatriotes; — M. A. Balbi, dont la brillante imagination a fait de la géographie une science aimable; — M. Loudon, dont l'érudition patiente a doté le monde d'une belle et vaste encyclopédie d'agriculture; — M. Jobard, qui applique l'infinie variété de ses connaissances et le tact merveilleux de son esprit à la rédaction d'un recueil précieux; — sir John Saint-Clair qui, fondateur de la Société royale d'agriculture d'Angleterre, et dont plusieurs écrits scientifiques ont rendu le nom célèbre, a reçu un digne prix de ses services dans les hautes fonctions de conseiller de S. M. Britannique; — enfin, sir John Penn, vertueux vieillard qui, toute sa vie, a justifié sa glorieuse descendence de l'immortel fondateur de la Pensylvanie, soit en enrichissant la scène anglaise d'une multitude de beaux ouvrages, soit en consacrant une large part de sa grande fortune à la protection des arts.

A la même époque (1834), nous trouvons à la tête des huit comités attachés au conseil d'administration, des hommes illustres à divers titres. Ainsi le comité de *perfectionnement* avait pour président M. le duc de Choiseul, pair de

France, et pour secrétaire le général baron Juchereau de Saint-Denis; — celui *des prix et des encouragements* était présidé par M. le duc de Doudeauville ; le secrétaire était le chevalier Rifaud; — M. le duc de Cadore, pair de France, et M. Julien de Paris étaient, le premier, président et, le second, vice-président du comité *de traduction,* dont M. Audouin de Géronval était le secrétaire; — à la présidence du comité *d'Agriculture et d'Horticulture* avaient été appelés MM. Mathieu de Dombasle et Cailleau; — M. le baron Charles Dupin et le très révérend évêque H. Luscombe, dirigeaient les travaux du comité *des Manufactures, Arts et Métiers ;* — celui du *Commerce et de la Navigation* avait pour président et pour vice-président MM. Rodet et Sarrans ; — le comité des *Finances* était présidé par le député Louis Galabert ; — celui *du Contentieux* par MM. Odilon Barrot et Malepeyre.

Enfin, parmi les noms des divers membres composant ces comités nous remarquons entre autres ceux de MM. J. Bresson et Altaroche, publicistes; Ch. Bouvet, graveur; Vial, ancien consul; Sapey, Allou, ingénieur des mines; le marquis de Drée, Foucher et de Lavenay, notaires ; Chatelain, journaliste ; le général comte de Vedel, le duc de Valençay; Albert de Montémont, publiciste ; Baudet-Dulary, député; le docteur Blache, Coffinière et Dalloz, avocats ; Delamarre, banquier ; le chevalier Garnier, le docteur Jaubert de Lamballe, P. Du Château, E. Thayer, E. de Monglave, sir A. West, Patin, de l'Institut ; le docteur Néel, P. de Mont-Louis, lieutenant-général; Année, maître des requêtes ; Élie de Beaumont, de l'Institut ; le duc de Caraman, le docteur Broussais, le général Blein, A. Chasles, député; Boïeldieu, de l'Institut; le maréchal comte Clausel, le comte de Chastellux, le baron Faucher, ancien ambassadeur ; Casimir Delavigne, de l'Institut ; le marquis de Dreux-Brézé et le comte de Germiny, pairs; le comte d'Espreménil, L. Hersant, de l'Institut ; le duc de Grammont, pair; Deneirousse, manufacturier ; Firmin Didot, imprimeur ; le marquis de Kergariou, le comte de Lanjuinais, pair ; le baron E. de Las-Cases, député; le docteur Mège, le général comte de Montesquiou, Montgolfier et Ed. Dreyfus, manufacturiers; Leroux, architecte; baron de Mareinville, le marquis de Mortemart, pair; Le Bastard et Mauguin, députés; de Ségur, Marbeau, le général baron de Strolotz, Tempier et Mandaroux-Vertamy, avocats ; Tavernier, maire et député, etc., etc., etc.

A cette même époque encore (1834), près de deux cents des principales Sociétés d'agriculture et industrielles ou scientifiques de la France et de l'étranger étaient entrées en relation et en échange de publications avec l'Académie.— C'étaient entre autres : les Sociétés d'agriculture de Bourg, de Moulins, de Foix, Rhodez, Caen; d'Angoulême, de La Rochelle, Bourges, Tulle, Saint-Brieuc, Besançon, Montpellier, Châteauroux, Blois, Nancy, Vannes, Dunkerque, Rouen, Niort, Alby; d'Avignon, d'Épinal, Tonnerre, etc.; la Société royale d'agriculture de Paris, l'Académie des sciences, arts et agriculture d'Aix, la Société industrielle d'Angers, les Académies des belles-lettres, sciences et arts de Bordeaux, Lyon, Metz, Nîmes, Orléans, Poitiers, etc.; la Société de statistique de Marseille, l'Académie des sciences, arts et lettres de la même ville, l'Académie de Dijon, la Société royale d'agriculture de Toulouse, celle d'agriculture, sciences, arts et lettres de Tours, la Société académique de Nantes, celles d'agriculture, commerce et sciences de Châlons, de Douai et de Lille, etc., etc.; et enfin les Sociétés, philomatique, d'horticulture, d'encouragement et de géographie de Paris; la Société pour l'instruction élémentaire, la Société asiatique, la Société royale des antiquaires de France, l'Académie des inscriptions et belles-lettres et l'Académie des sciences elle-même.

N'oublions pas de mentionner aussi que déjà, le 26 avril 1833, dans sa séance annuelle, l'Académie avait distribué, indépendamment des prix spéciaux mis au concours et des récompenses accordées aux auteurs d'inventions ou de découvertes utiles, six médailles d'or, trente d'argent et cinquante de bronze.

Enfin, au commencement de 1834, l'Académie comptait près de trois mille membres français ou étrangers, souverains, princes, ministres, ambassadeurs, pairs, députés, officiers-généraux, magistrats, propriétaires, négociants, artistes, manufacturiers, etc., etc., qui avaient adhéré aux statuts de l'institution depuis sa fondation.

La Société eut ses expositions composées exclusivement des produits industriels de quelques-uns de ses adhérents ; tous les objets qui y figuraient étaient marchands, c'est-à-dire tirés des manufactures, des fabriques, des magasins de ses propres membres, pour les présenter aux regards du public, et sans que rien fût fait pour l'occasion et pour éblouir les yeux sans utilité réelle pour le commerce.

Tous ces brillants résultats, fruit de quelques années, démontrent combien était juste l'idée qui avait présidé à la création de l'œuvre, et combien aussi elle répondait heureusement aux besoins de l'époque. — Ils étaient d'ailleurs d'autant plus caractéristiques que l'Académie les avait obtenus par elle-même, sans réclamer à l'état aucun secours, et au milieu de rivalités puissantes et jalouses. On doit reconnaître également que ces succès, que cette prospérité, étaient dus surtout aux rapports de confiance, qui s'étaient établis immédiatement entre les membres dirigeants et les industriels. Ces derniers, en effet, trouvaient dans les organes de l'institution, non pas de fiers protecteurs, mais des amis dévoués qui, visitant leurs ateliers, leur donnaient souvent d'utiles conseils. — Les liens qui unissaient les divers membres de cette grande association, se resserraient donc chaque jour davantage pour atteindre un grand et noble but d'utilité générale; et chacun avait la légitime conviction que l'Académie occuperait un des premiers rangs parmi les plus belles institutions scientifiques et d'utilité publique de l'Europe. — Ce fut sous ces heureux auspices que s'ouvrit pour la Société l'année 1834.

Le 1er mai, M. César Moreau, sur l'invitation qu'il en avait reçue le 26 avril de M. Alexandre de Laborde, conduisit au palais des Tuileries une députation de cinquante membres chargée de complimenter le Roi à l'occasion de sa fête. « Sire, lui dit-il au nom de l'Académie, l'agricul-
» ture et l'industrie manufacturière sont deux sources
» bienfaisantes qui s'alimentent mutuellement en répan-
» dant autour d'elles le bien-être et la fertilité.

» Elles vivifient le commerce, qui à son tour leur donne
» une vie nouvelle et une plus grande activité.

» L'ACADÉMIE DE L'INDUSTRIE AGRICOLE, MANUFACTURIÈRE
» ET COMMERCIALE, en embrassant dans ses travaux ces
» trois grandes industries, et en s'efforçant de les con-
» duire parallèlement et de front, croit travailler à la pros-
» périté de la France.

» Sire, les vœux et les efforts de l'Académie sont aussi
» les vôtres, et la France sait que sa prospérité est l'objet
» constant de votre sollicitude.....

» L'Académie de l'industrie agricole, manufacturière et
» commerciale, s'est développée sous l'égide tutélaire de
» votre protection ; le bien qu'elle a pu faire, c'est encore
» à vous que la France le doit.

» Veuillez, Sire, accueillir nos respectueux remercî-
» ments et l'expression de nos vœux bien sincères pour
» votre bonheur et celui de votre famille. »

Sa Majesté répondit :

« Je vous remercie de vos vœux, Messieurs; vous con-
» naissez tout l'intérêt que je porte à vos travaux ; j'es-
» père que l'Exposition des produits de l'industrie, qui
» s'ouvre aujourd'hui, vous mettra à même de les conti-
» nuer ; j'espère aussi qu'à l'abri des scènes douloureuses
» qui viennent de se passer à nos yeux, l'industrie, le
» commerce, l'agriculture, pourront prendre un nouvel
» essor, et prospérer désormais au milieu de la sécurité
» publique. »

Le 22 du même mois (mai 1834), eut lieu la séance publique annuelle de l'Académie, tenue sous la présidence de M. le duc de Montmorency.

« Cette réunion brillante, nous dit le procès-verbal, se
» composait de plus de douze cents personnes, parmi les-
» quelles on distinguait un grand nombre de dames d'une
» mise très élégante, des membres du corps diplomati-
» que, des pairs de France, des députés, des officiers gé-
» néraux et supérieurs, des chefs de plusieurs adminis-
» trations publiques, des hommes célèbres dans les scien-
» ces, les lettres, les arts, la magistrature, le barreau et
» les diverses branches de l'industrie, ainsi qu'un grand
» nombre de notabilités étrangères. »

Ce fut M. le duc de Montmorency qui, en sa qualité de président, prit le premier la parole ; il exposa rapidement le but et la fondation de l'Académie, les services qu'elle avait déjà rendus à l'industrie, soit par les utiles travaux de ses membres, soit en encourageant, par d'honorables récompenses, le perfectionnement et les progrès de l'agriculture, des manufactures et du commerce.

Le discours du noble duc fut vivement applaudi. — Après lui, M. César Moreau, fondateur de l'Académie, s'exprima ainsi dans un long discours souvent interrompu par d'unanimes applaudissements, et dont nous regrettons de ne pouvoir reproduire que quelques fragments.

« L'industrie ne consiste plus aujourd'hui, comme au temps de l'ignorance et de la routine, dans un mécanisme accidentel et indépendant de toute combinaison, dans une célérité d'opérations due beaucoup moins à l'art qu'à la force de l'ouvrier, ou enfin dans des procédés que l'habitude rend faciles plutôt que le savoir et la réflexion.

» Déterminer par le calcul les effets qu'il s'agit de produire, employer avec succès et méthode, au perfectionnement des arts ou des métiers, les découvertes de la chimie, les connaissances de la physique ou les belles formes du dessin, en un mot, enrichir le commerce, les arts et les métiers de tous les bienfaits des sciences, tel est le véritable caractère qui convient désormais à la nation française, et dont le développement lui est garanti par de nouveaux succès.

» Notre époque est celle du plus uniforme développement de l'esprit humain. Dans ce siècle, les sciences agricoles et industrielles ont plus avancé que dans les dix siècles précédents. Partout l'esprit d'investigation a porté ses fruits : car les arts industriels et les sciences qui les éclairent ont fait de manifestes progrès dans les pays les plus reculés de l'ancien et du nouveau monde.

» Il s'est formé partout des sociétés, des journaux et des recueils périodiques, pour aider et diriger cette grande impulsion du génie de l'homme. Qui pourrait oublier que c'est à ces sociétés ainsi formées spontanément que sont dus les progrès les plus éclatants de la civilisation! de sorte que nous pouvons nous croire parvenus enfin à une époque où la culture des sciences utiles est passée dans la masse des sociétés, et où l'industrie est devenue le principal élément de la force, de la richesse et du bien-être des nations.

» Les progrès de l'industrie, soit agricole, soit manufacturière, soit commerciale, dépendent évidemment de la connaissance de toutes les découvertes et de tous les faits journellement constatés. La propagation rapide de ces progrès est un bienfait inappréciable, car c'est elle seule qui peut épargner aux industriels, disséminés sur toute la surface de la terre, les essais, les tâtonnements, la perte du temps et l'élévation des dépenses. Quel heureux résultat d'une correspondance active et fidèle qui, en quelque temps, peut mettre les industriels de tous les pays au courant des progrès successivement obtenus par les hommes honorables qui font marcher l'industrie! Ainsi, toujours excité par ce tableau périodique de ses propres succès, l'esprit humain s'assure une marche ascendante, rapide et réfléchie, dont le terme ne peut être aperçu.

» L'Académie de l'industrie agricole, manufacturière et commerciale, est sans doute autorisée à croire qu'elle a pu contribuer pour une faible part à ce beau mouvement de civilisation.

» Cette institution, fondée en 1830, a, dès son début dans la carrière scientifique, traversé sans malheur l'une des époques les plus difficiles, parce qu'elle est toujours demeurée étrangère à toutes discussions politiques ou religieuses, et parce que les personnes qui la composent n'ont d'autre mobile que l'amour de la civilisation humaine, d'autre but que le désir de concourir à la prospérité de leur pays; et, comme elle a pu s'établir sans aucun secours financier du gouvernement, on a vu avec quelque surprise l'accroissement extraordinaire qu'elle a pris dès l'origine.

» Une autre circonstance qui peut-être ne vous paraîtra pas moins remarquable, et qui témoigne bien haut du vif intérêt qu'a su inspirer généralement l'Académie de l'industrie, ce sont les progrès de son personnel. Elle comptait, au 31 décembre 1830, cent trente-six membres; — en 1831, mille cinq cent deux; — en 1832, deux mille trois cent soixante-seize; — en 1833, deux mille sept cent quatre-vingt-douze; — et aujourd'hui (22 mai 1834), elle en compte deux mille neuf cent quatre-vingt-sept.

» Indépendamment de la majeure partie des membres correspondants, il s'est trouvé un grand nombre de membres cotisés, qui, comprenant le devoir de chacun, d'apporter sa pierre à l'édifice commun, ont adressé à l'Académie de précieuses communications, longtemps et consciencieusement élaborées; de tels travaux, entrepris dans la seule vue d'être utiles, méritaient une récompense : nous espérons qu'ils la trouveront dans les suffrages qui seront proclamés aujourd'hui.

» Un autre genre de service, rendu aussi à notre institution par un grand nombre de ses membres, a été de lui adresser des hommages. C'est ainsi que nos archives et notre bibliothèque se sont peu à peu enrichies de mémoires intéressants, d'ouvrages de tous genres vraiment remarquables, soit imprimés, soit manuscrits.

» Notre situation financière n'est pas moins satisfaisante......

» Une chose, sans doute, qui a également contribué à l'accroissement du personnel de l'Académie, à la propagation de la connaissance de son institution et de ses travaux, à l'extension de ses opérations, à l'émulation de ses membres, ce sont ses relations avec un grand nombre de sociétés savantes, françaises et étrangères, dont la plupart décernent, comme elle, des couronnes aux hommes qui ont bien mérité, par leurs travaux divers, des industries agricole, manufacturière et commerciale. — De bonne heure, nous avons senti et recherché l'avantage de semblables relations; et, comme l'élévation de notre but a été sur-le-champ comprise, nous avons toujours obtenu cet avantage de la manière la plus facile et la plus honorable. Nous avons donc la satisfaction de dire ou plutôt de redire que, parmi les corps savants qui ornent les capitales et les provinces de tous les pays civilisés, il en est peu actuellement qui ne nous envoient avec empressement le recueil de leurs précieux travaux, et avec qui nous n'ayons à faire incessamment un heureux échange de lumières, de renseignements et de bons offices.

» Grâce donc à l'extension des rapports de notre Académie, le Journal de ses travaux a pu pénétrer sur presque tous les points du globe. A présent, il est honorable pour elle de le dire, ses publications sont lues partout, et produisent en plusieurs pays d'utiles résultats, et recueillent d'illustres suffrages.

» Il y a plusieurs raisons à donner de cette heureuse

situation de l'Académie. Nous devons sans doute l'attribuer principalement à la passion du bien public qui possède aujourd'hui tous les esprits éclairés, puis au généreux mouvement qui les porte vers tout ce qui est grave et utile, puis aussi peut-être aux récompenses honorifiques que notre institution a déjà décernées, non seulement à ceux de ses membres qui l'ont servie avec zèle, mais encore à ceux des savants, qui se sont fait des titres à l'estime publique par la culture des sciences, qui se rapportent au triple objet de nos méditations. Or, dans l'intervalle du mois de janvier 1832 au mois d'avril 1833, l'Académie a distribué sept médailles d'honneur en or, trente-quatre en argent et cinquante-deux en bronze.—De 1833 à 1834, le nombre des médailles d'honneur en or a été de seize, et celui des médailles d'honneur en argent de cinquante-neuf. Je ne parle point des médailles d'honneur en bronze ni des mentions honorables, dont le nombre a été considérable. Mais, quelque large distribution de récompenses qui ait été faite jusqu'à ce jour, il nous est permis d'espérer que, de 1834 à 1835, les nombreux matériaux qui nous arrivent nous mettront à même d'en faire une plus large encore.

» L'expérience nous a prouvé qu'il n'y avait rien de plus profitable pour l'Académie que de suivre toujours ce système de rémunération annuelle : car, s'il est avantageux qu'elle livre à la publicité toutes les découvertes utiles à l'agriculture, aux manufactures et au commerce, il est juste qu'elle en récompense les auteurs. C'est ainsi que les institutions secondent les vues des gouvernements qui protégent les sciences, qu'elles travaillent au bonheur social, et qu'elles méritent ou plutôt qu'elles obtiennent une destinée glorieuse..... »

Plusieurs autres discours, tous remarquables par l'élévation de la pensée et la richesse de l'expression, furent encore prononcés dans cette solennité scientifique :

— Par M. le général baron Juchereau de Saint-Denis, secrétaire-général, qui, après avoir présenté un rapport général sur les travaux de la Société, et une analyse rapide, mais exacte, des plus importantes questions agricoles, commerciales et industrielles, traitées pendant l'année 1833, soit dans le Journal mensuel, soit dans le Recueil des mémoires, termina son discours par une Notice nécrologique sur les membres que l'Académie avait eu la douleur de perdre depuis sa dernière séance annuelle, en fixant principalement l'attention sur trois d'entre eux, le général Lafayette, le général marquis de Béthune-Sully, et le célèbre Rajad indien Rammohun-Roy;

— Par M. Cailleau, au nom du comité d'agriculture, sur l'état actuel, les besoins et les progrès de l'agriculture ;

— Et, enfin, par M. Léopold Malepeyre, l'un des membres les plus capables et les plus zélés de l'institution, qui, après avoir présenté un résumé des travaux du comité des manufactures et du commerce, en 1833, termina par un aperçu plein d'intérêt sur les progrès de l'industrie, et par un coup-d'œil général et rapide sur les produits les plus remarquables de nos manufactures, envoyés à l'Exposition universelle de 1834.

A ces diverses lectures qui concilièrent à leurs auteurs les suffrages de l'assemblée, succéda la distribution générale de *cent dix médailles d'honneur*, en or, argent et bronze, accordées par le conseil à des agronomes, à des écrivains et à des industriels français et étrangers, pour les services qu'ils avaient rendus à l'industrie par leurs utiles travaux, par leurs sages écrits ou par les importantes découvertes dont elle leur était redevable (1).

Nous allons encore, avant de quitter cette intéressante et patriotique institution, rendre un compte sommaire de sa séance publique annuelle, du 4 juillet 1836. — Cette réunion fut, comme les précédentes, présidée par M. le duc de Montmorency. La vaste salle Saint-Jean ne contenait pas moins, cette fois, de deux mille personnes, l'élite, comme toujours, de la Société : c'étaient des membres du parlement, des diplomates, des généraux, des célébrités de la magistrature, du barreau ; — c'étaient les notabilités scientifiques, artistiques et littéraires de la France, et aussi d'illustres étrangers et un grand nombre de nobles dames.

M. le duc de Montmorency, après avoir exposé rapidement, en termes pleins de noblesse, les services rendus

---

(1). Parmi les personnes successivement appelées par M. César Moreau, et auxquelles M. le duc de Montmorency remit, au milieu des vifs applaudissements de l'assemblée, les médailles décernées par l'Académie, on remarqua entre autres : M. le colonel Amoros, M Le Molt, ancien magistrat ; M. Pavy, manufacturier ; le docteur Robert, M. Bella, directeur de la ferme-modèle de Grignon ; Brunel père, ingénieur ; Mathieu de Dombasle, fondateur de la ferme-modèle de Roville ; M. Blanqui, directeur de l'Ecole spéciale du Commerce de Paris ; le général marquis de Chambray, le général baron Noguès, Liouville, propriétaire ; Dencirousse, manufacturier à Paris ; de Castera, ancien magistrat ; Fellemberg, fondateur et directeur de la ferme-modèle de Hoffwil, en Suisse ; M. A. Desjobert, député ; Rieffel, directeur de l'établissement agricole de Grand-Juan ; le colonel Bernardet, l'abbé Verdenal, le général baron Blein, Bowring, de Londres ; le chevalier Escalon, à Naples ; Joseph Hume, membre du Parlement britannique ; Loudon, de Londres ; docteur Mège, de Paris ; Macculoch, de Londres ; marquis de Sainte-Croix, etc., etc.

par l'Académie, s'attache à faire ressortir les bienfaits qui résultent de cette grande institution, et pour ses membres et pour le pays. « Il m'est doux, dit-il en terminant, » d'être le président d'une Société dont les vues et les » efforts sont si louables, et dont les opérations sont si » utiles à l'industrie de la France et à sa prospérité géné- » rale. » — Lorsque les applaudissements qui accueillirent ces paroles du noble duc eurent cessé, M. César Moreau prononça un discours qui fut écouté avec une religieuse attention, et salué des vifs et unanimes applaudissements de l'Assemblée. — En voici quelques extraits :

« Au retour de chacune des époques consacrées à la tenue de ses séances publiques, l'Académie de l'industrie agricole, manufacturière et commerciale, éprouve une satisfaction nouvelle et bien douce d'avoir à rendre compte de ses travaux annuels devant une assemblée nombreuse et brillante, qui, en l'honorant de sa bienveillance, lui témoigne un intérêt qu'elle a toujours ambitionné, et dont elle doit se glorifier d'être l'objet...

» L'Académie possède, par la sage combinaison de ses statuts, tous les éléments possibles de prospérité : près de deux cents Académies et Sociétés savantes, tant françaises qu'étrangères, continuent à correspondre avec notre institution. Elle est sans cesse tenue au courant de toutes les améliorations ou inventions nouvelles qui surgissent dans le monde industriel ou scientifique, et de précieux documents lui sont ainsi fournis pour ses publications diverses....

» Notre Bibliothèque a été encore augmentée pendant l'année, tant par les dons qu'ont bien voulu nous faire nos honorables collègues, que par les acquisitions que nous avons pu opérer....

» C'est aux industriels qui se sont distingués, que l'Académie n'a cessé de donner des encouragements, d'accorder des récompenses, modestes, il est vrai, mais justement méritées; et, dans cette séance générale, elle se félicite d'avoir encore à vous entretenir de conceptions aussi neuves qu'utiles, et de pouvoir décerner à leurs auteurs des encouragements que votre présence et vos applaudissements leur rendront sans doute plus chers.

» Ces inventions, ces découvertes, disent assez qu'en France il n'est point de bornes aux conceptions du génie, aux progrès de l'industrie, et que, plus nous avons fait de conquêtes en ce genre, plus nous aurons l'espérance d'en faire de nouvelles. Et comment en effet la carrière de l'industrie pourrait-elle jamais être limitée parmi nous? L'intérêt, d'accord avec l'étude et le goût, la rend chaque jour plus étendue, et tel qui l'avait d'abord parcourue avec gloire se trouve bientôt surpassé par un industriel plus habile, jusqu'à ce qu'enfin il le surpasse à son tour. Une lutte honorable s'établit ou se renouvelle sans cesse; et, plus il se rencontre de rivaux, plus les triomphes se multiplient, plus aussi la France en recueille de fruits.

» Eh bien! ces rivaux, il faut les appeler, leur faire connaître leurs forces, les mettre en présence, leur montrer que, s'il s'agit de disputer entre eux la palme de la supériorité, il s'agit encore plus de la ravir à l'étranger.

» Voilà ce que souvent a fait l'Académie de l'industrie, comme l'attestent ses publications depuis 1830, sans autre intérêt que celui de la France...

» Continuons donc, Messieurs, de soutenir notre Académie et de la diriger par de constants efforts vers son noble but, ne perdant jamais de vue que des trois industries agricole, manufacturière et commerciale, dépendent la richesse et la prospérité des peuples ; et si notre Académie atteint le but glorieux qu'elle se propose, nos efforts communs seront dignement récompensés.... »

Avant de passer à la distribution des *médailles d'honneur*, décernées, soit à des publicistes, pour d'utiles écrits, soit à des industriels et à des agronomes, pour des travaux importants ou de précieuses découvertes, l'Assemblée entendit encore plusieurs lectures pleines d'intérêt qui lui furent faites par MM. Léopold Malepeyre, le général baron Juchereau de Saint-Denis et F. Chatelain. — Enfin, M. François Malepeyre, président du bureau permanent du Comité des manufactures françaises, prononça un discours aussi bien écrit, que bien pensé, dans lequel, après avoir énuméré les travaux des Comités du commerce et des arts et manufactures, il présenta, avec une grande lucidité et un choix heureux d'expressions, une rapide analyse des différentes branches d'industrie soumises à ces Comités, pendant l'année 1835.

Après avoir imprimé, durant dix années consécutives, un vaste développement à l'Académie, M. César Moreau s'est retiré de cette société savante, comme il l'avait fait de la *Société française de Statistique*, avec le titre de président honoraire qui lui a été continué par plusieurs élections successives (1). Il s'est retiré lorsque son œuvre de

---

(1)   Paris, le 9 avril 1848.

   A M. César Moreau, fondateur de l'Académie de l'Industrie.

    « Monsieur et cher Collègue,

  » Nous avons entrepris la réorganisation complète de l'Académie...
» En séance générale, la dissolution de la commission supérieure, dont
» vous nous avez dit cent fois que vous aviez si peu à vous louer vous-

prédilection fut accomplie. Mais cette institution, qui a exercé, sur les progrès des sciences et des arts, une influence puissante, salutaire, efficace, restera comme un monument des efforts de son directeur, et comme une preuve de ce que peut, pour le bien général, un homme de cœur, quand il sait et veut bien lui consacrer tous les instants de sa vie, toutes les ressources de son intelligence.

M. César Moreau s'est vu contraint, par le délabrement de sa santé, d'abandonner la direction générale de l'Académie de l'Industrie; peut-être aussi, de même que nous l'avons dit, en parlant de la Société française de Statistique, quelques tiraillements intérieurs, quelques novateurs remuants, hâtèrent-ils, par des contrariétés maladroites, et en lui suscitant de pénibles obstacles, sa retraite que plusieurs désiraient depuis longtemps; toujours est-il que, dans les premiers jours du mois de septembre 1840, il crut devoir adresser sa démission à ses collègues de la commission supérieure et du conseil d'administration de l'Académie (1).

» même, a été prononcée à plus de deux cents voix de majorité.... —
» Sur la proposition de M. Aymar, appuyée par tous les membres
» présents, vous avez été, à l'unanimité, maintenu parmi nos plus
» anciens présidents honoraires ... Nous nous faisons un véritable
» plaisir de vous annoncer cette décision si conforme aux simples lois
» de la justice.....

» Agréez, etc.
» *Signé:* Le Vice-Président de l'Académie,
» Président du Conseil, etc.,
» JULIEN DE PARIS. »

(1) Paris, le 14 septembre 1840.
A M. César Moreau, etc.

« Monsieur et honorable Collègue,

» A mon retour de la campagne, j'ai trouvé votre lettre du 12

—Voici en quels termes honorables pour M. César Moreau, M. le général baron Juchereau de Saint-Denis, présidant l'Académie en l'absence de M. le duc de Montmorency, s'exprimait, au sujet de cette démission, dans un discours prononcé le 8 juillet 1841, lors de la séance publique annuelle tenue par l'Académie :

« Depuis notre dernière séance générale, des change-
» ments ont été opérés dans notre système administratif.
» Nos affaires financières, qui se trouvaient réunies entre
» les mains d'un seul directeur général, sont confiées à la
» commission supérieure qui déjà avait, dans ses attribu-
» tions, la surveillance de toutes nos opérations littéraires,
» scientifiques et administratives......

» Ces changements ont été nécessités par le dépérisse-
» ment successif de la santé de notre ancien directeur

» courant, laquelle m'annonce que, d'après l'état actuel de votre santé
» et par suite des recommandations pressantes des médecins, vous avez
» pris la résolution de vous démettre de vos fonctions de directeur
» général de l'Académie. — Je communiquerai cette résolution à nos
» collègues.... Ils regretteront, comme moi, le motif douloureux qui
» vous oblige à renoncer aux fonctions que, depuis dix ans, vous avez
» honorablement remplies pour l'intérêt de notre société dont vous êtes
» le principal fondateur.... Je vous ferai connaître la résolution qui
» aura été prise au sujet de votre démission, et les preuves d'estime
» et d'affection que nous nous ferons tous un devoir de vous donner
» pour votre conduite si digne et si honorable, et pour vos égards en-
» vers les membres de notre Académie, enfin, pour les services utiles
» que vous lui avez rendus depuis sa création.

» Agréez, mon cher collègue et sincère ami, les expressions de mon
» invincible attachement.

» Le Secrétaire général de l'Académie, etc.,
» *Signé :* Le Général Baron JUCHEREAU DE SAINT-DENIS. »

» général, M. César Moreau. Soutenu par un zèle actif et
» par un entier dévouement à notre Académie, dont il avait
» été le principal fondateur, M. César Moreau a longtemps
» combattu le mal qui le minait, et a continué à gérer nos
» affaires, malgré l'intensité de ses souffrances morales et
» physiques. Mais, accablé par la douleur et cédant aux
» conseils de ses amis et aux prescriptions des médecins, il
» a dû enfin se soumettre à la nécessité, et nous a priés, avec
» instance, d'accepter sa démission. — Après de longues
» hésitations fondées sur l'espoir du recouvrement de la
» santé de M. César Moreau, nous nous sommes vus
» contraints, à notre grand regret, d'adhérer à ses de-
» mandes réitérées (1), et nous avons accepté, le 19 sep-

---

(1) M. César Moreau avait adressé sa démission le 12 septembre 1840. — Deux jours après, le 14, M. le général baron Juchereau de Saint-Denis, président de la commission supérieure, lui accusait réception de l'offre de sa démission, et enfin, dès le 19 du même mois, la commission arrêtait ce qui suit :

COMMISSION SUPÉRIEURE.

Séance du 19 septembre 1840.

Présidence de M. le général baron Juchereau de Saint-Denis.

« La commission supérieure de l'Académie, régulièrement convo-
» quée, après communication des lettres adressées individuellement à
» chacun de Messieurs les Membres de la commission supérieure, sous
» la date du 12 septembre 1840, par lesquelles M. le directeur géné-
» ral annonce que l'état de sa santé l'oblige à se démettre de ses fonc-
» tions de directeur général de l'*Académie de l'Industrie;*

» La commission supérieure, vu l'article 29 des statuts, qui porte
» *que la surveillance des affaires scientifiques et administratives appar-*
» *tient à la commission supérieure, que cette commission est une éma-*
» *nation du conseil d'administration,* à qui elle rend compte de ses
» opérations; d'où il résulte que toutes les affaires scientifiques et ad-

» tembre dernier, sa démission volontaire, pour motifs de
» santé......

» Nous devons donc, Messieurs, de grands remercîments
» à M. César Moreau, pour les peines qu'il s'est données,
» surtout à l'époque de la création de notre société, pour
» sa surveillance active et constante sur nos intérêts, et
» pour l'ordre et la clarté qu'il a mis dans notre compta-
» bilité financière.... Comme une preuve de notre estime
» et de notre reconnaissance, nous l'avons nommé prési-
» dent honoraire de notre Académie, et nous l'avons prié
» de nous assister de ses sages conseils. Ayant accepté
» notre offre, il a souvent honoré de sa présence les
» réunions de notre commission supérieure, de notre
» conseil d'administration et de nos comités, etc. »

Dans la même séance, le discours de M. le duc de Montmorency, qui dès le 17 septembre 1840 avait cru devoir
écrire en particulier à M. César Moreau, pour lui exprimer

» ministratives sont en définitive concentrées dans cette commission,
» sauf à en rendre compte au conseil d'administration;
  » La commission supérieure accepte la démission de M. le direc-
» teur général à dater de ce jour;
  » Elle arrête :
  » 1° Que M. Cailleau, l'un de ses membres, sera chargé de s'enten-
» dre avec l'ancien directeur général sur les comptes de l'année cou-
» rante, les recettes faites et à faire, et les pièces comptables;
  » 2° Que des regrets seront exprimés à M. le directeur général sur
» sa retraite et sur les causes qui la nécessitent;
  » 3° Que dorénavant la direction de toutes les affaires de l'Acadé-
» mie se trouvera dans les attributions de cette commission qui suc-
» cède ainsi de plein droit aux attributions et aux devoirs du direc-

sés regrets (1), faisant allusion à la démission de l'honorable directeur général, contenait ces paroles :

« ...... Nous avons dû prendre de nouvelles mesures
» administratives, lesquelles ont été adoptées par suite de
» la démission volontaire, acceptée par nous avec regret,
» de l'honorable M. César Moreau, notre ancien directeur
» général..... »

C'était le 19 septembre 1840 que la démission de M. César Moreau, de ses fonctions de directeur-général, président du conseil d'administration de l'Académie, avait

---

» teur général, sauf à faire régulariser, par qui de droit, le nouveau
» mode d'administration ;
  » Elle arrête, enfin, que les dites lettres écrites par M. le directeur
» général seront annexées aux présentes ;
  » Et, vu la démission de M. le directeur général, la commission supérieure décide que les vacances cessent à partir de ce jour ;
» Et ont signé :
  » MM. le général baron Juchereau de Saint-Denis,
    Léopold Malepeyre, Cailleau, F. Chatelain et
    François Malepeyre.
      » Pour copie conforme,
        » Cailleau. »

(1) « J'apprends, Monsieur, que l'état de votre santé vous oblige à
» vous démettre de vos fonctions de directeur général de l'Académie. Je
» regrette bien vivement de ne plus vous voir à la tête de cette société
» que vous avez fondée et dont vous vous êtes occupé, depuis le com-
» mencement, avec tant de zèle, d'exactitude et d'intelligence... J'es-
» père bien que vous ne perdrez pas de vue ses intérêts, et que vous
» continuerez à l'aider de vos conseils..... J'espère aussi que le comité
» d'administration fera un bon choix pour vous remplacer..... Mais qui
» pourra vous remplacer ?....
  » Agréez, etc.
              » Duc de Montmorency. »

été acceptée. — Le 26 du même mois, la commission supérieure décida qu'en conséquence de la démission *offerte* par M. César Moreau, et acceptée par elle, les affaires administratives de la Société se trouveraient, à l'avenir, sous sa surveillance immédiate, et que le secrétaire général de l'Académie, M. le général baron Juchereau de Saint-Denis, administrerait la Société, sous le contrôle de la commission supérieure. — Le 5 octobre suivant, M. Juchereau de Saint-Denis, transmettant à M. César Moreau l'annonce officielle de l'acceptation de sa démission volontaire, lui disait : « Il est fâcheux pour nous,
» mon cher collègue, que l'état de votre santé, qui
» est le seul motif de l'offre de votre démission, nous
» prive d'un chef intelligent et actif qui, fondateur de notre
» Société, a constamment géré les affaires et dirigé notre
» comptabilité avec probité, exactitude et intelligence.....
» La cessation de vos fonctions est, et sera toujours, pour
» nous, un motif d'éternels regrets......

» Agréez, mon cher ami, l'assurance de mes sentiments
» personnels, fondés sur mon estime et ma vieille
» amitié, etc...... »

Quelques jours après (12 octobre), M. Cailleau (1), prési-

---

(1) Dans le rapport présenté par l'honorable M. Cailleau, au nom de la commission des comptes pour 1831 et 1832, on lit : « ...... Débar-
» rassée aujourd'hui des nombreux obstacles qui pouvaient entraver
» sa marche lors de sa fondation, l'Académie recueille des fruits d'au-
» tant plus doux qu'ils sont le résultat de peines, de soins multipliés
» et de la persévérance.... Puisse surtout le zèle de son fondateur et
» des honorables personnes qui l'ont secondé, trouver ici la récom-
» pense due au mérite et au talent.... »

Dans un autre rapport fait à la commission supérieure sur l'état finan-

dent du comité d'agriculture, l'un des membres du conseil d'administration et de la commission supérieure de l'Académie, et trésorier de la Société, écrivait, de son côté, à M. César Moreau :

« Mon cher président, je vous remercie des 2,068 fr.
» 12 cent. que vous venez de me faire remettre pour
» l'Académie, et je reconnais que vous n'avez pas été soldé
» de l'indemnité qui vous est due......

» Les comptes que j'ai examinés, et qui m'ont été sou-
» mis, m'ont confirmé dans la certitude que j'avais déjà
» de votre haute aptitude et de vos connaissances admi-
» nistratives, ainsi que de la loyauté que vous avez apportée
» dans vos fonctions, et qui vous distinguent à si justes
» titres.....

» Agréez, mon cher président, l'assurance nouvelle de
» mon sincère dévouement, etc. »

Enfin, le 15 novembre, M. César Moreau recevait de M. le duc de Doudeauville, dont la démission avait précédé la sienne de quelques jours, les lignes suivantes :

« A Montmirail, ce 15 novembre, 1840.

» Mon cher Monsieur César Moreau,

» Je me félicite beaucoup de ma démission, mais je

---

cier de la Société, M. Cailleau disait encore : — « En fondant l'Acadé-
» mie, l'honorable M. César Moreau a rendu des services signalés à la
» société tout entière.... Si son génie l'a conçue, son zèle, son acti-
» vité ont contribué puissamment à donner à cette institution cet
» éclat, cette prospérité dont elle jouit.... M. César Moreau emploie
» tous ses instants pour le bonheur de l'Académie.... des témoignages
» de reconnaissance justement mérités lui sont acquis..... »

» m'afflige de la vôtre, *ainsi que des raisons qui la motivent.* —
» On éprouve de *grandes contrariétés* quand on veut faire le
» bien ; je l'ai bien des fois éprouvé dans ma vie.

» Je mande à Paris de faire parvenir à l'Académie les
» cent francs que je dois, et je me réjouis d'avoir pu don-
» ner à cette importante Société, à laquelle vous avez
» rendu de si grands services, des preuves de mon dé-
» vouement.

» Recevez, je vous prie, l'assurance de mon intérêt pour
» elle et pour vous, et de tous les sentiments affectueux
» avec lesquels, je suis, etc.

» *Signé* : Le Duc de Doudeauville. »

Il manquait un complément à l'*Académie de l'Industrie*, société essentiellement scientifique et littéraire, et dont le but, comme on l'a vu, était d'imprimer, théoriquement parlant, un grand et fécond développement, par ses travaux et ses publications, aux trois industries : l'*agriculture*, les *manufactures* et le *commerce*, triple base de la prospérité des nations. — Ce fut donc encore une excellente idée qu'eut M. César Moreau, vers la fin de 1839, en créant, sous la dénomination de *Société des Inventions françaises et étrangères*, une nouvelle société purement commerciale, qui devait être, en quelque sorte, la mise en pratique des données théoriques posées par l'Académie. Voici, au surplus, comment M. César Moreau lui-même exposa, dans une lettre adressée le 23 janvier 1840, aux membres composant la commission supérieure de l'Académie, lettre qui se trouve publiée dans le journal des travaux de ce corps savant (vol. x.—10ᵉ année.—N° 110), les motifs qui l'avaient déterminé à créer la *Société des*

Inventions, ainsi que le but qu'il s'était proposé et qu'il désirait atteindre par cette fondation :

« Depuis trente ans, dit-il, toutes mes pensées, tous
» mes travaux n'ont eu qu'un but : l'amélioration de la
» condition sociale. Je crois avoir prouvé cette disposition
» de mon esprit, soit lorsque j'ai fondé cette *Société fran-*
» *çaise de Statistique universelle* dont les graves travaux
» tendent au perfectionnement de l'économie publique,
» cette première des sciences; soit lorsque j'ai fondé cette
» *Académie de l'Industrie agricole, manufacturière et com-*
» *merciale*, qui, depuis dix ans, poursuit avec tant de zèle,
» de constance et de soins, tous les moyens d'améliorer
» les trois plus importantes branches de notre industrie
» nationale.

» Mais pouvais-je et devais-je m'en tenir là? Je ne l'ai
» pas cru. Depuis longtemps je voyais que les *inventeurs*
» consumaient souvent la meilleure partie de leur vie dans
» des essais pénibles, dans des recherches coûteuses ; que,
» pour atteindre au but légitime de leurs efforts et de leurs
» veilles, ils s'imposaient de dures privations, d'onéreux
» engagements; que, ne pouvant, faute de temps et d'ha-
» bitude du travail de cabinet, se livrer aux démarches et
» aux opérations nécessaires pour la prise d'un brevet, ils
» étaient forcés de recourir à des agents particuliers qui,
» pour ce genre de service, leur imposaient d'énormes
» rétributions. Je voyais en même temps que, lorsqu'ils
» voulaient prendre un brevet à l'étranger, ils avaient à
» s'imposer de plus grands sacrifices encore; ou que, lors-
» qu'ils voulaient y exploiter leurs découvertes, ils ne sa-
» vaient comment y parvenir. — Enfin, je voyais qu'il leur
» arrivait souvent, trop souvent même, d'être dépouillés
» du juste fruit de leurs ingénieuses découvertes par d'avi-

» des contrefacteurs. Or, je ne pouvais m'empêcher de
» plaindre ces hommes estimables que leur isolement et
» leur inexpérience en affaires exposaient ou plutôt con-
» damnaient à tant de maux sans remède.....

» Ce sont de telles et si graves raisons qui m'ont déter-
» miné à offrir, aux hommes d'industrie et de capacité,
» un nouveau témoignage de ma sollicitude pour leurs in-
» térêts, en fondant une institution qui, par son influence
» sociale, ses ressources, sa bonne foi, et la modération
» du prix de son concours, fût en état de remédier à leurs
» afflictions, et de les aider à tirer parti, réellement pour
» eux-mêmes, de leurs inventions et découvertes. Heureux
» si la Providence m'accorde, pour prix de mes soins, ce
» beau résultat, objet de mon ambition!... »

Mais pour accomplir son utile mission, que va faire la *Société des Inventions*, et comment procédera-t-elle ?

Lorsqu'un inventeur voudra prendre un brevet en France ou à l'étranger, elle se chargera, se contentant toujours d'honoraires modestes, à l'encontre des agences particulières dont personne n'ignore les exigences si funestes aux inventeurs, de tous les travaux et de toutes les démarches qui en peuvent amener l'obtention ; — Lorsqu'un industriel aura besoin de machines, d'appareils, et de tout ce qui peut servir à l'exploitation d'une industrie quelconque, elle les lui procurera aux meilleures conditions possibles et avec toutes les garanties désirables ; — à celui qui aura besoin de renseignements sur certains genres d'industrie, elle en procurera sur lesquels il pourra compter ; — à celui qui ne trouvera pas à exploiter fructueusement certaine industrie dans sa patrie, elle indiquera les lieux où cette industrie pourrait fleurir..... — Pour éviter toute fraude de la part des pirates industriels qui malheureusement pullulent partout, *elle n'admettra que les inventions qui lui seront présentées par leurs auteurs ou par les mandataires de ceux-ci.* — Elle emploiera toute l'influence dont elle dispose, tantôt pour rendre le plus rares possible les cas de contrefaçon, tantôt pour étendre, autant que faire se peut, les rapports industriels entre la France et les pays étrangers.

Enfin, qu'on ne l'oublie pas, nous dit ici M. César Moreau, « la *Société des Inventions* est une institution qui
» se placera entre la France et l'étranger, pour faciliter
» largement l'exploitation des inventions françaises à l'é-
» tranger, et des inventions étrangères en France. Voilà
» le principal but de sa mission. Voilà la hauteur où elle
» se place : son intention est de n'en descendre jamais... »

Telles sont les diverses parties de la mission que la Société s'est donnée. Ajoutons que le désintéressement est l'une des principales raisons sur lesquelles elle fonde ses légitimes espérances de succès; il sera toujours sa devise. Mais elle s'interdira toutes avances de fonds ou commandites d'une nature quelconque,

Quant aux garanties qu'offre, aux inventeurs en particulier et au monde industriel en général, la nouvelle Société créée par M. César Moreau, elles consistent, c'est encore lui que nous laissons parler, « dans des antécédents que
» je crois honorables, dans une position indépendante,
» dans une certaine expérience des affaires, dans un vif
» amour du bien..... »

La conséquence naturelle à tirer de ce qu'on vient de lire, c'est, comme nous l'avons dit plus haut, que la

Société des Inventions françaises et étrangères devait être toute pratique ; qu'elle était instituée pour exécuter en quelque sorte les vues théoriques des Sociétés savantes ; et qu'enfin, comme le dit son honorable fondateur dans la lettre précitée : « elle n'avait de commun avec elles
» que le désir d'être utile aux hommes de travail et de
» génie.... Fut-il jamais, s'écrie en terminant M. César
» Moreau, de but plus élevé, plus noble, plus digne du
» XIXe siècle, et plus fait pour grandir notre pays aux
» yeux des nations étrangères ? »

Voici maintenant en quel langage élevé M. César Moreau s'adressait aux inventeurs et au public dans le prospectus de la Société nouvelle qu'il venait de fonder ; on y trouvera, exposées, avec une netteté d'expressions remarquable, bien des idées neuves alors qui, depuis, ont été appliquées, mais qu'à bon droit M. César Moreau peut revendiquer comme siennes :

« ...... Témoins de toutes les entreprises qui ont surgi dans ces dernières années, nous nous sommes affligés de voir quelques spéculateurs compromettre l'avenir industriel du pays pour réaliser de scandaleux bénéfices. De sorte qu'aujourd'hui des hommes de bien et de science osent et peuvent à peine mettre au jour des inventions qui procureraient au pays des ressources nouvelles, à son industrie un rapide essor, et à ses populations un accroissement de travail.

» En rapport journalier avec les industriels, nous avons entendu leurs plaintes et compris leurs besoins.

» Les uns éprouvent presque de la répugnance à publier le produit de leur intelligence ; les autres manquent de ce tact et de cette persévérance qui triomphent des capitaux indociles ; ceux-ci ignorent le mérite de leur invention, les développements qu'elle peut recevoir, et les diverses applications dont elle est susceptible, non seulement en France, mais encore au dehors ; ceux-là, étrangers aux affaires, au commerce, aux spéculations industrielles, ne savent tirer aucun avantage de leur invention, ou sont forcés de l'abandonner à vil prix. Grand nombre d'entre eux enfin sont découragés par l'imperfection notoire de notre législation sur les brevets.

» Tels sont les maux auxquels nous avons résolu de porter remède autant qu'il dépendra de nous. . . . .

» Plus tard nous fonderons, s'il y a lieu, une salle d'exposition pour les produits remarquables de l'industrie française et étrangère. Cette exposition, qui aura lieu tous les ans, réunira les productions industrielles du monde entier, et par conséquent excitera l'émulation de nos fabricants, facilitera les recherches de l'inventeur en lui fournissant les objets de comparaison qui lui manquent. Il est permis d'espérer qu'elle éteindra peu à peu ces sentiments de jalousie et de prévention qui existent encore chez quelques peuples contre notre nation.

» Comme à tout établissement de ce genre il faut un organe spécial et officiel, nous nous proposons de publier un journal mensuel ou hebdomadaire, sous le titre de *Journal des Inventions françaises et étrangères*. Notre feuille reproduira la substance de toutes les publications des Sociétés savantes de l'Europe en matière d'industrie. Nous y insérerons des tableaux statistiques sur toutes les manufactures et usines de France et de l'étranger, tableaux qui présenteront le lieu où elles sont situées, la date de leur origine, l'importance de leur fabrication, le mode d'appareils ou machines dont elles font usage, la nature du combustible, son prix, le nombre de ouvriers employés avec le prix de la main-d'œuvre, le prix de la patente, leur valeur approximative, bâtiments, capitaux, mobilier industriel compris.

» Pour mettre plus de clarté dans notre travail, nous formerons un tableau sériaire de chaque industrie. Ainsi, l'industrie cotonnière ne sera point confondue avec l'industrie métallurgique, la fabrication des papiers avec celle des spiritueux. Plus tard, lorsque le travail sera achevé, nous réunirons ces tableaux en un seul tableau synoptique, de manière à ce qu'on puisse embrasser d'un coup-d'œil les industries diverses d'un pays. Ces tableaux synoptiques, propres à faciliter les études du savant et de l'économiste, seront d'une grande utilité à l'industriel qui aura l'intention d'aller fonder un établissement à l'étranger, en ce qu'ils lui fourniront le moyen de savoir s'il doit persévérer dans cette intention, ou y renoncer. Ces tableaux nous serviront, à nous, en ce qu'ils nous permettront d'entrer en rapport avec tous les fabricants appartenant à la spécialité de l'invention que nous aurons à recommander.

» Nous signalerons, aux hommes de science, les perfectionnements demandés dans telle industrie et dans tel pays, et aux industriels les contrées où ils pourraient former avec avantage certains genres d'établissements. Nous mentionnerons toutes les inventions; nous appuierons celles qu'auront sanctionnées la science et la pratique. Nous ne ferons connaître que les entreprises empreintes d'un caractère de moralité. Nous nous occuperons enfin de tout ce qui pourra servir à étendre les rapports industriels entre la France et l'étranger.

» Telles sont les vues d'utilité générale qui ont inspiré la fondation de notre établissement et qui nous guideront toujours. Des hommes d'honneur et de talent ont promis leur coopération à cette entreprise, et nous lui promettons, nous, tout notre temps, tous nos soins, toutes nos facultés. Ainsi, l'on peut espérer pour elle toutes les améliorations que le travail et l'expérience ont coutume de produire..... »

Les moyens d'exécution qu'emploiera la *Société des Inventions*, et à l'aide desquels elle espère remplir heureusement sa mission, consisteront plus particulièrement, outre son capital social, pour l'intérieur de la France, dans le zèle et l'activité de ses membres dirigeants, dans leurs relations et leur influence, et enfin dans le crédit dont ils jouissent près des banquiers, des capitalistes et des manufacturiers. — Quant à ses moyens d'action à l'étranger, ils consisteront surtout dans des rapports suivis avec des Sociétés établies dans toutes les capitales du monde civilisé. Ces Sociétés, dirigées par des hommes consciencieux et versés dans les sciences, les arts et l'industrie, se chargeront, dans leurs résidences respectives, des mêmes opérations que la Société, établie à Paris, exécutera pour la France. Elles feront à l'étranger, pour la Société-mère de Paris, ce que celle-ci fera, en France, pour elles. Cette réciprocité de services réglés par des traités préalables, permettra donc à la Société de servir réellement, et à la fois, l'industrie française et l'industrie étrangère.

« C'est en Angleterre, — dit, à ce sujet, M. César Mo-
» reau, dans sa lettre précitée à ses collègues du conseil
» d'administration de l'Académie de l'Industrie, — pays
» d'intelligence, de travail et d'industrie, où j'ai rempli si
» longtemps un emploi consulaire, que le système de rela-

» tions dont il s'agit a été d'abord senti et goûté. Aussi
» est-ce à Londres que la première *Société* unie à la nôtre
» a été formée.....

» Nous avons eu bientôt la satisfaction d'organiser des
» Sociétés semblables à Bruxelles, à La Haye, à Naples et à
» Berlin. — Je ne dois pas oublier d'annoncer, comme ti-
» tre de recommandation pour notre Société, que *la So-*
» *ciété de Bruxelles* a pour directeur M. Jobard, rédac-
» teur du *Courrier belge*; celle de Berlin, M. Mendels-
» sohn, directeur de l'Agence polytechnique, et celle de
» Naples, M. Catalano (1), rédacteur des *Annales civiles*;
» tous trois distingués par leur dévouement aux progrès
» de l'industrie des peuples. — De tels débuts dans la
» carrière où nous venons d'entrer nous permettent d'es-
» pérer que bientôt la *Société des Inventions* se verra en
» relations avec toutes les capitales des contrées où il y a
» une industrie.... »

---

(1) « Naples, — Chiaja, 124. — 19 décembre 1859.

» Mon cher Moreau, j'ai reçu la lettre que vous m'avez fait le plaisir de m'écrire le 20 novembre, pour me proposer la direction de la Société napolitaine, des Inventions françaises et étrangères, dont vous m'envoyez le prospectus. Je me suis occupé de suite de communiquer cet utile établissement aux personnes les plus capables de vous seconder. Le résultat de leur opinion a été de mettre à leur tête M. Henri Catalano, un des collaborateurs des *Annales civiles*, versé dans les connaissances de l'économie, et placé, par sa position et par ses habitudes, dans les diverses classes de la population qui peuvent concourir au succès de votre heureuse pensée. Cette personne pourra, plus que je n'aurais pu le faire, obtenir la coopération de cette capitale en faveur de votre Société; elle s'empressera de se mettre en rapport avec vous aussitôt qu'elle aura obtenu un résultat.....

» Mon cher ami, je joins à cette lettre la lettre d'adhésion de M. le

Nous avons à parler encore d'une autre œuvre créée et dirigée par l'homme, à la fois administrateur habile, écrivain érudit et savant penseur, dont nous racontons la vie. — C'était en 1835. — M. César Moreau, toujours prompt à concevoir et à faire passer sur le terrain de l'application d'utiles et fécondes idées, fonda à Paris, avec l'autorisation du Grand-Orient de France (1), une nouvelle publication d'une haute portée scientifique et morale, sous ce titre : L'UNIVERS MAÇONNIQUE, ou *Revue générale des progrès et acquisitions de l'esprit humain dans toutes les branches des*

---

marquis de Tito, comme membre correspondant de la *Société française de Statistique universelle* ; veuillez lui envoyer son brevet : il désirerait en obtenir aussi un de l'Académie, comme membre correspondant ; voyez à le lui obtenir et à le lui envoyer en même temps que celui de la Société de Statistique. M. le marquis de Tito est fils de mon gendre, le duc de Satriano. Je vous remercie d'avance de votre obligeance à satisfaire à son double désir....

» Adieu, cher cousin.
        » Tout à vous.   » ESCALON. »

(1) EXTRAIT du *Procès-verbal des travaux du Grand-Orient de France dans son assemblée du neuvième jour du huitième mois de l'année* 5835 (octobre 1835, ère vulgaire).

LE GRAND-ORIENT DE FRANCE, après avoir examiné et discuté la demande du T∴ C∴ F∴ César Moreau, à l'effet d'obtenir l'autorisation de publier un recueil périodique intitulé : l'UNIVERS MAÇONNIQUE, revue générale des progrès et acquisitions de l'esprit humain dans toutes les branches des connaissances maçonniques,

A délibéré dans la présente séance du 9 octobre 1835 (ère vulg∴), que l'autorisation sollicitée par le F∴ César Moreau, lui était accordée aux conditions suivantes :

1. L'ouvrage devra être constamment rédigé suivant l'esprit qui a présidé à la rédaction du premier numéro ;

2. Cette publication devra être toute de doctrine et de littérature

connaissances maçonniques, avec ces mots pour épigraphe : Dieu, — Sagesse, — Fraternité, — Vérité, — Charité, — Union; et ceux-ci pour devise : « Publions, établissons,
» propageons la vraie Maçonnerie, et nous aurons rendu
» plus de services à la terre que tous les Législateurs
» ensemble!!... »

En tête de son ouvrage, M. César Moreau, qui est revêtu dans l'ordre maçonnique des plus hautes dignités (il est grand souverain inspecteur-général de l'Ordre, ou 33ᵉ),

---

maçonnique, et ne jamais dégénérer en une polémique de personnes;

3. Il n'y sera jamais traité des mystères de la franc-maçonnerie ni rendu compte soit des trav∴ des atel∴ soit de ceux du G∴ O∴ ou de ses chambres......

Par mandement du Grand-Orient, etc.

Grand-Orient de France (n° 24,788).
O∴ de Paris, le 1ᵉʳ décembre 1835 (ère vulgaire).
AU T∴ ILL∴ F∴ CÉSAR MOREAU,

Le Grand-Orient, dans sa séance extraordinaire d'hier, 30 novembre, a sanctionné le procès-verbal de ses travaux du 9 octobre dernier, où se trouve consigné l'arrêté qui AUTORISE la publication du recueil périodique intitulé : L'UNIVERS MAÇONNIQUE, etc.

Ce n'était qu'après l'adoption du procès-verbal du Grand-Orient que je pouvais vous transmettre expédition de l'arrêté qui vous intéresse et que vous trouverez ci-jointe. Il ne me reste plus, T∴ Ill∴ F∴, qu'à former des vœux pour le succès d'une publication que le Grand-Orient a approuvée, et que votre esprit sage, votre expérience de la Maçonnerie sauront maintenir à la hauteur des principes de notre institution et rendre utile à tous les Maçons qui aiment la science, la régularité, la paix et l'harmonie.

Agréez, T∴ Ill∴ F∴, l'expression des sentiments les plus fraternels.

Le secrétaire de la chambre de correspondance et des finances.
Signé : BESSIN.

écrivit, en manière de préface, les lignes suivantes qui en font connaître l'importance et l'utilité :

« C'est avec peine que les Maçons zélés s'aperçoivent
» depuis longtemps, en France, du peu de relations qui
» existent entre les Loges maçonniques et les membres
» du corps auquel ils appartiennent ; des manuscrits
» nombreux, souvent utiles et précieux, restent ensevelis
» dans la poussière, aux Archives des Loges. Les noms de
» leurs auteurs, les faits qu'ils constatent, la morale qu'ils
» enseignent demeurent ignorés.

» De cet état de choses, il résulte qu'un Ordre, qui
» embrasse l'universalité des nations, et qui compte dans
» son sein tant de notabilités en tout genre, est réduit à
» ignorer son origine, sa nature, son esprit et son but ;
» que les traditions sont oubliées ou altérées ; qu'on leur
» substitue des nouveautés contraires au génie maçonnique ;
» que les initiés ne voient plus les mystères que dans le
» cérémonial et dans les ornements, sans soupçonner qu'il
» y ait un sens caché sous les symboles.

» Ainsi la Maçonnerie est infidèle à sa haute destination.
» Cette Société, qui devrait se placer à la tête de la
» civilisation, se laisse traîner à sa suite. Tout marche :
» elle seule est stationnaire, si même elle ne rétrograde
» pas. — Les Maçons ne savent point tirer parti, pour
» s'éclairer et éclairer le reste des hommes, des puissants
» moyens que leur offrent leur immense association et les
» facilités multipliées de leur correspondance. Quel est le
» Franc-Maçon, doué d'un esprit juste et d'un sentiment
» naturel de dignité, qui ne veuille sortir de cette voie
» d'erreur, qui n'aspire à comprendre et à faire comprendre
» la Maçonnerie à laquelle il appartient, et à concourir de
» tout son pouvoir à son philanthropique objet ?

» Retirons donc de l'oubli les fragments nécessaires à
» l'histoire de la Franc-Maçonnerie; faisons participer
» tous ses membres aux leçons de philosophie ou de
» littérature d'un grand nombre de Maçons de tous les
» pays du monde; procurons, s'il est possible, à *l'Art*
» *royal* plus de considération et de gloire en resserrant,
» par la correspondance, les liens de fraternité qui
» unissent les membres de cet Ordre mystérieux et bien-
» faisant.

» Tels sont, en abrégé, les motifs qui ont suggéré la
» publication de *l'Univers Maçonnique*.... Cet ouvrage sera
» un vaste foyer spécial où viendront aboutir les rayons
» de toutes les intelligences ; ce sera le registre où les
» hommes utiles de tous les pays enregistreront leur tribut
» à l'Art royal des Francs-Maçons, en le poussant, en
» commun, à une perfectibilité universelle.

»..... L'amour le plus vrai de la science maçonnique,
» le zèle le plus pur, le plus désintéressé, dirigeront cette
» publication....

» La langue française, que sa clarté concise et le talent
» de nos écrivains ont imposée, au XIX⁰ siècle, à l'univers,
» est celle que nous avons choisie; comme pouvant seule
» permettre de réunir, dans un centre unique, tous les fils
» où viennent se rattacher les connaissances humaines
» dans la science de la Franc-Maçonnerie, et de réduire en
» un seul idiôme ce mouvement Européen, Américain,
» Indien et Africain de la pensée des Francs-Maçons qui
» éclate par mille formes, et qui emprunte mille langues...

» Une correspondance continuelle, facile et peu dispen-
» dieuse, ne peut que procurer à la Franc-Maçonnerie un
» plus haut degré de gloire et de splendeur, sous le dou-
» ble rapport de l'instruction et de l'agrément.....

» Nous recommandons fortement à tous les amis de la
» science maçonnique de nous envoyer sans crainte toutes
» les notes qu'ils désireraient faire connaître, dans la lan-
» gue ou le jargon qu'ils parlent : pourvu que la commu-
» nication soit bonne, nous saurons bien la débrouiller
» et en tirer parti. Nous ne considérerons pas l'enveloppe :
» un diamant entouré de haillons ne perd rien de son prix.
» La vérité n'a pas besoin d'ornement.
» Tout marche en avant : les sciences, les arts et la pen-
» sée. La Franc-Maçonnerie ne doit plus être accusée de
» rester seule en arrière.... »

Cet exposé de l'objet de son œuvre est précis et net ; ces observations adressées aux Francs-Maçons sont courtes, mais claires : cela dit tout. L'ouvrage a tenu les promesses de son auteur : Discours maçonniques, choisis avec discernement ; recherches historiques sur l'*Art royal* et son origine ; pièces de poésie, Maçonnerie d'adoption, statistique de la Maçonnerie, biographie des Maçons qui se sont fait un nom (1), indications curieuses des ouvrages et écrits

---

(1) Les notices biographiques les plus importantes, publiées sur les membres marquants de l'Ordre maçonnique, par M. César Moreau, dans son ouvrage, sont les suivantes: S. M. Napoléon-le-Grand, empereur des Français ; Bernadotte, roi de Suède ; S. A. S. Louis de Bourbon, le prince de Cambacérès, archichancelier de l'Empire; Charles XIII, roi de Suède ; S. A. S. le duc de Chartres, le prince Eugène Napoléon, Frédéric-le-Grand, roi de Prusse ; Georges IV, roi d'Angleterre ; Frédéric-Guillaume III, roi de Prusse ; le général Alava, Alexandre, grand-duc de Wurtemberg ; Anderson, ministre anglais ; Bacon de la Chevalerie, Balzac, l'abbé Baron, le chevalier Beauchaine, le marquis de Bernez, le général comte de Beurnonville, J.-J.-C. Bode, conseiller aulique ; le docteur Boileau, Boubée, littérateur ; le sénateur Broenner, le duc Ferdinand de Brunswick, le

publiés pour ou contre la Maçonnerie, etc., tout y est. C'est une véritable encyclopédie maçonnique, un vaste et utile répertoire de matériaux et de documents concernant cet Ordre, colligés avec soin, choisis en général avec goût et disposés avec méthode. Cet ouvrage, fort intéressant et curieux, même pour les *profanes*, était d'une incontestable utilité pour les Loges et pour les Maçons ; il faisait connaître la Maçonnerie aux Maçons eux-mêmes dans ses productions

---

comte de Cagliostro, le chevalier de Chalan, l'abbé Guy de Champeaux, Champfort, homme de lettres; Vincent de la Chapelle, Charles II, roi d'Angleterre ; de Chazet, littérateur ; Court de Gebelin, homme de lettres; Day, avocat-général ; l'astronome Delalande, de La Tour-d'Auvergne (le prince) ; le poète J. Delille, l'abbé Denis, prieur; le comte de Derwentwater, le comte Edling, l'abbé d'Expilly, Benjamin Franklin, le comte de Gouy, lord comte d'Harnouester, baron de Hund, Joseph II, empereur d'Allemagne ; le maréchal Kellermann, le comte Korn, Lagnau, avocat; Laurens, publiciste; le général Lechi, le chevalier A. Lenoir, le duc de Montmorency-Luxembourg, le contre-amiral Magon de Médine, le maréchal Masséna, le docteur Mercadier, le docteur Mesmer, le comte Moira, le maréchal Molitor, J. Murat, roi de Naples; Muratori, savant italien ; Thomas Payne, vicomte de Parny, N. Piccini, compositeur; le prince Henri-Guillaume de Prusse, le maréchal duc de Reggio, l'abbé Robins, Roger, avocat ; F. Salfi, littérateur; docteur J. Sarazin, le prince B. de Saxe-Weimar, le prince russe Schouvalof, le maréchal Soult, lord P. Stanhope, ambassadeur; le prince Frédéric, duc de Sussex; le colonel Thoux de Salverte, le marquis de Tolosa, le baron de Toussaint, le duc d'Uzès, J. Wallis, le général Washington, le docteur Wurtz, le duc d'Yorck, le marquis d'Arcambal, J. N. Bouilly, homme de lettres; Casanova, le maréchal marquis L. de Lauriston, Dupin jeune, le comte François de Neufchâteau, le comte de Lacépède, le baron Fauchet, Stuart (le prétendant); le peintre C. J. Vernet, le comte de Sesmaisons, le maréchal Mortier, le comte A. de Strogonoff, le docteur Ramsay, Roettiers de Montaleau, etc., etc.

— 383 —

les plus méritantes. Seulement, et comme presque tous les ouvrages de M. César Moreau, il a le tort d'être vraiment par trop compact : —dix volumes in-8° en un seul volume! — mal imprimé, avec un caractère souvent microscopique, et sur un papier plus défectueux encore que le caractère (1).

Si l'on nous demande ce que c'est que la Franc-Maçonnerie, quelle est son origine, son histoire, son but, et quels sont les devoirs du Franc-Maçon ?.... Nous dirons avec M. César Moreau que la Franc-Maçonnerie procède :

— Ou bien des Gymnosophites de l'Inde ;

— Ou des Temples de Memphis ou d'Héliopolis;

— Ou des Mystères d'Eleusis en Grèce;

— Ou du Culte de la bonne Déesse chez les Romains;

— Ou de la construction du Temple de Salomon ;

— Ou de la Religion druidique ;

— Ou de l'Expédition chevaleresque des Croisés de toute la Chrétienté ;

— Ou de l'Institution des Tribunaux secrets de l'Allemagne, au XIIIe et au XIVe siècle ;

— Ou du Mysticisme religieux de Cromwell et de ses Partisans;

---

(1) 7,500 exemplaires des trois premiers numéros de *l'Univers Maçonnique* furent détruits par l'incendie qui, le 12 décembre 1835, consuma le grand établissement de brochage de la maison Perrottet et comp^e. « Ces 7,500 numéros, — écrivaient, le 16 décembre, à M. Cé-
» sar Moreau, MM. Perrottet et Monniot, — que nous avions reçus de
» M. Belin, votre imprimeur, d'après vos ordres, pour être brochés,
» ont été malheureusement entièrement consumés. —Quelques jours
» plus tard, vous n'auriez rien perdu, car tout allait être expédié, sui-
» vant vos intentions, dans les divers pays auxquels vous les desti-
» niez. .... »

— Ou de la Conjuration des Royalistes anglais, ennemis du Grand-Protecteur ;

— Ou enfin des Templiers, avant et depuis la destruction de l'Ordre du Temple.

Il faut donc renoncer à découvrir, d'une manière satisfaisante, l'origine de la Maçonnerie, et l'on sera toujours réduit à cet égard à de pures conjectures, d'autant plus qu'il a existé et qu'il existe encore des Maçonneries diverses.

Si, en effet, la Franc-Maçonnerie est *une* dans ses principes et dans ses dogmes, il existe cependant plusieurs rites différents : cette différence ne porte, il est vrai, que sur des points de détail peu importants et elle a pour cause, pensons-nous, l'introduction simultanée de cette institution dans les diverses contrées du monde. — Parmi les nombreux rites maçonniques, les plus universellement pratiqués sont :

1° Le *rite Indien*, qui comprend trois degrés ;

2° Le *rite Chaldéen*, qui compte trois degrés ;

3° Le *rite de Memphis*, qui se compose de quatre-vingt-dix degrés, divisés en trois séries de trente degrés chacune ; — ce rite est *parfait* et renferme la science de tous les rites maçonniques connus ;

4° Le *rite Persan*, dit aussi *rite Philosophique* : — Il comprend huit degrés ;

5° Le *rite Suédois* (système Templier), qui compte neuf degrés : — le cinquième degré, celui de *maître de Saint André*, avait le privilége de conférer la noblesse civile ;

6° Le *rite des anciens Maçons libres et acceptés d'Angleterre*, qui se compose de quatre degrés: apprenti, compagnon, maître et maçon de la sainte et royale Arche ; — l'institution de ce dernier grade, date de 1777.

7° Le *rite du système de Schrœder*, qui comprend sept degrés, lesquels ont pour base la magie, la théosophie et l'alchimie ; — le 4ᵉ degré, celui de chevaliers Philalèthes ou chercheurs de la vérité, a été établi en 1773 par Savalette de Langes et Court de Gebelin ;

8° Le *rite de Swedenborg* ou *illuminés de Stockholm*, qui compte six degrés ;

9° Le *rite Éclectique*, qui se compose de trois degrés ;

10° Le *rite Écossais ancien et accepté*. — Il ne possédait primitivement que 25 degrés ; mais Frédéric II, roi de Prusse, l'augmenta de huit degrés, ce qui porte ce rite à trente-trois degrés divisés en sept classes : — le treizième degré de ce rite, *royale Arche*, paraît avoir été créé par le chevalier Ramsay, en 1728 ;

11° Le *rite Français* ou *du Grand-Orient de France*. — Il embrasse les dix-huit premiers degrés du rite Écossais sous les sept dénominations suivantes : apprenti, compagnon, maître, élu, Écossais, chevalier d'Orient et Rose-Croix ;

12° Le *rite aux trois Globes* ou *suprême Orient intérieur*. — Il se compose de dix-sept degrés et fut fondé à Berlin, en 1740, par le baron de Biclefeld ;

13° Le *rite du système de Zinnendorf*. — Il comprend sept degrés et date de 1770 ;

14° le *rite Écossais philosophique*, qui compte 13 degrés et remonte à l'année 1776 ;

15° Le *rite de Fesster*. — Fondé en 1765, il renferme neuf degrés ;

16° Le *rite* ou *l'Ordre royal d'Hérodom de Kilwinning*. — Fondé par Robert Bruce, roi d'Ecosse, en 1314 ; — ce rite se compose de 28 degrés ;

17° Le *rite des parfaits initiés d'Égypte*. — Il comprend

sept degrés ou grades et fut, dit-on, composé à Lyon, d'après un exemplaire de Crota-Repoa.

18° Le *rite du Régime rectifié* ou *de la stricte observance*, qui comprend cinq grades ;

19° Le *rite de l'Ordre du Temple*, qui se compose de huit degrés ;

20° Le *rite haïtien*, qui n'a que trois degrés ;

21° Le *rite des Négociates* ou des *sublimes Maîtres de l'anneau lumineux*. — Ce rite fondé en 1780, en France, par le frère Grand, a fait revivre l'école de Pythagore ; il se compose de trois degrés ;

22° Et, enfin, le *rite de Misraïm*. — Il comprend quatre-vingt-dix degrés divisés en quatre classes. — La première classe, dite *la Symbolique*, renferme trente-trois degrés ; la seconde, qui se nomme *philosophique*, en compte également trente-trois ; — la troisième, dite *la Mystique*, en a onze, et enfin la quatrième classe, qui est *l'Hermétique* ou *Cabalistique*, possède treize degrés. — Les adeptes de ce rite prétendent qu'il leur est arrivé directement de l'Égypte : les initiations sont rudes ; les épreuves fatiguent à la fois le corps et l'esprit.

Examinons maintenant quelques-unes des opinions émises par les historiens Francs-Maçons, au sujet de l'origine de cette institution : — les uns, ce sont ceux qui croient ne pouvoir lui donner une origine trop noble et trop reculée, regardent Dieu comme le premier maçon, parce qu'un passage des livres sacrés le représente une truelle à la main, commandant du haut des murs de la ville sainte de Sion, présidant aux ouvrages, assemblant les pierres et les liant avec le ciment destiné à les unir ; mais il est bien évident que ces historiens dans leur enthousiasme prennent une métaphore, dont le sens est purement moral, pour un fait positif.

D'autres, nous faisant la grâce de passer au déluge, placent l'origine de la Franc-Maçonnerie dans l'arche de Noé qu'ils convertissent en une loge maçonnique. — D'autres encore, soit de bonne foi, soit par une malice anti-maçonnique, font naître cette institution dans la tour de Babel. — Ceux qui ont construit cette tour si fameuse étaient probablement des Maçons ; mais en vérité l'entreprise était si folle qu'elle pourrait bien n'être en réalité qu'une allégorie. D'ailleurs quel est le Franc-Maçon qui consentirait à reconnaître pour pères de semblables Maçons ?.....

Ceux-ci, plus judicieux, placent le berceau de la Maçonnerie dans la contrée qui fut probablement la première habitée, le plateau de la Tartarie, et la transmettent jusqu'à nous par les sages de l'Inde, de la Perse, de l'Ethiopie et de l'Egypte. Cette origine est assurément fort belle et très digne (1) ; mais les initiés de ces temps si reculés ont si bien gardé leurs secrets, et la chaîne des communications entre les initiations d'Egypte, d'Eleusis en Grèce, de la bonne déesse à Rome, etc., et nous, a été tellement rompue, que nos meilleurs ouvrages historiques en ce genre pourraient bien n'être que de purs romans.

Ceux-là font remonter l'origine de la Maçonnerie à l'apparition de Jésus-Christ sur les bords du Jourdain,

---

(1) Les hommes éclairés n'ont jamais parlé qu'avec respect des Mystères d'Egypte, de Samothrace et d'Eleusis, et c'est assurément une puissante autorité en leur faveur, que celle du grand orateur romain lorsqu'il dit : « Partout où les initiations éleusiennes ont été introdui-
» tes, elles ont contribué à rendre les hommes meilleurs, à resserrer
» les liens qui les unissent, à les rattacher davantage à leurs devoirs. »

lorsqu'une voix céleste rendit témoignage de sa mission divine. C'est pour cela, disent-ils, que la fête de Saint Jean-Baptiste est si célèbre dans l'ordre Maçonnique, « dont les » mystères, ajoute l'abbé Marotti, ont pris naissance avec » le christianisme et sont fondés sur l'histoire de l'Église » elle-même. »

Certains Maçons prétendent que Romulus fut le fondateur de l'institution et qu'il établit la première loge maçonnique non loin de Rome ; — d'autres, s'appuyant de l'autorité de Quinte-Curce, en font remonter l'origine aux conquêtes d'Alexandre ; — ceux-ci l'attribuent à Israël, persécuté en Egypte, et qui, pour sauver ses fils, aurait imaginé des mots du guet, et des signes par des coups frappés en temps inégaux ; — ceux-là, à Salomon, assemblant ses ouvriers pour bâtir un temple, les classant, les subordonnant et leur donnant des signes distinctifs ; — d'autres enfin, à Néhémias, qui, l'épée d'une main et la truelle de l'autre, encourage Jérusalem à repousser l'ennemi et à reconstruire son temple.

Parmi les historiens qui ne font pas remonter l'origine de la Franc-Maçonnerie au delà de l'ère chrétienne, les uns l'attribuent aux Esséniens, ou thérapeutes, vertueux philosophes qui vivaient solitairement dans les déserts placés entre l'Egypte et la Lybie.

Les autres, et parmi eux l'abbé Grandidier, disent que l'ordre des Francs-Maçons n'est que l'imitation d'une ancienne confrérie de vrais *maçons*, dont le chef-lieu fut autrefois Strasbourg, confrérie établie à l'occasion de la construction de l'Église cathédrale de cette ville, commencée en 1227 par Ervin de Steinbach, architecte.

D'autres, encore, raisonnant dans le même système de maçonnerie matérielle, avancent que des Anglais voyageurs, frappés des admirables ouvrages de sculpture et d'architecture dont l'Italie était couverte, emmenèrent avec eux, dans leur pays, durant le moyen-âge, des architectes, des tailleurs de pierres, des maçons, auxquels l'on accorda des priviléges, des *franchises* et une constitution particulière. — Pour appuyer leurs opinions, les uns et les autres nous disent qu'on employait dans les associations d'ouvriers maçons plusieurs formules encore usitées dans les *loges*, et que le nom même de *loge* vient des échoppes que les maçons élevaient pour travailler à de grands édifices tels que le *Munster* de Strasbourg et l'Église de Saint-Paul à Londres.

Quelques écrivains prétendent aussi que Venise fut le berceau de la Maçonnerie, en 1546, et que Elius Sanscien en fut le fondateur.

Certains historiens la font venir du nord, et ce sont peut-être ceux qui ont raisonné le plus juste sur son origine.

L'auteur des *Francs-Maçons écrasés*, l'attribue à Cromwell; — celui de l'ouvrage intitulé: *Les plus secrets Mystères des hauts grades dévoilés*, soutient que cet ordre fut institué par Godefroy de Bouillon, dans la Palestine, en 1330. — L'Écossais Ramsay l'a fait aussi descendre des Croisades. — L'auteur de *l'Étoile flamboyante* partage cette opinion et ajoute que Pierre l'Ermite, en 1093, releva de leurs infortunes les chevaliers *de l'Aurore et de la Palestine*, en réunissant tous les princes chrétiens pour le recouvrement de la Terre sainte. — L'abbé Robin dit également, que c'est dans le sein de la brave et antique chevalerie, mère de tous les ordres, que les *Francs-Maçons* doivent chercher l'origine de leur institution.

Enfin, quelques auteurs fixent la naissance de la Maçonnerie à l'époque de la captivité de Jacques Molay, qui, de sa prison, aurait créé trois loges, une à Paris, une à Naples et une à Édimbourg.

Mais, le système qui fait descendre la Franc-Maçonnerie de la Maçonnerie matérielle mérite-t-il bien une réfutation sérieuse et ne repose-t-il pas uniquement sur une vaine ressemblance de nom. En effet, comprend-on que les Anglais, comme les Français, eussent créé une Maçonnerie, avec des rites hébraïques ? — Poser cette question c'est la résoudre : La Maçonnerie ne descend pas plus des manouvriers, que l'ordre de la Jarretière ne vient des tisserands.

L'opinion qui s'efforce de renouer, par les Croisades, la Maçonnerie moderne à l'antique Maçonnerie vraie ou fausse de Salomon, présente aussi un contre-sens manifeste. Les Croisés n'ont pas eu l'intention de relever le temple de Jérusalem, et l'enthousiaste Pierre l'Ermite, s'il eût été le fondateur de cette institution, n'aurait certes pas fait une Maçonnerie juive.

Au milieu de toutes ces opinions contradictoires relatives à l'origine de la Franc-Maçonnerie, toutes plus ou moins spécieuses, impossibles à établir d'une manière sûre et surtout à justifier, on doit, pensons-nous, se borner à dire que cet ordre est une imitation précieuse, toute faible qu'elle est, des initiations anciennes, et cette imitation est venue jusqu'à nous par les écoles philosophiques, par les sociétés Esséniennes, par de savants Hébreux voyageurs, par les croisades, par la chevalerie, etc...

« La Maçonnerie, nous dit M. César Moreau, est née de la haine du mal et de l'amour du bien ; elle est donc aussi vieille que le monde et durera autant que lui....

» On peut assigner à la Maçonnerie trois grandes époques distinctes :

» La première comprend les temps antiques où s'établirent dans l'Inde ces fameuses écoles qui transmirent à l'Égypte les sciences, que l'Egypte transmit ensuite à la Grèce, et la Grèce à l'Italie. — Cette *première* Maçonnerie suivit la fortune des empires où elle fut pratiquée. Ses mystères consistaient dans l'art d'instruire et de gouverner les hommes : elle brilla sous Zoroastre, sous Confucius ; elle conserva les principes de morale qu'enseignèrent depuis les sages législateurs ; elle fleurit sous Socrate, sous Platon, sous l'empereur Marc-Aurèle, et s'éclipsa avec la gloire et les vertus de Rome....

» La seconde commence avec le christianisme, lorsque les Juifs étaient esclaves des Romains, et les Romains esclaves de leurs propres tyrans ; lorsque la fraternité, l'égalité et la liberté furent si noblement formulées par l'Evangile, si hautement prêchées par les Apôtres. — Elle ne dura que trois siècles et périt presqu'entièrement sous Constantin, sous les disputes théologiques et l'impéritie de ses successeurs....

» La troisième époque date de la renaissance des lettres au XVe siècle et s'étend jusqu'à nous....

» Mais le sang et les ténèbres couvrent la terre pendant douze cents ans !... Après une nuit si longue et si douloureuse la nature reprit le dessus ; quelques lueurs de vérité se firent apercevoir et le déluge des misères humaines sembla vouloir cesser...

» Alors la Maçonnerie sortit comme du tombeau et commença la *troisième* époque de son existence.

» Tout était à refaire : Il fallait rendre aux hommes, des

sciences et des arts, et reconstituer, pour ainsi dire, l'univers.....

» La Maçonnerie, quoique faible et défigurée, prit part à ce nouveau travail. Elle osa rappeler les principes. Le mal venait de *l'ignorance*, de *l'esclavage*, et du *mensonge* ; elle aida à chercher la *lumière*, la *liberté*, la *vérité*.....

» Au XV° siècle, on se mit à étudier ; mais la vraie science osait à peine se montrer, à cause des persécutions, et les Maçons étaient toujours obligés de se cacher pour s'instruire et pour enseigner.

» Aussi on s'égara longtemps encore dans des recherches vaines autant que ridicules. Il suffira d'en nommer les objets pour en faire sentir l'absurdité. Ces objets étaient : *l'alchimie* ! la *divination* ! la *nécromancie* ! *l'astrologie* la *pierre philosophale* !...

» Mais la civilisation renaissait. L'*imprimerie* était découverte ; la raison parlait, on écoutait ses leçons, et la Maçonnerie les faisait aimer. Malheureusement ses enfants, dispersés, éloignés les uns des autres, avaient perdu les usages et les traditions, et ils ne pouvaient fonder que des établissements dissemblables entre eux. Voilà la source des *variations* et des *dissidences* qui arrivèrent dans la Maçonnerie, dissidences qui lui nuisirent d'un côté, mais qui, de l'autre, la servirent par l'émulation qu'elles excitèrent et l'esprit de propagation qu'elles firent naître.

» En effet, chacun embrassait la Maçonnerie par goût, par curiosité, ou par intérêt, et chacun avait tiré quelque avantage de son entrée dans l'ordre...

» Les Croisades avaient eu lieu et les chrétiens vaincus par les Turcs s'étaient faits Francs-Maçons pour pouvoir échapper à leurs ennemis et pour célébrer les mystères...

» Les Templiers avaient été détruits, et leurs partisans s'étaient faits Francs-Maçons pour tâcher de les rétablir...

» Les Anglais et les Ecossais avaient eu leur révolution, et ils s'étaient faits Francs-Maçons pour servir leur parti...

» Enfin, le XVIII° siècle arrive, et à peine a-t-il paru que la Franc-Maçonnerie reprend avec les sciences une direction plus régulière et plus assurée..... Alors son action et ses bienfaits s'étendent davantage, elle pénètre chez tous les peuples; elle combat avec la justice, et, de même qu'elle avait aidé les Anglais à conquérir la liberté, elle aide l'Amérique à conquérir la sienne..... En 1787, elle compte trois mille deux cent dix-sept loges (1), c'est-à-dire près de quatre cent mille membres. — Presque tous les rois, les grands, les savants, étaient Francs-Maçons.......
— Quelquefois les souverains la proscrivirent, plus souvent ils l'encouragèrent et s'en firent des moyens de puissance et de victoire; ainsi les rois d'Ecosse armèrent leurs maçons contre les rois d'Angleterre au XIV° siècle ; ainsi Cromwell arma les siens contre Charles I°r et Charles I°r contre Cromwell ; — ainsi plus tard le roi de Prusse, les empereurs d'Allemagne et de Russie, créèrent des loges contre Napoléon devenu plus puissant qu'eux, comme la reine de Naples Caroline en avait créé contre les Français qui envahissaient son royaume.

---

(1) Voici la répartition de ces loges, telle qu'on la trouve dans l'ouvrage intitulé : *Acta Latomorum*, vol. 1ᵉʳ, p. 177 : — France, 703; — Angleterre, 525 ; — Ecosse, 284 ; — Irlande, 227 ; — Allemagne, 319; — Prusse, 304 ; — Russie, 145; — Badavie, 79; — Suisse, 72; — Turquie, 9; — Pologne, 75; — Suède, 69; — Danemarck, 192; — Genève, 36; — Iles-du-Vent, 11 ; — Iles-sous-le-Vent, 5, — Amérique Septentrionale, 85 ; — Grandes-Indes, 10 ; — Iles Anglaises du nord et du midi, 677.

» On peut donc juger combien de grades, de signes et de cérémonies sont sortis d'une si grande multiplicité d'associations nées de tant de causes diverses! Assurément rien de tout cela n'était la Maçonnerie, mais tout cela n'empêche pas qu'il en existe une véritable dont les autres ne sont que des enfants défigurés...

» La vraie Maçonnerie ne s'est jamais manifestée que par de bonnes œuvres, par un amour constant de l'ordre et de la paix; par de hautes conceptions sociales, par des aumônes abondantes données aux infortunés, par des fondations d'hôpitaux, d'écoles et de monuments publics; par de grands actes de générosité, d'humanité dans les guerres et au milieu des combats; par mille autres vertus enfin qui ont fait aimer, respecter son empire, et qui l'ont rendue indestructible; car les hommes conservent ce qui conserve les hommes.

» La Maçonnerie *n'existe donc que par la science et la vertu*: ces deux mots renferment tout. Hors de là, il n'y a plus de Maçonnerie. »

Mais qu'est-ce que la Maçonnerie? *Beaucoup, presque tout, ou rien du tout* : — Ce n'est rien pour l'homme grossier, pour le méchant ; c'est beaucoup, presque tout pour l'homme sensé et vertueux ; — ce n'est rien, pas plus que ne sont les couleurs pour l'aveugle, la musique pour le sourd, les beaux-arts pour la brute ; — ce n'est rien pour l'ambitieux, l'avare, l'égoïste ; — c'est beaucoup pour l'homme sensible, sincère et généreux, qui connaît les maux de l'humanité et voudrait y porter remède. — Elle n'est ni un complot, ni une faction, ni un parti ; elle ne sert ni l'ambition, ni la ruse, ni la cruauté de personne :

— elle est l'ordre et la vérité dans toutes choses; elle est la haine de tous les vices, l'amour de toutes les vertus; — elle est la voix éternelle qui dit : *Ne fais point aux autres ce que tu ne voudrais pas qui te fût fait, et fais aux autres ce que tu voudrais qui te fût fait.* — Elle est, bien comprise, le lien véritable des peuples; elle est le calme dans les tempêtes, le fanal dans les naufrages, la consolation dans l'infortune, l'antidote contre toutes les sortes de tyrannies, de fanatismes et de mensonges; — elle est enfin la conservatrice du monde moral. — La Maçonnerie est beaucoup, est tout, pour ceux qui la comprennent, mais elle n'est rien pour ceux dont l'âme est éteinte, ou plutôt elle est le miroir dans lequel ils n'osent se regarder.

La Maçonnerie est-elle ou n'est-elle pas une religion? Oui, si l'on peut appeler de ce nom une institution qui ne laisse aucun doute après elle, qui n'ouvre la porte à aucune contestation sur ses dogmes, ni sur ses préceptes. C'est la religion la plus claire et la plus simple de toutes, et c'est pour cela qu'elle ne doit pas être confondue avec les autres. — Du reste, la Maçonnerie ne répudie aucune religion et n'est en opposition avec aucune (1).

---

(1) Extrait de *l'Univers Maçonnique :*
« Combien y a-t-il d'hommes sur la terre ?
» Il y en a à peu près un milliard, ainsi répartis :
» Europe, 170 millions;
» Asie et Nouvelle-Hollande, 550 millions;
» Afrique, 130 millions ;
» Et Amérique, 150 millions.
» Que fait ce milliard d'hommes ? A quoi pense-t-il ? Quel est son sort, son état de lumière et d'ignorance, de bonheur ou de malheur?
» Les uns sont juifs : — on en compte 9 millions;

Les religions s'emparent de l'homme à sa naissance et ne le quittent qu'à la mort. La Maçonnerie, au contraire, ne prend l'homme que dans la force de l'âge, et lorsque son intelligence peut lui montrer la valeur de chaque chose. — Une cérémonie convenue jette un enfant dans tel ou tel

---

» Les autres chrétiens : — on en compte 170 millions ;

» Les autres mahométans : — on en compte 155 millions.

» Une quatrième portion, qui n'est composée ni de mahométans, ni de chrétiens, ni de juifs, mais qui comprend les Chinois, les Indiens, les habitants de la Nouvelle-Hollande, etc., se monte à 666 millions.

» Ainsi, 845 millions d'hommes ne sont pas mahométans, et sont cependant des hommes ;

» 830 millions ne sont pas chrétiens et n'en sont pas moins des hommes ;

» 991 millions ne sont pas juifs et sont encore des hommes ;

» Enfin, 666 millions ne sont ni juifs, ni chrétiens, ni mahométans, mais sont toujours des hommes.

» Voilà donc un milliard d'humains séparés, divisés par leur croyance, et qui se méprisent, se haïssent et se font la guerre au nom du ciel.

» Qui a troublé ce milliard d'hommes, que Dieu n'a certainement pas tirés du néant pour se déchirer, puisqu'il leur a donné la raison pour s'éclairer et un cœur pour s'aimer ? — C'est un secret que l'histoire de chaque peuple révèle à qui sait la lire....

» Et qui peut les réconcilier, les faire s'aimer, se tolérer et se secourir ? — C'est là précisément le grand secret que la Maçonnerie possède seule.

» On ne saurait donc trop le répéter, la Maçonnerie devrait être l'école de toutes les vertus, le lien de tous les peuples, la consolation de toutes les infortunes ; elle devrait faire ressouvenir éternellement les mortels qu'ils sont frères, puisqu'ils ont la même origine et la même fin ; elle devrait leur apprendre à ne se donner que des lois de douceur, de probité et de fraternité. »

culte : la *circoncision*, par exemple, ou le *baptême*, en font un juif ou un chrétien, avant qu'il puisse rien entendre aux dogmes qui lui sont prescrits. Le baptême de la Maçonnerie, au contraire, est la science et la vertu : l'initié entend et comprend tout ce qu'on lui dit ; c'est le flambeau de la raison qu'on met en ses mains.

Par la science, on lui apprend tout ce que Dieu a voulu que l'homme sût pour distinguer le bien du mal, le vrai du faux, la liberté de l'esclavage, le courage de la lâcheté, la probité de la tromperie, la générosité de l'égoïsme. Par la vertu, il apprend à vaincre les obstacles que lui opposent l'ignorance et la mauvaise foi; c'est le baptême de l'honneur et du savoir, c'est l'initiation à la dignité, à la grandeur humaine. Assurément nulle religion, nul prêtre n'en pourrait donner une qui rapprochât davantage l'homme de la divinité. Les peuples sont si bizarrement organisés que presque tous accusent la religion de leurs voisins d'être un mensonge; nul peuple, nul homme, à moins d'ignorance ou de folie, ne pourrait faire ce reproche à la Maçonnerie, puisque, par le fait même, elle est la pierre de touche de toutes les vérités. — La Maçonnerie n'a d'appui qu'elle seule et Dieu qui a créé la lumière : elle ne donne ni grandeur, ni richesse, ni pouvoir; c'est le seul sacerdoce qui ne coûte rien aux peuples, la seule armée où l'on fasse la guerre à ses frais : aussi peut-on l'appeler justement l'armée des gens de bien, des gens de cœur et de vérité. De pareils soldats n'attendent leur récompense de personne : ils la trouvent dans le bonheur d'avoir bien fait, qui est le seul bonheur véritable. — Enseignez donc, propagez la vraie Maçonnerie, et vous aurez rendu plus de services à la terre que tous les législateurs ensemble.

Quant aux mystères et aux secrets de la Maçonnerie, les voici : Des hommes se réunissent en secret, et ces hommes sont des Francs-Maçons. Ils ne reçoivent dans leur Ordre que ceux qu'ils supposent le mériter ; mais, pour les connaître, il faut les étudier, et, pour les étudier, il est nécessaire de les mettre aux prises avec leurs passions..... On s'empare donc du candidat, on l'entoure d'illusions et de prestiges, on ouvre une vaste carrière à son imagination, on le prive momentanément de l'un des sens les plus précieux, on le conduit dans des lieux inconnus, difficiles à parcourir ; on l'isole ; *il n'entend plus que le silence*.... Subitement, il est en scène : on le questionne, on le menace, on l'épouvante, on le charme, on le séduit, on le place dans les situations les plus graves, les plus fausses ; son esprit, son cœur, ses passions, tout est attaqué.... De ces situations si pleines de contrastes, de ces situations vives, dramatiques, instantanées, naissent de sa part, et malgré lui, d'innombrables éclairs de raison, de prudence, de sagesse, de folie, de force, de faiblesse, d'abandon, de tristesse... Et cette volonté puissante qui fait mouvoir tant de fils différents, qui sont pour le récipiendaire comme autant de chaînes à triples anneaux, le conduit au but où il tend, mais dont on peut toujours l'éloigner à jamais, sans qu'il puisse se rendre compte à lui-même et encore moins aux autres de ce qui s'est passé, de ce qu'on a voulu de lui... Demande-t-il sa liberté ? à l'instant même il la recouvre, mais comme un fantôme, comme une ombre, comme une vapeur, tout a disparu, et il se retrouve là où on l'a introduit d'abord... Persiste-t-il dans sa démarche ? aussitôt les épreuves sont reprises, le chaos renaît, les éléments se combattent : l'homme et la nature, les hommes avec tout ce qu'ils ont créé semblent être aux prises.... Subitement le calme renaît, et de nouveau le néophyte *n'entend que le silence*.... Puis, en ne lui promettant ni titre, ni honneur, ni richesse, en lui faisant jurer d'être fidèle à sa patrie, aux lois, au gouvernement, en lui recommandant avec insistance d'être simple, modeste, désintéressé, humain, sociable et bon, on ne lui offre que l'agrégation maçonnique, c'est-à-dire la qualité de *Frère*.... Et cet homme, riche ou titré, savant ou sans instruction, homme du monde ou de la nature, promet et accepte tout pour devenir *frère*.... Tels sont les mystères de la Franc-Maçonnerie....

A l'appui, et comme complément de ce que nous venons de dire des mystères maçonniques, on nous saura gré, pensons-nous, de rappeler ici quelques initiations célèbres, dont à bon droit s'honorent les fastes de la Franc-Maçonnerie. — L'initiation de Pythagore nous est rapportée par *l'Univers Maçonnique,* page 94, dans les termes suivants :

« Au milieu des ruines du temps, s'est conservé un monument précieux : c'est la réception de l'immortel Pythagore. En voici les principales circonstances :

— « Les initiateurs (disent les historiens grecs) plongè-
» rent le récipiendaire dans un lieu de ténèbres.

» Il y entendit le bruit des vents déchaînés, le hurlement
» des bêtes féroces, le sifflement des reptiles, les éclats de
» la foudre.

» Des mains invisibles le précipitèrent sept fois dans un
» fleuve.

» Il fut environné de serpents qu'il toucha sans en être
» blessé.

» Il passa rapidement de l'obscurité la plus profonde à
» la plus vive lumière.

» Il fut précipité du comble d'un édifice très élevé.

» Il fut promené dans les airs sur un char de feu.

» Enfin, il fut admis dans le sanctuaire où il apprit les » vérités immortelles qui n'étaient présentées aux hommes » que sous des voiles hiéroglyphiques, et dont il composa » ce chef-d'œuvre de l'esprit humain qui fait encore notre » admiration..... »

» Et comment douter de l'antiquité de la Maçonnerie, s'écrie, en terminant, M. César Moreau, après des titres de généalogie aussi constants, aussi avérés ? La main du temps lui a imprimé le cachet de l'immortalité..... »

De son côté, l'auteur de l'*Égypte au XIXe siècle* raconte ainsi l'initiation de Platon :

« Aux approches de la 95me olympiade, un pèlerin de la science vint, le long du Nil, étudier la théosophie, et demander la révélation des pieux mystères ! Les épreuves lui furent permises ; il descendit au fond d'un puits noir communiquant avec des caveaux ; il poussa une grille d'airain qui se referma aussitôt, non sans un glacial et sourd bruissement. La torche à la main, il s'avança, dépassant une seconde porte grillée ; il aperçut une galerie d'arcades éclairées par des lampes ; sur le fronton se lisait cette phrase : *Tout mortel qui marchera seul et sans effroi dans l'enceinte sacrée recevra la lumière, sera purifié par l'air et l'onde, et initié dans les mystères secrets de la déesse Isis.*

» Un appel d'en haut interrogea le néophyte, pour savoir si le cœur lui manquait, et le néophyte répondit : Non, et, sans faiblir, il poursuivit sa route.

» Devant une porte de fer parurent trois hommes armés, dont les casques représentaient le museau d'un chien : *Tu peux, lui dirent-ils, revenir sur tes pas ; mais si, persistant dans ton dessein tu recules ou détournes la tête, c'en est fait de toi.*

» Le néophyte répliqua : J'irai en avant.

» Une fournaise brûla béante ; elle ne pouvait être traversée que sur une grille très étroite ; au bout, mugissait un torrent ; la rive ne pouvait être gagnée qu'à la nage. Le double péril fut résolûment franchi. Le plus terrible et le dernier de tous lui succéda.

» Un escalier de quelques marches menait à une lumineuse porte d'ivoire qui s'ouvrait par deux anneaux étincelants ; le seuil abordé, voici que le plancher tout à coup s'ébranle, comme sous la secousse d'un impétueux tremblement de terre ; d'énormes roues d'airain firent mouvoir avec une incroyable rapidité de grosses et bruyantes chaînes. La lampe tomba éteinte des mains du néophyte, qui demeura perdu au sein du cataclysme ténébreux ; il ne cria point grâce ; un seul frisson l'effleura : il attendit.....

» Le désordre, las de lui-même, céda la place au calme ; une porte, invisible jusqu'à cette heure, livra passage dans une salle qu'illuminaient des centaines de flambeaux ; siégeaient là soixante prêtres couverts de byssus en étoffe de fin lin, portant, de même que les dieux, des colliers d'une forme et d'une valeur proportionnées aux divers grades. Le pontife orna l'initié de la robe blanche, et lui présentant un verre d'eau : C'est le breuvage de Lotos ; bois l'oubli des sentiments mondains....»

De 1725, époque de la réapparition de la Maçonnerie en France, à 1780, les progrès de cette institution y furent tels, particulièrement à Paris, que la noblesse, la magistrature, la haute bourgeoisie, des membres distingués du clergé et des hommes d'un mérite éminent, dans les lettres, les arts et les sciences, s'étaient fait recevoir francs-maçons et fondaient des loges. — Ainsi furent érigées, par les littérateurs, les savants, les publicistes, en 1776, la *loge des Neuf-Sœurs*, et celle de la *Candeur*, en 1778, plus spécialement destinée pour les personnes de la cour et la haute société.

Helvétius fut, sinon le fondateur réel, du moins l'auteur de l'idée de l'érection de la loge des *Neuf-Sœurs* qui compta parmi ses membres, dès son origine, Francklin, Lalande, l'abbé Cordier de Saint-Firmin, Court de Gebelin, de La Dixmerie, et une foule d'autres personnages célèbres par leurs talents et leurs vertus. — Mais cette loge ambitionnait l'honneur d'initier Arouet de Voltaire..... De zélés et habiles francs-maçons : Francklin, Court de Gebelin et de Lalande furent chargés d'appeler l'attention et l'intérêt de l'illustre vieillard de Ferney sur l'institution mystérieuse à laquelle il n'avait pas épargné ses redoutables et spirituels sarcasmes..... Ils le pressent avec vivacité, ils l'étonnent en lui exposant à la fois la simplicité et la grandeur des vues maçonniques... Il refuse d'abord, il invoque son grand âge. Ils le prient, il cède enfin.

« Ecoutons, nous dit ici M. César Moreau, le frère de La Dixmerie, nous raconter ce brillant triomphe de la Franc-Maçonnerie moderne : — « Ce fut à l'âge de 84 ans, que le
» Nestor du Parnasse français vint puiser, dans la loge des
» *Neuf-Sœurs*, un genre d'instruction que plus de soixante
» ans d'étude n'avaient pu lui procurer. Nos mystères lui
» furent développés d'une manière digne d'eux et de lui.
» Il aima, il admira la sublime simplicité de notre morale,
» Il comprit que l'homme de bien était Maçon sans le sa-
» voir. Il vit que la loge des *Neuf-Sœurs* joignait, à tout ce
» qu'elle a de commun avec les autres sociétés du même

» genre, un point de morale négligé presque partout ail-
» leurs, celui d'exciter l'émulation et de proscrire la riva-
» lité ; d'unir ceux que des intérêts personnels, un même
» but, les mêmes prétentions pouvaient diviser; de rendre
» l'émule utile à son émule ; de confondre même ce der-
» nier nom dans les noms les plus doux de frère et d'ami.
» Il parut ému, pénétré..... de notre côté, nous crûmes
» être tout à coup rappelés à ces temps si célèbres, où Or-
» phée, Homère, Solon, allaient modestement se faire ini-
» tier aux mystères d'Héliopolis... »

— « Ce fut, continue M. César Moreau, le 7 juin 1778,
que Voltaire, présenté par l'abbé Cordier de Saint-Firmin, fut conduit dans le parvis du temple. Le soin de l'accueillir à son arrivée et de le préparer à l'imposante cérémonie de l'initiation maçonnique, était confié aux frères président Meslay, marquis de Lort, abbés Bignon et Rémy, Cailhava, Mercier, Fabrony et Dufresne. Le chevalier de Villars l'introduisit en Loge ; Lalande présidait.

» Appuyé sur Francklin et Court de Gebelin, l'illustre vieillard était entouré de plusieurs Frères, entre autres, du chevalier de Cubières. Les épreuves, comme on le conçoit, furent toutes morales. Sa réception fut un triomphe pour lui et un bonheur inappréciable pour ceux qui en furent les témoins.

» Reçu Maçon, par une distinction unique dans les fastes de l'ordre, Voltaire fut placé à l'Orient. Lalande le complimenta, et l'on entendit soudainement les frères de La Dixmerie, Gontier (depuis comte et marquis), et Grouville, payer en vers un tribut d'admiration à l'Apollon français.

» Une circonstance remarquable de la réception est celle où Lalande décora Voltaire du tablier de Maçon; ce tablier était celui d'Helvétius. Voltaire, par un mouvement spontané, le porta à ses lèvres, donnant ainsi une marque de respect et de souvenir à l'un des plus célèbres philosophes et des plus vertueux Maçons.

» Cet incident fut suivi d'un autre qui ne fit pas moins d'impression sur tous les esprits : lorsque Lalande présenta au néophyte les gants de femme qu'il est d'usage de donner à l'initié, Voltaire les prit, et se tournant vers le marquis de Villette, les lui remit, en disant : « Puisque » ces gants sont destinés à une personne pour laquelle on » me suppose un attachement honnête, tendre et mérité, » je vous prie de les présenter à *belle* et *bonne*. »

— » Le frère de La Dixmerie, inspiré par la présence de l'illustre néophyte, improvisa ce quatrain, qui fut vivement applaudi et dont Voltaire le remercia avec sensibilité :

« Au seul nom de l'illustre Frère,
» Tout Maçon triomphe aujourd'hui ;
» Il reçoit de nous la lumière,
» Le monde la reçoit de lui. »

» La Loge des *Neuf-Sœurs*, — ajoute ailleurs M. César Moreau, — ne posséda pas longtemps sa précieuse conquête : six mois après, le 28 novembre de la même année, elle lui rendit les honneurs funèbres...

» Lalande présidait l'assemblée, assisté des frères Francklin et comte de Strogonoff. Plus de 200 Maçons furent admis aux travaux.....

» On arrivait à l'enceinte funéraire par une longue et étroite galerie ; la salle, entièrement tendue de noir, décorée avec goût et simplicité, et ornée de cartouches où on lisait les plus belles pensées en prose ou en vers, tirées des œuvres de l'illustre défunt, n'était éclairée que par quelques lampes dont la pâle clarté répandait un jour douteux ; le mausolée de Voltaire était au fond de la salle.....

» Pendant la cérémonie funèbre, au moment où les Frères vont déposer le rameau mystérieux au pied du cénotaphe, Franklin offrit, pour tribut de sa douleur fraternelle, la couronne qui lui avait été précédemment présentée au nom de la Loge ; il est impossible d'exprimer la profonde sensation que produisit cette inspiration de l'amitié maçonnique... »

Laissons encore M. de Sanlis, l'un des chefs actuels, des plus honorables, comme des plus érudits de la Maçonnerie de France, nous raconter, avec un magnifique langage et dans un admirable discours publié par l'*Univers Maçonnique* (page 619), dont, à regret, nous ne pouvons reproduire que quelques fragments, les épreuves qu'on lui a fait subir lors de sa réception et les réflexions qu'elles lui ont inspirées.

« J'ai à vous parler, dit-il, de l'impression qu'ont produite en moi les diverses épreuves auxquelles j'ai été soumis : épreuves physiques, épreuves morales, je les confondrai presque toujours, puisque, sous l'apparence d'épreuves physiques, était caché un principe moral...

» Néophyte, j'attendais dans la réflexion le moment où l'on viendrait s'emparer de moi pour me faire passer par les chemins qui mènent à cet asile redouté. Quelque idée que je cherchasse à me faire, et des épreuves que j'allais subir, et des travaux auxquels vous vous livriez, j'étais loin d'imaginer l'ombre de ce que je vis, de prévoir l'étonnement que j'éprouvai ; j'étais bien loin de penser que des épreuves qui me seraient imposées surgiraient des allégories si pleines de sens, si ingénieusement frappées au coin de la raison ; que les questions dont la solution me serait présentée tendraient toutes à la vertu ; qu'elles respireraient toutes, au dernier point, la religion, la pureté des mœurs, l'austérité, la tolérance et l'humanité.....

» Privé de l'usage de la vue, je suis la main inconnue qui me guide ; je monte, je monte encore : à chaque pas je croyais m'engloutir..... J'arrive enfin : que va-t-il se présenter à mes regards ? un spectacle riant sans doute ; l'aspect de la vertu déifiée ?... Je suis parvenu probablement jusqu'au ciel, et je vais le voir déployant avec luxe et complaisance sa magnificence et ses richesses ?... Mais non, la lumière m'est rendue ; j'ouvre les yeux : que vois-je ?... Partout la mort, partout l'image de la mort, la mort dans toutes ses horreurs !...

...... Crudelis ubique
Luctus, ubique pavor, et plurima mortis imago !

» Ici, des ossements qui me rappellent, si je l'avais oublié, que je ne suis que néant. Là, des sentences qui me désenchantent des vains prestiges du monde... Ailleurs, une leçon de vertu pratique ; plus loin, mon âme est toute préoccupée de la fidélité à ses serments et de l'opprobre qui suit sans cesse le traître qui s'est parjuré. Ce ne sont que des réflexions sévères, tristes, mais utiles, qui viennent assiéger l'esprit et le cœur.....

» Je quitte le lugubre asile (1) qui avait fait naître en

---

(1) L'honorable orateur fait ici sans doute allusion au *cabinet de réflexion*, autrement dit *cabinet noir*. — Voici, sur cette chambre de préparation, quelques détails complémentaires que nous croyons pou-

moi des réflexions plus lugubres encore. La vue m'est une seconde fois ravie... Je descends, je descends; je tombe de précipice en précipice, je roule de chute en chute..... J'arrive, mais pourtant j'arrive sain et sauf..... Je suis aux portes du temple... Je frappe et demande la lumière : Une voix redoutable se fait entendre : c'est sans doute la voix de Dieu, sortie du sanctuaire. Les portes me sont ouvertes : j'entre!... Alors commence pour moi une ère d'incertitude et d'irrésolution : mon âme est sans crainte, et pourtant effrayée; sans trouble, et pourtant agitée; elle éprouvait je ne sais quoi qui n'était ni doux,

---

voir faire connaître. — Cette pièce est peinte en noir, avec tous les symboles de la mort; il s'y trouve une table couverte d'un tapis blanc, sur laquelle est une tête de mort, une lampe sépulcrale, une écritoire, une plume, du papier blanc et une chaise pour le néophyte; au fond de la salle est une porte devant laquelle se trouve un cercueil.

Sur les murs, on lit ces inscriptions :

— « Si une vaine curiosité te conduit ici, va-t'en.... »

— « Si tu tiens aux distinctions humaines, sors ! on n'en connaît
» pas ici.... »

— « Homme fragile! pendant ta vie tu es l'esclave de la nécessité, le
» jouet des événements. Console-toi, car la mort t'attend, et dans son
» sein est le repos.... »

— « La mort n'est pas une chose aussi terrible qu'on cherche à le
» faire croire : on la juge mal de loin. C'est un spectre qui nous épou-
» vante à une certaine distance, et qui disparaît lorsqu'on s'en rap-
» proche. La mort est un sommeil!... »

— « L'homme passe de la vie à la mort de la même manière qu'il est
» passé du néant à la vie, et le dernier soupir est la fin du mouve-
» ment et de la sensibilité.... Il retourne... »

— « Sois le père des pauvres; chaque soupir que ta dureté leur ar-
» rachera augmentera le nombre des malédictions qui tomberont sur
» ta tête.... »

ni cruel, ni pénible, ni agréable ; quelque chose d'indéfinissable, enfin !...

» On m'interroge ; je cherche à répondre, je passe tour à tour d'une épreuve à une autre, d'une idée à une autre ; ce sont des chemins escarpés, des précipices, un bruit confus, le cliquetis des armes, des flammes dévorantes, du poison homicide, toutes œuvres que l'on serait tenté d'attribuer au génie des ténèbres..... Et pourtant au milieu de tout cela, je n'entends que des paroles de paix, des sentiments généreux, des principes de philanthropie, des questions de morale ; tout enfin, d'un côté, me pa-

---

— « Ce n'est pas dans le don que consiste la vraie libéralité, mais » dans la façon de le faire.... »

— « Lis et profite, vois et imite, réfléchis et travaille.... »

— « Si tu crains d'être éclairé sur tes défauts, tu ne dois pas venir « parmi nous.... »

— « La vérité, c'est Dieu.... Adore l'Etre suprême qui créa l'Uni- » vers.... »

— « La Franc-Maçonnerie réunit les deux caractères qui rappro- » chent le plus les mortels de la Divinité, savoir : Le culte de la Vérité » et la pratique de la Bienfaisance.... »

Disons aussi, puisque nous sommes dans la voie des révélations, que le parvis d'une Loge ou Temple maçonnique est ordinairement une salle formant un carré parfait, et qu'au-dessus de la porte d'entrée sont écrits ces mots :

« Aimer Dieu d'un amour suprême,
» Avec crainte, respect et foi,
» Et son prochain comme soi-même,
» C'est ici la suprême loi. »

Au milieu du parvis se trouve l'entrée du Temple : la porte est à deux battants et gardée par deux sphinx accroupis. On y lit :

« L'entrée de ces lieux n'est permise qu'aux âmes pures. »

raissait aussi séduisant et pur que, de l'autre, tout me semblait cruel et amer.....

» Est-ce un jeu? Non. Parmi des hommes sensés, rien ne peut être inutile, surtout quand il en naît des émotions pénibles. A quoi sert donc ce contraste du mal et du bien, du faux et du vrai, du positif et de ce qui n'est que mensonger? A quoi bon cette alternative de fictions et de vérités? A quoi bon... s'il n'en résulte pour moi une leçon profitable? Eh bien! oui, une leçon profitable en surgira pour moi. Aveugle que j'étais, je n'y voyais tout à l'heure qu'un amusement puéril, indigne de la gravité des hommes; mais, maintenant, j'y lis une leçon; j'y vois développé le drame de la vie humaine; c'est le tableau des passions qui se déroule devant moi.

» Dans mon premier voyage, ma marche est de toutes parts hérissée de difficultés. Je ne trouve que des routes inégales et rocailleuses; je suis des sentiers tortueux, au bout desquels est un précipice. Que m'apprend tout cela? Qu'ainsi l'homme, lancé au milieu de la vie, ne peut manquer de rencontrer des contrariétés et des obstacles; qu'il s'avance au milieu de piéges semés sous ses pas, et que son inexpérience ne saura peut-être pas lui faire éviter. J'apprends encore que l'homme porte en lui-même des ennemis cruels et d'autant plus dangereux qu'ils ne le quittent jamais : je veux dire ses passions; que c'est contre elles surtout qu'il doit se mettre en garde; que c'est à leur impulsion aveugle, à leur fougue brutale, qu'il lui importe le plus de résister; que, s'il cède, il restera à jamais sous leur joug; qu'elles seront son tyran et son bourreau, et que leurs coups, loin de se ralentir, deviendront par le temps toujours plus meurtriers, et laisseront à la fin des blessures incurables.

» J'apprends enfin que de tous côtés se pressent autour de lui des concurrents et des rivaux ; que, pour faire réussir leurs projets, rien ne leur paraîtra inutile ; qu'ils emploieront pour le perdre, la diffamation, l'injure, la calomnie.....

» Vient ensuite la coupe d'amertume ; mais celle-là n'a d'amer que le commencement. Ce faux poison est l'image de nos premiers travaux ; toujours ils sont difficiles, repoussants. Si l'on ne consultait que son premier mouvement, on les abandonnerait bien vite.....

» Cette eau amère est aussi peut-être l'image de l'ingratitude des hommes. On éprouve du chagrin lorsque le service qu'on a rendu n'a fait de l'obligé qu'un ingrat, et ne lui a été par sa faute presque d'aucun secours.....

» Que dirai-je maintenant de l'épreuve du feu? Je ne chercherai pas assurément à la rapprocher de cette épreuve par le feu qui servait dans les temps de barbarie à décider qui de deux rivaux avait tort ou raison, et à établir la conviction dans l'esprit des juges, épreuve désignée sous le nom de *jugement de Dieu*... Non, elle n'a d'identique que le nom. Ici, c'est le symbole de la purification par le feu, purification plus réelle que celle qui se fait par tout autre moyen. Par là l'âme devient pure, le cœur sans tache..... »

Le but de la Maçonnerie est l'amélioration morale de l'espèce humaine..... Il faut le voir aussi dans l'action que l'esprit fraternel exerce sur tous ses prosélytes et dans l'influence de ceux-ci sur tout ce qui est en contact avec eux... L'esprit maçonnique agit sur tous les peuples, leurs gouvernements, leurs lois, leurs religions, leurs mœurs. Il porte partout son flambeau salutaire ; il épure les mœurs, il couvre la surface de la terre de ses émanations toutes divines ; il jette avec amour, sur les hommes, le réseau sacré d'une fraternité générale... Enfin, depuis longtemps déjà la Maçonnerie n'est plus une institution réputée singulière, bizarre : elle est la première institution du monde par son but universel.....

La Maçonnerie est utile à tous les Francs-Maçons en leur offrant une société honorable où l'on ne s'entretient que de choses louables, utiles, instructives, ou de plaisirs dignes d'être avoués par les honnêtes gens. Elle est utile aux indigents qui y trouvent des secours de toute nature, et aux infortunés qui ont besoin de consolation et d'appui ; enfin, et en un mot, le but de la Maçonnerie est l'amélioration morale et intellectuelle de l'espèce humaine.

L'opinion de M. César Moreau, et ses réflexions sur la Maçonnerie, que nous venons d'extraire de son ouvrage, aussi fidèlement que possible, sinon quant à la forme, du moins quant au fond, ne sont pas des idées ni une opinion isolées. — Voici, en effet, en quels termes s'expriment, sur cette ancienne et illustre société, des publicistes aussi distingués qu'honorables.

« De toutes les associations particulières qui se sont for-
» mées parmi les différents peuples du monde connu, il n'y
» en a aucune qui ne doive céder la prééminence à la so-
» ciété des Francs-Maçons. Elle a sur les autres un but
» d'utilité réelle ; voilà son premier avantage. Ses assem-
» blées, consacrées surtout à la bienfaisance, ont établi
» entre les différents peuples des liens de fraternité infi-
» niment estimables : aussi a-t-on vu les hommes les plus
» vertueux et les plus éclairés rechercher avec empresse-
» ment de pareilles sociétés. Les gouvernements raison-
» nables ont toléré et même protégé cette institution

» respectable par son antiquité et par ses deux bases pre-
» mières, l'égalité et la charité. Nous citerons en preuve le
» grand Frédéric, et particulièrement l'empereur Joseph,
» qui, par un règlement de police spéciale, avait accordé
» aux Francs-Maçons deux ou trois loges dans chacune des
» grande villes de sa domination, et il en prononça le
» motif, en déclarant que cette société était spécialement
» humaine, douce et compatissante, qu'elle soulageait les
» pauvres et cultivait les sciences et les arts, ainsi que les
» belles-lettres.
» ABRAHAM. »

« Eh! combien nos détracteurs n'auraient-ils pas à rou-
» gir, si connaissant nos principes et nos mœurs, ils sa-
» vaient que le bonheur d'un Maçon naît du bonheur de
» tous les hommes.....
» BACON DE LA CHEVALERIE. »

« Par quelle magie, par quel secret pouvoir, des hom-
» mes de toutes nations, d'états différents, d'âge, de
» mœurs et de conditions si diverses ; des hommes qui se
» seraient à peine accueillis des apparences d'une froide
» politesse si le hasard les eût réunis dans les compagnies,
» et le cercle ordinaire des profanes; par quelle magie,
» dis-je, ont-ils donc pu oublier les prérogatives de leur
» noblesse, la vanité des rangs, le prestige des fortunes,
» l'orgueil qu'inspire la supériorité de l'esprit, des con-
» naissances et des talents, pour ne former à l'avenir qu'une
» société de Frères et d'Amis ?
» BEGUILLET. »

« Les réunions maçonniques n'ont pour but de donner
» que des principes de vertu ; elles consistent principa-

» lement dans la bienfaisance et la sensibilité, éclairées
» du flambeau de la raison.
» De Boufflers. »

« Je ne puis me trouver dans cette enceinte (le Grand-
» Orient de France) sans éprouver cette émotion douce
» qu'un vrai Maçon trouve au milieu de ses Frères....
» Le Prince Cambacérès. »

« Réunis par les liens d'une amitié fraternelle, éclairés
» par une lumière pure et brillante, les Maçons s'avancent
» vers la sagesse, en foulant aux pieds les préjugés de
» l'ignorance et les viles passions du vulgaire.
» Benoiston de Chateauneuf. »

« Travailler au bonheur de l'espèce humaine, tel fut tou-
» jours l'objet de la Maçonnerie. Dans les premiers temps,
» elle éclaira les hommes. Bientôt après elle leur donna le
» courage de souffrir, de braver les persécutions ; dans
» des temps plus modernes, elle leur apprit à se connaître
» et à s'estimer.......
» Peyre de Chateauneuf. »

« La Franc-Maçonnerie est en tout, pour le fond comme
» pour la forme, un excellent modèle de ce que la société
» devrait être pour le bonheur de tous et de chacun. Elle
» réunit surtout au premier degré les deux caractères qui,
» suivant Pythagore, rapprochent le plus les mortels de la
» divinité, savoir : le culte de la vérité et la pratique de
» la bienfaisance ; — *Veritatem sequi, benefacere aliis.* —
» D'où l'on peut conclure, toujours d'après ce philosophe,
» qu'elle est l'association la mieux conçue, la plus heureuse
» qui existe sur le globe, et qu'elle est en quelque sorte

» divine : — *His enim duobus moribus mortales Deo propè*
» *similes fieri.*
» Chemin-Dupontés. »

« Ecole de la sagesse, la Maçonnerie se nourrit d'exem-
» ples ; lien sacré parmi les hommes, elle méconnaît les
» démarcations qui séparent les peuples, et ne forme plus
» qu'une seule famille du genre humain. Toute vertu est
» de son domaine ; toute action noble et généreuse trouve
» un écho dans ses temples....
» De Chenier. »

« La Maçonnerie, mal connue, mal interprétée, persécu-
» tée même dans divers pays, est cependant indestructible;
» car elle est fondée sur les bases les plus solides : le res-
» pect des lois et l'amour de la vertu.....
» Le Duc de Choiseul. »

» L'amour de la vertu fait de tous les Maçons répandus
» sur ce globe un peuple de frères : c'est lui qui nous réu-
» nit ; c'est lui qui, supprimant parmi nous toutes distinc-
» tions, nous donne à tous le même désir, celui de nous
» plaire et de nous aimer.....
» Delahaye. »

« Que l'univers sache et que nos actions proclament que
» les questions religieuses et politiques sont bannies de
» nos assemblées ; que nos règlements interdisent les con-
» troverses théologiques, comme les discussions diplo-
» matiques ; qu'il n'est dans nos temples qu'un langage,
» celui de la bienfaisance ; qu'il sache enfin que laissant
» aux chefs des nations, à leurs magistrats suprêmes, le
» soin pénible de gouverner les Etats, nous ne nous occu-

» pons que de la pratique plutôt que de la théorie de la
» morale.
» Doisy. »

« Un Maçon doit avoir toutes les vertus. Une loge doit
» être leur sanctuaire ; mais elle peut en affectionner une
» pardessus les autres.....
» Le Comte de Gouy. »

« La Maçonnerie est le complément de la perfection de
» l'homme; elle fait le bonheur du juste, ramène à ses
» devoirs celui qui s'en est écarté, et porte dans le sein du
» malheur des consolations efficaces ; elle nous sert de
» régulateur dans les diverses périodes de la vie; elle pro-
» tège la veuve et l'orphelin.
» De Billy. »

« Parmi nous, l'homme vient chercher l'homme. Lais-
» sant en dehors les opinions et les croyances, les Maçons
» ne demandent à leurs Frères que des vertus : l'humanité,
» la bienfaisance, la fidélité à tenir sa parole et ses ser-
» ments. Chez nous règnent essentiellement l'égalité, la
» tolérance, premiers garants de la liberté de l'homme,
» symboles augustes de sa dignité originelle......
» Dupin aîné. »

« Tout est sacré dans la Maçonnerie, tout y est en quel-
» que sorte divinisé... Sa source est sainte, et ses adeptes,
» pour conserver cette précieuse institution, doivent puiser
» toujours à cette source première ; voilà ce qui nous cons-
» titue tous frères, de quelque pays, de quelque rang que
» nos soyons; ce qui fait qu'ayant tous la même origine,
» que dérivant tous du même point, que tendant tous au

» même but, nous ne formons sur ce vaste hémisphère
» qu'une seule et même famille; ce qui fait que les diffé-
» rents ressorts de la politique des gouvernements du mon-
» de, que le contact divers d'idées religieuses, que la
» dévastation et les horreurs des guerres, quel que soit
» leur motif; que ces différentes causes ne sauraient attiédir
» jamais en nous les sentiments les plus tendres d'une
» union et d'une fraternité sans bornes, qui laisse de côté
» tous les titres.
» Alexandre d'Estourmel. »

« .... Une société qui ne travaille qu'à faire germer
» et fructifier toutes les vertus dans mes Etats, peut tou-
» jours compter sur ma protection; c'est la glorieuse
» tâche de tout souverain : je ne discontinuerai jamais de
» la remplir....
» Frédéric II. »

« Marqués d'un sceau indélébile, tous les Maçons ap-
» partiennent à la grande famille dès qu'ils sont éclairés,
» honnêtes et vertueux....

» Comte de Grasse-Tilly. »

« Qu'elle est grande l'institution qui tire l'homme privé
» de l'isolement! qui replace pour un moment l'homme
» public dans les rangs ordinaires! Ici le fort touche la
» limite de sa puissance! ici le faible voit ses moyens se
» décupler : la grandeur même ne nous donne que des
» frères aînés. La chaîne qui unit les mains est électrique;
» tout ce qui la touche reçoit ou communique l'étincelle
» brillante du génie, ou le feu sacré de la vertu.
» Houel. »

« S'il est un spectacle vraiment digne d'intérêt, c'est
» sans doute celui d'une réunion d'hommes dont le but
» est de se perfectionner et de marcher, de concert, dans
» les voies sacrées de la justice. Élevés au-dessus des illu-
» sions qui enveloppent la vie profane et séduisent le vul-
» gaire, vous réaliserez dans la pratique cette grande théo-
» rie d'ordre, de paix et de fraternité, transmise jusqu'à
» nous d'âge en âge, et dont les bienfaits sont promis aux
» nombreuses générations qui dorment encore dans le sein
» fécond de la nature...

» A. Jay. »

« Quelle est cette institution mystérieuse, adoptée
» dans toute l'Europe, et qui, sans dépendre d'aucune
» forme de gouvernement, a conservé la pureté de sa fon-
» dation au milieu des convulsions politiques, de la chute
» des empires et des guerres religieuses? Quelle est cette
» association immense dont l'origine se perd dans la plus
» haute antiquité, et dont les ramifications plus étendues
» que celles du commerce, des alliances et de tous les
» intérêts sociaux, établissent des rapports intimes entre
» les hommes de tous les pays, malgré les différences de
» climats, de langues, de croyances et de mœurs? Quel
» est le but de cette institution? Que signifient ses rites, ses
» usages, ses emblêmes? Quels services a-t-elle rendus à
» l'humanité? Telle est à peu près la série des questions
» que se fait tout homme raisonnable admis aux premiers
» mystères de la Franc-Maçonnerie. Rien n'est plus cu-
» rieux, plus intéressant que l'histoire de cet ordre.

» Antide Janvier. »

« Qu'on puisse dire de chacun de nous et de tous les

» membres qui tiennent à l'institution-maçonnique : Le
» pauvre est sûr de leur souvenir, l'infortuné de leurs se-
» cours, le faible de leur appui, le riche de leurs bons
» exemples, le gouvernement de leur soumission, l'auto-
» rité de leur obéissance, la probité de leur estime, la
» vertu de leurs hommages, la religion de leur respect,
» l'Eternel de leur adoration !

» JOLY. »

« Employez, très chers Frères, vos moments à propager
» nos principes ; soyez utiles à l'humanité. . . . .
» Que l'union la plus parfaite soit la base de l'édifice dans
» lequel le moment le plus heureux de ma vie me réunit
» à vous ! Qu'une amitié sincère soit le sceau du serment
» que nous contractons tous en présence de Dieu.

» Maréchal KELLERMANN. »

« La morale de la Maçonnerie est douce, car elle a pour
» base la morale évangélique ; son but est le bonheur dont
» l'homme est susceptible sur la terre ; la pratique des
» vertus sociales, surtout d'une bienveillance active, et le
» dévouement entier à la patrie, sont les moyens qu'elle
» prescrit pour arriver à ce but. Les sciences, les arts li-
» béraux et mécaniques, comme tendant à perfectionner
» les connaissances humaines, sont également de son res-
» sort.

» LAHAUSSE. »

« La Société ou l'ordre des Francs-Maçons est une réu-
» nion d'hommes choisis, qui se lient entre eux par une
» obligation de s'aimer tous comme des Frères, de s'aider
» dans le besoin, de s'animer aux vertus, surtout à la

» bienfaisance, et de garder un secret inviolable sur tout
» ce qui caractérise leur ordre.

» Jérôme DE LALANDE. »

« Pourraient-ils être insensibles à l'honneur, les Ma-
» çons dont le nom seul est l'amour de la franchise et de
» la loyauté ?... Leur seule ambition est de parvenir au
» plus haut point de sagesse que puisse atteindre la fai-
» blesse humaine, et tous les devoirs que leur présente leur
» règle chérie ont été dictés par l'honneur même...

» LANGLACÉ. »

« Par la véritable Maçonnerie, la vertu a de l'activité,
» l'innocence de l'appui, l'indigence des secours, la vertu
» des panégyristes, le zèle des admirateurs, la piété des
» disciples, et le royaume de César des citoyens respec-
» tueux et reconnaissants.

» LEFEBVRE D'AUMALE. »

« Le Maçon adore Dieu, l'admire dans ses œuvres, et
» s'écrie, avec le prophète-roi : — *Cœli enarrant gloriam*
» *Dei,* — les Cieux annoncent la grandeur de Dieu. Il est
» résigné aux ordres de sa suprême volonté ; il respecte
» le gouvernement sous lequel il vit, et lui est soumis ;
» enfin il fait à ses semblables tout le bien qu'il peut leur
» faire....

» LELIÈVRE-VILLETTE. »

« Nous ne pouvons être Maçons sans être amis des hom-
» mes ; en en fuyant les vices, nous devons nous attendrir
» sur leur misère, et nous occuper des moyens de la sou-
» lager.

» LEROY. »

« La Maçonnerie est l'étude des sciences et la pratique
» de toutes les vertus. Un Maçon est un homme libre, fi-
» dèle aux lois, le frère des hommes, l'ami des mœurs.
» Un Maçon a le désir de l'estime publique, la passion de
» la vraie gloire, les sentiments généreux de l'honneur.

» Félix MAINGUY. »

« ..... Et vous, puissants de la terre, connaissez enfin
» notre institution ; apprenez que la Maçonnerie est étran-
» gère à toutes les associations, à toutes les sociétés secrètes
» qui, en Espagne, en Italie et en Allemagne, avaient re-
» vêtu quelques-unes de ses formes. Sa politique, c'est la
» charité ; sa religion, c'est la morale ; ses mystères, c'est
» le secret du bien qu'elle répand. Connaissez cette réponse
» d'un monarque régnant à qui l'on proposait de pour-
» suivre nos frères : « Persécuteur des Maçons, moi !
» jamais ! ce sont les plus honnêtes gens de mes Etats. »
» Magnifique éloge, que nous travaillerons toujours à mé-
» riter.

» BLANC DE MARCONAY. »

« *La Maçonnerie enseigne un Dieu....*—Ce Dieu, je ne le
» comprends pas ; mais je le vois, je le sens, je le touche
» par tout ce qui existe. Qu'on l'appelle Jupiter, Hercule
» ou le Soleil, peu importe ; je le reconnais : il y a un
» Dieu.....

» *La Maçonnerie enseigne une âme immortelle...*—Oui, il
» y a une âme ; car j'en ai une. Je la connais : c'est elle
» qui vous parle en ce moment, et je ne vous entretien-
» drais pas ainsi de l'âme, si je n'en avais une.....

» Il faut aussi une religion : c'est le moyen de commu-
» nication de l'homme à Dieu ; elle est nécessaire à tous ;

» mais surtout aux hommes peu éclairés. Les autres pour-
» raient peut-être y suppléer, en partie, par une bonne
» éducation ; car la bonne éducation apprend et affermit
» la morale, qui est la base de toutes les religions....

» *La Maçonnerie enseigne le patriotisme, la tolérance, l'a-*
» *mour de l'humanité, la bienveillance.....*—Le patriotisme
» est cet élan de l'âme qui nous fait oublier nous-mêmes,
» pour ne voir que la prospérité commune : le patriotisme
» est ce feu sacré, cette ardeur du courage qui nous lance
» au milieu des dangers pour renverser, terrasser les en-
» nemis du pays ; mais le patriotisme par excellence est
» celui qui, fils du courage civil, est réfléchi comme lui,
» calme comme lui et inébranlable comme lui ; c'est celui
» qui nous travaille de l'amour ardent du bien public.....

» Une vertu plus noble et plus grande encore que le
» patriotisme, une vertu qui ne connaît pas de limite, c'est
» l'humanité ; ici, point de restriction, c'est tout le genre
» humain qu'elle embrasse, sans distinction d'opinion, de
» pays et de religion....

» A. Desenlis. »

« Détracteurs de la Maçonnerie, vous qui ne voyez en
» elle qu'une institution puérile et frivole, approchez et
» venez recevoir au milieu de nous la grave et utile leçon
» du néant de la vie, de l'instabilité des choses humaines,
» de ces vicissitudes continuelles d'heur et de malheur,
» qui partagent, agitent, tourmentent, j'ai presque dit com-
» posent l'existence, et dites encore, si vous l'osez, que nos
» réunions n'ont aucun objet sérieux, aucun but moral !

» Comte Muraire. »

« La Franc-Maçonnerie présente la plus noble et la plus

» illustre carrière à celui qui, jaloux de s'instruire, veut
» pénétrer dans la profondeur des temps pour en connaî-
» tre l'origine. De toutes les institutions qui ont été for-
» mées pour le bonheur des humains, il n'en est point qui
» soit plus propre à les conduire à la perfection. Les
» hommes lui doivent leur civilisation, leurs connaissan-
» ces, leurs vertus et le bonheur de la vie sociale.

» Pelletier-Volmeranges. »

« Le premier devoir d'un Maçon est de vaincre ses pas-
» sions ; nous en avons tous fait le serment dans ce jour
» heureux où, pour la première fois, nous avons vu la lu-
» mière.

» Daniel Polak. »

« Chercher à rendre l'homme meilleur, lui faire aimer la
» vertu, ajouter de nouveaux liens et de nouvelles obliga-
» tions aux sentiments et aux devoirs qui le portent à les
» pratiquer, tel est l'esprit et le but de la Maçonnerie.

» Poujol. »

« Les préjugés qui existaient contre la Maçonnerie étant
» généralement détruits, même parmi le vulgaire, il en
» résulte qu'étant plus répandue, elle exerce une influence
» salutaire sur toutes les classes de la société, en rappro-
» chant les hommes par la bienveillance, et ses membres
» entre eux par les liens de la fraternité.

» Richard. »

« La Maçonnerie est une institution philosophique par
» laquelle ses sectateurs cherchent à mettre la morale en
» pratique ; c'est dans son sein que l'homme de bien,

» éclairé par la raison et l'expérience, instruit son sembla-
» ble qui n'a pas acquis sa perfection.

» Riffé de Caubray. »

« J'ai reçu avec plaisir, mes très chers Frères, votre
» lettre en date du 27 octobre de l'année dernière. Je sais
» apprécier sincèrement l'expression des sentiments que
» vous me portez pour ma personne, et de votre zèle ardent
» pour cet ordre illustre dont je me fais honneur d'être, en
» Suède, et le protecteur et le premier membre.

» Bernadotte. »

« Prenant l'homme dans l'état social, la Maçonnerie l'a
» dépouillé de cette brillante enveloppe qui le couvre pour
» n'apprécier que son esprit. C'est là surtout que brille la
» sagesse de ses principes : ces sentiments philanthropiques
» ont été partout généralement sentis ; et nous pouvons le
» dire à la louange de la vanité même, les grands et les rois
» se sont empressés d'y applaudir.

» Borie. »

« Heureuse mille fois l'institution qui, sortie victorieuse
» de tant de combats que lui livrèrent les préjugés et les
» erreurs vulgaires, assise enfin sur ses immuables bases,
» et à l'ombre de l'autorité qui la protége, a moins besoin
» désormais des efforts du génie que des conseils de la sa-
» gesse, pour étendre son influence et multiplier ses
» adeptes.

» De Joly. »

« La Franc-Maçonnerie est une science au langage mys-
» térieux ; son sanctuaire est difficile à ouvrir ; elle a placé
» son temple au milieu du désert pour que nul profane

» n'y arrive sans y avoir été préparé par de longs voyages.
» Il faut plus que du zèle pour y pénétrer ; il faut une ferme
» volonté d'abord pour en trouver le chemin et un cou-
» rage soutenu pour le suivre jusqu'au bout.

» La Maçonnerie est un ensemble de connaissances qui
» demandent, pour être appréciées, un esprit attentif, pré-
» paré, un cœur pur et indépendant, ne cherchant que la
» vérité et la justice. Toute vertu est de son domaine, toute
» action noble et généreuse trouve un écho dans ses tem-
» ples ; elle n'a qu'une pensée : faire le bien ; qu'une ban-
» nière : celle de l'humanité ; qu'une couronne : elle est
» pour la vertu.

» Montrons donc le but de cette sublime institution, mon-
» trons-le sans crainte... car il est noble, il est sublime,
» en faisant de l'humanité un peuple de Frères, de réunir
» dans la charité ceux que l'intérêt divise.

» MARCONIS DE NÈGRE. »

« Exista-t-il jamais une association aussi imposante de
» tant de peuples divers que les mêmes lois gouvernent,
» que le même plan dirige ; qui se distinguent par les mê-
» mes marques, que les mêmes signes caractérisent ; qui
» tendent tous au même but, travaillant avec le même ef-
» fort ; qui, malgré la difficulté de leurs différentes lan-
» gues, se parlent et s'entendent aisément ; qui, sans s'être
» vus, se reconnaissent au premier appel, s'aiment et se
» soutiennent. Ce tableau vrai de la Franc-Maçonnerie pa-
» raîtra à l'homme profane impossible et chimérique.

» FRIGIÈRE. »

« Le mode de s'approcher et de reconnaître maçonni-
» quement l'accueil amical que nous aimons à faire à tout

» Frère heureux ou infortuné ; les vœux que nous formons
» pour la prospérité de tout Maçon, quels que soient son
» état et sa position ; enfin l'obligation que nous prêtons au
» pied de l'autel, sous la foi du serment, de nous aider, de
» nous secourir en tout temps, en tous lieux ; ces carac-
» tères habituels qui composent l'essence de nos devoirs,
» ne démontrent-ils pas que la Maçonnerie, dans son insti-
» tut comme dans son accroissement, a été marquée du
» sceau de l'amitié qui forme sa base inébranlable.

» Caignart de Mailly. »

« Pour le Maçon est-il une terre lointaine qui ne lui pré-
» sente une patrie? Dans quelque contrée, sur quelque
» plage qu'il soit jeté, il n'est jamais un étranger, mais un
» simple voyageur.

» Robelot. »

« Quoique actuellement très éloignée en France de sa
» primitive institution, quoique en apparence frivole, la
» Société des Francs-Maçons peut encore être utile aux
» progrès des sciences, des lettres et des arts, en rappro-
» chant les hommes des différentes classes, en mettant les
» voyageurs à même de connaître et de se lier avec ce qu'il
» y a de plus célèbre chez les nations qu'ils parcourent.

» L'Abbé Robin. »

« Il existe une société dont les vues embrassent tout l'u-
» nivers. Les membres de cette société, fidèles à leur pa-
» trie, aux lois de laquelle ils obtempèrent, n'oublient
» pas que, descendant d'une souche commune, ils sont
» tous parents ; et s'ils respectent les distinctions introdui-
» tes par le calcul politique, ils savent se rappeler que

» tous les hommes sont égaux par la nature. Cette société,
» répandue dans tous les états, se repose sur la base la
» plus solide, la vertu ; l'individu qui habite le nord, celui
» qui vit sous le cercle antarctique, partant des mêmes
» principes, ont le même but, se reconnaissent sans se con-
» naître, s'aiment sans s'être vus : on voit que c'est de
» l'ordre Franc-Maçonnique que je veux parler.

» BEYERLÉ. »

« Par la Maçonnerie, l'homme se reporte sans cesse vers
» le Créateur suprême. Il mesure de toute la portée de
» son imagination cette puissance admirable, sublime, qui
» créé, vivifie, soumet aux lois d'une harmonie parfaite
» la terre et les cieux, et, en général, le mouvement, la
» destruction et la régénération de toutes les créatures
» qui ont vie, et même à ces lois, ces corps matériels,
» inanimés, qui, dans un si grand assemblage de matières
» diverses, font un tout excellent des objets qui paraissent
» les plus opposés et les moins susceptibles de coopérer à
» l'œuvre du maître, de ce maître unique, concevable et
» visible dans toutes les merveilles dont il embellit l'uni-
» vers.....

» Le Franc-Maçon voit dans tous les hommes des frè-
» res, n'importe la couleur de leur épiderme, l'étrangeté
» et la barbarie de leurs mœurs. Ils sont hommes, il doit
» les aimer ; ils sont hommes, il doit se rapprocher d'eux :
» s'ils sont féroces, les civiliser ; s'ils sont ignorants, les
» instruire ; s'ils souffrent, les soulager ; s'ils sont inso-
» ciables, les dompter à force de patience et de modéra-
» tion et par l'exemple de ses vertus.....

» Homme, dit-il, quels que soient ton pays, tes lois, ta
» religion, tes mœurs, je suis ton frère, tu es le mien ; je

» t'aime, tu dois m'aimer : nos cœurs s'entendront. J'irai
» te demander l'hospitalité, tu viendras t'asseoir à mon
» foyer. Le Dieu que tu adores est celui que je révère ;
» qu'importent les noms que nous lui avons donnés. Ne
» vois-tu pas, comme moi, les merveilles qui nous entou-
» rent? N'es-tu pas, comme moi, soumis aux mêmes lois
» de la vie, des douleurs, des sentiments, de la mort?
» Bon, n'espères-tu pas ce que j'espère? Faible, ne cher-
» ches-tu pas un appui, ainsi que je le cherche moi-même
» quand la force me manque? L'un et l'autre enfants de
» la terre, y a-t-il un élément autre pour toi que pour moi?
» n'irons-nous pas, l'un après ou avant l'autre, et peut-
» être ensemble, au même lieu où tant de nos semblables
» nous ont précédés, où tant d'autres nous suivront?.....

» Homme ! puisque nous sommes égaux aux yeux de la
» nature, devons-nous ne l'être pas à nos propres yeux?...

» Et puisque nous sommes égaux, ne sommes-nous pas
» frères?.....

» Tel est le langage du Franc-Maçon à l'homme son
» semblable.....

» BAZOT. »

« S'il existe un parfait bonheur,
» Il est dans la Maçonnerie.
» Oui, c'est par notre art enchanteur
» Que l'on peut jouir de la vie.
» Chez nous tout est délicieux,
» Nos plaisirs sont purs et sincères ;
» Et chacun de nous est heureux
» Dès qu'il se trouve avec ses Frères.

» RIZAUCOURT. »

« Nous bénissons, comme Grand-Architecte,

» Le Tout-Puissant qui créa l'univers.
» Tout vrai Maçon l'adore et le respecte,
» En admirant ses ouvrages divers.
» Nous redoutons sa sévère justice,
» En implorant sa clémente bonté ;
» Et pour la rendre à nos désirs propice,
» Nous employons la tendre charité.
» Le vrai Maçon, dans ses travaux sublimes,
» Sait dédaigner le faste, la grandeur ;
» Il fait le bien, il sait punir les crimes,
» Et la vertu triomphe dans son cœur.

» Lasalle. »

« Honneur à la Maçonnerie !
» Aux cœurs bien nés ses nœuds sont chers ;
» Par elle une même patrie
» Réunit vingt peuples divers.
» Comme une étincelle électrique,
» Chaque jour le feu maçonnique,
» Ce feu que nous entretenons,
» Depuis les rives de la Seine
» Jusqu'à la terre américaine,
» Parcourt la chaîne des Maçons.

» J.-H. Flacon-Rochelle. »

« La *probité* est la *vérité*, la *vérité* est la *sagesse*. — Ces
» trois noms ne sont qu'un, et le Maçon n'est parfait que
» quand il est très sage....

» César Moreau. »

« Ici, se plaisent confondus,
» Les talents, la douce indulgence,
» L'éclat des noms et la puissance,
» Et les grandeurs et les vertus.

» De Parny. »

« La Maçonnerie est le lien des hommes éclairés, la
» mère des idées grandes et libérales....

» César Moreau. »

« .... Si vous connaissiez l'administration des petits
» gouvernements Francs-Maçonniques, vous connaîtriez
» nos lois d'amour, nos dons et nos impôts pour les pau-
» vres.....

» La Franc-Maçonnerie est étrangère à toutes ces as-
» sociations (Sociétés secrètes en Espagne, en Italie, en
» Allemagne et en France), qui ont revêtu quelques-unes
» de ses formes. Sa politique, c'est la charité; sa religion,
» c'est la morale; ses mystères, c'est le secret du bien
» qu'elle répand et que jamais elle ne divulgue la pre-
» mière. Selon nous, qui croyons de toutes nos forces et
» de tout notre cœur aux punitions et aux récompenses,
» ce secret est une faute, parce que le bien n'a d'influence
» que quand il est connu. C'est une fleur au parfum
» suave et pur qui doit embaumer tout ce qui l'approche,
» et ne doit pas être enfermée sous un globe pneumati-
» que, fût-il d'or ou de cristal...

» César Moreau. »

« Fournir aux malheureux des conseils, un appui ;
» Ranimer l'espérance au sein de la détresse;
» Adorer l'Éternel, ne rien faire sans lui ;
» Ne voir que la vertu pour unique noblesse ;
» Comme on veut qu'on vous traite, ainsi traiter autrui;
» Même en ses jeux placer la douce bienfaisance;
» Aider à la vieillesse, à la veuve, à l'enfance ;
» Céder à la raison, admirer le génie ;
» Obéir à son roi, mourir pour sa patrie ;
» N'est plus notre secret... c'est celui de la France.

» Guionet de Senac. »

« ..... La force, l'avenir, la durée d'une institution ne
» sont point dans la révélation plus ou moins exacte de
» ses mystères; elle réside dans la vérité de son principe,
» dans les bienfaits qu'elle répand, dans le respect de la
» foi jurée, dans le dévouement et dans la dignité de ses
» adeptes....

» PLACI DE GOULY (1). »

« *Le profane*, dans sa carrière,
» Au terme court aveuglément.
» L'homme *qui reçoit la lumière*
» S'avance au but tranquillement.
» Du destin bravant la colère,
» Si le malheur vient l'assaillir,
» Pour le défendre et l'accueillir,
» A chaque pas il trouve un frère.

» HECTOR D'AUNAY. »

« Profanes, qui de nos mystères
» Ignorez les règles austères,
» Êtes-vous méchants ou jaloux?
　　» Éloignez-vous!
» Mais vous pour qui la bienfaisance
» Est la première jouissance,
» Même en secourant des ingrats,
　　» Ne vous éloignez pas!

» AZE. »

« Soldats français, braves guerriers,
» Soyez Maçons dans votre ronde;
» Au camp, sur la terre et sur l'onde,
» Partout créez des *ateliers:*

---

(1) Extrait du *Franc-Maçon*. — Année 1853.

» Le nombre des *bons ouvriers*
» Peut amener la paix du monde.

» BALZAC. »

« Je me suis retiré, plein d'espoir et d'ivresse,
» A *l'Orient* des Francs-Maçons.
» Là, j'ai trouvé l'indépendance,
» Le vrai mérite, les talents ;
» De la liberté sans licence,
» De la fierté sans insolence,
» Des esprits éclairés et des cœurs excellents.
» Là, j'ai vu, sous le titre d'homme,
» Unis, enlacés, confondus,
» Le ministre puissant, le héros qu'on renomme,
» Et l'obscur citoyen qui n'a que des vertus !
» Enfin, là, j'ai trouvé la douce tolérance,
» Et cette aimable insouciance
» Qui, sans jamais envier les grandeurs,
» Resserre les liens et porte dans les cœurs
» Ce saint amour du vrai, ces bienfaisantes flammes,
» Ce noble élan des grandes âmes,
» Et prouve que chez les Français,
» Malgré les sots jaloux, ne s'éteindront jamais
» L'amitié, la philosophie,
» Le dévoûment fidèle au prince, à la patrie.
» . . . .

» BOUILLY. »

« Par nos lois d'un antique usage,
» L'avare devient bienfaisant ;
» L'indiscret change, devient sage
» Et ne trahit plus son serment.
» Sur l'honneur tout Maçon se fonde,
» Lui seul préside à nos leçons :
» Combien de gens dans ce bas monde
» Qui devraient se faire Maçons !

» COUPART. »

« Dieu créa les hommes égaux,
» Sujets aux biens, sujets aux maux ;
» Le sort qui veut que je prospère
    » Accable mon frère :
    ». Je plains sa misère ;
» Ce que j'ai nous le partageons :
» V'là l'secret des Francs-Maçons.
          » Le chev. COUPÉ DE SAINT-DONAT. »

« Partout le Maçon trouve un frère,
» Toujours prêt à le soulager.
» Est-il un seul coin sur la terre
» Où le Maçon soit étranger ?
» Des bords du couchant à l'aurore,
» De la ligne aux plus froids climats,
» Sur l'Orénoque et le Bosphore,
» Amitié, tu lui tends les bras.
          » CROUZET »

« ...... J'ai parlé à trois monarques de la Franc-Maçon-
» nerie, et ces trois souverains m'ont dit : Les *principes*
» maçonniques feront le bonheur des peuples et la puis-
» sance des rois....
        » THORY (*Acta Latomorum*). »

« Les bonnes œuvres sont la vie de la Maçonnerie....
          » CÉSAR MOREAU. »

« ...... La Maçonnerie a traversé les époques les plus
» difficiles, parce que ses bases sont immuables...

» C'est une religion qui n'exclut aucune autre religion;
» c'est le culte de la charité.... Elle reconnaît un principe
» supérieur, créateur de toutes choses, foyer de sagesse,
» de bonté et de puissance.... elle n'impose que l'obliga-
» tion de pratiquer l'amour réel du prochain; elle multi-

» plie à l'infini, dans ce but, et par l'association, les
» forces individuelles. Sa devise pourrait être : *Labor om-*
» *nibus unus.*

» E. Dutilleul. »

« ...... Je n'ai jamais été aussi heureux qu'au sein de
» la Franc-Maçonnerie : là, on n'emploie que d'honnêtes
» moyens et d'honnêtes gens pour conspirer contre le
» mal.

» Saulnier (1). »

« ...... L'ordre si sage de la Franc-Maçonnerie n'a
» jamais nui à aucune des choses que l'esprit et le cœur
» doivent respecter : *la Religion, la morale* et *la loi.*

» Thiers (2). »

« ...... Les Francs-Maçons ne s'occupent que de bien-
» faisance ; ce sont les membres d'une société philanthro-
» pique protégée depuis son origine jusqu'à nos jours.

» Gisquet (3). »

« ...... La Maçonnerie, bien comprise, n'est autre chose
» que la pureté dans les sentiments, la vertu dans les
» relations, la sincérité dans les discours, la bienveillance
» dans les rapports : envers la pauvreté, c'est la bienfai-
» sance, la consolation pour l'infortune; pour tous un
» noble échange de pensées généreuses et de bons offices :

---

(1) Cette opinion de M. Saulnier, ancien secrétaire général de la police, au commencement de la Restauration, est extraite du *Franc-Maçon.* — Année 1854.

(2) (3) Extrait du *Franc-Maçon* (année 1851), revue mensuelle publiée par M. Dechevaux-Dumesnil.

» c'est un lien sacré qui unit l'homme à l'homme; c'est la
» philanthropie universelle ; c'est la tolérance ; oui, la to-
» lérance, ne l'oublions jamais....
» Philippe DUPIN (1). »

« ...... La morale de la Maçonnerie est toute religieuse :
» la charité la plus étendue en est la base essentielle, et le
» respect le plus profond pour la Religion, est l'une de ses
» principales lois. La pratique de toutes les vertus, spé-
» cialement recommandée aux initiés dans tous les grades,
» et enfin l'obéissance aveugle à tous les gouvernements
» existants, tel est le fondement de sa doctrine....
» RAYMOND (lettre à l'abbé Barruel (2). »

Du reste, il est un fait qui témoigne puissamment en faveur de la Maçonnerie, de la sagesse de ses principes comme de son utilité, et qui justifie également les opinions diverses que nous venons de rapporter. Ce fait, nous l'empruntons encore au livre si plein d'utiles enseignements et si fort de logique de M. César Moreau : en Angleterre et seulement à Londres et dans les faubourgs de cette capitale, — ici, la parole de M. César Moreau est concluante, car il s'agit de statistique, — l'Ordre Maçonnique a fondé ou contribué à fonder près de deux mille sociétés de bienfaisance ou institutions philanthropiques et d'utilité publique (3).

---

(1) (2) *Franc-Maçon* (année 1851), journal maçonnique publié sous la direction de M. Dechevaux-Dumesnil.

(3) Voir dans l'ouvrage de M. César Moreau, la liste de ces Institutions philanthropiques établies à Londres et dans ses faubourgs, de la page 680 à 694.

Tout ce que nous avons dit, tout ce que nous venons de transcrire sur la Franc-Maçonnerie, nous l'avons puisé presqu'exclusivement dans l'excellent ouvrage de M. César Moreau : nous ne pouvions suivre un guide ni plus sûr ni plus capable. Si nous avons soulevé le voile et dit ce que nous devions taire, le tort doit en retomber sur lui. Notre pensée a été d'inspirer à nos lecteurs le désir de lire l'*Univers maçonnique* et de connaître l'antique institution que son auteur s'est efforcé de glorifier : si ce double but est atteint notre désir sera accompli. — Mais continuons de feuilleter, surtout, ce vaste et riche répertoire de la science maçonnique pour en porter à la connaissance de tous quelques-unes des belles pages qu'il renferme. Science, préceptes, révélations, doctrines, pensées, principes, enseignements ; nous allons tout dire : l'intelligence du lecteur suppléera facilement au défaut d'ordre et de classement qui pourra manquer encore dans cette partie de notre travail.

Voici d'abord des préceptes, des pensées et des enseignements :

« ..... Le mode de s'approcher et de se reconnaître
» maçonniquement, l'accueil fraternel et amical que nous
» aimons à faire à tout frère heureux ou infortuné ; les
» vœux que nous formons pour la prospérité de tout
» Maçon, quels que soient son état et sa position ; enfin,
» l'obligation que nous prêtons, sous la foi du serment,
» de nous aider, de nous secourir en tous temps, en tous
» lieux ; ces caractères habituels, qui composent l'essence
» de nos devoirs, ne démontrent-ils pas que la Maçonne-
» rie, dans son institut comme dans son accroissement,

» a été marquée du sceau de l'amitié, qui forme sa base
» inébranlable?.... »

(*Univers maçonnique.*)

« Les mots dont on se sert, les emblêmes qui frappent
» les yeux, sont autant de leçons qui retracent aux mem-
» bres de cette célèbre société les devoirs qu'ils ont à
» remplir et les vertus qu'ils doivent pratiquer.

» Qui dit Maçon dit un homme respectable ; ceux qui
» portent ce titre ne sauraient donc trop s'attacher à
» le justifier et à détruire le préjugé de l'ignorance contre
» cet ordre sublime, dont le but est d'élever l'homme au-
» dessus de lui-même, et de le rendre digne de la Divi-
» nité. Adorer l'Être-Suprême et servir ses semblables,
» voilà le principe et la fin de la Maçonnerie ; mais en sou-
» lageant l'humanité, le Maçon ne doit avoir en vue que
» de faire des heureux, et ne chercher d'autres témoins
» que le ciel et sa propre conscience.

» S'il est dans l'erreur, viens à lui avec les lumières du
» sentiment, de la raison et de la persuasion.

» Instruire, conseiller, protéger, donner, soulager tour
» à tour, tels sont les devoirs du Maçon.....

» César Moreau. »

(*Univers maçonnique.*)

« Que jamais ta bouche n'altère les pensées secrètes de
» ton cœur, qu'elle en soit toujours l'organe vrai et fidèle ;
» mais sache garder un silence prudent, et qui ne permette
» pas même de soupçonner le dépôt du secret confié à ta
» foi. Ainsi, tu éviteras toute importunité, et le mensonge
» ne souillera jamais tes lèvres. Ne confie pas non plus,
» sans nécessité, ton propre secret : de quel droit vou-

» drais-tu exiger d'un autre plus de fidélité à le garder,
» que tu n'en as eu toi-même?

» Enfin, que des mœurs chastes et sévères soient tes
» compagnes inséparables. Que ton âme soit pure, droite
» et vraie.

» Que la modestie soit ta loi.— Ne considère jamais le
» terme où tu es venu, ta course en serait ralentie, mais
» celui où tu dois arriver. La courte durée de ton existence
» te laisse à peine l'espoir d'y atteindre.

» Ce tableau de tes devoirs ne doit pas t'effrayer ; la
» route de la vertu est aussi facile que celle du vice : il
» suffit d'y entrer et de marcher. Cette marche sera aisée,
» si, de bonne heure, tu t'es soumis au joug de cette autre
» vertu qu'on appelle *tempérance*, et sans laquelle il n'y a
» point de sagesse. La tempérance est la médecine univer-
» selle, au physique comme au moral. Sois sobre, frugal
» et modéré ; tu préviendras ainsi les maux du corps et de
» l'esprit..... »

(*Temple mystique.*)

« .... La Maçonnerie passe les hommes au creuset des
» épreuves pour les rendre meilleurs et plus heureux....
» On peut la définir le point de réunion d'une classe
» d'hommes unis entre eux par les liens de l'estime et
» de l'amitié. Lien consolateur ! institution sublime !...
» Les Maçons peuvent dire avec orgueil et vérité qu'il
» n'existe point un seul coin du globe où leurs travaux
» ne soient consacrés par des bienfaits. Chez tous les
» peuples, il n'est pas de jour où des milliers de mal-
» heureux ne bénissent des mains généreuses et incon-
» nues qui soutiennent leur existence. Mais pourquoi
» dévoiler une partie de ces mystères ? Pourquoi diminuer

» le prix des bienfaits en les divulguant?... Disons seule-
» ment que si la vertu est jamais exilée de la terre, les
» temples maçonniques deviendront son refuge....

» Boubée. »
(*Univers maçonnique.*)

« Le Franc-Maçon élève son cœur directement au Maître
» de toutes choses, à cette puissance admirable, infinie,
» incompréhensible, qui lui parle par le sentiment du bien,
» du juste, qui se manifeste au cœur, qui embrase l'âme,
» qui subjugue l'esprit.

» Il est soumis aux lois, la loi étant égale pour tous; il
» lui obéit, car il sait que les autres lui obéissent; car elle
» établit, assure et conserve ses droits contre les préten-
» tions qui voudraient les lui ravir.

» Il ne les blâme point, et condamne moins encore la
» religion des autres.

» Éclairé par la sagesse et la vérité, le Maçon répand
» la lumière; riche, judicieux, et non dissipateur insensé, il
» verse ses trésors sur les vrais pauvres et ne les jette pas
» à l'avidité du plus adroit, du flatteur ou de l'égoïste.

» Les Maçons respectent tous les cultes, tolèrent toutes
» les opinions, fraternisent avec tous les hommes, sont
» secourables à toutes les infortunes, se sacrifient de toute
» manière, un à tous.

» Leur règle de tous les instants est de bien penser,
» bien dire et bien faire...

» Ils pardonnent noblement, c'est-à-dire sans lâcheté,
» sans bassesse et sans restriction, l'injure, l'offense, l'in-
» justice...

» Si vous êtes persécuté, ne vous vengez pas. Il n'existe
» que deux sortes d'ennemis : les méchants et les ignorants.

» Tâchez de les instruire. L'épée de la parole est plus
» forte, plus durable, que celle du fer. Souffrez, taisez-
» vous, répandez la lumière et la vérité.

» La Maçonnerie est l'ordre et la vérité dans toute chose,
» elle est la haine de tous les vices, l'amour de toutes les
» vertus. Son culte est Dieu ; ses mystères, la lumière et la
» raison ; ses préceptes, la charité, et ses récompenses,
» l'estime de soi et l'amour de tous les Maçons.

» N'exigez d'autres conditions pour être admis parmi
» vous que la probité et le savoir ; recevez tout homme
» honnête et instruit, quels que soient sa croyance, son
» pays et ses lois : nos dogmes sont Dieu et la vertu.

» Appelez à vous les sciences et les talents ; excitez l'é-
» mulation ; établissez des concours littéraires et philoso-
» phiques ; couronnez les vainqueurs avec pompe et céré-
» monie.

» Marconis de Nègre. »

« L'amitié qui unit les Maçons n'est pas ce sentiment
» simulé et sans racine, ces démonstrations d'étiquette
» dont les expressions meurent sur les lèvres ; elle n'est
» pas ce lien de coterie qui resserre quelques instants
» une poignée d'individus que le hasard a rapprochés,
» que la frivolité rassemble, et que bientôt le dégoût dis-
» sipe sans retour.

» L'amitié des Maçons est au contraire une âme univer-
» selle, répandue sur tous les Maçons de toute contrée, de
» toute opinion, qui vivifie, qui leur inspire des idées
» presque sœurs, qui leur communique une douce et mu-
» tuelle attraction.

» Dans le monde profane l'égoïsme est le thermomètre

» des affections, qui sont autant de flots passagers que le
» souffle de l'intérêt élève ou abaisse en un clin d'œil.

» Devant l'amitié des Maçons, au contraire, toujours
» s'éclipsent l'aveugle prévention, la pâle défiance, la
» froide indifférence, la sombre inquiétude, cortége habi-
» tuel des liaisons formées par l'ambition ou l'étiquette.

» Que voyons-nous au sein des familles profanes? Par-
» tout la discorde, la mésintelligence, la rivalité les obsède,
» la jalousie les ronge, l'avide cupidité les déchire.

» Dans la famille des vrais Maçons, au contraire, tous
» sont au même degré. Aucun germe d'ambition ni d'or-
» gueil; point de prédilection entre eux; aucun intérêt
» ne les divise, et toujours la douce morale qu'ils profes-
» sent les ramène sous la bannière de l'amitié..... Aussi
» est-ce avec raison qu'on a caractérisé une loge maçon-
» nique, *un temple dédié à l'amitié, à la porte duquel siège le*
» *silence.*

» CAIGNARD DE MAILLY. »

(*Univers maçonnique.*)

« Que ta bonté s'étende sur toute la nature: l'insecte
» même qui n'est pas nuisible a droit de vivre; *ne l'écrase*
» *point sans raison.* Ne sois donc pas cruel envers les ani-
» maux; compatis, au contraire, à leurs souffrances, et ne
» crains pas d'être ridicule en les défendant contre la bru-
» talité stupide.

» Sois affable et officieux envers tout le monde; édifie par
» ton exemple; aime ton prochain; prends part à la féli-
» cité d'autrui; ne permets jamais à l'envie de s'élever un
» instant dans ton sein: ton âme serait bientôt en proie à
» la plus triste des furies.

» Il te faut un ami: *choisis-le de bonne heure, car la vie est*

» *courte.* Qu'il soit le plus digne entre tous ceux que tu
» connais ; il sera ton mentor. Dieu te garde qu'il descende
» au rôle de complaisant : il deviendrait bientôt le complice
» de tes passions, loin de t'aider à les vaincre. Un vérita-
» ble ami est un trésor ; trois fois heureux qui l'obtient !
» Lent à former les nœuds de l'amitié, sois encore plus
» lent à les délier.

» Pardonne à ton ennemi ; ne te venge que par des
» bienfaits. Ce sacrifice généreux te procurera les plaisirs
» les plus purs, et tu redeviendras la vive image de la Di-
» vinité. Rappelle-toi que c'est là le triomphe le plus beau
» de la raison sur l'instinct. Maçon ! oublie les injures,
» mais jamais les bienfaits.

» En te dévouant aux autres, n'oublie point ce que
» tu te dois à toi-même. Que ta volonté ferme et cons-
» tante soit d'arriver, autant que possible, à la perfection
» morale de ton être. N'aie qu'un seul but dans cette vie,
» d'acquérir la science par la vertu, et la vertu par la
» science. Ne néglige donc pas de satisfaire les besoins
» d'une âme immortelle. Descends souvent dans ton cœur
» pour y sonder les replis les plus cachés. *Connais-toi toi-*
» *même.* Cette connaissance est le grand pivot des précep-
» tes maçonniques....

» Tout homme se doit à la société ; applique-toi à con-
» cevoir une idée noble et grande, et consacre ta vie à la
» réaliser. Ainsi, ton passage sur cette terre n'aura pas
» été stérile ; ainsi, tu auras accompli une mission provi-
» dentielle ; mais n'oublie pas que tu dois te proposer un
» but utile à l'humanité en général.

» Que l'idée sublime de la toute-puissance de Dieu te
» fortifie et te soutienne. Offre-lui chaque jour l'hommage
» de tes affections réglées, de tes passions vaincues.

» *Veille et prie.* Renouvelle chaque matin le vœu de deve-
» nir meilleur ; et lorsque le soir ton cœur satisfait te
» rappellera une bonne action, une victoire remportée sur
» toi-même, alors seulement repose en paix dans le sein
» de la Providence, et reprends de nouvelles forces.

» N'oublie jamais le respect dû à la vieillesse, si tu veux,
» vieillard à ton tour, recevoir les hommages des jeunes
» hommes. Les vieillards sont les témoins des anciens
» jours....

» Le lieu où tu as vu le jour est ta patrie ; l'homme et
» la femme qui te donnèrent la vie sont tes parents. Ce
» cercle ne doit pas remplir exclusivement ton activité.
» L'univers est la patrie du Maçon ; rien de ce qui regarde
» l'homme ne lui est étranger. Tous les hommes doivent
» donc être frères ; comme toi, ils ont une âme immor-
» telle, les mêmes organes, le même besoin d'aimer, le
» même désir d'être utiles. Unis par un langage mysté-
» rieux, les Maçons, répandus sur tout le globe, ne forment
» qu'une seule famille, un seul peuple de frères. Un lien
» sublime réunit ce peuple innombrable : c'est la *bienfai-*
» *sance ;* la bienfaisance qui n'est pas la vertu, mais sans
» laquelle la vertu ne saurait être. La bienfaisance, éma-
» nation de la Divinité, rosée féconde, prépare l'âme à re-
» cevoir le germe de la sagesse.

» Tout être qui souffre a des droits sacrés sur toi. N'at-
» tends point que le cri perçant de la misère te sollicite ;
» préviens et rassure l'infortune timide. Ne cherche pas le
» prix de ta bienfaisance dans de vains applaudissements,
» mais dans le suffrage tranquille de ta conscience. Si la
» Providence libérale t'a accordé quelque superflu, au
» lieu d'en faire un usage frivole ou criminel, elle veut
» que, par un mouvement libre et spontané de ton âme gé-

» néreuse, tu rendes moins sensible la distribution inégale
» des biens. Jouis de cette prérogative ; que jamais l'a-
» varice, cette passion sordide, n'avilisse ton caractère ;
» que ton cœur se soulève aux calculs froids et arides
» qu'elle suggère ! Que ta bienfaisance soit active et ingé-
» nieuse, mais surtout éclairée par une prudente sagesse.
» Ton cœur voudrait embrasser les besoins de l'humanité
» entière : ton esprit doit choisir les plus pressants et les
» plus importants.

» La bienfaisance ne consiste pas seulement à donner
» un peu d'or. *L'homme ne vit pas seulement de pain.* Vois la
» misère impuissante de l'enfance ; elle réclame ton appui.
» Considère l'inexpérience funeste de l'adolescence ; elle
» sollicite tes conseils. Mets ta félicité à la préserver des
» erreurs et des séductions qui la menacent ; excite, au-
» tant que tu pourras, dans les jeunes cœurs, les étincelles
» du feu divin du génie, de la vertu ; aide à les dévelop-
» per pour le bonheur du monde. Sers-toi du don sublime
» de la parole, signe extérieur de la domination de l'homme
» sur la nature, pour aller au-devant des besoins d'au-
» trui, et pour exciter dans tous les cœurs le feu sacré de
» la vertu. Instruis, protège, donne, soulage tour à tour ;
» ne crois jamais avoir assez fait, et ne te repose que pour
» reprendre une nouvelle énergie. — Une journée sans
» bienfait était perdue pour Titus ; aie le noble orgueil de
» ressembler à Titus.... »

(*Temple mystique.*)

« Adorer Dieu, le créateur et le conservateur de l'uni-
» vers ; éviter tout ce qui pourrait manifester quelque re-
» lâchement dans le culte qu'on lui rend ; avouer la sainteté
» de la foi de Jésus-Christ par une religieuse et constante

» pratique des préceptes qu'elle nous enseigne ; prouver
» que son âme est pénétrée de la sublimité des dogmes de
» l'Evangile, et faire de la loi morale l'unique régulateur
» de ses actions : tels sont les premiers devoirs du Maçon.

» La Maçonnerie ayant pour base la morale et la vertu,
» c'est en étudiant l'une et pratiquant l'autre que la con-
» duite des Maçons devient irréprochable. Le désintéres-
» sement est une vertu nécessaire à tout membre d'une so-
» ciété dont le but principal est le bien de l'humanité ; il
» est la source de la justice et de la bienfaisance.

» Compatir aux malheurs d'autrui ; être humble, mais
» sans bassesse ; abjurer tout sentiment de haine et de ven-
» geance ; se montrer magnanime et libéral sans ostenta-
» tion et sans dissipation ; être ennemi du vice ; rendre
» hommage à la sagesse, à la vertu ; respecter l'innocence ;
» être constant et patient dans l'adversité ; modeste dans
» la prospérité ; fuir tout déréglement qui souille l'âme et
» flétrit le corps : c'est en suivant ces préceptes que tout
» Maçon sera bon citoyen, fidèle époux, tendre père, fils
» soumis et véritable frère. Il honorera l'amitié, et rem-
» plira avec plus d'ardeur les devoirs que la vertu et les
» relations sociales lui imposent.....

» CÉSAR MOREAU. »
(*Univers maçonnique.*)

Voici maintenant quelques explications sur la Maçonnerie et sur les trois premiers grades dits : *Grades symboliques;* — puis des réflexions : — sur l'union, la fraternité, la morale et la philosophie maçonniques ; — sur le vrai Maçon, — son portrait, etc. ; — et enfin des pensées sur l'âme humaine, son immortalité ; — sur la mort, un hymne funèbre et divers autres morceaux de poésies maçonniques.

EXPLICATION DE LA MAÇONNERIE.

« Sages que l'univers contemple,
» Philosophes qui l'éclairez,
» Demi-dieux, entrez dans ce temple,
» Dans tous nos secrets pénétrez ;
» Pour vous de nos plus grands mystères,
» Je dois tirer le voile épais
» Qui les cache aux hommes vulgaires,
» Et nous les conserve parfaits.

» Dans nos temples tout est symbole,
» Tous les préjugés sont vaincus ;
» La Maçonnerie est l'école
» De la décence et des vertus.
» Ici nous domptons la faiblesse
» Qui dégrade l'humanité,
» Et le flambeau de la sagesse
» Nous conduit à la volupté.

» Le *Compas* démontre un cœur juste,
» Si nécessaire à tous Maçons ;
» Des apprentis la *Pierre brute*
» Symbolise nos passions ;
» Le *Niveau*, l'*Aplomb* et l'*Equerre*,
» Sont, *sagesse, force, beauté ;*
» Et l'emblême de la lumière
» Annonce la Divinité. »

(*Univers maçonnique*, page 458.)

SUR LES TROIS GRADES SYMBOLIQUES.

APPRENTI.

« Apprendre à marcher droit au but où l'on aspire,
» Prendre pour son modèle un Frère vertueux,
» Procurer des secours à tous les malheureux,
» Réprimer ses défauts, sur eux garder l'empire,

» Éviter de l'orgueil les détours mensongers,
» Ne pas fuir lâchement à l'aspect des dangers,
» Travailler pour gagner les grades symboliques,
» Il doit, s'il veut s'instruire en nos secrets mystiques,
» Faire que tous ses pas soient purs et maçonniques.

COMPAGNON.

» Combattre constamment toutes ses passions,
» Obéir à son Maître, et suivre ses leçons,
» Méditer tous les jours sur la géométrie,
» Pour parvenir dans l'art de la Maçonnerie.
» Avoir toujours pour guide un Frère vertueux,
» Graver au fond du cœur les leçons symboliques,
» N'être jamais parjure, être bon, généreux,
» Offrir secours, conseils aux Frères malheureux,
» N'avoir aucuns desseins qui ne soient Maçonniques.

MAITRE.

» Marcher d'un pas très ferme à la perfection,
» Abjurer toute erreur (c'est d'obligation);
» Il doit de JEHOVAH connaître le symbole,
» Travailler sur le mot de la sainte parole,
» Régler ses pas enfin de l'*équerre* au *compas*,
» Et, guidé par son cœur, tendre aux Frères ses bras.

» GUIONET DE SÉNAC. »

(*Univers maçonnique.*)

UNION DES MAÇONS.

« Les Maçons de tous les pays
» Sont compatriotes sur terre;
» Par la paix entre eux réunis,
» Ils ne connaissent pas de guerre.

» Leur vœu, leur but est le bonheur
» De ceux dont le zèle seconde
» Les travaux ouverts pour l'honneur
» Du Grand-Architecte du monde.

» Oui, telle est leur profession,
» Tels sont leurs désirs unanimes ;
» On trompe leur religion
» En professant d'autres maximes.
» Maçons anglais et hollandais,
» Et tous ceux dont le Nord abonde,
» Sont Maçons comme les Français,
» L'Orient luit pour tout le Monde. »

(*Univers maçonnique*, page 413.)

LA FRATERNITÉ.

« Une vertu, divinité modeste,
» Partout chérie et reine dans ces lieux,
» Plaît à nos cœurs, comme du jour céleste
» Le pur éclat frappe et charme nos yeux ;
» Son joug est doux et son culte est facile,
» Fille du ciel, sœur de la Liberté,
» Du Franc-Maçon le cœur est son asile,
» L'amour sa loi, son nom Fraternité.

» Fraternité ! doux lien de nos âmes !
» Toi, notre loi ! toi, le plus saint des nœuds !
» Tu nous remplis de ces divines flammes,
» Besoin du juste, espoir du malheureux.
» Qui d'un sourire adoucit nos misères ?
» Qui vient s'asseoir près de la Vérité ?
» Qui de son charme embellit nos mystères ?
» C'est encor toi, douce Fraternité !
» . . . .
» . . . .

» MONIN. »
(*Univers maçonnique.*)

MORALE MAÇONNIQUE.

« Franc-Maçon, connais-toi, mets ton esprit en Dieu,
» Prie, évite l'éclat, contente-toi de peu,

» Ecoute sans parler, sois discret, fuis les traîtres,
» Supporte ton égal, sois docile à tes maîtres ;
» Toujours actif et doux, humble et prêt à souffrir,
» Apprends l'art de bien vivre, et celui de mourir.

» DE CHAZET. »
(Univers maçonnique.)

PHILOSOPHIE MAÇONNIQUE.

« De ce vaste univers, ô sublime harmonie !
» Le hasard forma-t-il et la terre et les cieux ?
» D'un Être créateur la sagesse infinie
    » Partout frappe nos yeux.

» Les droits, les dignités, l'orgueilleuse opulence,
» Le faste des palais, l'ambition des rangs
» N'excitent point en nous la sombre méfiance,
    » Les soucis dévorants.

» Vains honneurs, vous passez comme une ombre légère,
» Vous changez vos plaisirs en de mortels regrets...
» Ces riches monuments grossiront la poussière
    » Qui couvrent nos guérets.

» Mortels ! nous courons tous vers la nuit éternelle,
» Où de tant de grands noms se perd le souvenir ;
» L'homme seul, l'homme seul à la vertu fidèle
    » Vivra dans l'avenir.

» SARAZIN. »
(Univers maçonnique.)

LE VRAI MAÇON.

« Craindre Dieu, l'adorer, et ne nuire à personne ;
» Du vice et de l'erreur éviter le poison ;
» Dans les chances du sort ne rien voir qui l'étonne,
    » Tel est le vrai Maçon. »

(Univers maçonnique.)

« A ses devoirs, en tout, partout fidèle,
» Ami de l'ordre et de l'humanité,
» Le Franc-Maçon doit être un vrai modèle
» De fermeté, d'honneur et de bonté.
» C. V. Monin. »
(*Univers maçonnique*.)

PORTRAIT DU FRANC-MAÇON.

« Les hommes sont des pèlerins
» Qui du bonheur cherchent la route ;
» Pour la trouver il leur en coûte :
» Le bonheur a bien des chemins !
» Souvent l'homme, au déclin de l'âge,
» Voit, hélas ! qu'il s'est égaré ;
» Nous que l'art maçonnique engage,
» Nous avons, quel doux avantage !
» Signe, attouchement, mot sacré,
» Pour nous reconnaître en voyage.

» Veut-on savoir du Franc-Maçon
» Quels sont les mœurs, le caractère ?
» En secret il donne à son frère
» Une utile et douce leçon.
» Croyant l'existence un passage,
» Son âme s'ouvre à la pitié ;
» Il console ceux qu'il soulage,
» Il est sensible, bon et sage :
» Bienfaisance, estime, amitié,
» Voilà ses guides en voyage.

» Fidèle aux lois de son pays,
» Le monde entier est sa patrie ;
» Et grâce au doux nœud qui nous lie,
» Partout il trouve des amis.
» A l'Éternel il rend hommage ;
» Être inhumain, c'est l'offenser.
» Jeté par lui sur cette plage,
» L'homme sensible est son image :

» Ah ! trop heureux qui peut laisser
» Quelques traces de son voyage !

» A.-J. JACQUELIN. »

(*Univers maçonnique.*)

SUR L'AME.

« C'est en vain que sur l'âme on bâtit maint système ;
   » C'est le souffle du Créateur,
   » Invisible comme lui-même,
» La flamme de la vie et son régulateur.
» Cette flamme, après nous, sans doute existe encore :
» Que devient-elle enfin ? le plus savant l'ignore.
» Mais il est un moyen de prévenir l'erreur :
» C'est d'épurer cette âme en qui tout est mystère,
» Et de la rendre digne, alors qu'elle est sur terre,
     » De retourner à son auteur.

» BOUILLY. »

(*Univers maçonnique.*)

« Oui, je n'en doute pas, notre âme est immortelle :
» C'est un Dieu qui lui parle, un Dieu qui vit en elle ;
» Et d'où viendrait sans lui ce doux pressentiment,
» Ce dégoût des faux biens, cette horreur du néant ?
» Vers des siècles sans fin je le sens qui m'entraîne ;
» Du monde et de mes sens il va briser la chaîne,
» Et m'ouvrir, loin d'un corps dans la fange arrêté,
» Les portes de la vie et de l'éternité.

» VOLTAIRE. »

(*Univers maçonnique.*)

RÉFLEXIONS SUR LA MORT.

« C'est le méchant qui meurt, l'homme de bien sommeille ;
» A la fin d'un long jour passé dans les travaux,
» Dans le sein du Grand-Etre il trouve le repos.
» J'entendrai, sans effroi, sonner ma dernière heure :
» Il faut que, tour à tour, chaque être vive et meure.

» Le cercueil.... J'y descends et ne l'ai jamais craint.
» La vie est un flambeau qu'un léger souffle éteint.
» Le soleil est le seul dont la vive lumière
» Sans cesse brillera pour la nature entière ;
» Voilà le seul flambeau qui ne s'éteint jamais ;
» Moi, le temps m'a vaincu : je cède et je me tais... »

(Univers maçonnique.)

« . . . .
» . . . .
» L'égoïste, sans souvenir,
» Est précipité dans la tombe ;
» L'homme utile, alors qu'il succombe,
» Tout entier ne saurait mourir.
» Lorsque sa carrière est finie,
» Il vit pour la postérité ;
» Et, sur les ailes du Génie,
» S'élève à l'immortalité. »

(Univers maçonnique.)

HYMME FUNÈBRE.

« Près de l'autel de l'Amitié
» Que voile un crêpe funéraire,
» Guidé par la douce Pitié,
» Donnons des pleurs à notre Frère.

» Il n'est plus !..... La tombe aujourd'hui
» Reçoit sa dépouille mortelle :
» Mais tout ne meurt point avec lui,
» Ses vertus restent pour modèle !

» . . . .
» . . . .

» La mort du Sage est un sommeil ;
» Par l'Espoir elle est embellie :
» Le Bonheur l'attend au réveil,
» Au sein d'une meilleure vie.

» Il n'est plus !...... La tombe aujourd'hui
» Reçoit sa dépouille mortelle
» . . . .
» . . . .

(Temple mystique.)

LES ON DIT.

« On dit que messieurs les Maçons
» Forment une damnable engeance
» Et qu'ils ont avec les démons
» La plus intime connivence ;
» On dit qu'au plus brave ils font peur,
» Que leur malice est sans seconde :
» Je les ai vus... bien vus... d'honneur,
» Ce sont les meilleurs gens du monde.

» On m'avait dit qu'ils s'occupaient
» A désorganiser la terre ;
» Qu'à peine ils se contenteraient
» Des trésors de l'autre hémisphère ;
» Que leurs jeux étaient infernaux,
» Leur gaîté toujours furibonde...
» J'ai vu leurs plaisirs, leurs travaux,
» Ils sont les meilleurs gens du monde.

» Comme on les dépeignait affreux,
» Qu'on les garantissait infâmes,
» Je croyais ne trouver chez eux
» Que vilains traits, vilaines âmes ;
» Je les ai vus... Ciel ! ai-je dit,
» Fais qu'avec eux on me confonde ;
» Je les ai revus, j'ai redit :
» Ce sont les meilleurs gens du monde. »

(Univers maçonnique.)

LA MAÇONNERIE DÉVOILÉE.

« Sur tout ce que je vous dirai
» Gardez le secret, je vous prie,
» Car ici je révélerai
» Ce qu'on fait en Maçonnerie.
» Tous les Maçons, frères entre eux,
» Forment une même famille,
» Et s'il en est un malheureux,
» Chez son frère il trouve un asile.

» Dans leurs Loges les Francs-Maçons
» Prêchent toujours la bienfaisance ;
» Chez eux on reçoit des leçons
» De vertu, de reconnaissance ;
» Leur Temple au profane est fermé ;
» Pas un n'est admis au mystère ;
» Mais s'il est dans l'adversité,
» Il est secouru comme un frère.
» . . . .
» . . . .

» Dupont. »
(*Univers maçonnique.*)

L'ÉTERNEL EST SON NOM, LE MONDE EST SON OUVRAGE.

« . . . .
» . . . .
» Jéhovah règle tout, il commande au destin ;
» Au génie, au travail, il lègue un héritage ;
» Il a fixé pour eux l'avenir incertain.
» Il couvre de pavots le berceau du jeune âge,
» La tente du soldat, le hamac du sauvage :
» Dans l'épi qu'il fait croître il renferme le grain,
» Il parfume les fleurs, il mûrit le raisin...
« *L'Eternel est son nom, le monde est son ouvrage.* »
» Vous ne serez jamais célèbres dans nos chants,
» Méprisables mortels que l'égoïsme entraîne :
» Cessez de nous prier, vous n'aurez point d'encens.
» Le nôtre brûle ici que pour bénir la chaîne

» De cent peuples épars que le niveau ramène
» Sous les vieux étendards de la fraternité.
» Chez nous cet heureux nom est encore usité.
» Les hochets de l'orgueil ne souillent point nos temples ;
» De nos maîtres pieux nous suivons les exemples :
» Enseigner la raison, secourir le malheur,
» Voilà notre devoir, le vœu de notre cœur.
» Et puis nous accourons sous nos simples portiques
» De l'ancienne Memphis entonner les cantiques,
» Fêter, deux fois par an, nos augustes patrons,
» Les biens de la lumière et l'ordre des saisons.
 » Des vertus et des mœurs protége l'assemblage,
» Toi par qui tout commence et par qui tout finit :
» De l'arbre des Maçons conserve le feuillage :
» De ses tristes rameaux que le paisible ombrage
» Leur rappelle toujours un serment fait sans bruit :
» De tes adorateurs enflamme le courage,
» Et fais que nos travaux ne restent pas sans fruit !
» *L'Eternel est ton nom, le monde est ton ouvrage.* »

» DELORME. »

(*Univers maçonnique.*)

Nous pensons qu'on nous saura gré de retracer ici, d'après M. César Moreau, en les offrant à l'admiration publique, quelques belles actions enfantées par l'esprit maçonnique. — Qu'on dise, après avoir lu ces simples récits, que nous citons entre une foule d'autres, si la Maçonnerie ne sert à Rien !

« Un pythagoricien voyageant s'égare, arrive dans une auberge, épuisé de fatigues, et meurt sans avoir pu s'acquitter des soins qu'il avait reçus. Avant sa mort, il avait fait exposer près du grand chemin une tablette, sur laquelle il avait tracé des marques symboliques. Longtemps après, un de ses condisciples passe, et reconnaît les caractères énigmatiques ; il s'arrête, rembourse avec usure les frais de l'aubergiste, et continue sa route. »

(*Univers maçonnique*, page 414.)

« La puissance de nos liens fraternels est si forte, qu'elle s'exerce même entre ceux que la guerre arme les uns contre les autres. Comment oublier jamais le combat sanglant de Trafalgar, où la marine française, obligée de céder à la supériorité des forces, au génie d'un ennemi fameux, résolut de mourir plutôt que de tomber aux mains du vainqueur ?... Les bords de l'Océan retentirent longtemps des cris de rage de nos braves. *Nelson* avait donné l'ordre qu'on ne fît point de quartier. Les vaisseaux des deux partis, mêlés dans leurs mâts et leurs cordages, étaient si étroitement serrés les uns contre les autres, que la surface de la mer n'était plus qu'un champ de bataille où se formait la plus horrible mêlée. Chaque pied du pont était disputé, défendu, acheté par un grand nombre de blessés et de mourants, qui poussaient mille cris de douleur et d'éternels adieux à la patrie... Dans un choc épouvantable, à travers les haches flamboyantes, au bruit des armes et du feu de la mousqueterie, plusieurs marins français, désarmés et au moment d'être jetés dans les flots teints de sang, se rappellent que la Franc-Maçonnerie est chez les Écossais un véritable culte : ils hasardent les premiers signes connus ; on leur répond : ils font celui de détresse, et cent soixante d'entre eux sont emportés sur les bras de leurs ennemis, déposés à bord et rendus à la vie. La fraternité, plus puissante que la gloire, se fait entendre ; l'humanité retrouve son empire, et la victoire gémit sur ses lauriers.... »

(*Univers maçonnique*, page 419.)

« A cette époque mémorable où les puissances coalisées pénétrèrent dans notre patrie et où l'invasion de l'Europe nous mit au pouvoir du vainqueur, le Muséum de Paris réunissait tout ce que le monde civilisé avait produit de chefs-d'œuvre... On allait procéder à leur partage entre les diverses nations campées dans nos murs, lorsque *Denon*, aussi savant que Français intrépide, reconnaît dans le commissaire de la Grande-Bretagne un des plus hauts dignitaires du rite Écossais ; il le somme au nom de la Maçonnerie de secourir ses frères, et la capitale de la France conserve son trésor le plus précieux, ce Muséum immense qui la fait surnommer en Europe la Métropole des arts.... »

(*Univers maçonnique*, page 421.)

LE MINISTRE ET SON SECRÉTAIRE.

« Un ministre dictait : J'ordonne qu'on l'arrête. — C'est
» un homme innocent..... — Écrivez, je répète, ou quittez
» votre emploi. — Mais.... — Écrivez-vous ? — Non ! — Il
» quitta son emploi : c'était un Franc-Maçon ! »

(*Univers maçonnique*, page 424.)

LE FRANC-MAÇON.

« Riche, mais noble en sa richesse,
» Un frère aida les malheureux.
» Bientôt tombant dans la détresse,
» Il sollicite les heureux ;
» Il en rencontre un, il espère,
» L'aborde et dit : *Vois ma misère !*
» Le frère lui touche la main,
» Lui donne sa bourse soudain,
» Et répond ces mots : *Prends, mon frère*
» *Profane !* dans cette leçon,
» Comprends le cœur du Franc-Maçon. »

(*Univers maçonnique.*)

LE MAÇON VOYAGEUR.

« Non loin de ce détroit où vont se réunir
» Et les flots africains et les superbes ondes
» Qui portent fièrement les tributs des deux mondes,
» Pirate audacieux, cruel enfant d'Alger,
» Un forban nous atteint; je n'échappe au danger
» Qu'en bravant un danger plus redoutable encore;
» Je nage au sein des flots. Ressaisi par le Maure
» A l'instant où la vague allait m'ensevelir,
» Au signe de détresse il me voit recourir.
» Le pirate est Maçon : rare et touchante preuve !
» Il écarte les fers de l'enfant de la veuve ;
» Il nous rend le vaisseau, nos biens, la liberté ;
» Et, dans un noble élan de générosité :
« — Mon frère est avec vous, dit-il à l'équipage,
» Allez, vous lui devez le bonheur du voyage ! »

» Un jour vers ces climats où l'Inquisition
» Prêtait un fer sanglant à la Religion,
» L'odieux fanatisme, en ses cachots avides,
» Déjà me préparait des tourments homicides ;
» J'allais périr ; celui qu'on accablait de maux,
» Victime des méchants, priait pour ses bourreaux.
» Tout-à-coup, ah ! le ciel prend pitié de mes peines !
» Un inconnu s'avance ; il détache mes chaînes ;
» Me dirige à travers ces dédales affreux,
» Dont la voûte frémit aux cris des malheureux ;
» Me remet un peu d'or, et, d'une voix austère :
« — Je suis Maçon, dit-il, j'ai dû sauver mon frère ;
» Pars ; et, de t'acquitter si tu chéris la loi,
» Rends un jour au malheur ce que j'ai fait pour toi. »

» En d'autres temps enfin, jeté par le naufrage
» Sur les bords redoutés d'une tribu sauvage,
» Les féroces regards de ses noirs habitants
» Dont la faim menaçait mes membres palpitants,

» Leur langage, leurs cris et leurs danses fatales,
» Tout me révèle assez des peuples cannibales :
» C'en est fait, et la mort, sous d'horribles couleurs,
» A frappé mon esprit de toutes ses terreurs.
» Leur chef se montre armé d'un large cimeterre.
» Vieux cacique, autrefois conduit en Angleterre,
» Aux mystères d'Hiram il fut initié.
» Mon aspect dans son cœur éveille la pitié.
» On m'avait dépouillé, le vieillard s'en indigne.
» Parmi mes vêtements il reconnaît un signe,
» Un bijou, des Maçons constamment révéré.
» Il incline son front vers le signe sacré,
» Me presse dans ses bras, me présente l'hommage
» Des dociles sujets de la tribu sauvage :

» Comblé d'honneurs, de soins, dans l'un de ses canots
» J'osai, trompant ses vœux, me risquer sur les flots ;
» Un vaisseau m'accueillit.... Et la Maçonnerie,
» Pour la troisième fois, me rend à ma patrie !
» Voilà par quels secours, quels prodiges heureux,
» Elle nous fait bénir son culte généreux.
» Noble Maçonnerie, amitié que j'invoque !
» Des rives de l'Indus, aux bords de l'Orénoque,
» Depuis les monts glacés de l'affreux Groenland,
» Jusqu'au détroit lointain frayé par Magellan,
» En tous lieux où vos pas ont marqué la carrière,
» Vous portez aux humains la paix et la lumière.
» Votre empire est si doux et si juste à la fois,
» Que, d'un même niveau, les sujets et les rois
» Sous vos paisibles mains glissent leurs humbles têtes.
» Sur l'homme encor sauvage étendant vos conquêtes,
» Il pense, il sait aimer, dès que vous l'instruisez ;
» Les peuples sont par vous vaincus, civilisés ;
» Et l'on doit voir un jour votre union féconde
» Pour le bonheur de tous régénérer le monde !

» Eugène DE PRADEL. »

(*Univers maçonnique*, page 198.)

« Ainsi donc, — nous dit M. César Moreau, en forme
» d'observations, après avoir énuméré, dans son ouvrage,
» une foule d'actions nobles et généreuses, — depuis cin-
» quante-neuf siècles, dans les régions lointaines, même
» parmi les hordes sauvages, en paix comme en guerre,
» au milieu du plus horrible carnage comme au sein des
» fêtes civiques, au palais des rois et dans l'humble re-
» traite du philanthrope, sur le vaisseau amiral et sur la
» barque du pêcheur, dans les camps, à la ferme, aux
» musées, à la tribune publique, à l'oratoire des différents
» cultes, partout où l'on adore l'Éternel, partout où l'on
» sait aimer et sentir, la Franc-Maçonnerie s'étend et pé-
» nètre comme les rayons de l'aurore, dont ce temple est
» l'emblême, et partout elle féconde le cœur humain, l'a-
» grandit et l'épure. »

C'est encore à M. César Moreau et à son livre que nous allons emprunter quelques mots sur une auguste initiation et sur une généreuse idée de deux hommes illustres, un grand capitaine et un immortel savant; et, enfin, une statistique de l'introduction de la Franc-Maçonnerie dans divers états de l'Europe.

Initiation de S. A. R. le prince Guillaume-Frédéric d'Orange à la Loge de L'ESPÉRANCE.

« Voici quelques réponses de l'illustre récipiendaire aux questions qui lui furent proposées :

« 1ʳᵉ QUESTION. Quelles sont les qualités d'un grand prince ? »

« RÉPONSE. *La justice, l'amour de la patrie et le dévouement pour son vrai bien-être.* »

« 2ᵉ QUESTION. Quelle est la vertu qui nous rapproche le plus de la Divinité ? »

« Réponse. *La bienfaisance.* »

« 3ᵉ question. L'homme vraiment vertueux que se doit-il à lui-même ? »

« Réponse. *Se respecter comme la plus belle œuvre de la Divinité.* »

« 4ᵉ question. Prince, qui êtes réservé à de plus grandes destinées encore, parlez ; avez-vous pu penser que le titre de *Franc-Maçon*, que vous paraissez ambitionner, pût encore ajouter à votre gloire ? »

« Réponse. *Oui, j'ai entendu dire beaucoup de bien de cette Société : je sais qu'elle soulage les malheureux, et j'ai voulu en faire partie.* »

(*Univers maçonnique.*)

LA RÉUNION DE TOUS LES CHRÉTIENS,

Par le maréchal de Turenne et le célèbre Newton.

Venite ad me, omnes.

« 1° La réunion de tous les chrétiens est possible. »

« 2° L'art de tout simplifier est celui de tout perfectionner. »

« 3° L'Evangile doit être le seul livre des chrétiens. »

« 4° Il n'y aura ni schismes, ni hérésies, ni impiétés scandaleuses et philosophiques, si l'Evangile est le seul article de notre foi. »

« 5° La religion ne peut exciter aucun trouble. »

« 6° Nous devons aimer notre prochain comme nous-mêmes, souffrir toutes les religions, puisque Dieu les souffre. »

« . . . . »

(*Univers maçonnique.*)

ÉPOQUE DE L'INTRODUCTION DE LA FRANC-MAÇONNERIE
DANS
DIFFÉRENTS ÉTATS DE L'EUROPE.

En Angleterre, en 287.

En Écosse, en 1150.

En France, en 1668 ; d'autres disent en 1721, et d'autres, en 1725.

En Espagne (Madrid), en 1728.

En Irlande, grande Loge fondée en 1729.

En Hollande, en 1730.

En Russie, en 1731.

En Italie, Loge fondée à Florence, en 1733.

En Prusse, en 1737.

A Vienne, en 1737.

En Suède, la Maçonnerie Scandinave remonte si haut, et date de si loin, qu'elle est la plus ancienne.

En Suisse, on voit fonder des Loges à Genève, en 1738.

En Turquie, on fonde des Loges dans le courant de la même année.

A Lausanne, en 1739.

En Pologne, on ne peut fixer l'époque de son introduction, puisqu'on y connaissait la Maçonnerie Scandinave.

A Altembourg, Loge fondée en 1741.

A Nuremberg, même année.

A Hambourg, même année.

C'est à Francfort-sur-le-Mein, que le célèbre baron de Hund fut reçu Maçon, en 1742.

A Rome, en 1741. (Elle y était secrètement pratiquée avant.)

En Espagne et en Portugal, on ne peut en préciser l'époque.   (*Univers maçonnique.*)

M. César Moreau nous donne aussi des détails fort curieux (page 269 et suivantes) sur les nombres 3, 5 et 7; nombres particulièrement affectionnés en Maçonnerie, et sur leur origine.

« C'est, dit-il, à Euclyde, à Pythagore et à Archimède, les premiers géomètres, que sont dus les nombres maçonniques. En les adoptant, les Maçons se sont imposé la loi d'étudier les motifs qui ont déterminé les anciens à regarder ces nombres comme sacrés, et à leur attribuer les plus grandes propriétés.

» L'unité, n'ayant point de parties, doit moins passer pour un nombre que pour le principe générateur des nombres. C'est, disait Pythagore, l'attribut essentiel, le caractère sublime, le sceau même de la Divinité. C'est, disent les Maçons, le nombre qui exprime le Grand-Tout, l'Architecte de l'Univers, Jéhovah.

DU NOMBRE 3.

» Tout se fait par *trois* chez les Maçons ; *trois* Frères forment une Loge; *trois* Officiers la dirigent; *trois* Lumières l'éclairent; *trois* Bijoux distinctifs la décorent; *trois* Meubles essentiels la garnissent; *trois* Coups marquent l'ordre du commandement; *trois* Questions sont le caractère du Maçon; *trois* Pas sont sa marche; *trois* Grades renferment toute la Maçonnerie Symbolique; *trois* Ans sont l'âge d'un initié.

» Du nombre *trois* dépend la découverte des trois principes chimiques qui donnent l'animation à tout l'Univers : *Sel*, *Soufre* et *Mercure*; des trois règnes de la *Nature* : le *Végétal*, le *Minéral*, l'*Animal*; Ame, Esprit et Corps; *Naissance*, *Existence* et la *Mort*; *Siccité*, *Humidité*, *Putréfaction*, qui, dans toutes les langues, *Syriaque* et *Hébraïque*, etc., sont la juste et précise explication des mots J∴ B∴ et M∴ B∴ N∴.

» Dans tous les temps, les anciens ont témoigné au *Ternaire* la plus grande déférence, et ce nombre a toujours été chez eux aussi révéré que recommandable.

» Lors de la naissance des premiers siècles, les hommes, déjà guidés par un instinct religieux, ne pensaient pas pouvoir représenter la *Divinité* sous une plus parfaite image que celle d'un *delta* ou *triangle équilatéral*.

DU NOMBRE 5.

» Le nombre 5 fut chéri des anciens, qui le regardaient comme le nombre favori de Junon. Il est composé de deux, premier nombre pair, et de trois, premier nombre impair; ce qui, selon eux, était l'emblème du mariage.

DU NOMBRE 7.

» Mais aucun nombre ne fut en vénération, dans tous les temps, comme le nombre sept.

» Le nombre sept, en effet, semble se rattacher à tous les systèmes, et appartenir à toutes les sectes. Philon d'Alexandrie disait à Caligula : « Tout corps agissant est composé de trois mesures : longueur, largeur, épaisseur; et de quatre extrémités, qui sont le point, la ligne, la superficie et le solide; voilà les sept qualités qui sont la perfection de tout corps. » — Cette perfection est justifiée par bien des vertus : à sept ans, les dents commencent à pousser aux enfants; au sept doublé vient la puissance génératrice; sept ans après paraît la barbe. Le nombre sept suit toutes les années climatériques qu'Hippocrate et ses disciples ont fait remarquer comme des époques constantes où l'économie animale éprouve une révolution. Le nombre sept était celui des pléiades, des planètes, des jours hebdomadaires, des merveilles du monde, dont il ne reste que les pyramides : c'est celui des tons de la musique, des voyelles de la langue grecque, des phases de la lune. Les Hébreux remarquent que l'on fit entrer sept paires d'animaux dans l'arche de Noé ; que l'arche s'arrêta après sept mois d'inondation, que la colombe rapporta le rameau après sept jours. Les filles de Jéthro, beau-père de Moïse, étaient au nombre de sept. Moïse défend de recueillir la manne dans le désert le septième jour. Dans la Bible, encore, Jacob salue Esaü sept fois ; les habitants de Gibéon font mourir sept fils du roi Saül ; Nabuchodonosor est privé de sa raison pendant sept ans ; les sept jeunes Machabées sont mis à mort sous Antiochus Epiphanes ; Joseph prédit sept années d'abondance et sept années de stérilité ; le chandelier posé devant l'arche avait sept branches ; sept prêtres sonnaient de la trompette devant cette arche ; Josué fit sept fois le tour de Jéricho ; il y a sept vierges sages et sept vierges folles. Dans l'Apocalypse, on voit sept chandeliers ; le Très-Haut tient en main sept étoiles ; l'ange descend au bruit de sept trompettes. Si nous laissons le souvenir de sept se présenter à notre imagination sans classification de dates ou de pays, nous nous rappelons que Jésus-Christ nourrit quatre mille personnes avec sept pains et quelques poissons, dont il resta sept paniers à la fin du repas ; qu'il est fait mention dans l'Evangile d'une femme qui avait eu sept maris ; que, du temps des apôtres, il y avait sept églises en Asie, et que, dans la vision de saint Jean, il y a encore sept candélabres qui les représentent, et sept anges qui en sont les gardiens ; que le bouclier d'Ajax était revêtu de sept peaux de bœuf ; que l'hydre de Lerne avait sept têtes ; que la ville de Thèbes avait sept portes; qu'elle fut assiégée par sept capitaines, et que Niobé, qui en fut une des premières reines, était mère de sept fils et de sept filles. Nous nous rappelons que sept villes se sont disputé l'honneur d'avoir donné naissance à Homère; que l'ancienne Rome était bâtie sur sept collines; que sept rois y ont régné; que le Nil, selon les auteurs grecs et latins, avait sept embouchures; la lyre antique sept cordes; que, jusqu'aux découvertes modernes, on n'avait compté que sept planètes; que l'arc-en-ciel a sept couleurs, et que chaque rayon de lumière en a sept également; que Buffon a divisé sa théorie de la terre en sept époques; que la principale guerre du grand Frédéric est connue sous le nom de guerre de Sept-Ans; que l'Angleterre, sous les Saxons, fut divisée en sept royaumes que l'on appela l'Heptarchie; que l'Espagne a été aussi partagée en sept royaumes; que la Hollande constituait autrefois un état sous la dénomination des sept Provinces-Unies; que, de nos jours, les îles Ioniennes ont formé la république des sept îles; que l'hôtel-de-ville de Rostock en Allemagne, monument assez original, est surmonté de sept tours pointues, regardant une place sur laquelle débouchent sept rues; qu'à la porte principale de cette ville se trouvent sept tilleuls. Nous nous rappelons, enfin, que nous avons sept psaumes de la pénitence, sept sacrements, sept péchés capitaux... D'où l'on peut conclure qu'il existe, dans toutes les mythologies, une prédilection pour le nombre sept, et que, lorsque les Maçons bleus l'ont choisi pour leur nombre parfait, ils ont voulu, sans doute, que les néophytes recherchassent ce qui avait rendu les nombres 1, 3, 5 et 7, si précieux pour l'antiquité. »

Voici enfin, pour terminer nos citations et nos nombreux

emprunts à M. César Moreau et à son remarquable et savant ouvrage, quatre documents d'une haute importance et qui nous semblent résumer parfaitement tous les enseignements de la Franc-Maçonnerie. — Le premier nous fait connaître les doctrines politiques, religieuses, philosophiques et morales des Francs-Maçons ; — le second renferme l'Evangile maçonnique ; — le troisième est le Code de cette antique institution ; — et enfin le quatrième est le Décalogue maçonnique.

1° Doctrines des Francs-Maçons
(Page 28, *Univers maçonnique*).

Doctrines politiques :

Art. Ier. Le Maçon est à jamais dévoué à sa patrie. En la servant, c'est une dette chère et sacrée qu'il paie ; en la défendant, c'est son bien, c'est lui-même qu'il défend.

Art. II. Heureux ou malheureux, il est tout à sa patrie.

Art. III. Il est soumis aux lois. La loi étant égale pour tous, il lui obéit ; car il sait que les autres lui obéissent, car elle établit, assure et conserve ses droits contre les prétentions qui voudraient les lui ravir. La loi n'est-elle pas parfaite ? il lui obéit encore, parce qu'il sait que l'individu doit céder à la volonté générale, qui a fait, reçu ou reconnu cette loi.

Art. IV. Il est fidèle à son prince, à son gouvernement ; tout gouvernement doit être soutenu et défendu par quiconque l'a accepté, et c'est l'accepter que de vivre sous lui. Il cède à son devoir, s'il ne cède pas à ses affections.

Art. V. Il ne conspire jamais pour détruire ou changer l'autorité qui régit son pays, parce qu'il respecte essentiellement la tranquillité publique ; parce qu'il sait que les dissensions intestines appellent les nations ennemies, et qu'il vaut encore mieux obéir à un prince absolu qu'à un maître étranger. L'amour de la paix publique, l'amour de la patrie ne connaissent pas de sacrifices impossibles.

Amour, fidélité, obéissance, résignation quand ses espérances sont trompées, voilà les qualités que l'on trouve dans un Franc-Maçon patriote.

Doctrines religieuses :

Art. Ier. Catholique, protestant, mosaïque, mahométan, le Franc-Maçon suit la religion de ses pères; il la suit avec scrupule dans ses pratiques lorsqu'elle est selon son cœur; avec simplicité, modestie, une parfaite convenance du respect humain, lorsqu'il ne la juge pas, pour lui, ce qu'elle est pour les autres.

Art. II. S'il obéit à l'usage, s'il ne s'affranchit pas des devoirs sociaux en n'abandonnant point un culte que les siens ont respecté et suivi, que suivent ses co-religionnaires, dans lequel on l'a élevé, dans lequel il est peut-être forcé de se maintenir, rendu à lui-même, seul avec ce Dieu suprême que l'on a défiguré, et que la simplicité de son cœur voit dans tout son éclat, il se prosterne avec humilité, s'abîme devant tant de grandeur et de puissance, et reconnaît que son génie, ses plus nobles vertus sont le seul hommage qu'il soit à même de lui offrir.

Art. III. Il ne blâme point et condamne moins encore la religion des autres.

Art. IV. Il ne cherche point à convertir. Il sait que Dieu ne lui demande compte que de ses œuvres, et ne le rend pas responsable des erreurs ou des faiblesses des autres hommes, ses égaux, et, comme lui, objet de prédilection et d'amour de la Divinité.

Art. V. Il fuit l'hypocrite, qu'il juge et méprise.

Art. VI. Il combat avec l'énergie et le ton de la vertu, le fanatisme et la superstition.

Art. VII. La religion du Franc-Maçon est celle de Socrate, celle de l'Evangile, celle de tous les hommes de bien, la religion directe du Créateur à la créature, des bonnes œuvres et de la pieuse reconnaissance.

Doctrines philosophiques :

Art. Ier. Les doctrines politiques et religieuses du Franc-Maçon le conduisent insensiblement, et par une pente douce et naturelle, à la vraie philosophie : lumières pour l'esprit, vertus pour le cœur.

Art. II. Il veut que tout le monde soit éclairé, car plus il y a de raison, moins il y a d'erreurs et de préjugés : plus on sait, moins on s'égare ; plus les hommes sont instruits, plus ils se rapprochent. Soumis à la raison qui les domine, ils obéissent en hommes libres et énergiques, et non en esclaves lâches ou indociles.

Art. III. Le philosophe Maçon n'est point un athée ; il sait qu'il n'y a point, qu'il ne peut y avoir d'athées. Il rencontre des sophistes ; il ne rencontre point d'athées : jamais un prétendu athée ne le quitterait sans avoir été confondu, sans avoir été forcé de reconnaître que l'athéisme est un mot et non une chose. L'athéisme est comme une cuirasse que l'on revêt, mais que l'on ne peut toujours porter.

Art. IV. Éclairé par la sagesse et la vérité, le philosophe maçon répand la lumière ; riche judicieux, et non dissipateur insensé, il verse ses trésors sur les vrais pauvres, et ne les jette pas à l'avidité du plus adroit, du flatteur ou de l'égoïste.

Art. V. Heureux du bonheur d'autrui, content d'avoir fait tout le bien qui dépendait de ses moyens, il rend au Dieu suprême, qu'il n'a jamais méconnu, un cœur pur, une âme ardente. Il s'éteint avec calme et sans regret, car il sent que sa vie a été d'un bon exemple, que son souvenir fera encore du bien ; car on dira longtemps, bien longtemps après lui : Il fut bon et sage ; il n'a vécu que pour aimer, servir et instruire.

Art. VI. C'est là l'ambition du philosophe Maçon, elle n'a importuné personne ; c'est là sa gloire, que personne ne lui a déniée ; c'est là le but qu'atteindra toujours glorieusement tout philosophe Maçon digne de ce nom, et peu de personnes étrangères à la Franc-Maçonnerie ne voudront sérieusement y arriver avant lui.

Doctrines morales ou doctrines maçonniques:

Art. Ier. L'enseignement et la pratique exempte d'ostentation de la morale des Loges, sans égard aux temps, aux lieux, aux peuples, aux religions, tels sont les caractères de la doctrine morale des Francs-Maçons.

Art. II. Ils aiment, ils se dévouent, ils sont fidèles à la patrie, au gouvernement et aux lois.

Art. III. Ils respectent tous les cultes, tolèrent toutes les opinions politiques ou religieuses, fraternisent avec tous les hommes, sont secourables à toutes les infortunes, se sacrifient de toute manière, un à tous.

Art. IV. Leur règle de tous les instants est : bien penser, bien dire, et bien faire.

Art. V. Ils pardonnent noblement, c'est-à-dire sans lâcheté, sans bassesse et sans restriction, l'injure, l'offense et l'injustice.

Art. VI. Ils mettent dans une perpétuelle concordance leurs discours et leurs actions.

Art. VII. Ils préfèrent aux noms éclatants des capitaines fameux, des monarques puissants, de tous ceux que l'on nomme grands hommes, les noms des plus modestes sages et prennent pour modèle, autant qu'il dépend d'eux, un Confucius, un Socrate, un Fénélon, un Vincent de Paul, un de l'Épée... S'ils les suivent de loin, du moins s'efforcent-ils de les suivre.

Art. VIII. Ils disent aussi : *Fais ce que dois, advienne que pourra.*

2° ÉVANGILE MAÇONNIQUE.

« Maçons, adorez Dieu qui créa l'univers par un acte de sa volonté, qui le conserve par un effet de son action continue.

» Plaignez le triste délire de celui qui ferme les yeux à la lumière et marche au milieu d'épaisses ténèbres ; mais soyez tolérants, gardez-vous de persécuter : la Divinité ne vous a pas commis le soin de venger ses injures....

» N'oubliez pas que la justice est la grande divinité des empires, la seule providence des nations et le diapason de toutes les vertus.

» Soyez donc justes, parce que l'équité est le soutien du genre humain.

» Soyez indulgents, parce que, faibles vous-mêmes, vous vivez avec des êtres aussi faibles que vous.

» Soyez bons, parce que la bonté enchaîne tous les cœurs.

» Soyez doux, parce que la douceur attire l'affection.

» Soyez affables et officieux envers tout le monde ; édifiez par votre exemple ; aimez votre prochain ; prenez part à la félicité d'autrui ; ne permettez jamais à l'envie de s'élever un instant dans votre sein. Que la modestie soit votre suprême loi.

» Pardonnez à votre ennemi : ne vous vengez que par des bienfaits. Ce n'est pas en vain qu'il a été dit : Aimez-vous les uns les autres.

» Les profanes maudissent ceux qui ne sont point de leur croyance : ne maudissez jamais personne.

» Si vous supportez des injustices, consolez-vous : le vrai malheur est d'en faire.

» Si votre frère est dans l'affliction, consolez-le par tous les moyens que l'esprit ingénieux de l'humanité vous suggérera ; car tout être qui souffre a des droits sacrés sur vous ; n'attendez point que le cri perçant de la misère vous sollicite. S'il est en butte aux traits de la calomnie, ne craignez pas de vous avouer ses amis ; soyez ses défenseurs en public, et vous ramènerez peut-être l'opinion égarée, prévenue. Il est beau, il est saint de rappeler à la vertu celui qui chancelle, de relever celui qui est tombé ; mais il est presque d'un Dieu d'être le protecteur de l'innocence méconnue.

» Que jamais votre bouche n'altère les pensées secrètes de votre cœur, qu'elle en soit toujours l'organe vrai et fidèle ; mais sachez garder un silence prudent et qui ne permette pas même de soupçonner le dépôt d'un secret confié à votre foi.

» Écoutez toujours la voix de la conscience.

» Aimez les bons, plaignez les faibles, fuyez les méchants, mais ne haïssez personne.

» Que l'idée sublime de Dieu vous fortifie et vous soutienne; offrez-lui, chaque jour, l'hommage de vos affections réglées, de vos passions vaincues : *veillez* et *priez*; renouvelez chaque matin le vœu de devenir meilleurs ; et lorsque, le soir, votre cœur satisfait vous rappellera une bonne action, une victoire remportée sur vous-mêmes, alors seulement reposez en paix dans le sein de la Providence.

» Que des mœurs chastes et sévères soient vos compagnes inséparables; que vos âmes soient pures, droites et vraies.

» Fils, époux et père, chacun de ces états comporte des obligations nombreuses et sacrées; appliquez-vous à les remplir.

» Soyez reconnaissants, parce que la reconnaissance alimente et nourrit la bonté.

» N'attristez point le cœur du pauvre qui est déjà accablé de douleur, et ne différez pas de donner à ceux qui souffrent.

» Pardonnez les injures, parce que la vengeance éternise les haines.

» Respectez l'étranger, aidez-le ; sa personne est sacrée pour vous.

» Parlez sobrement avec les grands, prudemment avec vos égaux, sincèrement avec vos amis; doucement avec les petits, tendrement avec les pauvres. »

— Tels sont les préceptes que nous avons reçus de nos anciens et vénérables maîtres ; ils leur avaient été dictés par l'esprit de sagesse et de vérité, ils sont les seuls qui puissent faire le bonheur de l'humanité.

3° Code Maçonnique.

— Adore le grand architecte de l'univers, qui est Dieu.
— Aime ton prochain.
— Ne fais point de mal.
— Fais du bien.
— Laisse parler les hommes.
— Le vrai culte de Dieu consiste dans les bonnes mœurs.
— Fais donc le bien pour l'amour du bien lui-même.
— Tiens toujours ton âme dans un état pur pour paraître dignement devant le grand architecte de l'univers, qui est Dieu.
— Estime les bons, plains les faibles, fuis les méchants, mais ne hais personne.
— Parle sobrement et dignement avec les grands, prudemment avec tes égaux, sincèrement avec tes amis, doucement avec les petits, affectueusement avec les pauvres.
— Ne flatte point ton frère, c'est une trahison; si ton frère te flatte, crains qu'il ne te corrompe.
— Ecoute toujours la voix de ta conscience.
— Sois le père des pauvres : chaque soupir que ta dureté leur arrachera augmentera le nombre des malédictions qui tomberont sur ta tête.
— Respecte l'étranger voyageur, aide-le, sa personne est sacrée pour toi.
— Evite les querelles, préviens les insultes, mets toujours la raison de ton côté.
— Respecte les femmes; n'abuse jamais de leur faiblesse et meurs plutôt que de les déshonorer.
— Si Dieu te donne un fils, remercie-le, mais tremble

sur le dépôt qu'il te confie! Sois pour cet enfant l'image de la Divinité.

— Fais que jusqu'à dix ans il te craigne, que jusqu'à vingt ans il t'aime, que jusqu'à la mort il te respecte.

— Jusqu'à dix ans sois son maître,

— Jusqu'à vingt ans, son père,

— Jusqu'à la mort, son ami.

— Pense à lui donner de bons principes plutôt que de belles manières; qu'il te doive une droiture éclairée et non pas une frivole élégance.

— Fais-le honnête homme plutôt qu'habile homme.

— Si tu rougis de ton état c'est orgueil; songe que ce n'est pas ta place qui t'honore ou te dégrade, mais la façon dont tu l'exerces.

— Lis et profite, vois et imite, réfléchis et travaille, rapporte tout à l'utilité de tes frères; c'est travailler pour toi-même.

— Sois content de tout, partout et avec tout.

— Réjouis-toi dans la justice, indigne-toi contre l'iniquité, souffre sans te plaindre.

— Ne juge pas légèrement les actions des hommes, ne blâme point, et loue encore moins; c'est à Dieu qui sonde les cœurs à apprécier son ouvrage.

4° DÉCALOGUE MAÇONNIQUE

(Page 65, *Univers maçonnique*.)

I.

Adore Dieu qui, en te créant intelligent, libre, capable de vertu, t'a constitué l'arbitre de ta destinée.

II.

Ecoute la voix de la nature, qui te crie : « Tous les » hommes sont égaux; ils ne forment qu'une seule famille; » sois tolérant, juste, bon, et tu seras heureux. »

III.

Que toutes tes actions soient dirigées vers l'utilité publique.

Juge-les d'avance : si l'une d'elles te paraît douteuse, abstiens-toi.

IV.

Pratique la vertu, c'est le charme de ton existence ; la vertu consiste dans un mutuel échange de bienfaits.

V.

Sache que ton bonheur est inséparable du bonheur de tes semblables. Fais-leur tout le bien que tu voudrais qu'ils te fissent à toi-même ; porte le dévouement à l'humanité jusqu'au sacrifice de ta vie.

VI.

Souviens-toi que la morale est universelle; que son texte sacré est gravé dans le cœur de tous les hommes.

Observe religieusement ses lois :

Quiconque les transgresse est infailliblement puni.

VII.

Le juste, fort de sa conscience, ne peut être malheureux. Il brave tous les genres de proscriptions, et s'en remet avec confiance à la justice suprême du triomphe de la vertu et du châtiment du crime.

VIII.

Le méchant subit dans sa conscience un supplice inévitable : il n'est point d'eau lustrale qui puisse éteindre le feu des remords.

IX.

N'oublie jamais que ton âme est immatérielle et ne peut se dissoudre avec ton corps, dont les éléments eux-mêmes sont éternels : garde-toi de la dégrader par le vice.

X.

Rappelle-toi sans cesse que ta félicité doit être ton propre ouvrage, et que telle est la dignité de ton espèce placée par Dieu au-dessus de tous les êtres.

On pourrait faire des volumes, en réunissant les opinions favorables à la Maçonnerie et les documents écrits, en son honneur, par une foule d'éminents publicistes; mais l'espace nous manque, et nous renvoyons, pour connaître les unes et apprécier les autres, à l'œuvre si remarquable de M. César Moreau, et aux divers bulletins bibliographiques dans lesquels il a enregistré, avec une rare impartialité, les ouvrages écrits pour ou contre cette célèbre institution. — Quant à nous, nous nous bornerons à ajouter que la Franc-Maçonnerie a compté, dans tous les temps et dans tous les pays, au nombre de ses adeptes, presque toutes les illustrations des diverses époques. Mais, sans nous occuper ici du passé, citons, avant de terminer, quelques-unes de ses gloires contemporaines, sans acception de rites.

La Maçonnerie compte parmi ses membres, outre les noms déjà cités dans le cours de cet écrit, LL. AA. II. les princes Jérôme et Napoléon Bonaparte, les princes Lucien et Joachim Murat, les princes Pierre, Charles, Louis-Lucien et Antoine Bonaparte, le comte Bacciochi et le baron de Chassiron; M. le duc Decazes et M. Viennet, anciens pairs de France; S. A. R. le prince Paul de Wurtemberg, le comte de Lariboissière, le général vicomte Cavaignac, le comte de Chabrillan, le baron Taylor, M. Guiffrey, ancien notaire ; M. Allegri, banquier; le lieutenant-général baron Petit; M. Berville, président de Chambre ; le baron Roger; le baron Fréteau de Peny, conseiller en cassation ; le marquis de Tanlay, Horace Vernet, le comte de Lanjuinais, le vicomte de la Jonquière, le comte de Lovenhielm, ambassadeur ; M. Adolphe Barrot, le docteur Clot-Bey, J. Human, les princes Ernest et Charles de Salm-Kirbourg, et de Hohenzollern-Sigmaringen, H.-D. Franklin, le général Durieu, le marquis Escodéca de Boisse, S. A. S. le prince Bernard de Saxe-Weimar, le pasteur Frédéric, le général de division Gramont, le baron James de Rothschild, le comte de Skorzewski, le comte de Noë, MM. de Blancmesnil, de Balincourt, le docteur Dupierris, M. de Lavigne, les barons Charles et Anselme de Rothschild, M. Albert de Montémont, publiciste; MM. Rosemberg, de Montléart, docteur Bourdonnay, l'abbé Garcia, les docteurs Desnoyers et Fleury, M. Desprez, l'amiral Bruat, Don Pedro de Santana, MM. de Coislin, Bonneau, Huvier, Vittecoq, Langlois, Moitié, Dumoulin, Nestor Urbain, Potier-Deshayes, Degeorge, P. de Kermoal, Murette, Chevalier, Caylus, Crémieux, le docteur Houzelot, MM. Reynolds, Desfammes, le capitaine Alquier, Cl. d'Anglebert, Chotard, B. de Laborde, baron de Borroozyn, Brindeau, Casanova, Carteret, Charreton, Achille Comte, de Beyne, de Champeaux, de Cheret, de Cominges, vicomte de Guernon de Ranville, de Laboulie, baron de Lamardelle, marquis de Larochejacquelein, A. Dumas, Dutertre de Veteuil, Forestier-Demours, de Laya, L. Mathieu, Mauguin, Richard du Cantal, Rohault de Fleury, Ronjat, S. de Laferrières, Sully-Brunet, le comte de Thy de Milly, le chevalier Vanden-Cruyce, Sa Grâce le duc d'Atholl, Beddarides, de Breteuil, l'honorable J. Brown, don Cabrera de Narvaez, Cazalis, Cerfbeer, Cl. de L'Epine, Costa, le révérend Cox, da Costa-Guelho, da Rocha, da Silva-Carvalho, d'Azevedo, de Bie, A. de Calvimont, baron de Cayra, le chevalier de Mensch, vicomte de Nieulant, de Préaux, de Souza, d'Esquiron de Saint-Aignan, Desseaux, de Wargny, vicomte de Hutchinson, Esperonnier, J. Evans, comte de Gazzera, N. Henriquez, comte de Las-Cases, H. Law, Th. Lebreton, Sa Grâce le duc de Leinster, S. Exc. de Lévetzun, marquis de Lisboa, G. Mac-Dona, sir Mac-Nab, marquis M. de Villa, Giaccomo Meyerbeer, C.-A. Mocquart, Ch. William Moore, Oppenheim, colonel Page, James Penn, le sénateur Pereira, le docteur Pierson, A. Renouard, de Rougé, Rousseau, Russell, Saint-Dizier, M. Sauvaire, E. Schneider, Pierre Soulé, le vicomte Th. Suirdale, John Sullivan, J. Tardieu, baron Taubenheim, Louis Ulbach, lord comte Yarborough, Zapata, comte de Fernig, comte Bailly de Monthion, le lieutenant-général Thiébault, le comte de Saint-Laurent, le duc de Gramont, baron Saint-Clair, le général comte Dutaillis, le général Chameau, de Drummond, le capitaine de vaisseau Lavaud, le général baron Rostolan, le comte de Montezuma, d'Almeida-Torrès, le comte Werrhuell, le général Jubé, le général Guy J. Bonnet, le baron Prousteau de Montlouis, le comte d'Estourmel, le général Jorry, le baron de Delley-d'Avaise, le compositeur Romagnesi, le marquis Aguado, le docteur Rathery, Lassime, avocat; Ramos de Zayas, etc., etc.

Ces quelques noms d'hommes illustres ou marquants à divers titres, et tous ceux que nous avons déjà cités dans cette partie de notre travail, auxquels on pourrait ajouter des milliers d'autres, nous dirions même des centaines de mille, constituent les glorieuses phalanges de la Franc-Maçonnerie contemporaine. — Certes, ce n'est pas une institution sans importance, que celle qui compte dans ses rangs tant d'hommes placés si haut dans l'opinion publique; ce n'est pas un ordre éteint que celui qui compte de si éloquents défenseurs ; une société qui va disparaître, que celle dont les principes vivent dans des âmes si élevées, si énergiques; un étendard flétri, que celui qui brille en de si fortes mains, et que tiennent si haut et si noblement tant d'hommes de talent, d'honneur et de génie, répandus dans le monde entier.

Que conclure enfin, nous dira-t-on peut-être, de tous ces documents sur la Franc-Maçonnerie?.... — A notre avis, que cette antique institution, nous l'avons déjà dit ailleurs (1), pour être véritablement utile et atteindre sûrement le noble but indiqué par la Providence, doit être l'école de la vraie science et de toutes les vertus sociales, la pratique de la bienfaisance et de la charité, l'amour de l'ordre en toutes choses, le respect des lois divines et humaines, le culte de l'honneur, du beau, du vrai, du bon et du juste; qu'il ne faut pas s'arrêter, en l'étudiant, aux formules extérieures et à des usages souvent puérils, mais qu'il faut avoir en Dieu, qui résume et comprend toute science, cette foi forte et profonde qui veut, voit, vivifie et sait créer : car la vérité exige, pour être découverte et se

---

(1) Voir, dans la *Revue*, la notice consacrée à Mme César Moreau (2e volume, 1re partie. — 2e série. Année 1855.— Page 132 à 149), dans laquelle nous avons parlé de la Maçonnerie d'adoption ou des dames, et où nous avons tracé son origine, son histoire et ses pratiques.

révéler, des vertus constantes de l'âme, de courageux efforts de l'esprit et du cœur ; — qu'enfin la Maçonnerie doit être, bien comprise, la traduction en actes des préceptes sacrés de l'Evangile, ce Code sublime d'amour, légué aux hommes par un Dieu, œuvre de progrès indéfini, et dont chaque siècle est chargé d'expliquer au monde un verset.

Il nous reste encore, avant de clore notre travail, à mentionner quelques faits importants dans la vie de M. César Moreau.

Au commencement de 1836, inscrit parmi les candidats du deuxième arrondissement, au conseil général du département de la Seine, il posa sa candidature en ces termes :

« Messieurs les Électeurs,

» Encouragé par les conseils et l'appui de plusieurs électeurs du deuxième arrondissement, dans lequel je demeure depuis six ans, et, désirant me rendre utile à mes concitoyens, j'ai résolu de me présenter au nombre des candidats, aux prochaines élections municipales, pour faire partie du conseil général du département de la Seine.

» Après avoir servi ma patrie durant les guerres de l'Empire, je quittai, en 1816, la carrière militaire pour celle des consulats. Pendant un long séjour dans la capitale de la Grande-Bretagne, je me suis occupé, avec un zèle persévérant, de recherches statistiques et économiques. Mes écrits, sur ces matières importantes, ont été honorablement accueillis par le public et m'ont procuré l'honneur, extrêmement rare pour un étranger, d'être admis comme membre titulaire de l'Institut de la Grande-Bretagne, et de la Société royale de Londres.

» Depuis mon retour à Paris, j'ai fondé, en 1829, sous

les auspices du gouvernement, la Société française de statistique universelle, et, en 1830, l'Académie de l'Industrie agricole, manufacturière et commerciale. — Ces deux sociétés savantes, qui se composent de plusieurs milliers de membres, ont rendu à la France, depuis cinq ans, de très grands services par leurs nombreuses et utiles publications.

» Si, honoré par les suffrages de mes concitoyens, je parviens à figurer parmi les membres du conseil général du département de la Seine, je me ferai un devoir constant de travailler avec le zèle du dévouement et les lumières d'une longue expérience, aux intérêts de cette grande capitale qui est le foyer actif du commerce et de l'industrie de la France, et le centre de la civilisation européenne. »

Quinze candidats (1) étaient présentés aux suffrages des électeurs du deuxième arrondissement qui n'avait que trois

---

(1) Ces quinze candidats étaient :

MM. Comte, membre de la Chambre des députés ; Delapalme, avocat général à la Cour royale de Paris; de Laborde (Alexandre), membre de la Chambre des députés ; Ganneron, membre de la Chambre des députés; Girardin (Emile de), membre de la Chambre des députés ; Glandaz, avoué au Tribunal de première instance ; Laffitte (Jacques), membre de la Chambre des députés ; Lefebvre-Martineau, propriétaire, ancien négociant, chef de bataillon de la garde nationale ; Mandrou, négociant, capitaine de la garde nationale ; Mongalvy, ancien avocat à la Cour de cassation ; Moreau (César), ancien Consul de France, en Angleterre ; Nicod, avocat-général à la Cour de cassation; Pepin-Lehalleur, propriétaire, ancien juge au Tribunal de commerce ; Sanson-Davilliers, négociant-manufacturier ; Thayer (Edouard), propriétaire, capitaine de la garde nationale.

membres à élire. — M. César Moreau s'empressa de se désister en faveur |de l'honorable M. Édouard Thayer, qui fut élu.

En 1828, comme on l'a vu, S. M. le roi Charles X, sur le rapport de S. Exc. le comte de la Ferronnays, avait conféré à M. César Moreau la dignité de chevalier de la Légion d'honneur, *en considération du zèle soutenu dont il avait fait preuve, et des travaux utiles qu'il avait exécutés.* « Je ne pour-
» rais dire, » — écrivait à ce sujet, en 1832, M. César Moreau, — « avec quel sentiment de bonheur je reçus cette
» décoration glorieuse, imaginée par un grand homme
» pour récompenser tous les genres de mérite. Depuis qua-
» tre ans je la porte avec orgueil ; fasse le ciel que je ne
» cesse jamais d'en paraître et d'en être digne ! Non que je
» me sente capable de devenir jamais indifférent à la pros-
» périté de ma patrie; mais parce que j'ai toujours pensé
» que tout Français de l'ordre civil, dont la poitrine est
» décorée de la brillante étoile de l'honneur, se doit au ser-
» vice de la France jusqu'au dernier jour de sa vie. »

— Vers la fin de 1839, une nouvelle distinction du même genre fut accordée à M. César Moreau par S. M. la reine de Portugal, qui le nomma *chevalier de l'Ordre royal de Notre-Dame de la Conception.*

— Une ordonnance royale, en date du 26 décembre de la même année, ayant autorisé M. César Moreau à accepter et à porter cette décoration (1), M. le maréchal Soult,

---

(1) L'autorisation donnée à M. César Moreau, fut inscrite au registre matricule des ordres étrangers, sous le n° 1302.

alors président du conseil des ministres, s'empressa de l'en informer par la lettre suivante :

« Paris, le 16 janvier 1840.

» *A M. César Moreau, ancien consul.*

» Monsieur, M. le maréchal duc de Reggio, grand-chan-
» celier de la Légion d'honneur, vient de me faire parve-
» nir une dépêche qu'il vous adresse en vous envoyant
» l'autorisation du roi pour accepter et pour porter la dé-
» coration de l'ordre royal militaire de Notre-Dame de la
» Conception de Villa-Viçosa, que vous a conféré S. M. la
» reine de Portugal. — J'ai l'honneur de vous transmet-
» tre, ci-joint, cette dépêche par laquelle M. le maréchal
» duc de Reggio vous fait en même temps la remise du di-
» plôme original de votre nomination.

» Agréez, Monsieur, etc.

» *Signé* : Le maréchal duc DE DALMATIE. »

En 1850, le 11 février, M. César Moreau eut la douleur de perdre sa digne épouse, fille unique de feu Robert *Wemyss Spearman*, du comté de Durham, à laquelle, de même qu'à son mari, lady Morgan et Hariett Opie ont consacré de si belles pages dans leurs intéressants mémoires. Elle appartenait à une des plus honorables familles de la Grande-Bretagne, ayant de grands intérêts dans les mines de New-Castle. — Ce surnom de *Spearman* a une origine glorieuse : un comte de Prémaneau accompagnait Guillaume-le-Conquérant dans son aventureuse expédition ; l'intrépide chef ayant fait un faux pas et une chute aussitôt son débarquement, Prémaneau craignant qu'on n'en tirât un augure défavorable au succès de la campagne, mit aussitôt l'épée à la main et cria d'une voix retentissante à son entourage : « Mes dignes compagnons, suivez l'exemple de celui qui nous commande ! Comme lui, embrassez la terre dont nous venons prendre possession. »—« Merci, merci, mon *Spearman* (mon homme d'épée), répondit le conquérant. Entre nous, désormais, à la vie, à la mort ! » Le surnom de *Spearman,* auquel la famille ajouta, quelques siècles plus tard, par droit d'alliance ou de succession, celui de *Wemyss,* resta dès lors parmi ses héritiers qui l'honorèrent dans plus d'une occasion et le rehaussèrent encore par une modestie bien rare à toutes les époques, jamais ils ne sollicitèrent de titre nobiliaire d'aucun des rois d'Angleterre, qu'ils eurent la gloire de servir, jugeant qu'il n'y en avait pas au-dessus de l'appellation héroïque qu'ils tenaient de la reconnaissance spontanée du plus grand homme de guerre de son temps.

Madame César Moreau avait hérité de cette modestie touchante de ses ancêtres. C'était une femme bonne, sensible, charitable, pleine de cœur, qui eût pu briller dans le monde sur une scène beaucoup plus élevée que celle qu'elle avait choisie par goût, mais qui aimait, par dessus tout, son intérieur, son époux, les hommes d'État, les notabilités de toute sorte, diplomates, savants, littérateurs, artistes, industriels, dont se composait son entourage. Aussi a-t-elle laissé, parmi eux, d'unanimes regrets, et son souvenir vit-il encore aujourd'hui dans leurs cœurs. Il semble que de pareilles natures, qui font le plus de bien qu'elles peuvent, et n'ont jamais fait de mal à personne, ne devraient pas quitter cette terre, qui n'est un séjour de désolation que pour les ingrats et les méchants !

Le frère unique de madame César Moreau, le colonel William Spearman, commandant du deuxième régiment de dragons de la garde royale anglaise, était mort avant sa sœur, sans laisser d'autres héritiers que M. et madame César Moreau.

Nous avons, avec intention, réservé, comme un glorieux couronnement pour notre travail, un document précieux qui vaut à lui seul la notice que nous venons d'écrire : ce document est la lettre suivante, adressée par M. le duc de Montmorency, à M. César Moreau, dont elle résume admirablement et en termes si honorables l'existence si dignement remplie.

« Mon cher M. César Moreau,

» Lorsque, cédant, à de légitimes considérations de santé
» et de repos vous renonçâtes à la direction de *la Société*
» *française de Statistique universelle* et à celle de l'*Académie*
» *de l'industrie nationale*, laissant cette grande et double
» tâche à des hommes si dignes de la remplir après vous;
» j'éprouvai le besoin de vous écrire, pour vous exprimer
» mes regrets personnels d'une retraite qui me semblait,
» comme à tous les amis de la science et du pays, si fâ-
» cheuse pour les graves intérêts que vous gouverniez avec
» tant de lumières et de désintéressement. Je sais que vous
» fûtes sensible à cette démarche toute spontanée de ma
» part. Si vous accueillez avec la même sensibilité le nou-
» veau témoignage d'estime que je vous apporte aujour-
» d'hui, je m'en féliciterai comme de tous ceux que je
» vous ai offerts depuis que j'ai l'avantage de vous con-
» naître.

» Or, je me donne de rechef aujourd'hui, le plaisir de

» vous écrire, pour vous exprimer ma surprise de l'oubli
» où on laisse les longs et utiles services que vous avez
» rendus au pays, pendant les vingt-six années que vous
» lui avez consacrées. Vous avez commencé à le servir
» avec honneur dans les armées, à une époque où la
» guerre était rude et terrible. Votre courage fut attesté
» par les blessures que vous reçûtes sur les divers champs
» de bataille où la France combattit. Mais le courage mili-
» taire fut le moindre de vos mérites, témoin cette capa-
» cité administrative qui vous valut l'honneur de plusieurs
» missions importantes et difficiles, et qui, plus tard, dé-
» termina évidemment le choix que fit de vous un ministre
» sage et habile (M. le duc de Richelieu), pour aller coopé-
» rer aux travaux du Consul général de France à Londres,
» en qualité d'élève vice-consul. Le pouvoir reconnut l'u-
» tilité de vos services dans ce poste, en vous conférant
» successivement deux emplois honorables, celui de con-
» sul à Rhodes et celui de vice-consul à Londres. Des
» circonstances qui font honneur à votre cœur vous empê-
» chèrent d'aller remplir la première de ces fonctions; et,
» quant à la seconde, si vous ne l'avez pas remplie, c'est
» que vous en fûtes empêché par une malveillance qu'on
» a peine à comprendre. Que vous manquait-il donc pour
» être digne de cette place aux yeux de votre supérieur?
» A coup sûr, ce n'était pas le savoir. Qui ne sait les grands
» travaux d'économie publique et de statistique, que vous
» avez publiés sur la Grande-Bretagne pendant votre sé-
» jour à Londres, et dont l'utilité fut telle, que l'un de nos
» plus éclairés administrateurs (M. le comte de Saint-Cricq),
» voulut entretenir correspondance avec vous ; que le
» ministère des affaires étrangères vous appela pour exécu-
» ter un travail de haute statistique, et qu'enfin on vous

» crut digne de concourir à l'instruction scientifique du
» jeune prince alors héritier présomptif de la couronne ?

» Malheureusement, Monsieur, il vint un temps où vous
» fûtes l'objet d'une indifférence inexplicable ; car il est
» difficile de ne pas considérer comme une dérision cet
» emploi de vice-consul à Trébisonde, où vous fûtes ap-
» pelé en 1829.

» Comment vous êtes-vous vengé d'une si réelle injus-
» tice? D'abord en continuant ces travaux d'économie pu-
» blique et de statistique, qui vous ont fait une si honora-
» ble réputation ; puis en fondant, sans craindre de com-
» promettre votre fortune et votre santé même, ces deux
» institutions, qui ont déjà fait tant de bien au pays, et
» qui, si j'en juge d'après mes propres sentiments, regret-
» teront toujours de ne vous avoir plus pour inspirer leurs
» conceptions et diriger leurs travaux.

» Ainsi, Monsieur, tous vos services ont eu pour objet
» le bonheur public. Aussi ne puis-je que m'étonner,
» comme je vous l'ai dit en commençant, que, sous un
» gouvernement tel que celui qu'il a plu au ciel de donner
» à la France, vous ne receviez pas la récompense que
» vous méritez. Pour moi je sais bien que, si j'étais au
» pouvoir, vous n'auriez pas à vous plaindre longtemps de
» l'injuste oubli dont vous êtes depuis tant d'années vic-
» time. Mais, si je n'ai que des vœux à faire pour vous,
» Dieu m'est témoin qu'ils sont aussi sincères que l'estime
» que je vous porte. Qui sait, au reste, si, abjurant ses
» torts envers vous, le pouvoir ne finira point par recon-
» naître vos droits, par vous rendre justice? Ne perdez pas,
» Monsieur, cette espérance ; mais, si elle ne devait jamais
» se réaliser (à quelle ingratitude ne doit-on pas s'atten-

» dre de la part des hommes)? Souvenez-vous de tout ce
» que vous avez fait de bon, d'honnête et d'utile, et que
» ce souvenir vous tienne lieu de la reconnaissance qu'on
» vous refuse. Il est digne d'une âme comme la vôtre de
» savoir se passer des faveurs de la puissance !

» Adieu, Monsieur, si j'apprends quelque jour que vous
» vous êtes senti consolé en lisant ces lignes, je me félici-
» terai d'autant plus de les avoir écrites, que vous êtes un
» des hommes de ce temps, que j'honore et affectionne le
» plus.

» Votre tout dévoué,

» *Signé*: le duc de Montmorency. »

Tels sont, en résumé, les travaux qui ont assigné à M. César Moreau une place honorable parmi les hommes marquants et utiles de notre temps. — Une épée noblement portée ; — diverses positions administratives importantes et délicates dignement et fortement occupées ; — une foule d'ouvrages, fruit de recherches pénibles, riches d'enseignements utiles, remplis de faits et d'érudition ; enfin, et surtout, deux grandes et fécondes idées, deux idées mères et génératrices, appliquées avec talent, zèle et courage, telles sont ses œuvres. — Une multitude de diplômes, de distinctions méritées, de titres académiques, de décorations, telle est la récompense. — Une santé affaiblie par le travail, une fortune plutôt diminuée qu'accrue, telles sont les conséquences. — Beaucoup d'ennemis, comme toujours, beaucoup d'ingrats, quelques amis restés fidèles, tels sont les résultats. — Mais si, dans le cours d'une vie consacrée au bien public et au culte de la science, M. César Moreau s'est heurté à bien des ingratitudes, à bien des injustices, qu'il s'en console ! son pays en tiendra compte à sa mémoire ; car de même que ce sont les idées qu'ils renferment qui assurent aux livres sérieux et utiles une place dans l'avenir, de même c'est par les idées qu'ils ont enfantées, formulées et appliquées, que les hommes assurent l'immortalité à leur nom.

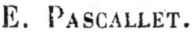

E. Pascallet.

PARIS. IMP. DE MADAME DE LACOMBE, RUE D'ENGHIEN, 14

www.ingramcontent.com/pod-product-compliance
Lightning Source LLC
Chambersburg PA
CBHW050607230426
43670CB00009B/1297